U0916082

珍藏本
纪念版

汉译世界学术名著丛书

对莱布尼茨哲学的批评性解释

〔英〕罗素 著

段德智 张传有 陈家琪 译

陈修斋 段德智 校

2017年·北京

Bertrand Russell
A CRITICAL EXPOSITION
OF THE
PHILOSOPHY OF LEIBNIZ
George Allen & Unwin Ltd., 1951
本书根据乔治·艾伦与昂温股份有限公司 1951 年版译出

汉译世界学术名著丛书
(120 年纪念版·珍藏本)
出 版 说 明

2017 年 2 月 11 日,商务印书馆迎来 120 岁的生日。120 年前,商务印书馆前贤怀揣文化救国的理想,抱持"昌明教育,开启民智"的使命,立足本土,放眼寰宇,以出版为津梁,沟通中西,为中国、为世界提供最富智慧的思想文化成果。无论世事白云苍狗,潮流左右激荡,甚至战火硝烟弥漫,始终践行学术报国之志,无改初心。

迻译世界各国学术名著,即其一端。早在 20 世纪初年便出版《原富》《天演论》等影响至今的代表性著作,1950 年代后更致力于外国哲学和社会科学经典的译介,及至 1980 年代,辑为"汉译世界学术名著丛书",汇涓为流,蔚为大观。丛书自 1981 年开始出版,历时三十余年,迄今已推出七百种,是我国现代出版史上规模最大、最为重要的学术翻译工程。

丛书所选之书,立场观点不囿于一派,学科领域不限于一门,皆为文明开启以来,各时代、各国家、各民族的思想与文化精粹,代表着人类已经到达过的精神境界。丛书系统译介世界学术经典,引领时代思想，为本土原创学术的发展提供丰富的文化滋养，为推动中国现代学术和现代化进程做出了突出的贡献。

为纪念商务印书馆成立120周年，我们整体推出“汉译世界学术名著丛书”120年纪念版的珍藏本，寄望既利于文化积累，又便于研读查考，同时向长期支持丛书出版的译者、编者和读者致以敬意。

两甲子后的今天，商务印书馆又站在了一个新的历史时间节点上。我们不仅要铭记先辈的身影和足迹，更须让我们的步伐充满新的时代精神。这是商务人代代相传的事业，更是与国家和民族的命运始终紧密相连的事业。我们责无旁贷，必须做好我们这代人的传承与创造，让我们的努力和成果不仅凝聚成民族文化的记忆，还能成为后来人可以接续的事业。唯此，才能不负前贤，无愧来者。

商务印书馆编辑部

2017年10月

译者的话

——对莱布尼茨的逻辑学的再解释

（一）

《对莱布尼茨哲学的批评性解释》是伯特兰·罗素（1872—1969 年）公开发表的第二部著作。它不仅对于作为哲学史家的罗素是重要的，而且对于作为哲学家的罗素也是至关重要的。

莱布尼茨是欧洲近代理性主义哲学的集大成者。他的深邃的、具有划时代意义的哲学思想，不仅在他去世后不久即为他的信徒克里斯提安·沃尔夫作了系统的诠释，而且还受到了法国“百科全书派”首领狄德罗和德国古典哲学家康德、黑格尔和费尔巴哈的高度重视。即使到了现当代，他的哲学思想依然熠熠生辉。[①] 现代西方哲学人本主义的鼻祖叔本华就是在研究他所提出和阐释的“充足理由律”的过程中走向意志主义的。莱布尼茨的哲学思想也同样深刻地影响着罗素。如果说“走进沙漠”是天才思想家的普遍命运的话，那么，对于两岁丧母、四岁丧父、自幼就意识到“我生来

① 参阅段德智：《莱布尼茨对现代西方哲学的影响》，载《武汉大学学报（哲学社会科学版）》1996 年第 6 期。

就不幸"的罗素来说就更其如此了。然而正如罗素自己所说,他摆脱"孤寂感"的主要途径便是同"先哲"的"神交",而首先是同莱布尼茨的神交,并且以博得莱布尼茨的思想地位为自己终生向往和企求的人生目标。[①]

我们常常说罗素是现代数理逻辑中逻辑主义分支的主要代表和现代分析哲学的重要代表,其实,无论如何,罗素首先是一位莱布尼茨研究者。他于1900年出版的这部研究莱布尼茨的哲学专著,至今还被西方哲学界公认为研究莱布尼茨的权威性著作。而他也把莱布尼茨看做自己在所有先哲中研究最力、研究成果超人的唯一一位哲学家;对此,他在1947年出版的《西方哲学史》的"美国版序言"和"英国版序言"中都曾申明过和强调过。[②]

然而,莱布尼茨远不只是罗素的一个研究对象,他事实上构成了罗素走向自己、实现自己的一座重要桥梁,质言之,罗素是在研究莱布尼茨的过程中走上自己的哲学道路的。我们知道,罗素最初是一位新黑格尔主义者,是一位麦克塔加特和布拉德雷的崇拜者。他于1897年发表的《论几何学的基础》所表达的就是一种新黑格尔主义的观点。但在三年之后出版的这部著作中,我们却看到了另外一种哲学景象,看到了作者批判新黑格尔主义、走向新实在论和逻辑主义的崭新立场。美国纽约市立学院哲学系系主任菲

① 参阅《罗素自传》(英文版),伦敦,乔治·艾伦与昂温股份有限公司,1993年出版,第190页。在其中,罗索写道:"我经常跟莱布尼茨进行神交。我告诉他,他的那些观念已经证明了是何等的伟大,其成就和影响比他所能预见的要大得多;我非常自信,认为后世的学者必定会同我一样,对莱布尼茨也持这样一种看法。"

② 参阅罗素:《西方哲学史》上卷,商务印书馆,1981年版,第6、8页。

力浦·P.维内教授于1940年12月8日致罗素的信中曾高度评价了《对莱布尼茨哲学的批评性解释》，认定这部著作的意义和价值仅次于《数学原则》和《数学原理》（合著）。[①] 罗素在《我的哲学发展》（1959年）中曾把1899—1900年看作他的哲学著述活动的“一个主要的分界线”，说这两年他哲学思想的“变化”是“一场革命”，而“其后的改变”则具有“演进”的“性质”。[②] 而罗素在1899—1900年期间所做的一项主要工作便是写作和出版《对莱布尼茨哲学的批评性解释》。从这个意义上，我们可以说，不了解罗素的《对莱布尼茨哲学的批评性解释》，就不了解罗素，至少不可能历史地和全面地了解罗素的哲学思想。[③]

（二）

然而，事情“蹊跷”得很。不是别人，正是麦克塔加特本人在1899年给罗素提供了借以系统表达他叛离麦克塔加特哲学立场的机会。按照罗素本人的说法，他早年是在麦克塔加特的直接影响下成为一个黑格尔主义者的。然而，后来在新实在论哲学家摩尔的影响下，他逐步从“德国的唯心论”即布拉德雷的或黑格尔的绝对唯心论的浸渍中超拔出来，转到新实在论和逻辑原子论的立场上来，转到洛克、贝克莱和休谟的经验主义立场上来。而他的这

① 参阅《罗素自传》（英文版），第490页。

② 罗素：《我的哲学发展》，商务印书馆1995年版，第7页（下引此书，不注版本）。

③ 参阅段德智：《莱布尼茨对现代西方哲学的影响》，载《武汉大学学报（哲学社会科学版）》1996年第6期。

种哲学立场的“革命性”转变最初就是由《对莱布尼茨哲学的批评性解释》表达出来的。可是，罗素研究莱布尼茨却是很偶然的。当时剑桥大学要麦克塔加特开莱布尼茨的课，麦克塔加特却打算到新西兰走亲戚，于是请罗素代他讲授莱布尼茨哲学。而罗素也充分地运用了麦克塔加特给他的这个机会，对新黑格尔主义作了一次认真的清算。

罗素认为，“哲学史”作为一项“学术研究”可以设置两种“目标”，其中一种主要是“历史”的，而另一种则主要是“哲学”的。“历史”的研究目标有一个重大缺陷，这就是“过分地偏重”诸哲学之间的“关系”而“忽视”对“哲学”本身的研究。而后一种研究则要求对先前哲学家采取一种比较“纯粹”的哲学态度；在这种态度下，我们虽然也要具体地甚至历史地考察一个哲学家的实际观点，但这位哲学家毕竟是作为某项哲学真理的载体而受到考察的。简言之，这种探求要求我们把精力首先集中到“哲学的真假”上，而非“历史的事实”上，因而是一种“大可一试”的方法。况且，在莱布尼茨研究方面，历史的任务已经为其他人、为一些知名学者令人称叹地完成了。鉴此，罗素宣布，对于莱布尼茨，他所“尽力承担”的是“后面一项”任务，即“哲学性质更为鲜明”的任务，而非“较为严格的历史的任务”。

在对莱布尼茨哲学进行系统的“哲学”研究方面，罗素高于前人的地方在于他采用了一种特殊的方法，即他所谓“分析的方法”，即“从结果开始，然后及于前提”的方法，也即他所谓“奥卡姆剃刀”的方法。关于他的这个方法，英国学者艾兰·乌德有个绝妙的比喻，说罗素以为一个哲学家的任务正像“侦探故事中的侦探”一样，

这个侦探不能不从“结局”开始，借着分析证物，逆着进行。[①] 罗素认为，先前的莱布尼茨研究的一项基本缺陷就是它基本上是就莱布尼茨哲学的某些具体意见来审视莱布尼茨、研究莱布尼茨，而不注意追究这些意见的“终极根据”。例如，人们只是武断地宣布：单子之间不能相互作用，有所谓“不可辨别者的同一性”，有所谓“充足理由原则”等，但并未对莱布尼茨的这些“意见”作进一步的考察，并未对这些“意见”进一步问一个“为什么”。因此，罗素给自己提出的首要任务就是去探究莱布尼茨诸多哲学意见的“根据”，寻求莱布尼茨哲学的理论基础。

为完成这一任务，罗素认真地研读了莱布尼茨的《形而上学论》和致阿尔诺的信。在研读中，罗素极其兴奋地看到了“一束强烈的光线”突然照射进了“莱布尼茨哲学大厦”的“最幽深处”，看到了它的“基础”是“如何奠定”的，它的“上层基础”又是“如何拔地而起”的；从而形成了一个非常基本的思想，这就是：“莱布尼茨哲学差不多完全源于他的逻辑学。”[②]这在当时是一个崭新的思想。按照当时人们的流行看法，在大陆理性主义哲学家当中，斯宾诺莎的哲学是最适宜于由定义和公理出发的几何学演绎法的。但是，罗素却令人震惊地宣布：莱布尼茨的哲学比斯宾诺莎的哲学“更加适宜于由定义和公理出发的几何学演绎”。在罗素看来，莱布尼茨的哲学体系完全能够从一些非常简单的“前提”推演出来，而他的这部著作的根本任务就是找到这些“前提”，并且进而表明莱布尼茨

① 参阅罗素：《我的哲学发展》，第246页。

② 参阅本书“第二版序”。

哲学的所有原理差不多都是从这些前提推演出来的。这从本书第一章的标题“莱布尼茨的哲学前提”就可以看出来。罗素开宗明义地宣布:“莱布尼茨的哲学,虽然从来不曾作为一个系统的整体呈现于世人,然而,正如细心考察所表明的,却是一个异乎寻常地完整的和连贯的体系。”而这个哲学的“前提”主要是5个。这就是:(1)每个命题都有一个主项和一个谓项。(2)一个主项可以具有若干个关于存在于不同时间的性质的谓项。(这样的主项被称为实体。)(3)不断言处于特定时间的存在的真命题是必然的和分析的,而那些断言处于特定时间的存在的命题则是偶然的和综合的。后者依赖于终极因。(4)自我是一个实体。(5)知觉产生关于外部世界即关于除了我自己以及我的状态之外的存在物的知识。而这部著作的第二—五章着重讨论这些前提的前4个,并且表明它们将导致莱布尼茨哲学体系的全部必然命题,或近乎全部的必然命题。这些是莱布尼茨哲学体系中最具个殊性和独创性的内容。本书第六—十一章讨论莱布尼茨单子主义的证明和描述;而其余各章将继续讨论这些内容,并且将讨论灵魂与躯体、上帝学说和伦理学。后面这些部分虽然占了很大的篇幅,但是它们并不构成莱布尼茨哲学的本质内容,只不过是改头换面的斯宾诺莎主义。于是,正如我们后来在他的《数学原则》和《数学原理》中所看到的,罗素在其中所谈论的与其说是一般的数学问题,毋宁说是数学的逻辑基础,我们在《对莱布尼茨哲学的批评性解释》中所看到的也与其说是莱布尼茨的哲学体系,毋宁说是莱布尼茨哲学的逻辑基础或逻辑前提。这不仅对于我们历史地理解罗素的“逻辑分析”方法是重要的,而且对于我们历史地理解罗素的数理逻辑中的和哲学中的逻辑主义也是十分必要的。因为，正是在这部著作中，我们已经相当强烈地感受到了罗素后来明确表述出来的“逻辑是哲学的本质”的重要思想。

然而，该书对罗素哲学发展的重大影响还远不只如此。因为罗素虽然对莱布尼茨哲学的逻辑主义作了系统的解释，但是他也对莱布尼茨的逻辑主义作了积极的批评，从而为他提出一种崭新的逻辑主义作了必要的铺垫。在罗素看来，莱布尼茨的逻辑主义的缺陷最根本的就在于它的唯实体主义。我们知道，莱布尼茨本人不只一次地强调实体概念的重要性，认为对实体概念的考察是哲学中最为重要又最富丁成效的一点，最基本的真理，甚至那些关于上帝、灵魂和躯体（物体）的真理，都是从他的实体概念推证出来的。罗素由此断言，“实体概念支配着笛卡尔的哲学，而在莱布尼茨哲学中的重要性一点也不次于前者。”[①]与笛卡尔主义者不同，莱布尼茨不是把实体定义为其存在仅仅需要上帝协助的东西，而是坚持用谓项来定义实体，断言所谓实体即是“可以具有若干个关于存在于不同时间的性质的谓项”的“主项”。但是，这样一来，莱布尼茨便犯了把实体同有关谓项的总和混淆在一起的错误。这是因为，在人们赋予实体这个术语的意义中，除主项的逻辑概念外，一般说来，还存在着另外一个要素，这就是在变化中持续存留这个要素。实际上，持续存留作为纯粹生成的对立面就包含在变化的概念中。而变化总意味着某件事物在变化；也就是说，它总是意味着一个主项在变化其性质的同时又保留着它本身。由此看来，实

① 本书第16节。

体便不是一个观念，一个谓项，也不是诸多谓项的集合，而是谓项存在于其中的“基质”。[①]

然而，在罗素看来，莱布尼茨的实体概念的弊端不仅在于无端酿成了上述自相矛盾或“悖论”，而且还在于它是一种完全排拒“关系”实在性的学说。莱布尼茨相当重视“关系”问题，不止一次地讨论了“关系”问题。但是，为了主张主项—谓项学说，莱布尼茨最后还是接受了康德的理论，认为关系虽说是确实的，但却是心灵的产物，是一种“纯粹观念性的东西”。[②] 罗素严厉地批评了莱布尼茨的“关系”理论，昭示了它的“荒谬性”，并进而论证了“关系”的实在性。不难看出，在罗素对莱布尼茨逻辑学说和实体学说的批评中，已经酝酿了他以后很久才完成的“从具有属性的实体到处于关系中的事件”的“转变”，而这样一种“转变”无疑是他的“逻辑原子主义”得以形成的必要前提。

（三）

应该说，罗素在考察莱布尼茨的哲学时坚持从逻辑学出发，坚持从莱布尼茨的逻辑学推演出他的全部哲学原理，这一点是相当深刻的。因为莱布尼茨的逻辑原则不是普通的形式逻辑的原则，而是他借以构建其哲学体系的根本的思维原则，属于莱布尼茨体系中“元哲学”的层面和最本质的内容。从莱布尼茨的逻辑学出

---

① 参阅本书第 17、21 节。

② 参阅本书第 10 节。

发，就是从莱布尼茨哲学的最高原则出发，也就是从莱布尼茨哲学的"终极基础"出发，而这一点显然是许多莱布尼茨的研究者所未曾达到的。

但是，罗素在理解和把握莱布尼茨的逻辑原则时却犯了严重的错误，把矛盾原则看成了莱布尼茨借以构建其哲学的唯一的思维原则。这是相当片面的。诚然，罗素在本书中也确实认真地讨论过莱布尼茨的充足理由原则，例如，他用了一整章的篇幅讨论了"偶然命题与充足理由原则"（本书第三章）；但是，他在讨论充足理由原则与矛盾原则的关系时，还是把充足理由原则归结为矛盾原则，宣布：充足理由原则，归根结底，是"必然的和分析的，而不是一个同矛盾原则并列的原则，而只是它的一个结论"。[①] 这是很不恰当的。

我们知道，在莱布尼茨以前，大陆理性派哲学家，如笛卡尔和斯宾诺莎，都信奉矛盾原则或矛盾律为他们哲学的最高思维原则。所谓矛盾原则就是我们通常所说的"甲不能既是甲又是非甲"的逻辑原则；按照这项原则，一个命题、思想和理论只要不包含着逻辑上的自相矛盾就是自明的，就是真的。这种标准虽然对关于本质的命题、思想和理论是适用的，但是却不适宜于那些关于存在的命题、思想和理论。例如，"张三在读书"可能是一个完全真的命题；这并不能从逻辑上排除这个命题的反面"张三不在读书"的可能性，但是我们却不能因此而否认这个命题的真理性。莱布尼茨由

① 参阅本书第 15 节。

于意识到了矛盾原则之不足用，于是另提出了“充足理由原则”。[①]“充足理由原则”的基本含义是“没有什么东西是没有理由的”，或者如海德格尔所说，是“没有什么东西无理由而存在”。依照矛盾原则，在永恒必然的真理中，一个命题的谓项总包含在主项中。但是，存在或存在性却不能够成为一个包含在这类命题的一个主项中的谓项。既然如此，则永恒真理就只能是关于本质的命题，而不能是关于存在的命题，从而矛盾原则也就只能是关于本质的大原则，而不能成为关于存在的大原则。能够成为关于存在的大原则的，则是“充足理由原则”。

诚然，矛盾原则依然是莱布尼茨哲学的一项基本思维原则。这是因为：首先，从与莱布尼茨的本体论相关的角度看，矛盾原则是一条关于本质的原则、关于可能性的原则；这样，它就适合于任何可能的世界，而且既然如此，它在一定意义上，也就同样适合于现实的世界，适合于现实世界的本质的层面，因为现实世界原本是无数可能世界中的一个。其次，从与莱布尼茨的认识论相关的角度看，矛盾原则是“推理的真理”赖以成立的基础，而推理的真理在莱布尼茨的认识论体系中显然占有远比其他真理重要的地位。再次，从与莱布尼茨的神学—认识论相关的角度看，既然在莱布尼茨看来，对于上帝，所有的真理都是推理的真理，则在这个意义上我们便可以说，一切真理（包括偶然的真理或事实的真理在内）都可还原为推理的真理，因此归根到底也都是以矛盾原则为其基础的。

---

① 参阅陈修斋：《黑格尔对莱布尼茨思想中矛盾律与充足理由律二元并列问题的解决》，载段德智选编的《陈修斋哲学与哲学史论文集》，武汉大学出版社，1995 年版，第 299—306 页。

最后,矛盾原则也同莱布尼茨的“普遍文字”和“综合科学”直接相关。

然而,充足理由原则,同矛盾原则一样,也是一项莱布尼茨哲学所根据的相对独立的基本思维原则。首先,从本体论上讲,矛盾原则是关于“本质”的或可能性的大原则,而充足理由原则则是一项关于“存在”的大原则。矛盾原则虽然适用于一切可能的世界,但它却不能解说个体事物存在的偶然性,不能给偶然的个体事物何以存在提供出任何实在的理由。充足理由原则恰正是这样一条可用来解释唯一现存世界(现象世界)及其所内蕴的偶然的个体事物的原则。离开了充足理由原则,莱布尼茨哲学的个体性原则和偶然性学说就不可能得到根本的说明。其次,与矛盾原则直接关涉到思维和事物的自一致,关涉到单子变化的内在原则不同,充足理由原则则不仅直接关涉到单子之间的普遍联系问题,即它们之间的共存、连续及和谐问题,而且也直接涉及现象世界里个体事物与个体事物之间的普遍联系问题,亦即它们之间的共存、连续及和谐问题。再次,既然依据莱布尼茨的充足理由原则,上帝是存在于现实世界中的偶然的个体事物的最后的充足理由,则这条原则之同莱布尼茨的神学的密切关系就明白无误了。最后,从认识论的角度看,正如矛盾原则是“推理的真理”的思维原则一样,充足理由原则则是“事实的真理”或“偶然的真理”的思维原则。

其实,在莱布尼茨哲学中,除了矛盾原则和充足理由原则外,还有另外一条思维原则,这就是“圆满性原则”。如上所述,矛盾原则是关于本质的大原则,充足理由原则是关于存在的大原则,而圆

满性原则是关于自由和自由选择的大原则。[①] 这三项原则之间除了各有相互独立的一面外，也确实存在着相互联系、相互贯通甚至相互依存的一面。例如，圆满性原则的运用无论如何是离不开矛盾原则的。因为所谓圆满性原则首先是一条关于上帝自由选择的原则；然而既要选择，自然就需要有一个选择对象的问题，而在上帝的创造活动中能够成为其选择对象的不能是别的，只能是以矛盾原则为基础的可能世界（概念世界）。圆满性原则不仅同矛盾原则密切相关，而且也同充足理由原则密切相关。一方面，以充足理由原则为基础的唯一存在的现实世界之所以存在的最后的充足理由不是别的，正是上帝依据圆满性原则在无数可能世界中进行的选择；另一方面，上帝之所以会在无数可能世界中选择出并创造出这样一个世界，其根本理由也正是在于这个以充足理由原则为基础的唯一存在的现实世界具有最大的圆满性。再如充足理由原则同矛盾原则的关系也是十分密切的。前面说过，矛盾原则是关于本质和可能性的原则，是适用于可能世界的原则，而充足理由原则则是关于存在的原则，是适用于唯一存在的现实世界的原则。但是既然这唯一存在的现实世界原本是无数多的可能世界中的一个，则这个现实世界就不能不同时具有诸多可能世界的内在品质，从而其本质或本性的方面也就不能不以矛盾原则为基础。这样看来，充足理由原则和矛盾原则实乃解说这唯一存在的现实世界之本质和存在这样两个不同层面的原则。

① 参阅陈修斋、段德智：《莱布尼茨》，台北，东大图书公司，1994 年版，第 69—75 页（下引此书，不注版本）。

由此看来，莱布尼茨的哲学所依据的基本思维原则——矛盾原则、充足理由原则和圆满性原则——之间的关系是错综复杂的，既有相互独立、无可更替的一面，又有相互联系、相互贯通的一面。它们之间所存在的，并不是如罗素所说的是一种单向性的线性关系，而是一种比这要复杂得多的多向性的互蕴互补关系。[①] 莱布尼茨对于解决他所面临的两大问题，即“不可分的点”与“连续性”的关系问题和自由与必然的关系问题的全部哲学思考都是基于这些原则的多向互蕴互补关系的。例如，他在本体论上提出的关于单子变化的内在原则、连续性原则以及单子与单子、个体与个体之间的前定和谐原则，他在认识论上提出的天赋观念潜在说和两重真理学说，他在社会伦理方面提出的神正论、乐观主义和人的自由学说等，离开了上述三项原则的互蕴互补关系，是无从理解也是无从说明的。

（四）

莱布尼茨的逻辑学虽然是本书的主题，但罗素围绕着这一主题，具体而深刻地讨论了许多重大的哲学问题，提出和阐述了许多有价值的思想。例如，他在本书中非常细致地讨论了莱布尼茨的实体概念、物质哲学、时空理论、知觉理论、伦理思想和神学思想，比较深入地阐述了莱布尼茨哲学的主体性原则和个体性原则，比较认真地批评了莱布尼茨的天赋观念学说等。所有这些都是值得

① 参阅陈修斋、段德智：《莱布尼茨》，第 82 页。

我们认真借鉴的。此外，本书的“附录”对于我们理解和研究莱布尼茨的哲学思想也是大有裨益的。

至于本书的缺点，除了我们在前面指出的那种片面性外，还有一些值得我们注意的缺点。例如，他把莱布尼茨的关于经验世界的哲学看作是“一件历史的古玩”，就相当充分地体现了他的唯心主义的哲学偏见。但是，瑕不掩瑜，尽管近一个世纪过去了，罗素的这部著作在研究莱布尼茨哲学的诸多著作中迄今依然是最有哲学思想、最有价值的少数几部著作之一。① 它不仅对于我们系统、深入地了解莱布尼茨以及深入、历史地了解罗素是极其重要的，而且对于我们具体、深入地了解整个近现代西方哲学和当代西方哲学也是极其重要的。

段德智

1997 年 12 月 17 日于武昌珞珈山

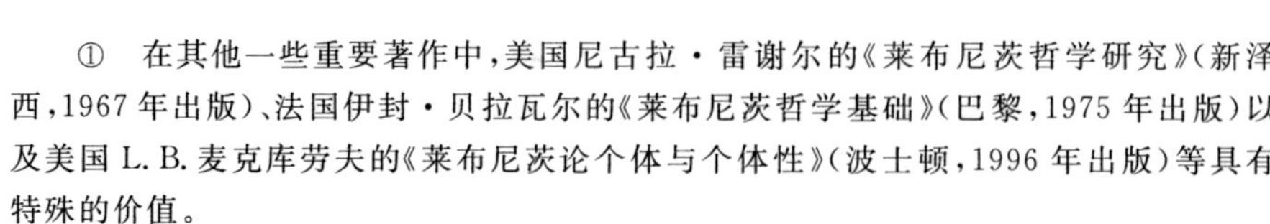

① 在其他一些重要著作中，美国尼古拉·雷谢尔的《莱布尼茨哲学研究》（新泽西，1967 年出版）、法国伊封·贝拉瓦尔的《莱布尼茨哲学基础》（巴黎，1975 年出版）以及美国 L. B. 麦克库劳夫的《莱布尼茨论个体与个体性》（波士顿，1996 年出版）等具有特殊的价值。

第二版序

本书的第一版问世不久，它的主要论题，即莱布尼茨哲学差不多完全源于他的逻辑学，就从路易·库图拉特的著作中得到了全面的肯认。他的《莱布尼茨逻辑学》(1901 年)，受到了《莱布尼茨的未发表的短篇与论文集》(1903 年)这一手稿本的有力支持；而这一手稿本却一向为他以前的编辑者普遍忽视。《形而上学论》与致阿尔诺的信本来是我阐释莱布尼茨的哲学时差不多必须一无例外地依赖的文本；库图拉特的这部著作表明，这些文献正是莱布尼茨表达同样观点的无数作品的两个样本；它们竟然被掩埋在汉诺威图书馆的大量文献中长达两个世纪之久。任何一个《短篇集》的坦率的读者都不会怀疑，莱布尼茨的形而上学是他从他的主一谓项逻辑学推演出来的。例如，这从论文《第一真理》(《短篇集》，第518—523 页)就可以看出来；在这篇论文里，“单子论”的所有主要学说都是以简明的逻辑严密性从下述前提推演出来的：

“因此，谓项或后件总是存在于主项和前件中，而且一般说来，真理的本性就在于这个事实。……这在每个肯定性真理中，不管是普遍的还是特殊的，必然的还是偶然的，都是真的”(同上书，第 578 页)。

凡我对莱布尼茨的阐释不同于先前评注家的地方，库图拉特的著作都提供了确切的证据，表明我所依赖的很少几个先前发表过的文本具有我赋予它们的所有的重大意义。但是，库图拉特在非正统的道路上，比我走得更远；凡是在他的阐释有别于我的地方，他都能够列举出一些似乎是无争论余地的段落。他坚持认为，“充足理由原则”只是简单地断言：每个真命题都是分析的，而且同“矛盾律”正相反对；后者断言：每个分析命题都是真的。“不可辨别者的同一性”也是莱布尼茨明确地从所有真命题的分析特性中推演出来的；因为在断言这一点之后，他继续说道：“从这一点甚而能够推出：没有两个单一的事物仅仅在号数上不同；因为肯定能够对它们之为什么不同提供一个理由；这应当在它们之间的某种差异中去寻找”(同上书，第 519 页)。

因此，莱布尼茨的逻辑学，至少在其头脑最清醒的时候，比起我们归于他的要简单些。尤其是，充足理由原则在我们这部著作第 14 节中以一种完全不同于库图拉特的方式受到阐释；库图拉特的阐释同他所依赖的文本不一致，也同莱布尼茨的逻辑学不太一致。同时，有大量的文本支持我所采取的观点。莱布尼茨的哲学具有明显的两重性。例如，他有一个好的哲学，这在受到阿尔诺批评后，是保留给他自己的；他还有一个坏的哲学，这是他以声誉和金钱为目的而公布出来的。在这一方面，他表现了他的常人的智慧：他的坏哲学由于其品质之坏而受到青睐；而他的好哲学，却仅仅为其手稿编辑者所知道，且为他们误认为是无价值的，从而迟迟不予发表。例如，1686 年他写了一部关于数理逻辑的著作，并且在页边上写有“卓越的进步肇始于此”这句话；但是，在库图拉特之前，没有一个编辑认可他对自己作品的估价。在另一件手稿中，他从奥伊勒的图表引申出了三段论的所有样式；他还在另一件手稿中给出了德·摩根的公式：A 或 B＝非(非 A 和非 B)。这些只是其成果或方法的一些例证；它们本来应当被认作是莱布尼茨的，但是却由于他的手稿的编辑者的意境低下以及他自己对廉价声誉的嗜好，而被误认为是属于所谓后来发现者的。我认为，很可能当他年老的时候，他忘却了他一向留存给自己的好的哲学，而只记得那些他借以赢得君王及(甚至更多是)王妃赞赏的庸俗见解。如果库图拉特的著作于莱布尼茨在世时就公诸于世的话，我敢说，他准会对此大加抱怨的；这倒不是由于其不够准确，而是由于其准确得太不明智了。

有一个令人费解的关于存在的定义尘封在他的逻辑学的片段中。“存在可以被定义为这样一种东西，这就是与之可共存的事物要比同它本身不可共存的事物为多”(《短篇集》，第 360 页)。再者，在说过“存在就是具有存在或可能性以及某些更多东西的事物”之后，他继续说道：“因此我说，存在就是那种同大多数事物可共存的存在者，也就是最大可能的存在者；这样，所有共存的事物就都同样是可能的”(同上书，第 376 页)。如果莱布尼茨打算使这在严格的意义上成为“存在”的定义，那就会得出一些不可思议的结论。因为，如果事情果真如此的话，那就根本不会有什么创世活动：本质的关系在永恒真理之中，而构建这个包含着最大数量的可共存本质的世界正是纯粹逻辑学中的一个难题。我们也就可以由此得出结论说：这个世界是由于定义而存在的，根本无需神的任何命令；再者，既然本质存在于上帝的心灵中，这也就是上帝的一份职责。在这里，也和在其他地方一样，每当莱布尼茨迫使自己符合逻辑时，他便陷入了斯宾诺莎主义；因此，在他的公开发表的著作中，他总是小心翼翼地去违背逻辑。

数学，尤其是微积分，极大地影响了莱布尼茨的哲学。那种我

们称之为偶然真理的知识，按照他的见解，是那些主项无限复杂的真理，而且只有无限延长的分析才能表明谓项包含在主项之中。每个实体都是无限复杂的，因为它同每个别的实体都存在着某种关系，而且也根本没有什么纯粹外在的关系；这样，每个关系都包含着一个关于每个相关项的谓项。由此便可得出结论说，“每个单一的实体在其完满的概念中都包含了整个宇宙”（《短篇集》，第521页）。因此，对于我们来说，关于特殊实体的命题只有通过经验才可以发现；但是，对于能够把握无限的上帝来说，它们跟“等边三角形是三角形”一样是分析的。然而，我们却能够无限接近这种关于个别实体的完满知识。因此，在讲到圣彼得之否认耶稣基督时，莱布尼茨说道：“这个问题能够由彼得的概念得到论证；但是，彼得的概念既然是完满的，从而也包含有无限，所以这个问题就永远不可能达到完满的论证。但是，我们能够越来越接近这一步，以致其间的差异比任何给定的差异都要小。”库图拉特评论说，“这一完全数学的用语，是从无穷小方法借用过来的”（《莱布尼茨逻辑学》，第213页注）。莱布尼茨酷爱用无理数进行类比。一个非常相似的问题已经在现代数学哲学中出现了，这就是有穷论者最近提出的问题。例如，π的十进小数展开时，会不会某一个数位连续出现3个7；就人们计算的过程来看，它没有。然而，有可能证明将来会在后面的某一个数位上有连续3个7，但是，若要证明没有连续3个7，则是不可能的，因为这就需要作无穷的运算。[1] 诚然，

① 在翻译“连续出现3个7”几句时，曾就教过我国著名的数学家齐民友教授，也曾同梁志军先生一起斟酌过。——译者

莱布尼茨的上帝能够完成这个运算，从而也就会知道这个答案；但是，如果不是这种情况，则我们就永远不可能知道它。在莱布尼茨哲学中，关于存在事物的命题，是能够先验地认知的，只要我能够完成无限的分析；但是，既然我们做不到这一步，"我们"就只能够经验地认知它们，尽管上帝能够由逻辑学把它们推演出来。

在我著述"莱布尼茨哲学"时，我对数理逻辑，对乔治·坎特的无穷数理论所知甚少。现在我不应当说(但是我在后面的段落中却这么说了)，纯粹数学的命题是"综合"的。在可以由逻辑学推断出来的命题与不能这样推断出来的命题之间存在着重大的差别；前者可以方便地被界定为"分析"的，后者则可以方便地界定为"综合"的。莱布尼茨认为，对于上帝来说，所有的命题都是分析的；而现代逻辑学家，就其大多数而言，则把纯粹数学看作是分析的，而把所有关于事实的知识看作是综合的。

再者，我现在还不应当说："显然，并非每个单子都能拥有一个有机体，如果这是用其他从属单子组成的话"(第 150 页)。这一点预设了单子的数目必定是有限的，而莱布尼茨却假定说单子的数目是无限的。他说："在宇宙的每个质点上，都包含有一个由无限创造物组成的世界"(《短篇集》，第 522 页)。因此，每个单子之拥有一个由从属单子组成的躯体就是可能的，这就像每个分数都大于无限数目的其他分数是可能的一样。

要构建一个描述莱布尼茨世界观的算式是非常容易的。让我们设定每个单子都指派给一个合理的真分数 m，每个单子在时间 t 的状态则为 mf(t)。这时，f(t)对于所有单子都是一样的。因此，在每一个给定的时间，在任何两个单子之间以及在任何一个单子与宇宙之间都存在着一种对应;于是,我们可以说,每个单子都反映整个世界,也都反映每个别的单子。我们可以假定这个其号数为 m 的单子的躯体是那些其号数为 m 的幂的单子。号数 m 可以被看作是对这个单子的智力的测量。这样一个算式当然只是用作例证的,但是却也有助于说明,莱布尼茨的宇宙在逻辑上是可能的。然而,他却把这假定为实际的,而他提供的理由既然依赖于主—谓项逻辑学,便不能为现代数理逻辑学家所接受。再者,正如我们在后面所表明的,严格地讲,莱布尼茨所采用的这种主—谓项逻辑学是同实体的复多性不相容的。

除了上述各点,我的有关莱布尼茨哲学的观点依旧是那些我在 1900 年所持有的观点。由于数理逻辑的发展,也由于他在这一学科及其相近学科的手稿的同时发现,莱布尼茨作为一位哲学家的意义比那个时期更其昭然了。他的有关经验世界的哲学现在不过是一件历史的古玩;但是,在逻辑学和数学原理领域,他的许多理想已经成真;而且已经最终表明,它们绝不是一种异想天开的幻想。可是直到最近,他的所有后继者似乎还都是那么看的。

1937 年 9 月

第一版序

哲学史作为一项学术研究，可以设置两种稍有差异的目标，其中第一种主要是历史的，而第二种则主要是哲学的。由于这个缘故，就很容易出现这样一种现象，即在我们寻找哲学“的”历史的地方，我们却相反地发现了历史“和”哲学。有关时代或其他哲学家的影响问题，有关一个哲学家的体系的发展以及他的主导观念的成因问题，所有这一切都确实是历史的：要回答这些问题，就需要对流行的教育，对其必须诉诸的大众，以及对所考察的时代的科学和政治事件，具有极其广博的知识。但是，人们也可以怀疑，在这些因素居支配地位的著作中，我们所讨论的内容究竟在多大程度上真正称得上是哲学的。存在着一种过分地偏重哲学之间的“关系”以致忽视哲学本身的倾向；这一倾向由于一些人极力倡导所谓历史精神而愈发增强了。对相继的哲学可以进行比较，就像我们可以对一个图样或设计的相继形式进行比较，而很少关涉它们的意义，或根本不关涉它们的意义那样：一种影响既可以由文献证据来证实，也可以由用语的一致来证实，而根本无须理解我们讨论其因果关系的诸哲学体系本身。但是，始终依然存在着一种对待先前哲学家的纯粹哲学的态度，这就是：不管先前哲学家的写作日期或影响，只是致力于发现其中那些作为可能哲学伟大类型的内容；并且通过考察过去时代的伟大哲学家所倡导的体系来指导我们进

行研究。在这种探究中，依然存在着有关所要考察的哲学家的实际观点的问题，这毕竟很可能是意义至为重大的历史问题。但是，这些观点现在已经在不同的精神下受到了考察。在我们探究真正杰出哲学家的意见时，这些意见就可能大体上形成一个紧密相关的体系；而且，通过学习理解它们，我们就能够获得有关重大哲学真理的知识。既然过去时代的哲学总是属于一些伟大类型中的这一个或那一个（在我们的时代，这些类型不断地再现），则我们通过考察任何一种类型的最伟大的代表，就足以掌握这样一类哲学的基础了。我们甚而可以通过考察迄今所提出的体系无一幸免的矛盾或不一致来了解所考察类型的基本缺陷，以及这些缺陷如何才能得以避免。但是，在这样的考察中，我们不再从心理学角度对这位哲学家作出解释：他是作为他认为是哲学真理载体的原理的倡导者而受到考察的。他渐次进展到这种意见的具体发展过程，虽然其本身非常重要、颇有趣味，但在逻辑上却同探究这种意见本身在什么范围内正确这个问题无关；而且，如果我们查明了他的意见，从而在对他的主要学说本身进行批判性的详尽考察之前，就删除掉其中那些似乎同他的主要学说不相一致的内容，是大可一试的。简言之，这种探求要求我们把精力首先集中到哲学的真假上，而非历史的事实上。

对于莱布尼茨，我所尽力承担的正是后面一项任务，而非较为严格的历史的任务。历史的任务已经为其他人，尤其是为知名学者斯坦教授令人称叹地完成了。对于他们的工作我没有什么要补充的；但是，哲学性质更为鲜明的任务至今还没有人承担起来。埃德曼以其更为渊博的历史知识对莱布尼茨的哲学作了卓越的说明

(1842年9月),我从他那里学到的东西比从任何一个别的评论家那里学到的都多;但是,他的著作是在对致阿尔诺的信及从埃德曼的莱布尼茨版本(1840年)问世以来发表的大量其他材料一无所知的情况下写出来的。而且,从他那个时代起,关于我们这位哲学家的体系的传统观点看来一直这样根深蒂固地存在于评论家们的心中,以至于新的手稿的重大意义,在我看来,还不曾得到充分的承认。诚然,迪尔曼写过一本书,其对象跟我们这本书很接近;而且在我看来,他也似乎正确地强调了仅仅从《单子论》获得我们关于莱布尼茨的看法的危险。但是,迪尔曼在理解莱布尼茨的意义方面是否也和他掌握莱布尼茨著作的文本一样成功,对此是大可怀疑的。

一些人的评论可能有助于解释为什么我会相信著述一部关于莱布尼茨的书并非完全多此一举。1899年春季学期,我在剑桥三一学院开设了一门关于莱布尼茨的哲学演讲课程。在准备这些讲演时,我发现我自己在阅读了大多数权威评论家和大多数莱布尼茨的相关论著后,对把他引导到他的许多意见的根据依旧茫然无知。为什么他认为单子不能够相互作用,他是怎样相信"不可辨别者的同一性"的,所谓充足理由律究竟意谓着什么,这些问题似乎要求一个答案,但是我们却一个也找不到。我也和许多人一样感到《单子论》是一篇有几分奇异色彩的童话,虽然条理清楚,但却是完全武断的。在这期间,我读了《形而上学论》和致阿尔诺的信。一束强烈的光线突然照射进莱布尼茨哲学大厦的所有最幽深处。我感到豁然开朗。我看到它的基础是如何奠定的,它的上层建筑是如何拔地而起的。看来,这个似乎幻想出来的体系也能够从一些简单的前提推演出来。但是对于莱布尼茨由它们推演出来的结论如果不是多数,也是许多哲学家一向随意承认的。希望那些于我似乎是明白无异的段落对别人也似乎如此,这也并非不合情理。因此,在后面的部分里,我从这些段落所蕴涵的学说开始,尽力把单子理论展示为一种由少数几个前提出发的严格的推论。这样,单子看来就不再是阐释的起点,而是跟在序言性的推理长链之后的东西。我想,如果这种说明是正确的话,莱布尼茨作为一个哲学家的价值比起那些由通常的阐释所产生的估价来要大得多。

在正文的后面,我加上了一个关于分类语录的《附录》;在这个附录里,我的目标在于在莱布尼茨哲学的每个重要观点上,至少包括一个明确的看法,不管它在什么地方被找到。对于那些争论未决的论点,或那些他前后不一致的论点,我一般都提供几条语录。凡不迟于 1686 年的段落,我都提供了这些段落的日期,由于某种别的理由,这样做似乎很有必要。在正文中所提及的段落在《附录》的相应段落里一般地都摘引出来了,除非它们在较早的段落里已经被提及和摘引了;但是,在正文中摘引的段落在《附录》里一般都不重复了。为了对照的方便,我还制作了一个《附录》的索引。这样,《附录》里的任何一个段落都可以非常方便地通过对照找到。我翻译了所摘录的全部段落,在任何地方都不假定读者有任何外语知识。我也尽力设定在从拉塔先生的卓越译本中获得的之外,对莱布尼茨没有任何在先的了解。在摘引他所译的语录时,我一般是尊重他的译文的;但是邓肯先生和兰利先生的译文,我通常发现是需要予以矫正的。在摘引莱布尼茨反对克拉克的论著时,凡不是太不确切的地方,我都沿用克拉克的译文。

我必须感谢剑桥三一学院的乔·爱·摩尔[①]，因为他不仅为我解释了大量史料，提出了许多有价值的建议，而且还为校订正文和附录中所有的拉丁译文付出了巨大辛劳。我还要感谢詹姆士·沃德[②]，因为他不仅阅读了这部著作的部分手稿，而且还对本书提出了若干条比较重要的批评意见。

1900 年 9 月

① 乔·爱·摩尔(1873—1958)，英国哲学家。1898—1904 年和 1911—1937 年期间，在剑桥执教。——译者

② 詹姆士·沃德(1843—1925)，英国哲学家和心理学家，他曾长期在剑桥执教。——译者

缩　写

G.　《莱布尼茨哲学著作集》,C. J. 格尔哈特编,柏林,1875—1890 年;本译著译作"格本"。

G. M.　《莱布尼茨数学著作集》,C. J. 格尔哈特编,哈勒,1950—1963 年;本译著译作《数学著作集》。

F. de C.　《未刊莱布尼茨所拟对斯宾诺莎的答辩》,加雷尔的 A. 富歇编入《莱布尼茨未刊书信和论著集》,巴黎,1854 年;本译著译作"富歇本"。

D.　《莱布尼茨哲学著作集,附有乔治·马丁·邓肯的注释》,新哈芬,1890 年;本译著译作"邓本"。

L.　《莱布尼茨:单子论及其他哲学著作集,附有罗伯特·拉塔的导论和注释》,牛津,1898 年;本译著译作"拉塔本"。

N. E.　《哥特弗利德·威廉·莱布尼茨著〈人类理智新论〉,附有一个由他的一些短篇论文组成的附录》,阿尔弗雷德·基甸·兰利译,纽约和伦敦,1896 年;本译著译作《新论》。

目　　录

第七章 物质哲学:(a)作为动力学原则的结果

第八章 物质哲学(续):(b)作为对连续性和广延性的解释

第十一章　单子本性概论

第十二章　灵魂与躯体

第十三章　混乱的和无意识的知觉

第一章　莱布尼茨哲学的前提 1

1. 莱布尼茨的哲学，虽然从来不曾作为一个系统的整体呈现于世人，然而，正如细心考察所表明的，却是一个异乎寻常地完整的和连贯的体系。既然研究他的观点的方法必然在很大程度上依赖于他用以表述它们的方法，那么谈一谈他的性格和环境，谈一谈我们是如何估价他的某部著作究竟在什么程度上代表了他的真正意见，哪怕是讲很短几句，想来也是很有必要的。

莱布尼茨不曾把他的体系囊括在一本大部头著作里，其原因恐怕不应当从这个体系的本性中去寻找。相反，它比斯宾诺莎的哲学更加适宜于由定义和公理出发的几何学演绎。因而，应当从他的性格和环境而不是从他的理论中来寻求对他的写作方式的解释。因为他写作每一部著作，似乎都需要某种直接的刺激，某种切近的和紧迫的动因。为了取悦亲王，驳斥某个哲学对手，或是为了规避某个神学家的责难，他都会煞费苦心。正是由于这样一种写作动机，我们才得以有《神正论》、《自然的和神恩的原则》[①]、《人类理智新论》和《致阿尔诺的信》。但是，他对阐释的效果，似乎并不

① 我接受格尔哈特的意见，认为写给欧根亲王的是这部著作而非《单子论》(格本第6卷，第483页)。

怎么在意。他的著作几乎没有不涉及某个特殊个人的，而且，他几
乎所有的著作关切的最多的毋宁是规劝读者，而不是提供最可靠
的证明。这种劝导欲望，在阅读莱布尼茨的著作时，必须牢牢记在
2 心头，因为正是这一点使他突出了当时流行的生动感人的论点，而
不惜牺牲他掩埋在较为晦涩的著作里的更为坚实的理由。而且，由于这一缘故，我们常常在他手稿中发现的短篇论文里，找得到对他某些观点的最好的表述，这些手稿经由他的学生如埃德曼或格尔哈特等，首次问世。我们发现，一般来说，这些论文同他的公开声明相比，其中夸张的辞藻要少得多，而逻辑性又要强得多，后者提供的概念同他的哲学深度和智慧很不相称。

使莱布尼茨耗费掉无限精力的另一项原因，是他之讨好王公贵族的需要。早年，他曾拒绝阿尔多夫大学的教授职位，[①]他蓄意要过的是一种宫廷生活，而非学术生活。虽然这项选择使他得以到法国和英国旅行，结识了他那个时代的一些著名人物和一些伟大思想，确实产生了最有益的成果，然而，最终却使他滋生了一种对王族的不适当的尊重，从而在讨好这些人的活动中令人痛惜地消磨了大量时间。他似乎曾经勤勉地研究著名的汉诺威家族的家谱，以获得充分的补偿，借机进入上流社会。但是，这种劳作和补偿也同样花费了大量时间，耗费了他本来可以专心致志著述大部头著作的闲暇。这样，奢望，兴趣广泛以及渴望影响某些人物，所有这一切，合在一起大大妨害了莱布尼茨充分发挥自己的才能，成就对他的体系的连贯的阐述。

---

① 古劳尔：《莱布尼茨传记》，第1卷，第44页。

2. 由于上述诸多原因，就使得评注家的任务，比在大多数哲学家情况下，更加艰巨也更为重大。这首先要求评注家去努力重新构建莱布尼茨本来应当自己表述出来的体系——去发现他的推理链条的起点和终点，去展示他的不同意见的相互关联，并且用他的其他著作来填充诸如《单子论》或《形而上学论》一类著作的框架。这种在所难免而又带有几分野心的尝试是我的这部著作的一 3
项重要目的——甚而是它的首要目的。令人满意地达到这一目的简直是不可能的，但达到这一目的的必要性却是我进行这一尝试的唯一理由。既然我想要展示一个连贯的整体，我就尽可能地只限于阐述莱布尼茨的成熟观点——阐述他从 1686 年 6 月到 1716 年辞世期间所一贯坚持的后来只有些微变化的观点。他的早期观点，以及别的哲学家的影响，只在它们对于理解他的最后体系似乎必要时，才予以考虑。

但是，除了纯粹历史的目的外，这部著作，如有可能，也打算把莱布尼茨意见中的真理和错误全都昭示出来。在阐明他实际主张的意见之后，我们几乎不可避免地要考察它们相互连贯的程度；而且，既然哲学的错误首先是以不连贯的形式表现出来的，那我们就还需要考察他所主张的观点的真理性程度。事实上，凡不一致的地方，充分的阐释都必须指出来，因为，这样的段落在作者主张的两个相反观点的每一个中，一般来说都是可以找得到的。因此，如果不把这种不一致性指出来，关于这位哲学家的意义的任何看法都可能由于他自己的说法而遭到批驳。所以，阐释和批评就几乎不可分割；而且，我认为，每一个方面都会由于分割的尝试而蒙受极大的损失。

3. 我坚信，莱布尼茨哲学包含着两种不一致性。其中之一是容易消除的，而另一种则对于类似单子论的任何一种哲学来说都是本质的，必不可少的。第一种不一致性仅仅是由于不敢承认莱布尼茨时代流行意见所害怕的结论而产生的；这些意见中有主张原罪，主张上帝存在的本体论证明等。凡这种不一致被发现的地方，我们就不顾王公们的态度，而径直得出莱布尼茨予以回避的结论。而且，在这样做了之后我们就将发现，莱布尼茨的哲学几乎完全是由很少几个前提推演出来的。他的体系能够正确而必然地从这些前提推演出来，这既是莱布尼茨哲学的卓越之处，也是他对哲
4 学作出的恒久性贡献。但是，正是在这种推演过程中，我们意识到了第二种或更大一种的不一致性。这些前提本身，虽然乍一看是可共存的，但在证明过程中却会发现，它们会导致矛盾的结论。因此，我们不能不认为，这些前提中有一个甚至不只一个是错误的。我将努力用莱布尼茨自己的话来证实这一点，并且为判定他的前提中至少有一部分是错误的提供根据。以这样一种方式，通过考察像他的这样一个如此精心制作又如此彻底的体系，我们就有希望证实一些独立的哲学结论；但倘若没有他的推论技巧，要发现这些结论怕是相当困难的。

4. 莱布尼茨哲学的主要前提在我看来有5个。这5个前提中，有些是他明确提出来的，而另一些则十分基本以致他几乎不曾意识到它们。我现在将枚举这些前提，并且将努力在以下各章说明，莱布尼茨哲学的其余部分是如何由它们推演出来的。将要考察的前提有如下述：

(1) 每个命题都有一个主项和一个谓项。

（2）一个主项可以具有若干个关于存在于不同时间的性质的谓项。（这样的主项被称作实体。）

（3）不断言处于特定时间的存在的真命题是必然的和分析的，而那些断言处于特定时间的存在的命题则是偶然的和综合的。后者依赖于终极因。

（4）自我是一个实体。

（5）知觉产生关于外部世界即关于除了我自己以及我的状态之外的存在物的知识。

我们将会发现对莱布尼茨的基本异议会是第 1 个前提同第 4 个和第 5 个前提的不一致；而且，我们还可以发现，对单子论的一般异议正在于这种不一致。

5. 这部著作的结构有如下述：第二—五章将讨论上述前提的前 4 个，并且将表明它们将导致这一体系的全部必然命题，或近乎全部的必然命题。第六—十一章将讨论莱布尼茨单子论的证明和 5
描述；当然这种讨论将只限于它之不依赖于终极因和善的观念的范围。其余各章将考察这些，并且将讨论灵魂与躯体、上帝学说和伦理学。在后面各章里，我们将发现，莱布尼茨不再显示出伟大的独创性，而是以略加变换用语的方式倾向于（在不予承认的情况下）采纳遭人诋毁的斯宾诺莎观点。我们还将发现许多同这个体系前面部分所包含的相比是较为次要的不一致性，这些不一致首先是为了避免这位犹太无神论者的不虔诚，以及莱布尼茨自己的逻辑学说本来会把他引向的甚至更大的不虔诚。因此，虽然最后 5 章所处理的这些论题占据了莱布尼茨作品的很大篇幅但它们是比较乏味的，因而比起他的推理的前面那些较为富有创见的部分

来，本书的论述要简洁得多。关于这一点，还有一个额外的理由，这就是这些论题同前面各章的论题比较起来不甚基本，也不太困难。

6. 促成莱布尼茨哲学产生的诸多影响并不直接地同我们写作这部著作的意图相关；此外，评注家们对这些影响的论述向来比对他的最后体系的阐述都充分得多。[①] 尽管如此，就这个题目讲几段话，也没有什么不恰当的。他似乎受到了前后相继的 4 个哲学学派的熏陶；在所有这些派别中，他都发现了某些好的东西；而且，虽说他在任何时候都不完全是某个派别的信徒，但他却都从中汲取某些东西，以构成他自己的观点的一部分。从这个意义上说，他是一个折中主义者；但是，与通常类型的折中主义者不同，他是运用自己的思想使他借来的东西发生质的变化，最终形成一种独特的和谐的整体。这 4 种相继的影响是：经院哲学、唯物主义、笛卡尔主义和斯宾诺莎主义。在这几种影响之外，我们还应当加上一种，即在一关键时期对柏拉图一些对话的仔细研究。

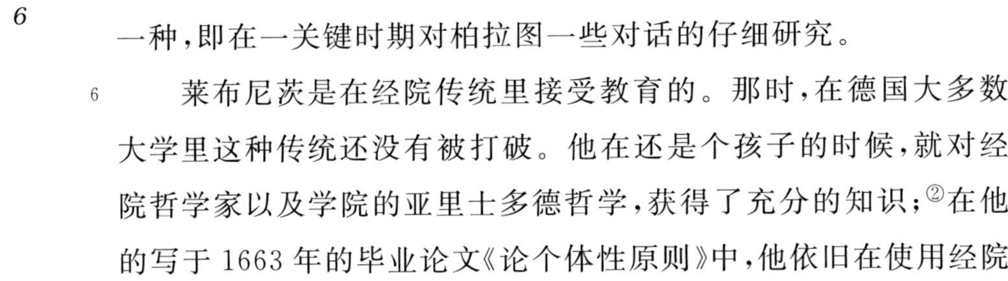

6 莱布尼茨是在经院传统里接受教育的。那时，在德国大多数大学里这种传统还没有被打破。他在还是个孩子的时候，就对经院哲学家以及学院的亚里士多德哲学，获得了充分的知识；[②]在他的写于 1663 年的毕业论文《论个体性原则》中，他依旧在使用经院哲学的术语和方法。但是，两年前（如果他后来的回忆录可信的

---

① 特别参阅古劳尔：《莱布尼茨传记》，布勒斯劳，1846 年；斯坦：《莱布尼茨与斯宾诺莎》，柏林，1890 年；塞尔沃：《莱布尼茨单子学说的演变进程》，莱比锡，1885 年；汤尼斯：《莱布尼茨与霍布斯》，载《哲学月刊》，第 23 卷；特伦德林堡：《历史文稿》，第 2 卷，柏林，1855 年。

② 尽管亚里士多德对他产生了重大影响，莱布尼茨看来从来没有认真地研究过他的原著。参看斯坦：上引书，第 163 页以下。

话）他自己便已经从他称之为“烦琐学派”[①]的禁锢中解放出来，投身于那时的数学唯物主义研究中去了。他开始对伽桑狄和霍布斯感兴趣。而且他们一直强烈地影响着他的理论思考，直到他的非常重要的巴黎之行。在巴黎（其间曾两次短暂访问英国），他从1672年一直住到1676年；而且，不仅在数学方面还在哲学方面，在这里都比他在德国更加了解了笛卡尔主义，他结识了马勒伯朗士、阿尔诺（詹森派信徒）、惠更斯、罗伯特·波义耳以及英国皇家学会秘书奥尔得堡。他不停地同这些人通信，并且还通过奥尔得堡跟牛顿也通了信（这成了后来绵延达150年之久的争论的起因[②]）。正是在他旅住巴黎期间，他发明了微积分，获得了广博的学问，结识了整个文坛名流，使他的思想具有了个性。但是，只是在他从巴黎返回德国的路上，他才结识了老一辈学者中最伟大的人物。1676年，他花费了大约一个月的时间，在海牙频频同斯宾诺莎交往；他同后者一起讨论了运动规律，讨论了上帝存在的证明，并且得以一睹一部分《伦理学》手稿（至少是一部分）。[③] 当《伦理学》此后不久作为遗著出版时，莱布尼茨作了笔记，而且无疑十 7
分细心地研究了它的推证。关于他随后一段直到1684年甚至1686年的思想（因为《关于知识、真理和观念的思想》仅只讨论了一个特殊问题），人们向来所知甚少；而且似乎很可能像康德在从1770年到1781年那些年代一样，他由于怀疑太多而写不出很多

① 古劳尔：《莱布尼茨》，第1卷，第25、26页；格本第3卷，第606页。

② 这些信件为牛顿的朋友们说成是为莱布尼茨剽窃微积分提供了机会，这种指控现在已经被公认为是绝对没有根据的。

③ 参阅斯坦：《莱布尼茨与斯宾诺莎》，第4章。

东西。他肯定读过柏拉图，[①]而且他也肯定希望去批驳斯宾诺莎。无论如何，到1686年初，他已经形成了他的个体实体的概念；同时，他也已经充分改进了他的哲学，把或许是他所写出的对他的哲学的最好的说明——我的意思是指《形而上学论》寄给了阿尔诺。随着这部论著及致阿尔诺的通信的问世，他的成熟哲学便诞生了；不仅他的哲学的时间上的起点，而且他的哲学的逻辑上的起点，照我的意见，都应当在这里寻找。至于形成逻辑起点及给出实体定义的证明，将在下面4章里提供出来。

① 参阅斯坦，上引书，第119页。

第二章　必然命题与矛盾律 8

7. 凡健全的哲学都应当从对命题的分析开始。这样一条真理或许太浅显易懂了，以致根本无须任何证明。莱布尼茨的哲学始自这样一种分析虽然不太明显，但似乎也同样确实无疑。他后来一贯坚持的体系的所有本质方面，都是1686年初以前完成的。这一年，他的新意见的根据常常生动地涌上他的心头；在他的著作中出现了一项有重大意义的证明，这一证明如他自己所说（格本第2卷，第73页），源于命题的普遍本性；而且，照他的看法，只要承认实体的复多性，就能够单独地建立起他的体系的其余部分。这个证明是在他致阿尔诺的信、《形而上学论》以及一篇未署日期的短文中发现的；《形而上学论》是在1686年写给阿尔诺的（格本第4卷，第427—463页）[①]，而那篇短文则题为《发现事物普遍本性的一个例证》。就我所知，这种推理虽然在别处没有明确地出现过，但却常常令人想到；[②]而且，还能够独立地解释莱布尼茨认为实体并不交互作用的原因。莱布尼茨在他发表的著作里不曾重复过这一纯粹逻辑的证明，其原因（他总是习惯于举出最有可能使读者相 9

---

① 参阅格本第2卷，第11页以下；也参阅第4卷，第409、410页。

② 例如，拉塔本，第326页；格本第4卷，第496页。

信的原因)可以用他写给阿尔诺的一封信中的一段话来解释。他写道:“我期望,这个从命题一般本性得出的证明将在你的心上留下印象;但是,我也承认,很少有人能够鉴赏这么抽象的真理,而且或许除你以外没有一个人能够轻而易举地知觉到它的力量。”然而,我们知道,莱布尼茨常常意欲公布他同阿尔诺的通信(格本第2卷,第10页),从而必定认为它充分表达了他自己的哲学意见。因此,没有理由假定,1686年以后,他对哲学基本问题的看法发生过什么重大的变化。

我们不仅在本章里,而且还要在后面三章里考察这一证明。它产生了莱布尼茨哲学中全部或近乎全部的关于必然性的思想,也即对所有可能世界为真的命题。为了进一步获得描述现实世界的命题,我们需要这样一个前提,即知觉提供关于外在世界的知识;空间、物质和实体的复多性都是由此推论出来的。从表面上看,这个前提除常识外,没有什么更好的基础;因而,随着它的使用,在第六章里,我们将过渡到莱布尼茨哲学的一个新领域。但是,既然实体的“意义”在逻辑上先于对实体复多性的讨论,那么,很显然,现在这个证明就必须首先得到阐述和考察;因为实体的意义正是从这个证明中产生出来的。因此,我将首先对它作一个相当扼要的陈述,而后再详尽地阐述它的各个层面。

8. 每一个命题最终都可以还原为把一个谓项归属于一个主项的命题。在任何一个这样的命题里,除非存在本身是所考察的谓项,谓项都以某种形式包含在这个主项里。这个主项是由它的谓项来界定的;如果这些谓项不同,则它就会是一个不同的主项。因此,对主谓项的每一个真判断都是分析的;也就是说,谓项构成了这个主项的概念的一部分，只要不是在断言现实存在，情况就必然如此。存在，只要属于谓项一类，就势必不包含在存在着的主项的概念中。因此，存在的命题，除非在上帝存在的情况下，都是综合
的；也就是说，如果现实存在着的主项不存在，也不会出现任何矛 10
盾。必然的命题是这样一些分析命题，而综合命题则总是偶然的。

有这样一种情况：许多谓项能够归属于一个主项，而这个主项却不能够成为任何一个别的主项的谓项；这时，所考察的主项就被称作一个个体的实体。这样的主项，在理性的可能范围内，包含着同存在和时间的某种关联；它们是可能的存在，从而具有诸多表达它们处于不同时间的各种状态的谓项。这样一些谓项被称作偶然的或具体的谓项；它们也具有独特性，其中没有一个能够分析地从任何别的东西推演出来，一如“理性的”能够从“人”推演出来。因此，当一个主项由一定数量的这样一类的谓项来界定时，若假定这样一来不会留下什么剩余的东西，是不会引起任何矛盾的。然而，既然这些谓项全都包括进拥有它们的主项里了，那么，若对于这一主项有一种完全的知识，我们就能够由之而推出它的所有谓项。再者，在各个不同的具体谓项之间存在着某种联系，尽管这种联系不是必然的；有联系就有联系的理由，虽说这些理由是倾向而非必然。强调需要这样一些理由的，是充足理由原则。主项，其概念包含着同时间的关联，这一点为持续观念所要求。因此，为了说，现在的我和过去的我是同一个人，我就不仅需要内在的经验，而且还需要某种先验的理由。其理由显然仅仅在于我是同一个主体，现在的我和过去的我的属性全都属于同一个实体。因此，存在于不同时间的诸多

属性，在这样的情况下，就必定被设想为同一个主体的各种属性，从而也就必定以某种方式包含在这个主体的概念中。所以，关于我的概念，它们既然是无时间性的，也就永恒地包含着我的所有状态及其关联。这样，说我的所有状态都包含在我的概念中，也就只是在说，这个谓项存在于这个主项之中。每一个谓项，不管是必然的，偶然的，过去的，现在的或将来的，都包含在这个主项的概念中。莱布尼茨说，从这个命题可以推断出：每个
11 灵魂都分别是一个世界；因为，每个灵魂，作为一个主项，都永恒
地具有随着时间流逝而出现的作为谓项的各种状态；而且，这些状态因此而能够仅仅从他的概念中推演出来，而根本无须任何外在的作用。这项实体的状态据以变化的原则，被称之为他的活动；而且，既然一个实体本质上是同时间相关的诸多谓项的主项，则活动对于每一个实体就是必不可少的了。一个个体实体概念与一个一般概念的纯粹集合体不同；因为，它是完整的，或者依照莱布尼茨的说法，乃是由于它能够完全区别于它的主项，并且包含着时间和地点这样一些场景。他说，一个个体实体的本性就在于它具有一个十分完整的概念，足以包含和推演出它的所有的谓项。因此，他得出结论说，没有两个实体能够完全一样。从这一步，借助于前面提到的经验前提，单子学说就容易推演出来了。

9. 概括地说，这些就是莱布尼茨借以获得他的个体实体的定义的逻辑证明。在上述简要的说明中，我们完全无意于遮蔽其中所蕴涵的“裂缝”和假设。我们现在必须探究这些“裂缝”能否弥补，这些假设的正当性能否得到证实。为达此目的，下述各项似乎

就成了需要探究的至关紧要的问题。

（1）所有的问题都可以还原成主—谓项形式吗？

（2）分析命题存在吗？倘若存在的话，它们是基本的并且仅仅是必然的吗？

（3）莱布尼茨用以区别必然命题和偶然命题的真正原则是什么？

（4）充足理由原则的意义是什么？在什么意义下，偶然命题依赖于这项原则？

（5）这项原则同矛盾律的关系如何？

（6）实体活动预设时间不正当吗？

（7）莱布尼茨关于“不可辨别者的同一性”的推演可靠吗？

只有对这几个问题进行一番批判性的讨论，才能把握住莱布尼茨的哲学意义；因为，如果我们对哲学没有一个明确的概念，我们就不能希望对莱布尼茨的哲学有一个清楚的观念。一经讨论了 12
所有这些问题，我们就有可能进而考察莱布尼茨相信实体复多性的原因及他坚持认为每一个实体都能反映宇宙的原因。但是，如果我们不弄清他的逻辑学，我们是不可能理解它的应用的。

10. 是否凡命题都可以还原为主—谓项形式这个问题对于所有的哲学都具有基本的意义，对于那些运用了实体概念的哲学就更其如此了。因为实体概念，如我们将会明白的，是由主项和谓项的逻辑概念派生出来的。一个主项和一个谓项应当在每一个命题中找到，是一个非常古老又很值得重视的学说；再说，人们也不会因此而丧失哲学信念，因为布拉德雷先生的逻辑学几乎完全在于每个命题都把谓项归因于“实在”（即作为唯一终极的主项）这样一个论点。[1] 因此，这个问题，不管其形式是否普遍，都不仅要求密切关注它同莱布尼茨哲学的关系，而且还要求密切关注它同最近哲学的关系。然而，在这里，我不能做更多的事情，而只限于指出反对传统观点的根据。

不可如此还原的最明显的例证是那些运用数学观念的命题。所有有关数目的论断，例如“有三个人”，本质上都断言了主项的复多性，虽然它们也可以把一个谓项给予这些主项中的任何一个。这样的命题就不能被看作是若干主—谓项命题的纯粹的总和，因为这个数字只能从这个命题的单一性产生出来。例如，有三个命题，其中每一个都断言某个人的存在，如果我们把它们并置起来的话，“三”这个数字就会缺失。再者，我们也必须承认，在某些情况下，主项之间也存在着某些关系，如位置的关系，大小的关系，整体与部分的关系等。要说明这些是不可还原的，那就需要一个很冗长的证明，但是却可以从莱布尼茨自己的下面一段话得到解释（邓本，第 266—267 页；格本第 7 卷，第 401 页）：

“关于两条线段 L 和 M 之间的比率，可以设想有三种表达方式：可以设想成较长的线段 L 对较短的线段 M 的比率，也可以设想成较短的线段 M 对较长的线段 L 的比率，最后还可以设想成某种从这两者抽象出来的东西，即设想成 L 和 M 之间的比率，而不
13 考虑何者在先，何者在后，何者为主项，何者为谓项……在第一种考察方式中，较长的线段 L 是主项；在第二种考察方式中，较短的线段 M 则成了那个为哲学家们称之为‘关系’和‘比率’的偶性的

① 参阅《逻辑学》，第 1 卷，第 2 章，尤其是第 49、50、60 页。

主项。在考察它们的第三种方式时，它们中究竟哪一个是主项呢？我们不能够说，它们两个，L 和 M 一起，都是这一偶性的主项；因为果真如此的话，我们就会有一个存在于这两个主项中的偶性，它的‘一条腿’在一个主项中，而‘另一条腿’则在另一个主项中；这同偶性的概念是矛盾的。因此，我们必须说，这一关系，在考察它的第三种方式的情况下，实际上是‘在’这些主项‘之外’的；但是，由于它既不是一个实体又不是一个偶性，那就必定是一个纯粹观念性的东西；尽管如此，对它的考察还是十分有益的。”

这一段对理解莱布尼茨的哲学具有头等重要的意义。在他似乎于某个时刻意识到这种“关系”是某种有别于和独立于主项和偶性之后，他通过谴责上述第三种方式为“一种纯粹观念性的东西”而突然地遭遇到这个棘手的发现。倘若他为这一“观念性的东西”推向前进的话，我担心他就会因此而宣布，它无非是思考这种比率的心灵的一个偶性。从他的讨论看来，他显然无法以一种终极可靠的方式，在主—谓项形式之外，承认任何一种判断形式；尽管在他所讨论的那种情况之下，关系判断的必要性是特别明显的。

绝对不能够设想莱布尼茨否认关系命题。正相反，他讨论了这类命题的所有的主要类型，并且竭力把它们还原为主—谓项形式。这种努力，如我们将会看到的，是他的大部分学说的主要源泉。像他这样一位数学家，是几乎不容否认空间、时间和数的。关于断言数的命题，他认为堆集只是现象：它们是他称之为“半心理实存”的东西。他说，它们的统一性（这对于断言任何一个数都是本质的，必不可少的）仅仅为知觉、为它们在某一时刻被知觉这个事实所附加（格本第2卷，第517页）。因此，在这样的判断里，凡

14 是真的东西，都是对主项和谓项的个别的论断，也都是对作为感觉者谓项的同时性知觉的心理学论断。再者，数具有一种关系的本性，因此在一定方式下是存在物（格本第2卷，第304页）。但是，关系虽然奠基于事物之中，它们的实在性却源于至上的理由（《新论》，第235页；格本第5卷，第210页）；上帝不仅看到了个体的单子及其各种不同的状态，而且还看到了它们的关系，而关系的实在性就在于此（格本第2卷，第438页）。至于空间和时间，莱布尼茨总是竭力把它们还原为处于它们之中的实体的属性。他说，位置跟在先与在后一样，没有别的，只是事物的一种样式（格本第2卷，第347页）。整个学说在《人类理智新论》里都集中表达出来了（《新论》，第148页；格本第5卷，第132页）。“各个个体是不相连属的，但理智却把它们集合到了一起，尽管它们可能被拆散。然而，虽说关系来自理智，但它们却并非是无根据的或不实在的。因为原初的理智是事物的起源；而且，实际上，万物的实在性，除简单实体外，仅仅在于简单实体中的知觉现象的基础。”因此，关系和堆集只具有一种心理上的真理性；真命题是那种把谓项归因于上帝、归因于所有那些知觉到这种关系的知觉者的命题。[①]

因此，为了主张主—谓项学说，莱布尼茨被迫接受了后来为康德所提出的理论；这种理论认为，关系虽说是确实的，但却是心灵的作品。当运用到各种不同的特殊关系（如空间、时间和数的关系等）时，我将在适当的地方批评这一学说的特殊形式。命题是由于

① 参阅洛茨：《形而上学》，第109节的开头部分。

被相信而获得其真理性的，[①]这个观点内蕴于上述理论中，且构成康德的哥白尼革命的一个重大部分；我们将在同从永恒真理推演出上帝存在的关联中对它作出批评。但是，当运用到关系上时，在莱布尼茨的情况下，这种观点便有一种特殊的荒谬，即关系命题，它们虽然被设定为为上帝所认知，但严格讲来却必定是无意义的。否认关系独立实在性的唯一根据在于命题必须有一个主项和一个谓项。如果确实如此的话，一个没有主项和谓项的命题就绝对不 15
是一个命题，从而必定是缺乏意义的。但是，在数或单子之间的关系的情况下，人们假定上帝能够看到和相信的正是这样一类命题。这样，就导致了一个结论，即上帝相信无意义的东西的真理性。而另一方面，如果他相信的命题真的是一个命题，那就意谓着有并不具有一个主项和一个谓项的命题。因此，企图把关系还原为知觉者的谓项势必要陷入下述两个缺陷中的这一个或那一个：或是这个知觉者蒙受欺骗，以一种无意义的语词形式看到了真理，或是根本不存在设定这项真理依赖于他的知觉的任何理由。

从这一方面对于上述问题进行彻底讨论将会进而表明，关于主项和谓项的判断本身就是关系的；并且，照通常所理解的，它还包括关系的两种根本不同的类型。这两种类型可以由两个命题得到解说："这是红的"和"红是一种颜色"。当表明这样两类命题都表达关系时，也就同时表明"关系"比它所包含的关系的这两种特殊类型更为基本。但是，这样一种讨论困难重重，而且还会使我们

① 我意识到这不是对康德理论的一个正统的说法。这种使我认为它正确的根据，将在本书第十四章和十五章，特别是第113节中阐示出来。

离开莱布尼茨哲学太远。

在相信命题经最终分析必定具有一个主项和一个谓项方面，莱布尼茨并非既不同于他的先行者，又不同于他的后继者。任何一种使用实体或“绝对”概念的哲学经过考察后，都可以发现是依赖这一信仰的。康德之相信不可知的物自体在很大程度上归因于这一理论。因此，这个学说的重要性是不容否认的。哲学家们的差异，与其说是由于相信它们的真理性，毋宁说是由于他们贯彻这一学说的一贯性。在后一个方面，莱布尼茨是值得信任的。但是，他对实体复多性的假设使他否认关系特别困难，并且使他陷入了前定和谐的所有悖论之中。①

16 **11.** 现在我们就来讨论一个同我们刚刚讨论过的相比并非不够基本但却更为困难的问题。这就是那个从康德以来一直被称作分析与综合判断及其同必然性的关系问题。在这个问题上，莱布尼茨的立场不仅决定了他同他的先驱者分道扬镳，而且也由于它的明显的站不住脚而决定了康德同他的伟大的分道扬镳。在这一点上，有必要从解说莱布尼茨的观点开始。

在这里，必须把两个问题谨慎地区别开来。第一个涉及分析判断的意义和范围，第二个则涉及它们对唯一必然性的要求。关于第二个问题，莱布尼茨同他的先驱者完全一致；在第一个问题上，由于发现所有的因果律都是综合的，他就作了一项意义重大的修正，从而为康德发现所有的数学命题都是综合的作了铺垫。

在讨论第一个问题时，我将使用分析的和综合的这两个术语，

① 参阅布拉德雷:《现象与实在》，第 1 版，第 29—30 页。

虽然它们并不曾为莱布尼茨在这个意义上使用过。他使用的是必然的和偶然的这样两个术语；但是这种用法，由于他自己的偏好，便预先判断了第二个问题，后者构成了他同康德之间的一个主要问题。既然我们需要两对术语，而他只要求一对，则我们之违反莱布尼茨的用法就在所难免了。

关于分析判断的范围，莱布尼茨认为，所有逻辑学、算术和几何学的命题都具有这种性质，而所有关于存在的命题，除上帝的存在外，则都是综合的。决定着他在这个问题上种种意见的是这样一种发现：运动律而且事实上所有的因果律（虽然如我在下一章将要指出的，而不是因果性本身）都是综合的，从而在他的体系中，也是偶然的（参阅格本第 3 卷，第 645 页）。

关于分析判断的意义，想一想莱布尼茨提到的一些例证，对我们是有帮助的。我们将会发现，这些例证总是陷入下述两个缺陷中的这一个或那一个：或者能够容易地看出它们并非是真正分析的，例如在算术和几何学中就是如此；或者它们是同义反复，从而 17
严格说来根本就不是什么命题。比如，莱布尼茨在一个场合（《新论》，第 404 页；格本第 5 卷，第 343 页）曾经说过，原初的推理的真理是同一的，因为它们看上去仅只是重复同样的内容，而未提供任何进一步的信息。既然如此，人们就会诧异，它们究竟作何用处；而且，他提供的例证愈多，这种诧异就会愈大。“A 是 A”，“我将是我将是”，“等边矩形是矩形”，或者运用否定的说法，“AB 不会是非 A”，都属于这一类。这些例证的绝大多数什么也没有肯定；其他的也几乎不能被看作任何重要真理的基础。再者，那些真正的命题，如我马上就会表明的，预设了更为基本的综合命题。要证明

这一点，我们就必须考察分析判断及其所预设的定义的意蕴。

凡先验的真理都是分析的，这个概念本质上是同关于主项和谓项的学说相关联的。分析判断是谓项包含在主项之中的判断。这个主项被设定为受到诸多谓项的界定，其中的一个或多个被选出来用作分析判断的谓语。因此，如我们刚刚看到的莱布尼茨曾用下面这个命题作为例证："等边矩形是矩形。"(《新论》，第 405 页；格本第 5 卷，第 343 页)在极端情况下，这个主项只是在自行肯定，一如在命题"A 是 A"，"我将是我将是"中(同上)。这样看来，这个学说中有两点特别重要。首先，这个命题必定属于我在前面认作第二种类型的主—谓项命题；也就是说，它属于"红是一种颜色"及"人是有理性的"这样一种类型，而不属于"这是红的"或"苏格拉底是人"那样一种类型。换言之，这类命题跟属与种的关系有关，而跟种与个体的关系无关。在莱布尼茨看来，这正是每一个关于现存个体的命题都是偶然的理由。现在我并不打算来讨论这两种类型的区别最后是否站得住脚，对这个问题待我们探讨"不可辨别者的同一性"时将会予以更加充分地讨论。这里，我只打算指出，莱布尼茨经常坚持的是：分析命题必然同本质和属种相关，而
18 不同关于个体的论断相关。① 关于分析命题的第二点是：除去像"A 是 A"这样一类纯粹的同义反复外，主项必定总是复合的。这个主项是诸多属性的一个集合体，而谓项则总是这个集合体的一

① 加雷尔的富歇：《未刊莱布尼茨所拟对斯宾诺莎的答辩》，巴黎，1854 年，第 24 页(邓本，第 175 页)；格本第 5 卷，第 268 页(《新论》，第 309 页)；格本第 2 卷，第 309 页。在这后面一段中，如格尔哈特在注释中所指出的那样，看到莱布尼茨的观点的正确性有特别重大的意义。

部分。然而，如果认为同个体的关联对于区别主项和谓项是本质的、必不可少的话，则我们就必须说，这个主项是任何一个拥有某个谓项集合体的个体。这样一来，我们就可以尝试把第二种类型还原为第一种类型。但是，现在这个命题却成了假设的了："如果一件事物是红的，它就是有颜色的。"对这一点，莱布尼茨是承认的。他说，永恒真理全都是假设的，而并未肯定它们主项的存在（《新论》，第 515 页；格本第 5 卷，第 428 页）。但是，这显然意谓着，我们向第一种类型的还原业已失败。上述假设命题显然预设了"红是一种颜色"这一命题。因此，莱布尼茨继续说道，假设命题的真理性在于观念的联系（《新论》，第 516 页；格本第 5 卷，第 423 页）。所以，在分析判断里，当它们并不是以假设的派生形式表达出来时，主项就是一个复合观念，即一个诸多属性的集合体，而谓项则是这一集合体的某一部分。

然而，这种集合（这是分析判断学说的弱点）绝对不是任何一种任意的和偶然的集合，而是一种可共存的或可联合作为一主体属性的诸多谓项的集合；在这里，可被断定的属性显然属于第一种类型。现在，这种可共存性，既然为分析判断所预设，它本身就不能是分析的。这就把我们引向了定义学说；我们将会发现，莱布尼茨和所有那些认为分析命题是基本的人一样，错在造成了严重的混乱。

很显然，定义只有对复杂观念而言才是可能的。宽泛地讲，它在于把复合观念分析成它们的简单要素。既然一个观念只能够为另一个所界定，则倘若我们不承认有不可定义的观念，我们就会招 19
致一种恶性循环。对这一显而易见的真理，莱布尼茨是充分承认的；因而，探究构成所有定义先决条件的简单观念便构成了他的“普遍字符”研究的主要部分。因此，莱布尼茨说(《单子论》，第33、35节)：“当一个真理是必然的时候，我们可以用分析法找出它们的理由来，把它归结为更为单纯的观念和真理，一直到原始的真理。简言之，有一些‘单纯的观念’，我们是不能给它们下定义的；也有一些公理和公设，总之有一些‘原始的原则’，是不能证明的，实际上也不需要证明；这些就是同一陈述，其反面包含着显然的矛盾”(拉塔本第236—237页；格本第6卷，第612页)。每当莱布尼茨讨论这一问题时所表达的都是这一个观点。我想要说明的是，莱布尼茨的定义理论，既然在于分析成不可定义的简单观念，这就同原初原则是同一的或分析的学说不相一致；显然，前者是正确的，而后者则是错误的。

莱布尼茨常常竭力主张，定义的对象必须可以表明是“可能的”。正是基于这一点，他对他所谓“实在”的定义同这样一类仅仅是名义的定义作了区分(例如，在邓本，第30页；格本第4卷，第424页)。因而，他说，算术是分析的，因为例如数字3，就被定义为2＋1；但是他承认“3”在这样定义后，就必定被看作是可能的(《新论》，第410页；格本第5卷，第347页)。他甚至在一段话里(格本第5卷，第385页)承认，观念一般来说总包含有一个判断，即关于它们是可能的判断。人们可以设定，这种承认将会同分析判断学说不相一致；然而，它却会由于莱布尼茨的可能性的定义而一致起来。对他来说，一个可能的观念就是一个不自相矛盾的观念。但是，如果这就是它所意谓的一切，则简单观念的任何一个集合都会是可共存的，从而每一个复合观念也就都是可能的。莱布尼茨早年在海牙曾向斯宾诺莎提出过一个关于上帝存在的证明(格本第7卷,第261页);它实际上是被用来说明上帝是可能的。① 他在这个证明中把上帝定义为一个具有一切谓项的主项。他用两个简单 20
谓项A和B来说明,它们显然不能够相互矛盾。他因此得出结论说,上帝在这样定义之后是可能的。但是,既然对莱布尼茨说来,所有的观念,当正确地分析时,最终便都是谓项或谓项的集合,那就可以得出结论说,所有的观念都是可能的。而且,实际上,如莱布尼茨自己在这个证明中所极力主张的,简单观念之间的任何一种关系都必然是综合的。因为分析关系,如我们曾看到的,只能够适用于其中至少有一个为复合观念的两个观念之间。因此,在他的定义中始终包含着一个关于诸简单要素是可共存的综合命题。倘若不是这样一种情况,这些要素就会是不可共存的,例如,好与坏,或者同一个种类的两个不同的量等;而且,这也是一种综合关系以及否定命题的源泉。②

这一结论可能为考察诸如圆的方一类自相矛盾的观念所要求。为使一个观念能够成为自相矛盾的,就显然有必要使它包含两个相互矛盾的判断,即关于同一件事物的真判断与假判断。因为,“矛盾律”不适用于观念而适用于判断:它断言每一个命题是真

① 当我们进而讨论上帝存在的证明时,我们将会发现,这篇论文,尽管日期较早(1676年),却没有包含任何莱布尼茨成熟后不予持守的观点。

② 莱布尼茨有时似乎已经意识到所有各别谓项的可共存性中所内蕴的这一困难。因此他说:“不同事物的不可共存性的理由是什么,或者不同的本质如何会相互反对,这于人是不清楚的,因为所有纯粹肯定的项似乎相互间都是可共存的。”(格本第7卷,第195页;凯尔德:《康德的批判哲学》,第1卷,第93—94页)。(日期在1686年之前。)

的还是假的(《新论》,第405页;格本第5卷,第343页)。因此,一个纯粹观念,就其本身而言,是不能够自相矛盾的。只有至少包含着两个命题的复合观念,才能够是自相矛盾的。这样看来,“圆的方”这一观念包含着“圆和方是可共存的”这样一个命题,从而也就包含着没有任何一个角与具有四个角的可共存性。但是,这一矛盾只是可能的;因为“圆”和“方”两者都是复合的,而它们在“圆”包
21 含着其要素同具有角的不可共存性的情况下,还各自包含着断言其要素可共存性的综合命题。但是由于这种不可共存的综合关系,任何一个否定命题都不会出现,从而也不会包含有任何一个直接同方的定义相矛盾的命题。这一点也差不多为莱布尼茨所承认,因为他也如霍布斯一样,竭力主张真理并不是任意的,其根据在于“概念之间并不总是和谐一致的”(邓本,第30页;格本第4卷,第425页)。既然上帝的可能性,如莱布尼茨所界定的,依赖于下面这个事实,即所有的简单观念“相互之间都是可和谐一致的”,既然所有的概念都由简单观念组成,若要明白这两种看法是如何结合在一起的就相当困难了。因此莱布尼茨的可能的与不可能的观念的标准就永远不可能适用于简单观念,从而也就始终预设了那些简单观念及其关系;这种关系只能够在综合命题中表达出来。两个简单观念绝不可能在莱布尼茨的意义上相互矛盾,因为纯粹的分析不可能揭示出任何一个更进一步的为这一个所具有又为另一个所否定的谓项。所以,自相矛盾的观念,如果不是一个纯粹否定的概念,如非存在的存在之类,就必定总是内蕴着一个关于两个简单观念间的不可共存性的综合关系。不可能的观念,在莱布尼茨的意义上,预设了一个由于某一综合命题而不可能的观念;相

反，可能的复合观念之所以可能，则是由于有一个综合命题断言了它的简单要素的可共存性。现在我们再回到算术问题上，即使2＋1实际上是 3 的意义，这个 2＋1 是可能的依旧必然是综合的。一个可能观念，分析到最后，就“只是”一个不矛盾的观念；因为矛盾本身必定总是从综合命题推演出来的。因此，算术命题，就如康德所发现的，全都是综合的。

就几何学而言，莱布尼茨也把它看成是分析的，然而，相反的观点显然更正确些。他说，三维性是分析地从下面这个事实推演出来的，这就是，通过一点只能够画出来三条相互垂直的直线（格本第 6 卷，第 323 页）。他认为，没有什么例证能够更适当地说明
独立于上帝意志的盲目必然性。令人惊奇的是，在这个例证里，他 22
并没有知觉到，假定三维从中推演出来的那个命题事实上恰恰正好跟三维是一回事；而且，就其得到证明的范围而言，它完全不可能从任何一个别的命题推演出来，而且差不多跟整个知识范围中的任何命题一样是综合的。这一点相当明白，无须作任何进一步的证明。十分有趣的是，康德在其第一部发表的著作①里指出了莱布尼茨在《神正论》上述一段引文的推演的循环性质，但又依然作为一个莱布尼茨主义者进而指出，维的数量是综合的和偶然的，若在另外一些可能的世界里很可能是另外一回事（哈藤斯坦编，1867 年，第一部分，第 21 页及其以下）。

我们可以从矛盾律的纯粹陈述一般地证明，没有什么命题能够单独地从它推演出来，除非是断言有真理或断言某个命题为真

① 《论活力的真实评价》，1747 年。

的命题。因为这条规律只是声明任何一个命题都必定是真的或假的,而不能同时是这两者。对于所选择的对象,它没有提供任何一种暗示,因而不能自行决定一个命题是否为真。它甚至产生不出某某命题是真的或假的这样一个结论,因为这包含着“某某是一个命题”这样一个不能从矛盾律推演出来的前提。因此,分析命题学说似乎整个搞错了。

那些在我们进行这种探究之初就视为分析类型的命题,诸如“等边矩形是矩形”之类,并非完全是分析的;指出这一点,是很有价值的。我们已经看到,这类命题从逻辑上说是在综合命题之后的,综合命题断言主项的构成因素是可共存的。因此,一如莱布尼茨所假定的,在任何情况下,它们都提供不出任何科学的前提。(参阅《新论》,第 99 页;格本第 5 卷,第 92 页)。但是,若进一步看,就它们是有意义的范围而言,它们是关于整体和部分的判断。主项中的各种因素具有某种统一性;它不是包含在计数中,就是包含在对一个整体的断言中的;但是,这种统一性却每每为分析所取消。因此,即使在这儿,就主项是“一”而言,这个判断也不能仅仅
23 从矛盾律推演出来。而且,在密切关联的同源判断中,如“红是一种颜色”,“2 是一个数字”,“数是一个概念”等,主项甚至也不是复合的,从而命题也绝不是分析的。但是,这最后一种论断是我在这里不能予以证明的。

12. 至于我要讨论的第二点,即必然命题与分析命题的联系,从已经谈到的便可以明显看出,倘若有什么必然命题的话,就必定有必然综合的命题。还必须去探究我们所谓必然的含义,以及如果在必然和偶然之间有所区别的话,则它们究竟是哪些。

莱布尼茨从来不曾讨论过必然性本身。他区别了各种不同的必然性：形而上学的、假设的和道德的；但他无论在什么地方，也都只是把我们这里予以考察的形而上学的必然性解释成分析命题的特征。尽管如此，必然性除同矛盾律相关联外，必定还意指某些别的东西；分析命题是必然的，这个说法是有意义的，而相反的说法，即综合命题是偶然的，莱布尼茨肯定也是这么看的。必然性似乎是终极的和不可定义的。如果我们乐意的话，我们可以说，必然命题就是那种其反面是不可能的命题；但是，既然这种不可能只能用必然命题来定义，这种说明对必然性就没有提供任何信息。在主张必然命题是分析的方面，莱布尼茨同他的所有先驱者是完全一致的，同康德以前的他的后继者也是一致的。但是，由于发现了运动律是综合的，也由于他的严格的决定论，他也就使否认必然综合命题显得非常矛盾，从而为康德提出相反论断作了铺垫。（顺便说一下，必然性对于莱布尼茨，并不是像对于康德那样，同先验是一码事。我们将会发现，偶然命题也有其先验的证据。先验，像在康德哲学中那样，是独立于特殊经验的；但是，必然性与它的外延却并不相同。）莱布尼茨与康德都主张，在必然命题与偶然命题或用康德的话说，与经验命题之间，存在着一种基本的差别。因此，数学命题是必然的，而那些断言特殊存在的命题则是偶然的。人们 24
可能会问，这种区别是否能站得住脚，以及事实上，说一个真的命题可能曾经是假的是否有任何意义。只要分析命题与综合命题之间确实存在着区别，主张必然性方面有一种相应的区别也就似乎有理。但是康德，由于指出数学判断既是必然的又是综合的，便为这对“所有”的判断都是真的看法铺平了道路。经验的与先验的区

别似乎依赖于知识源泉同真理根据的混淆。无疑，在通过知觉获得的“知识”与通过推理获得的“知识”之间存在着重大的差别；但是，这并不表明，所认知的对象也有相应的差别。然而，对这一点更进一步的讨论，必须推迟到我们研究莱布尼茨的知觉理论时再来进行。必须承认，如果所有的命题都是必然的，则必然性概念的大部分含义就被剥夺了。

然而，不管我们对存在命题的必然性采取什么样的观点，都必须承认，算术命题既是必然的又是综合的；而这一点便足以破坏所设定的必然命题与分析命题之间的任何联系。

在下一章里，我们所承担的任务，其破坏性要小得多。我们不得不去说明莱布尼茨把命题区分为两类的真正原则和真正的重要性，并进而说明“充足理由律”的意义；我们知道，他是把这条规律作为其偶然命题的源泉的。

第三章　偶然命题与充足理由律 25

13. 我们现在已经看到，莱布尼茨把命题分成两类；就他赋予它们的形式言，是站不住脚的。必然命题并不能被定义为从矛盾律推演出来的命题；至于那些并非必然的命题，我们也可以探究一下能否找得到这样一类命题。然而，还是有一条命题借以划分为两类的最重要的原则。我们将会发现，这条原则所导致的对命题的划分，同在莱布尼茨那里是一样的；并且通过考察他的话还可以表明，这正是他划分命题所依据的真正原则。他的划分确实是同或许是对命题能够作出的最重要的分类相一致的。我将首先解释这一分类，然后再来考察“充足理由律”；莱布尼茨是把这条规律看做偶然命题的最高原则的。

在莱布尼茨的体系中，偶然命题，一般地讲，是断言现实存在的命题。在上帝必然存在的情况下，这个陈述要求一个例外，后者是可以通过偶然命题是包含着同时间各部分的关联的一类命题这样一个说法提供出来的。莱布尼茨说(格本第 3 卷，第 588 页)：“上帝中的永恒概念完全不同于时间概念，因为它在于必然性，而
时间概念则在于偶然性。”当他这么说的时候，上述观点似乎也就 26
是莱布尼茨的意思。这样，必然命题是那些同现实时间没有任何关联的命题，或者说，除了在上帝的情况下，是那些并不断言其主

项存在的命题。莱布尼茨说道："至于说到永恒真理，必须看到它们骨子里都是有条件的，事实上是说：这样的事一经设定，则另一件事就会是这样"(《新论》，第 515 页；格本第 5 卷，第 428 页)。他又说道："哲学家们也常常在属于本质的与属于存在的之间作出区别，而把一切偶然的或可有可无的归于存在"(《新论》，第 516 页；格本第 5 卷，第 414 页)。他还指出，关于必然命题的真理并不依赖于它的主项的存在(《新论》，第 516 页；格本第 5 卷，第 429 页)。他始终采用"永恒"真理这个说法，必定是想用来指出，这类命题并不关涉任何特殊的时间；因为这类命题本身，不论其具有什么样的本性，自然必定永恒地是真的或永恒地是假的。

但是，关于偶然性本身的命题，以及所有那些能够一般地说成是关于可能的偶然事件的本性的命题，都不是偶然的；相反，如果偶然事件是现实存在的事件，则凡是关于"可能"存在的命题都必定是必然的。因此，莱布尼茨说(格本第 2 卷，第 39 页)："一个属的概念仅仅包含永恒的或必然的真理，但是关于一个个体的概念，在理性的可能范围内，则包含属于事实的内容，包含同事物的存在和时间相关的内容。"他进而解释说，关于阿基米得要人放到他坟头上的那个球的概念，除形状外，还包含有它的构成材料以及地点和时间。这段话相当重要，因为它蕴涵了存在于关于一个存在物的概念与关于现实存在的论断之间的区别，而这一区别是后来康德反对上帝存在的本体论证明时所极力主张的。关于一个个体的概念，如莱布尼茨所指出的，在理性的可能范围内，包含着同存在和时间的关联，也就是说，这个概念只是意味着这个个体曾经存在过，而其存在原本只是可能的；而且，它也不是在纯粹概念的意义

上被判定为现实的。他说：“可能的事物在上帝所有现实的命令发
布之前是可能的，但如果有时根本不能设定这些被认为是可能的
命令，则它们就是不可能的。因为个体事物的或偶然真理的可能
性在它们的概念里包含着关于它们的原因，即上帝的自由命令的
可能性；在这方面，它们是不同于种或永恒真理的可能性的，因为 27
后者只依赖于上帝的理智，而不包括它的意志。”（格本第 2 卷，第
51 页）也就是说，可能的存在包含可能的原因，而且，可能的原因
与可能的结果之间的联系也类似于现实的原因与现实的结果之间
的联系。但是，只要我们不去断言现实的存在，我们就依然滞留在
永恒真理的领域里；并且，如我们将会看到的，尽管充足理由律也
确实适用于可能的事物，但在这样的运用中，它依然不能同矛盾原
则相提并论，而只是那条原则的一个结论。正是在采取进一步的
步骤时，在判断关于那个其概念受到考察的个体的现实存在时，充
足理由律才变得不可或缺了，才提供了单靠矛盾律不足以提供的结
果。这个个体一旦被设定，它的所有属性就都随之而来了：“每个谓
项，不管是必然的还是偶然的，过去的、现在的还是将来的，都包含
在主项的概念中。”（格本第 2 卷，第 46 页）但是，并不能由此得出结
论说，这个概念代表了一个现存的主项：它只是一个关于主项的观
念，这个主项所具有的是不同于现存东西的一般性质。存在因此在
谓项中是独特的。所有别的谓项都包含在这个主项的概念中，并且
可以由纯粹分析的判断来断言。在所有的谓项中，唯有关于存在的
论断是综合的，从而依照莱布尼茨的观点，也是偶然的。因此，存在
对他来说，一如它在康德对本体论证明的批判中，占有的位置很特
殊；在莱布尼茨看来，康德之不能够把他的学说运用到上帝身上，这

一点也必定被看作是完全不合逻辑。但是，人们也不应当由于莱布尼茨明确肯定反面观点这个事实(《新论》，第401页；格本第5卷，第339页)，[①]而把他的立场说成是根本否认存在是一个谓项。

但是，若进一步说，不仅某某主项的存在是偶然的，而且表达这一主项不同时间的状态的任何两个谓项间的联系也是如此。因此，莱布尼茨在讨论他打算在将来某一时刻作一次旅行这样一个
28 假定时说："事件的联系，虽说是确定的，却并非是必然的；对我来说，作这次旅行或不作这次旅行都是可能的，因为虽然在我的概念里蕴涵有我将旅行，但其中也同样蕴涵有我将自由地作这次旅行。因而，在我身上，根本不存在任何能够一般地或是通过本质，或是通过某个特殊的或不完全的概念来设想的东西，能够使我们从中得出结论说，我将必然地这样做。反之，从我之为一个人我则能够得出结论说，我能够思想。这样，如果我不作这次旅行，这也不同任何永恒的或必然的真理相左。不过，既然我这样做是确实无疑的，那在作为主项的我与作为谓项的这次旅行的实施之间就必定存在着某种联系；因为，在一个真命题里，谓项的概念必定永远包含在主项中。所以，如果我不这样做的话，那就会出现虚假，这将破坏我的概念的个体性或完整性。"(格本第2卷，第52页)因此，那些本身具体的谓项，即那些表达一个实体在特定时间的状态的谓项同那些诸如"人"和"理性的"一类抽象谓项迥然有异。具体的谓项，虽然它们相互之间是联系着的，但却并非必然地相联系；这

① "当我们说一件事物存在，或它有实在的存在时，这存在本身就是谓项，也就是说，它有一个概念和所涉及的概念相结合，而在这两个概念之间有一种联系。"

些联系，也和诸谓项一样，都是偶然的。所有这些谓项都必然地同主项有联系，但是，任何具体的谓项却都并不必然地相互联系。因此，莱布尼茨常常把它们说成是偶然的谓项。如果谓项的序列不同，则主项也就会不同；从而，谓项和主项的必然联系差不多也就是同一律。[①] 一个主项由它们的谓项来界定；因此，如果谓项不同，则主项也就不能是同一个。所以，从一个主项是它现在之所是，就能够推论出它将具有它将具有的所有谓项；但是，从其一个或多个谓项中，并不能必然地推出什么结论。每一个别的谓项在每一各别瞬间的存在都是一个偶然真理，因为每一个在关于正好是这样一个主体存在的论断中便都被预先地设定了。依据这种观点，当对一个主项同它们的谓项的总和作出区分时，便会出现困 29
难；这是一个当我们讨论实体学说时必将遇到的困难。现在，我只是满足于指出，在关于一个个体实体即一个概念完全的主项的存在的论断里，这个实体持续存在的瞬间有多少，这个论断也就包含有多少个个别的偶然命题。因为这实体在每一瞬间的状态是存在着的，而关于它的存在的命题则是一个偶然命题。偶然命题因此是关于存在的命题，而那些不断言存在的命题则是必然的。所以，莱布尼茨把命题分为两种，确实堪称为命题所能容许的非常重要的划分，甚至是最重要的划分。

然而，对偶然谓项的上述联系，似乎需要我们作出一些解释。这些联系，大概不能说成是“存在”，然而，它们无论在自由的实体

① “要是他干了别的事情，那他就不会是我们的亚当，而成为另外一个人了”（格本第2卷，第42页）。

中，还是在没有任何自由的一类实体中，都始终是偶然的。在那些没有自由的实体中，相继状态的联系由运动律所赋予，而这些规律之为偶然的，这一点是再显然不过的了。莱布尼茨甚至向前走得很远，乃至说，正是在动力学中，我们看到了必然命题与偶然命题的区别。（格本第 3 卷，第 645 页）此外，还有一条规律，它虽然同样偶然，但也都同样一无例外，这就是，“人虽然是自由的，但他却始终做那些似乎是最好的事情”。（格本第 4 卷，第 438 页）这个事实似乎表明，这些一般的却并非必然的规律被莱布尼茨看做是同现实时间的“每一个”部分有本质的关联。也就是说，它们并不适用于在别的时间秩序中的联系，而仅仅适用于现实的联系。再者，它们能够从关于在先的现实状态的原理推论出来，这些原理导致了这一联系，并且逻辑地先于这一联系；如我们将会看到的，这对于活动学说来说是本质的和必不可少的。因此，这些规律，虽然它们借助于终极因能有一个先验的证明，然而却具有经验概括的“本性”。它们过去有用，现在有用，今后也有用。它们适用于现实时间的每一个瞬间，但是若没有这样的关联，它们就不可能被表述出来。这是一个当我们讨论莱布尼茨“力本论”哲学时，将必须予以
30 批评的概念。现在，我只打算指出，在他的体系里，运动规律和意志规律是关于存在的，并且同现实时间的各个部分确实有一种本质的关联。只有当关涉到时间的所有“部分”时，它们才是特殊的。在这方面，它们可能同时间本身的特性形成对照，后者是形而上学地必然的，并且在所有可能的世界里都是如此；反之，时间的“存在”则是偶然的；因为它依赖于上帝创造世界的自由选择。

因此，莱布尼茨的命题二分法事实上由下述一些论断组成：所

有不包含现实存在的只同本质或可能相关的真命题都是必然的；但是，断言存在（在上帝的情况下除外）的命题绝不是必然的，并且既不能够由任何一个别的存在命题必然地推论出来，也不能够从主项具有区别于存在物的所有性质这一事实中必然地推论出来。[①] 因此，如果关于存在的命题有什么相互关联的话，如果它们能够以什么方式系统化的话，那就必定存在某项原则，以淡化它们的纯粹特殊的和偶然的性质。

14. 这就把我们引向了充足理由原则。如人们通常假定，单靠这项原则就足以推演出现实存在的事物。必须承认，这一术语涵盖着两项原则，其中一个是一般的且适用于所有可能世界，而另一个则是特殊的，只适用于现实世界。这两者都不同于矛盾律，因为事实上，它们都特殊地适用于存在，不管是可能的还是现实的（然而，前者并不是一无例外地适用）。如我们将会看到的，前者属于因果形式，断言所有可能的原因都是欲求或欲望；另外，后者则是这样一个论断，它认为凡现实的因果关系全都由对善的欲望所决定。我们将会发现前者是形而上学地必然的，而后者则是偶然的，且只适用于偶然的事物。前者是一种关于可能的偶然事物的原则，而后者则仅仅是关于现实的偶然事物的。一当我们着手考 31
察莱布尼茨对他所谓充足理由含义的说明，这种区分的重要性就显示出来了。[②]

---

① 关于偶然性同无限复杂性的联系（许多评论家都把这种复杂性看作是对偶然性的界定），请参阅本书第五章第26节。

② 我并不认为莱布尼茨本人对充足理由的这两项原则十分清楚，但他确实在这一个术语下标示出两项不同的原则（或许他并没有区别分类）。

对充足理由律的表述，莱布尼茨在不同时期使用了不同语言。我将从他后期的陈述着手；他后期的说法较为著名，也更为符合它的传统意义；然后，再回过头来讨论他的早期的陈述，尤其是1686年的那些陈述，并且考察它们同这项原则的后期形式是否一致。

《单子论》中的有关陈述如下（第31、32、33、36节）："我们的推理是建立在两个大原则上，即是矛盾原则……以及充足理由原则；凭借这项原则，我们断定任何一件事如果是真实的或实在的，任何一个陈述如果是真的，就必须有一个为什么这样而不是那样的充足理由，虽然这些理由常常总是不能为我们所知道的。也有两种真理：推理的真理和事实的真理。推理的真理是必然的，它们的反面是不可能的；事实的真理是偶然的，它们的反面是可能的。当一个真理是必然的时候，我们可以用分析法找出它的理由来。但是，充足理由也必须存在于偶然的真理或事实的真理之中，亦即存在于散布在包含各种创造物的宇宙中的各个事物之间的联系中，在这里，对特殊理由的分析是可以达到无穷的细节的。"（邓本，第212—213页；拉塔本，第235—237页；格本第6卷，第612页）这使得我们对所谓充足理由律的含义一无所知。在《自然与神恩的原则》中，同样的含混性也表现出来了（第7节）："我们像十足的自然科学家那样，扯得太远了：现在我们必须上升到形而上学，利用那不常使用的大原则，这个大原则断言没有充足理由，就没有事情能够发生，那就是说，如果没有可能给一个应该充分了解事物的人以充足的理由，去确定何以事物是这样而不是那样的话，就没有事情能够发生。这个原则既然能成立，那么，我们有资格提出的首要问题便是：为什么宁愿有某些东西而不愿什么也没有呢？这是

由于，‘虚无’比‘某些东西’更加简单、更加容易。进一步说，假定 32
事物必须存在，我们就必须能给以理由来说明为什么它们必须这样存在而不是别样。”（邓本，第 212—213 页；拉塔本，第 414—415 页；格本第 6 卷，第 602 页）这种说法，虽然把偶然性和存在的联系非常清楚地表达出来了，但对于充足理由的意义却没有提供任何更进一步的信息。在《论事物的最后根源》（1697 年）这篇论文里，莱布尼茨稍微明确了一些。他说：“在永恒的事物中，即使没有原因在那里存在，也必然会有理由存在，这个理由在永久的事物中是必然性自身或本质；但是在变化着的事物的系列中，如果它被设想为它们永恒地互相继承，正如我们即将认识到的，这个理由将是倾向的优势，而不是必然的理由，那就是说，不是一个绝对的和形而上学的必然性，其反面包含着矛盾，而是倾向的理由。”（拉塔本，第 338 页；邓本，第 100 页；格本，第 7 卷，第 302 页）对这些倾向的理由的意义究竟是什么这个问题，在我们讨论实体的活动之前是不可能给予恰当的解释的。在讨论现实存在时，倾向的理由是对善的东西的知觉；这种知觉，或是通过实体本身而获得，或是通过上帝而获得；如果一个实体是自由的，就通过它本身；如果这个实体不是自由的，那就要通过上帝。但是，这条规律，如上所述甚至在仅仅适用于变化事物的系列的形式中，如我们很快就会看到的，不仅对于现实世界，而且对于所有可能的世界都是真的。因此，它本身是形而上学地必然的，而不能把现实的同可能的区别开来。甚至在仅仅适用于变化事物的系列的形式中，这条规律也依然是一条关于所有“可能”的偶然事物的规律；而且，任何一个关于“可能”的偶然事物的真命题本身也必定不是偶然的，而是必然的。

在发挥这个题目之前，我们先来考察一下莱布尼茨关于这条
规律的一些早期说法。1686 年时，他比后来更倾向于对他的原则
究根追底；他给了一个说法，乍一看，与他通常给予的迥然不同，并
称他的通常的公式为“通俗定理”，是作为结论推导出来的。他说：
“在一个命题中，必定始终有诸项关联的一定基础，这在它们的概
念中必定能够找得出来。这是我的大原则，我相信所有的哲学家
都必定同意它，上述通俗定理就是它的诸多结论中的一个；依照这
33 条原则，如果没有一个理由，就没有什么事情能够发生，……虽然
这个理由常常是倾向而非必然。”（格本第 2 卷，第 56 页）他还说，
在形而上学里，除了两条大原则外，他几乎没有预设任何东西，这
两条大原则就是：(1) 矛盾律；以及(2)“没有一件东西是没有理
由的，换言之，每一条真理都有它的先验的证据从有关各项的概念
推论出来，尽管完成这种分析，并不总是为我们力所能及。”（格本
第 2 卷，第 62 页）

莱布尼茨有一篇论文未署日期，然而有内在的证据表明，很可能属于这一时期；他在其中的一段话里，对偶然命题的先验证据甚至讲得更为明确。他写道：“一般地说，每一个(不是自身同一的或真的)真命题都能够借助于公理或本身是真的命题而先验地证明出来，也能够借助于定义或观念先验地证明出来。因为，每当一个谓项真的被肯认为属于一个主项时，某种实在的联系也就总是被断定为存在于谓项与主项之间，从而也就存在于任何一个命题中：A 是 B(或者 B 真实地被断定为属于 A)，B 就总是在 A 本身中，或者它的概念以某种方式包含在 A 本身的概念中；它之究竟具有绝对的必然性还是只具有某种确定性，完全依赖于自由实体的某个

被假定的命令；前者适用于关于永恒真理的命题，而后者则适用于偶然的事物；这种命令绝不是完全任意的和缺乏基础的，而是永远有某个理由（然而是倾向而非必然）能够提供出来：这理由本身是能够从对这些概念的分析中推演出来的（如果这总是为人的能力所及的话），而且，全知的实体是不可能注意不到这种理由的，因为它借助于观念本身以及它自己的命令就可以先验地看见每个事物。因此，肯定无疑的是，所有的真理，甚至最偶然的事物，都有一个先验的证据，都有某个它们何以存在而不是不存在的理由。而这本身就是人们通常所说的，如果没有一个原因就什么事情也不会发生，或者如果没有一个理由就什么事情也不会发生。”（格本第7卷，第300、301页）①

这些说法，如果照它们的现成形式看，似乎同莱布尼茨后来对 34
充足理由律的说法很不相同。但是，在偶然性问题上，他似乎倾向于把对显然最好东西的追求包括进“关于各项的概念”之内。在他1686年写的一段话里，这一点也说得相当明白；他说，恺撒的行为，虽然包含在他的概念里，却依赖于上帝的自由选择。他强调说，正因为如此，这样的谓项才能够先验地表明属于恺撒。（格本第4卷，第438页）

因此，充足理由律，当运用到现实存在时，便在现实欲望永远

① 充足理由原则，就其不依赖于终极因而言，也存在于斯宾诺莎哲学里（《伦理学》，第一部分，命题11，第5个证明）：“凡物之存在或不存在，必有其所以存在或不存在的原因或理由。”莱布尼茨意识到这种一致性，这从他对舒勒关于斯宾诺莎的解说的下述评论中可以看出来：“这一点被正确地看到了，并且同我惯常说的相一致，这就是：任何一件事物如果拿不出它所以存在的充足理由，就不可能存在；容易指出，这种理由是不存在于原因系列之中的。”（格本第1卷，第138页。）

指向看来是最好东西的意义上确定地使它自己成了对终极因的断定。在所有的现实变化中，这一结果只能够通过运用善的概念从前件推演出来。凡是在变化依赖于上帝的地方，它实际上都是追求最好的；凡是在它依赖自由创造物的地方，它就是对这创造物似乎是最好的一类东西，但是，由于知觉的混乱，实际上却并不是可能变化中最好的。这样一种联系只能被看作是偶然的，只要我们像莱布尼茨那样承认：一条规律可能是一般的，即可能运用到时间的每一个部分，而不是必然的，也就是说，它不能够是一个同时间的任何现实部分不相关联的陈述。要探求这个题目是不可能的，除非我们到了研究实体学说的时候。现在，我只限于指出，这条原则赋予了善一种同存在的关系，而这种关系是任何一个别的概念所不可能具有的。为推论出现实存在，不管是从另一个存在物推出，还是从纯粹概念推出，永远都必须使用善的概念。正是在这个意义上，偶然命题便总是具有先验的证据。[①] 莱布尼茨说："像可能性是本质的原则一样，完满性或本质的一个等级（最大量的事物
35 由此而成为可共存的）也是存在的原则。"（邓本，第 103 页；拉塔本，第 342—343 页；格本第 7 卷，第 304 页）[②]存在同善的这种联系，即所有现实的因果关系由追求看来是最好东西的欲望所决定

① 在莱布尼茨哲学里，先验的是同经验的相对立的，而不是同偶然的相对立的。一个运用善的概念的证明可能不诉诸于经验而表明某物存在，但是并不因此而使这个命题成为必然的。所以，先验的，就像在康德哲学中一样，并不是同必然的同义。

② 在这里，完满性，作为"最大量的积极实在性"（《单子论》，第 41 节；邓本，第 224 页），具有形而上学的意义，但是，莱布尼茨确实认为形而上学的完满性是善。在正文里摘引的那句话的前面的一句话里，他讲到"不完满性或道德上的荒唐行为"是同义的，而且所谓不完满性意味着形而上学的完满性的反面。参阅本书第 16 章。

这条原则，是一个至为重要的命题；在我们阐述的后面阶段，我们将必须继续考察它。它提供了适用于现实存在的充足理由律的本质内容。同时，我们将会看到这条规律还具有一个更为宽泛的意义，在那个意义上，它将也适用于可能的存在物。对于这两种意义的混淆一直使得这条规律同矛盾原则的关系理解起来非常吃力。我认为，这种区别能够使我们澄清莱布尼茨的这两条原则的关系。

15. 当我们探究充足理由律与矛盾律的关系时，我们发现，莱布尼茨对这个问题几乎没有发表过什么看法，几乎没有赋予充足理由律以一种确定的意义；照莱布尼茨的说法，它也同样适用于所有的可能世界。因此，我们需要一条更进一步的原则，仅仅能够适用于现实世界，现实存在可以由之推论出来。这条原则应当在终极因中找到。但是，让我们首先来看看莱布尼茨对此究竟说了些什么。

他在致德·博塞斯的一封信中写道："我明确主张，一个没有任何原因的或一个没有任何决定源泉的自行决定的力量包含着矛盾，就像一个没有基础的关系包含着矛盾一样；但是，并不能由此而推论出，一切结果都具有形而上学的必然性。因为，指出原因或理由不是形而上学地必然的就足够了，尽管从形而上学上说，应该有某种这样的原因。"（格本第 2 卷，第 420 页）在这段话里，他显然想到了自由创造物的意志；在一封致沃尔斯王妃的附有反对克拉克第 4 篇论文的信里，关于上帝，他说了同样一些话。他说："上帝本身也不能够在没有任何选择理由的情况下进行选择。"（格本第 7 卷，第 379 页）但是，我们知道，上帝，由于是自由的，原本是可以作出别的选择的；因此，既然他一定有他选择的理由，那他的可

36 能的选择就必定有其可能的理由，现实选择就必定有其现实的理由。关于自由创造物也能得出同样的结论。这条结论，在上面引证过的那段话里就出现过（格本第 2 卷，第 51 页；第 13 节），它实际上是莱布尼茨自己得出来的。为了使一个概念能够成为关于可能存在的概念，就必须有另外一个概念。如果这个可能存在者存在，这个概念就会成为这样一个想象存在者的充足理由。莱布尼茨继续说，“按照上帝可能形成的不同设计，有创造世界的无限可能的方式，而每一个可能世界都依赖于上帝的某个适合于它自己的主要的设计和目的。”（格本第 2 卷，第 51 页）

但是，如果这条原则既适用于可能的存在也适用于现实的存在，那么，它何以能有助于判定什么东西为现实存在呢？根据这种观点，它所提供的只是“可能”存在事物的一般性质，而不是现实存在的源泉。[①] 莱布尼茨承认这一点。因而我们可以清楚地说出现实的和可能的充足理由。这条原则是形而上学地必然的，同样适用于可能的和现实的存在物；它的这一部分就是断言所有事件都应当归因于设计的那一部分。从上节结尾的那一段话看来，上帝不管把哪一个可能世界创造出来，都必定已经有了他这样作的某种设计或筹划，虽然他的设计或筹划也可能不是可能中最好的。同样地，意志，在自由的创造物中，也“必定”有一个动机，即必定为这结果的某种预知所决定。原因同结果的关系绝不可能是纯粹外

① 参阅格本第 2 卷，第 225 页：德·沃尔达反对莱布尼茨说，为要想象一个实体的存在，我们需要一个原因，而不是去设想它的本质。莱布尼茨答复说：“我不敢苟同这一点，因为要设想它的本质，我们就需要一个可能原因的概念，而为要设想它的存在，我们就需要一个现实原因的概念。”

在的；原因必定永远部分地是追求结果的一种欲望。因果关系的这种形式是活动的本质，如我们将看到的，莱布尼茨宣称，这对于实体是形而上学地必然的。在这种形式里，充足理由律是必然的和分析的，而不是一个同矛盾原则并列的原则，而只是它的一个结论。

这条仅仅适用于现实事物的原则，实际上同矛盾律相并列，并且提供了现实世界的源泉；它实质上就是断言各种设计总是为善 37
的或最好的观念所决定这样一条原则。上帝可能曾经欲望过可能世界中的任何一个，而且，他的欲望也会成为它之创世的充足理由。但是，他之欲望最好的以及创世的现实的充足理由却是那追求最大量的善的欲望，而不是追求别的可能世界将要实现出来的任何东西，则是个偶然的事实。所以，莱布尼茨说："上帝永远做最好的事情，这是合理的和确定的，尽管较不完满的东西也不包含矛盾。"（格本第 4 卷，第 438 页）[1]这同样适用于自由创造物，只是要加上限制，即他们常常搞不清楚什么是真正的善。这样，虽然欲望看来并非最好的是可能的，但作为现实充足理由的现实欲望之永远指向自由精神认为是可能中最好的，则是一个偶然的事实。[2]

---

① 参阅格本第 7 卷，第 309 页正文和注释；也参阅反对克拉克的第 5 篇论文中的下述段落（格本第 7 卷）：第 9 段："但是，说上帝只能选择最好的，并且想由此推论说他未选中的就是不可能的；这是把能力和意志、形而上学的必然性和道德的必然性、本质和存在这些名词混淆了。因为必然的东西由于它的本质而成为必然，既然其对立面蕴涵着矛盾；而存在着的偶然的东西，是靠事物的最好的、充足理由原则而有它的存在。"第 73 段："上帝能够做一切可能的，但他只愿做最好的。"也参阅第 76 段。

② 这可以从下面一段话（格本第 2 卷，第 40 页）看出来。在这一段话里，莱布尼茨解释说，世界的现存状态只是根据上帝自由颁布的某些规律从其最初状态推演出来的。因此，这些规律包括追求最好的规律，在此，必定是偶然的。

可以设定，如果上帝必然是善的，他的行为也必定“必然”为追求最好者的动机所决定。但是，莱布尼茨却只是用自由对善是本质的，以及上帝之为善仅仅在于他之反对恶是可能的这样一个普通概念来规避这一点，对于这个普通概念，由于篇幅所限，不容许我们在这里予以讨论。

我们现在可以总结一下我们讨论偶然性和充足理由的一些结论。莱布尼茨由于紧紧抓住必然命题必定是分析的学说不放，而发现了关于存在的命题是综合的，而且也同休谟和康德一样，发现不同时间的存在物之间的所有因果联系都是综合的。他由此得出
38 结论说，现实世界并不必然地存在；而且，在这个世界里，原因并不必然产生它们的结果。这个理由，如他所不断重复的，是倾向而非必然。我们知道，他跟休谟和康德一样意识到因果关系是综合的，这可以看作是他对由这个事实所提出的难题的解决。休谟指出，因果关系并非现实的关联；康德指出，综合的可能是必然的；莱布尼茨则指出，有一种联系是可以在不是必然的情况下，而成为恒定不变的。因为他从来不曾想到过要去否定必然的必定是分析的，这是他逃避完全否认因果关系立场的唯一可能的选择。

因此，断言除上帝之外的任何事物之存在的命题是偶然的，断言一个存在物是另一个存在物的源泉的命题也是如此。而因果性本身则是必然的，并且适用于所有的可能世界。再者，在所有的可能世界中，因果性都只能通过把原因部分地看作是对结果的一种预见或欲望才能够成为可理解的。这一点，如我们在下一章将会看到的，可以从“每一个外在的推证都有一个内在的推证作为基础”（格本第2卷，第240页），亦即没有什么关系是纯粹外在的，把

这样一个学说推演出来。结果“必定”是心理学意义上的目的，即欲望的对象。但是，在现实世界中，由于上帝的善，结果也是或似乎是伦理学意义上的目的。心理学的目的，其实也就是主体认为是伦理目的的东西，即他认为是可能的结果中最好的。（在没有自由的实体中，充足理由并不在于它们，而在于上帝。）这就是现实世界同别的可能世界的区别。上帝可能创造出诸多可能世界中的某一个，但是他不可能对它之是否为最好者一无所知。因为它的卓越程度是一条永恒真理，也是他的理智的对象。但是据说（格本第2卷，第51页）不管上帝创造出一个什么样的世界，在他这样做的时候，都会有一个设计，而这个设计对他的行为来说，是形而上学地必然的。因此，当设计被说成是必然的时候，那就依然只能心理学地解释设计，而不能伦理学地解释它。

因此，上帝的善的行为是偶然的，只有在现实世界之内才是真
实的。它们是用充足理由对偶然事物所作的一切解释所从出的源 39
泉。然而它们本身在上帝的善中却都有它们的理由，我们必须假定上帝之善是形而上学地必然的。[1] 莱布尼茨没有说明，既然如此，上帝的善的行为为什么不也是必然的。但是，如果它们是必然的，则它们的一系列结果也就会全是必然的了，他的哲学也就将因

[1] 就我所知，莱布尼茨在任何地方都没有明确地断言过上帝的善是必然的，但是这种结论可以从他的哲学中推演出来。因此上帝的善是一条永恒真理，当他行动时，并不仅仅关涉现实世界。我们几乎不能够假定，在别的可能世界里，上帝曾经不是善的，或者说上帝之为善只是一个偶然的事实。但是如果我们要作出这种假定，我们就将只是把这种困难推向另一个阶段，因为我们那时还是需要一个上帝之为善的充足理由的。如果这个理由是必然的，则上帝的善就将也是必然的；如果是偶然的，则它本身就需要一个充足理由，而与此相关的同样的困难也会出现。

此而陷入了斯宾诺莎主义。唯一的补救就是声言上帝的存在,和别的存在物的存在一样,也是偶然的——这项补救不可避免地由他的逻辑学推演出来;但是由于明显的理由,他认为这比斯宾诺莎主义的缺陷还要大些。他之所以要设计出这样一个偶然性学说,就是为了消除这一弊端。

第四章　实体概念 40

16. 本章将要讨论的问题是:实体这个词在莱布尼茨这里究竟意指什么?而这种意义在哲学领域中究竟能够卓有成效地运用到什么地步?这样一个问题,必须同单子学说予以回答的问题仔细区别开来,单子学说回答的问题是我们究竟能够作出什么样的存在判断(这种判断中要运用实体概念)?我们现在的问题简单说来就是,什么是实体概念?而不是,借助实体概念能够作出关于世界的什么样的判断?

实体概念支配着笛卡尔的哲学,而在莱布尼茨哲学中的重要性一点也不次于前者。但是,莱布尼茨赋予这个词的意义却有别于他的前辈,而这种意义转换正是他的哲学的创新性的主要源泉。莱布尼茨本人就曾强调过这一概念在其哲学体系中的重要地位。针对洛克,他极力主张实体概念并非模糊到哲学不可思考它的程度(《新论》,第 148 页;格本第 5 卷,第 133 页)。他说,对实体概念的考察是哲学中最为重要又最富于成效的一点:最基本的真理,甚至那些关于上帝、灵魂和躯体(物体)的真理,都是从他的实体概念推证出来的(邓本,第 69 页;格本第 4 卷,第 469 页)。因此,解释这个概念就是讨论他的物质观点或他的单子理论的一个必不可少的先奏。

笛卡尔主义者曾经把实体定义为其存在仅仅需要上帝协助的

东西。实际上，他们用实体意指的就是其存在不依赖于同任何别的存在物的关系的东西；因为上帝的协助是一个棘手的、令人尴尬
41 的条件，这曾经使笛卡尔宣称：严格地说，只有上帝才是实体。因此，尽管他们实际上承认两种实体，即心灵和物质，然而每当他们严肃地对待上帝的时候，他们就不得不否认除上帝外的任何事物的实体性。这种不一致性或前后矛盾后来为斯宾诺莎所补正；对于后者来说，实体是自因，是自己使自己产生的东西，或者说是那种在自身内并通过自身而被设想的东西。所以，实体对于他来说，就只是上帝。而莱布尼茨则把斯宾诺莎的这项补救看作是对笛卡尔的实体定义的谴责(格本第 6 卷，第 582 页)。在斯宾诺莎看来，广延和思想并不构成个别的实体，而是属于这唯一实体的属性。在斯宾诺莎这里，也和在笛卡尔那里一样，实体概念尽管未被明确地分解成它的诸多要素，但也不是一个终极的简单概念，而是一个按照未被明确界定的方式依赖于主项和谓项的纯粹逻辑的概念。实体诸多属性是一个主项的诸多谓项；而且，这也假定了谓项不能够没有它们的主项而存在，虽说这一主项没有谓项却依然能够存在。因此，主项成了一种其存在不依赖于任何别的存在物的东西。

在菲拉埃特和阿里斯特之间的《对话》中，与马勒伯朗士相关，对这个定义有一个非常有趣的讨论(格本第 6 卷，第 579—594 页)。在这一对话中，马勒伯朗士的发言人从把实体定义为能够单独设想的任何事物开始，或者说从把实体定义为不依赖于其他事物而存在的东西开始(格本第 6 卷，第 581 页)。莱布尼茨对此持有异议，指出，这个定义实际上只适用于上帝。他继续说道："因此，我们将能够站在一个很可能非常著名的革新者一边，去说上帝

是唯一的实体，而创造物则只是他的变体吗？”如果这种独立性可以给予被创造的事物，则莱布尼茨认为，力和生命，至少抽象地看，是能够这样设想的。他说，独立性在概念上不仅属于实体，而且也属于对实体是本质的或者说为实体所不可或缺的东西。因此，马勒伯朗士的支持者把他的定义限制在具体事物的范围内：实体是一个不依赖于所有其他被创造的具体事物的具体事物。对此，莱布尼茨反驳道：（1）这种具体事物“或许”只能够用实体来定义，但是这样一来，这个定义就可能包含了一个恶性循环；[1]（2）广延不是一个具体事物，而是对作为广延之主项的有广延的事物的抽象 42
（同上，第 582 页）。但是，他在这个地方，避免对实体下一个属于他自己的令他感到满意的定义，而只是以一种富有个性的调解方式指出，上述修正过的定义将只适用于单子（同上，第 585—586 页）。

17. 然而，莱布尼茨发觉，主项和谓项的关系比关于独立存在的令人生疑的推论更为基本（参阅格本第 2 卷，第 221 页）。因此，他明确地使他的实体概念依赖于这种逻辑关系。针对洛克，他极力主张，存在着设定实体的充足理由，因为我们可以设想同一个主项有若干个谓项，而这正是洛克用作实体同义词的“支撑”或“基质”所意指的全部内容（《新论》，第 225 页；格本第 5 卷，第 201—202 页）。

但是，当进一步考察时，我们发现，这虽说是实体意义的一个必不可少的部分，但绝不是实体这个词所意指的一切。在人们所

[1] 然而，这一反驳后来撤销了（格本第六卷，第 583 页）。

赋予实体这个术语的意义中，除主项的逻辑概念外，一般说来，还存在着另外一个要素。这就是在变化中持续存留这个要素。实际上，持续存留作为纯粹生成的对立面就包含在变化的概念中。变化总意味着某件事物在变化；也就是说，它总是意味着一个主项在变化其性质的同时又保留着它本身。因此，关于变化着的主项这个概念并不独立于主项和谓项，而是随之而产生的；它就是关于适用于存在于时间中的事物的主项和谓项的概念。正是逻辑主项的这一特殊形式，连同那个主张存在着的只能是主项而不能是谓项的学说一起，构成了莱布尼茨所运用的实体概念。他说，如果我们要坚持认为现在的我与过去的我是同一个人，那么我们就绝对不能满足于纯粹内在的经验，而必须有一条先验理由。这只能够是我现在的属性和过去的属性都是同一个主项的谓项（格本第 2 卷，第 43 页）。这种在变化着的主项的意义上的实体的必要性已经为康德在经验的第一类类推中指出来了。[①] 但是，在康德那里，这一
43 主项同其谓项一样，也是现象的。实体，当用作独断形而上学的基础时，其显著的特征在于相信一些项只能是而且必定是主项。莱布尼茨说，当若干谓项能够归属于一个主项，“而反过来却不能归属于任何别的主项”的时候，我们就把这个主项称作一个个别实体（格本第 4 卷，第 432 页）。这一点很重要；因为很显然，这样一来，任何一个项都可以成为一个主项。我可以说“2 是一个数”，“红是一种颜色”等。但是，这样的项能够归属于别的项，从而不是实体。

① 康德认为“知性的先验原理”共有 4 类：直观的公理，知觉的预定，经验的类推和一般经验思维的准则。实体原理是第 3 类原理“经验的类推”中的第一原理。——译者

终极的主项永远是一个实体（格本第 2 卷，第 457—458 页）。因此，我这个项看来不能够归属于任何一个别的项；我有许多谓项，但反过来却不能是任何别的主项的一个谓项。所以，如果我这个词并不表示任何区别于我的诸多状态的纯粹总和的东西，如果我在时间中持续存在，则我们就完成了莱布尼茨对实体的定义。空间，如莱布尼茨所常常承认的，如果是实在的话（他对此是否认的），则就会成为一个实体；因为它在时间中持续存在，从而不是一个谓项。[①]

因此，实体就是那种只能够是主项而不能够是谓项的东西，它可以具有许多谓项并且在时间中持续存在。简言之，它就是变化着的主项。一个实体在不同时间里所具有的不同属性就是这实体的所有的谓项，而且尽管任何属性只在一定时间里存在，然而它在这一时间内为一个属性这个事实却永远是所考察的实体的一个谓项。因为实体是存在于所有时间部分的同一个主体，从而永远具有同样的谓项，既然按照莱布尼茨的观点，谓项概念永远包含在主项概念之中。我的所有状态及其关联总是处于作为主项的我的概念之中。因此，说我的所有状态包括在我的概念中，也就只是在说，谓项存在于主项之中（格本第 2 卷，第 43 页）。莱布尼茨继续指出，从这一命题出发，可以推断出每个灵魂都是一个各别的世界，它不依赖于除上帝以外的任何别的事物（格本第 2 卷，第 46—47 页）。因为既然我的所有谓项都始终属于我，既然我的处于不

① 在其年轻的时候，莱布尼茨倾向于承认空间为一个实体。参阅格本第 1 卷，第 10 页（1668 年），以及塞尔沃，前引著作，第 28 页。

同瞬间的所有状态都包含在这些属性中，则我们就可以得出结论说，我的在时间中的发展只是我的概念的一个推论，而不依赖于任
44 何别的实体。像“我是”这样一类主项可能不存在；但是，如果这样一类主项确实存在的话，我的所有状态便都可以由我是如此这般的一类“我是”这个事实推演出来，这便足以说明我的变化，而不必假定有什么东西从外面对我发生作用。①

18. 现在，我们能够理解莱布尼茨的所谓“活动”究竟意指什么。他说，实体的活动形而上学地是必然的（格本第 2 卷，第 169 页）。事物的实体性就在于这种活动。如果没有持续的力，任何被创造的实体便不可能在号数上保持一样，而所有的事物也就会只是唯一神圣实体的变体（邓本，第 117 页；格本第 4 卷，第 508 页）。② 实体也是一种具有活动能力的存在物（邓本，第 209 页；拉塔本，第 406 页；格本第 6 卷，第 598 页）。但是，他常常不能明白地解释所谓活动究竟意指什么。一般说来，活动是对混乱思想的一种遮蔽；它属于那种通过诉诸于心理想象看起来使得事情清楚

① 阿尔诺在阅读过《形而上学论》之后根据这个理论所作的判断是值得摘录出来的，因为这可以用作对那些对其晚辈予以谴责的哲学家们发出的一个警告。他写道：“我现在患了非常严重的感冒，以至于我能够做的一切就是以两句话告诉阁下，我在这些思想里发现了这么多令我震惊的东西，而且，如果我没有弄错的话，差不多每一个人都会对之感到十分震惊的；这使我看不出一个新奇的说法会有什么用处，对于这种说法看来全世界都会予以反对的。作为一个例证，我将只是把他在第 13 条中所说的话公布出来：‘每个人的个体概念已经包含了将永远对他发生的一切。’”（格本第 2 卷，第 15 页）选录这段特别令人震惊的评论或许有助于说明莱布尼茨何以把它从其发表的著作中删去。

② 参阅斯宾诺莎：《伦理学》第三部分，命题 6、7。对于他来说，个体性也在于活动或活动性。参阅柏洛克：《斯宾诺莎》，第一版，第 217、221 页；第 2 版，第 201、205 页。

明白的概念，但在实际上这类概念只是提供了同熟知事物的一种类比。然而，莱布尼茨对活动概念的使用似乎可以避免这种指控。他明确地反对诉诸于想象。他说，实体的这种内在的力可以清楚地设想出来，但是却不能够用意象来解释，因为力必须通过理智而不能通过想象予以把握（邓本，第 116 页；格本第 4 卷，第 507 页）。那么，这种只能清楚设想而不能予以想象的活动究竟是什么呢？

莱布尼茨解释说，如果没有一种内在的活动力，一件事物绝对不可能成为一个实体，因为实体的本性就在于这种有规则的倾向性，诸多现象也就是从这种倾向性中产生出来的（格本第 3 卷，第
58 页）。他还说道（拉塔木，第 300 页注；格本第 4 卷，第 472 页）：45
“关于力或力量，我意指的并不是能力或纯粹的功能，因为后者只是活动的接近可能性，好像死了的一样，在不受外部刺激的情况下，永远不会产生活动。我所意指的是介乎能力和活动之间的某种东西，它包含一种努力，一种活动，一种隐德莱希。力，只要没有什么东西加以阻碍的话，就通过自身化为活动。这就是为什么我把力看作实体的构成要素，因为它是活动的原则，而这正是实体的特性。”这样，我们就能够明白所谓实体莱布尼茨究竟意指的是什么，而且我们也能够明白这个概念是他的实体概念的一个必然的和合理的结论。我们已经看到，一个实体就是一个主项，它在不同时间里具有构成其不同属性的谓项。我们也已经看到，所有这些谓项都包含在这个主项的概念中，从而它的各种不同属性的基础就存在于这个实体之中，而不应从外部世界的影响中来寻找。因此，在实体的每个状态中都必定存在着某种要素或性质，而且，正是由于这种要素或性质，每个状态才不至于成为恒久的，而倾向于

过渡到下一个状态。这种要素就是莱布尼茨的活动概念所意指的东西。[①] 我们应当把活动同因果关系概念所意指的东西区别开来。因果关系是一种存在于两个现象之间的关系，凭借着这一关系，一个现象接着另一个现象发生。而活动则是一个现象的一种性质，凭借着这一性质，它趋向于引起另一个现象出现。活动是一种同因果"关系"相对应的"属性"；它是一种必定属于变化着的状态的主项的属性。至少就那些状态是从这一主项本身的本性中发展出来的而言是如此。活动不是一种纯粹的关系；它是实体的一种现实的性质，构成这一实体每个状态的要素，从而这一状态就不会是恒久的，而趋向于让位给另一个状态。既然实体，如我们已经看到的，实质上是变化着的诸多属性的恒久主项，则我们就可以得出结论说，在上述意义上，活动对于实体就是必不可少的，从而是形而上学地必然的。我们还可以得出结论说，一如莱布尼茨所断言的，如果没有活动或活动性，实体就不可能保持它的号数上的同一性；因为如果没有活动，实体在新的瞬间就不再具有新的属性，
46 从而也就不再存在。这样，活动也就从每个关系必定能够分析成相关各项的修饰语这个一般学说推演出来；而这一学说是莱布尼茨和许多别的哲学家（如洛茨）所共享的。两个状态具有一种接续和因果关系，从而就必定具有关于这些状态的相应的修饰语。在先状态的修饰语是活动。然而，被动则不是后继状态的修饰语，而是某种迥然有异的东西。[②]

① 参阅邓本，第 115 页；格本第 4 卷，第 506—507 页。

② 参阅本书第十二章，第 84 节。

19. 现在,我们可以回到充足理由律上,在同活动的关联中对它作出解释。尽管,如我们所看到的,一个实体的所有状态都包含在它的概念中,而且能够依靠完满的知识从它的概念推演出来;然而,按照莱布尼茨的理解,这差不多和同一律是一回事。[①] 不管我将来的活动可能怎样,这都必定是真的,因为它们将是它们将来之所是。无论谁,只要他做了别的事情,他也就不会再是同一个人。但是,我之将以任何一种特殊的方式活动这一点不可能从关于我的任何一般命题推演出来。我的特殊活动(行为)同关于我的概念相关联,但是却既不"必然地"地相关于我的任何一个一般性质,也不"必然地"相互关联。莱布尼茨写道,在我身上,没有任何可以一般设想的东西,也没有任何可以通过本质、通过一个特殊的或不完全的概念予以设想的东西,我的将来的行为能够从中必然地推演出来。然而,如果我打算作一次旅行,则我之将去旅行就是确定无疑的了,而如果我不去作这次旅行,那就会是虚假不真了,就会破坏掉关于我的个体的完全的概念(格本第 2 卷,第 52 页)。也就是说,无论谁,只要他做过任何一件别的事情,也就不再是同一个人。这实际上等于:(1) 肯认恒久实体,(2) 承认下面这样一个显而易见的事实,即关于将来的每个命题的真假都已经被确定下来了,虽然我们不能够决定其究竟为真还是为假。因此,在这一方面,我们根本无法由实体的一个既定状态来确定它的将来状态究竟怎样;为达此目的,按照莱布尼茨的见解,我们就需要运用充足理由原则。

因此,这条原则所承担的功能和我们现在所使用的因果关系

① 参阅格本第 2 卷,第 42 页。

47 没有什么两样；它为发生在不同时间的事件提供联系。但是，与因果关系不同，它力图表明一定结果“为什么”发生，而不只限于某个结果发生了。在莱布尼茨尚未发现其实体概念时（很可能是 1676 年）所写的一封早期的信中，他极力主张，一件单独的事物不能够成为它的变化的原因，既然每件事物如果没有别的事物改变它，则它就依然处于它所在的状态中；因为提供不出任何理由来说明为什么发生的是这样一种变化而不是另外一种变化（格本第 1 卷，第 372 页）。把这一点同他后来的意见对照一下，我们就可以清楚地看到活动与充足理由之间的联系。作为一种变化而非另一种变化的充足理由应当到活动的本性中去寻找。在那些本身没有自由的实体中，主张活动为一般规律所支配，而这些规律本身在上帝的适宜性知觉中有其充足理由；在自由的实体中，主张充足理由存在于由这实体表现出来的关于善的多多少少有些混乱的知觉中。但是，在任何情况下，两种状态之间的这种联系本身都不是必然的；它始终是从断言这种变化是善的知觉中产生出来的，不管是出于上帝中的知觉还是出于被创造物的知觉（如果这是自由的话）都是如此（格本第 2 卷，第 38 页）。然而，这个题目在我们考察单子学说之前是不可能予以充分讨论的。

20. 从关于活动性我们所讨论的内容看，很显然，那些属于一个给定实体的存在于时间中的谓项形成一个因果系列。莱布尼茨有时沿着这一方向向前走得很远，以至于非常接近洛茨的关于事物即规律的学说。[①] 他说，所有单个的事物都属于一个连续系列，

① 参阅洛茨：《形而上学》，第 1 卷，第 3 章，尤其是其中第 32 节。

在这个系列中，除这条规律外，不存在任何恒久的东西，而是包含着连续不断的承继关系。他继续说道，这些连续系列，和数字一类的连续系列一样，具有如下一些特性：若给定了第 1 项和进展规则，其余各项也就依序产生出来了。唯一的差别在于：在连续系列中，这种秩序是时间性的，而在数字系列中，这种秩序则具有逻辑的优先性（格本第 2 卷，第 263 页）。再者，对于这同一条规律的坚持正构成了断言一件新的现时的存在物属于作为过去存在物的那同一个实体的根据。他说，一个实体在不同时间的这种同一性，是能够“通过坚持关于这个系列的同一条规律，或连续不断的单纯过渡”而辨认出来；这种坚持“可以使我们形成一个看法，即同一个主项或单子是变化着的。应当有一条持续的规律，把我们可以设想 48
为同一件事物的未来状态都包括在内，而这正是我所断言的指定为同一个实体的东西”（格本第 2 卷，第 264 页）。这些段落非常明确地解释了莱布尼茨的术语所意指的东西；这就是，每个单子在其本性中都包含了它的变化系列的连续律（邓本，第 38 页；格本第 2 卷，第 136 页）。它们还能够使我们看到，如果不诉诸于实体的话，那么，关于单子学说究竟还能够剩留些什么。一个给定实体的所有谓项形成一个因果系列：从而，这个系列便被看作是在对我们所谓实体所意指的内容作界定，这样，主项和谓项的参照或关联便可能被丢弃了。因此，实体的复多性就在于这样一个学说，即一个处于某一给定瞬间的给定的实体，不是由世界的整个在先状态，而是由先前瞬间中某一个确定的存在物产生出来的。在对特殊事物的通常研究中，就包含了这样一个设定。例如，人们假定，两个同时并存的事物 A 和 B 都已经各自地为两个不同的在先的事物 a 和 b

产生出来，而非每一个都是为世界的整个在先状态产生出来的。这个设定，如果被认为正当的话，对于建立莱布尼茨哲学一类的思想体系就将是充分的。因为 A 和 B 转过来又各自产生不同的事物 A′和 B′，如此等等。对实体相互作用的否认，当这个系列为单一的主项所取代时，就使其本身变成了这样一个论断：存在着许多因果系列，而不仅仅是一个。当我论述莱布尼茨关于实体复多性的根据时，将回到这样一个论断上来。[①] 现在我想要指出的是，莱布尼茨在这一阶段如何轻而易举地免于诉诸主项和谓项，而以规律或系列的统一性取代逻辑主项的统一性——实体的持续和独立必然从这样一个学说推演出来，一如从他自己的学说推演出来。

21. 在这一点上，值得探究的是，按照莱布尼茨的观点，一个实体是如何不同于它的谓项的总和的。如果单子成了一个纯粹的因果系列，它也就跟它的谓项的总和等同了。它因此也就具有了
49 一种纯粹形式的统一性；从而也就不存在什么在所有各个瞬间保持同一的现实的主项，而只是一个不断具有新项的系列。在独立的因果系列的意义上，将依然存在着一些单纯实体，但是却不存在把灵魂看作这些单纯实体中的一个的任何理由，也不存在否认我的诸多状态同其他存在物相互之间有因果作用的任何理由。恰恰相反，正是由于这个自我在莱布尼茨看来显然是一个主项，它的各种状态才被认为构成了一个独立的因果系列。因此，我们绝对不能像人们常常不严格地说，莱布尼茨把实体与活动“等同”了起来；活动是实体的“本质”，但实体本身却不是本质，而是本质以及其他

① 参阅本书第七章结尾处。

谓项的主项。[①] 因此，在莱布尼茨看来，一个实体并不就是它的诸多状态的总和；[②]正相反，那些状态如果没有一个为其所归属的实体，就根本不可能存在。设定实体存在的根据（这是相当重要的一点）纯粹是逻辑的。科学所讨论的对象是实体的“状态”，而这些是只能够在经验中得到的。它们被设定为“实体”的状态，因此它们被认为具有谓项的逻辑本性，从而要求有它们所归属的主项。整个学说完全依赖于这一纯粹逻辑信条。而这就使我们重新回到了我们于第二章对两种主—谓项命题所作出的区别。那类同偶然真理、同关于现存实体的论断相适宜的命题，是那类说“这是一个人”而非“人是有理性的”命题。在这里，“这”绝对不是首先被假设受到谓项的界定，而是被简单地界定为是其所是的那个实体。这个 50
实体并不是一个观念，一个谓项，也不是诸多谓项的集合，而是谓项存在于其中的基质（参阅《新论》，第225—226页；尤其是其中第2节）。然而，“这”这个词似乎必定意指某件事物或某些事物，从而只有某种意义才能够把我们正在讨论的那种实体彰显出来。它通常意指的是某种同时间或空间的相关物，结果，“这是人”（this is human）本身就变成了“人性存在于这儿”（humanity exisits

① 参阅邓本，第118页；格本第4卷，第509页：“至于我，就我相信我自己已经掌握了活动概念而言，我认为那条为多数人所接受的哲学信条即活动属于主项，是由它推演出来的，而且也是由它证明的；而且，我还认为这条原则如此真实，以至于这些还是相互补充的，不仅活动着的无论什么事物都是一个单一的实体，而且每一个单一的实体都不间断地活动着。”由此看来，实体显然是被设想为一个恒久的主项，从而对活动的断言是有重大意义的，而不单纯是同义反复。

② 参阅格本第2卷，第263页：“实体并不是形式地包含着各个部分的整体，而是卓越地包含着部分事物的完全的事物。”也参阅格本第6卷，第350页。

here)。对实体同时间和空间的这种关联,莱布尼茨在一定程度上也是支持的(参阅格本第 2 卷,第 49 页),但是他却把时间和空间看作是其本身归根到底可还原成谓项的东西。因此,实体,离开了它的谓项,所存留的就完全没有意义。[①] 至于一个完全没有意义的项得以逻辑运用的方式以及它之能够在形而上学中成为可资利用的方式,我坦然承认,我和洛克一样感到诧异。[②] 当我们进而讨论不可辨别者的同一性时,我们将会发现,莱布尼茨自己,由于坚持实体要经由它的谓项予以定义,便犯了把实体同有关谓项的总和混淆在一起的错误。这个错误之源自他的立场是非常明显的,因为如果主项没有别的,只是谓项的集合或总和,那就没有根据把主项同谓项对立起来。再者,如果情况确实如此,则关于现存实体的论断就将和关于本质和种属的论断一样是分析的;而关于一个实体存在的论断也就将不再是一个判断,而成了多个判断,多个诸如一个主项具有若干个同时间相关联的谓项的判断。事实上,在这个问题上的混淆,似乎应当对整个分析判断理论负有重大责任。

22. 要把时间同莱布尼茨实体概念的关系理解得很清楚是相当困难的。时间的实在性不是作为前提被设定出来,而作为结论被否定了吗?我们已经看到,一个实体实际上是一个在时间中持续的主项。但是,莱布尼茨却努力运用一个实体的所有状态永远

---

① 布拉德雷先生,在把所有的判断还原成关于"实在"的论断的尝试中,对于其终极主项,也达到了同样的观点。实在,在他看来,并不是一个观念,从而我们必须假定,是无意义的。参阅他的《逻辑学》,第 43、49、50、66 页。

② 《人类理解论》,第 2 卷第 4 章,第 1、2 节;《人类理智新论》,第 225—226 页。

是它的谓项这个学说来消除实体对时间的依赖性。然而，就我所 51
能发现的而言，根本就没有一种可能的方式能够最后完成这样一种消除。因为我们必须在实体在一个给定瞬间的状态与这种情况就是它在这一瞬间的状态这个事实之间作出区别。只有后者才是恒久的，从而也只有后者才是莱布尼茨必定视为该实体谓项的东西。实体的现存状态现在存在，然而到下一个瞬间就不再存在了；所以，它本身不可能永远是它的实体的一个谓项。恒久的谓项就是去断言这个实体在这样那样一个瞬间具有这样那样一种状态。从而这个伪谓项就化解成了一个命题，而这个命题本身却不是一个具有主项和谓项的命题。这个观点在莱布尼茨试图解释一个恒久谓项何以能够同时间的一部分相关涉的一段话里得到了很好的阐明。他说，从一件事物的本性推演出来的东西是既可以恒久地也可以暂时地推演出来的。当一个物体在没有外力作用的情况下沿着直线运动时，我们可以从中推论出：在一个给定的时刻，它将处于一个给定的点，而推论不出：它将永远停留在那儿（格本第2卷，第258页）。在这种情况下，暂时推演出来的东西本身就是一个命题，而且是一个在逻辑上先于尝试性的后续的论断的命题。这个例证把下面一点清楚明白地表达出来了，这就是：这样的命题是不能够成功地还原成谓项的。

然而，活动性学说似乎打算用来把这样一类命题从对现实时间部分的种种关联中解脱出来，从而使关于一个实体在各种不同时间的诸多状态的命题成为一些纯粹复合的谓项。下述主张对于莱布尼茨来说是非常必要的，这就是："现在存在"和"接着存在"并没有什么内在的差异，而只是由于现在存在的事物与接着存在的

事物之间的某种关系而有所不同:再者,这种关系归因于在这些不同时间存在着的事物的性质。这是通过活动概念尝试出来的。为了避免各种不同时间瞬间的这种关系,这些瞬间就必须被还原成相应状态的各个要素或部分。现在,活动既然被假定为对先前的和后继的状态之间的质的差别作出了规定,我们也就因此能够把它们的承继秩序解释成它们自己本性的结果。先前状态是欲望,
52 后继状态是所欲望者;这些,大体说来,就是状态的差异,时间的差异要被试图还原的就是这样一种差异。但是,我认为,这种尝试是不可能成功的。首先,很少有人会乐意承认从这一学说中推论出来的东西,因为说活动或欲望指向未来,是一个纯粹的同义反复。其次,这个学说解释不了不同实体状态的同时并存究竟意味着什么。如果同时并存受到承认,那就可以得出结论说,现在或任何别的时间并不只存在于我的心中,而是某种同时并存的状态与之一致的单一的和唯一的东西。简言之,存在着唯一的时间,而非存在着诸多实体的所有时间。因此,时间秩序不能够只是某种存在于"我"的心中的东西,或一系列"我"的诸多状态之间所蕴涵的诸多关系。再次,还可以追问一下,我们用归因于活动的秩序来取代归因于时间的秩序究竟能够从中得到些什么。我们具有一个状态A、B、C、D……的系列,这样,A的活动关涉到B,B的活动关涉到C,如此等等。然后我们说,这样获得的这个秩序是时间秩序实际意指的东西。困难在于理解活动A同它所关涉的B的关系。活动或欲望的对象虽然是非存在物,但是却应当被看作是能够变成存在物的。这样一来,同将来时间的关涉便似乎成了活动意义的一部分,而且由活动推论时间的这种尝试因此也就包含了一种恶

性循环。进一步说，对一个实体的“一个”状态的界定，如果没有时间便似乎是不可能的。一个状态并不简单；相反，它是无限复杂的。它包含了所有过去状态的“遗迹”，也孕育着所有的将来状态。它还进而是对其他实体所有同时并存状态的一个反映。除了把一个状态定义为在某一时刻的状态外，根本没有什么别的方法能够对它下定义。最后，所有的状态都由知觉和对知觉的欲望组成，后者或者是关于世界的，或者是关于永恒真理的。这样，在反映宇宙中所包含的知觉（所有关于现实存在的知识都来源于此）在其定义中就预设了同时性存在。这一点，当我们进而讨论知觉时，将得到证明，而关于时间的一般学说也在同空间的关联中再次得到讨论。
那时，我将努力说明，在所有实体的状态之间，都必定存在着同一 53
个秩序，这个秩序从而也就不可能依赖于任何一个实体的状态。

因此，莱布尼茨在论述实体时必定要预设时间。这一点在结论中之被否认并非一个胜利，而是一种矛盾。关于空间，一个完全类似的结果，当我们进而讨论实体复多性的基础时将会出现。我们将会发现，莱布尼茨后来通过缺乏成效的批评，作了持续不断的努力来消除这些必不可少的但于他却是不能承认的前提。

54 # 第五章　不可辨别者的同一性和连续律。可能性与可共存性

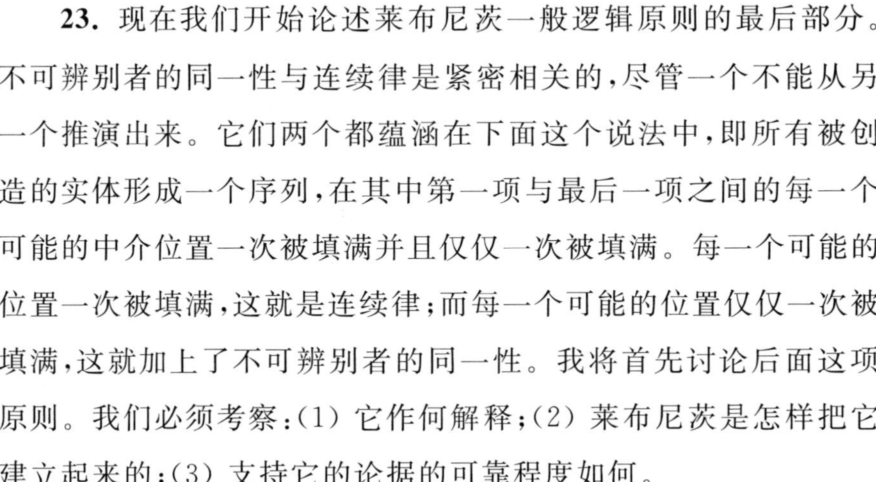

23. 现在我们开始论述莱布尼茨一般逻辑原则的最后部分。不可辨别者的同一性与连续律是紧密相关的，尽管一个不能从另一个推演出来。它们两个都蕴涵在下面这个说法中，即所有被创造的实体形成一个序列，在其中第一项与最后一项之间的每一个可能的中介位置一次被填满并且仅仅一次被填满。每一个可能的位置一次被填满，这就是连续律；而每一个可能的位置仅仅一次被填满，这就加上了不可辨别者的同一性。我将首先讨论后面这项原则。我们必须考察：(1) 它作何解释；(2) 莱布尼茨是怎样把它建立起来的；(3) 支持它的论据的可靠程度如何。

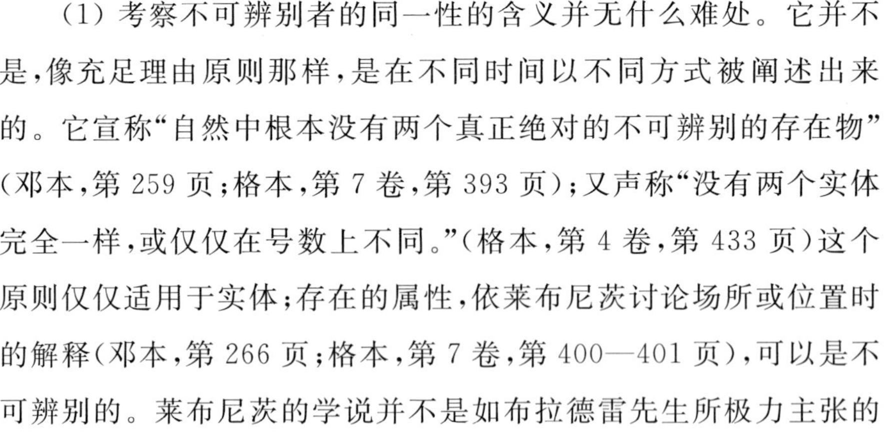

(1) 考察不可辨别者的同一性的含义并无什么难处。它并不是，像充足理由原则那样，是在不同时间以不同方式被阐述出来的。它宣称“自然中根本没有两个真正绝对的不可辨别的存在物”(邓本，第 259 页；格本，第 7 卷，第 393 页)；又声称“没有两个实体完全一样，或仅仅在号数上不同。”(格本，第 4 卷，第 433 页)这个原则仅仅适用于实体；存在的属性，依莱布尼茨讨论场所或位置时的解释(邓本，第 266 页；格本，第 7 卷，第 400—401 页)，可以是不可辨别的。莱布尼茨的学说并不是如布拉德雷先生所极力主张的

那样，认为一切差异都必定是内容上的差异。如果这就是不可辨别者的同一性原则的话，那么它就会更加根本得多；而我们在给实 55
体下定义前，就不能不予以考虑。这个原则，远非仅仅主张内容上的差异，它不仅预设了内容本身的差异，而且也预设了物质的或号数的差异。它正是这两种差异的合乎逻辑的结论。所谓内容本身的差异，就是那种存在于一个内容与另一个内容之间的差异。而物质的或号数的差异，则是那种存在于一个主项或一个实体与另一个主项或另一个实体之间的差异。莱布尼茨的学说主张：在实质上有差异的两个东西，即两个不同的实体，就它们的谓项而言，也总是不同的。这种学说显然是预设了这两种差异性，并且断定在这两种差异性之间存在着一种关系。内容的差异性有时也在后面这种意义上加以使用，意指两个主项之间的差异就在于它们具有不同的谓项。不过，既然这种意义是复杂的，是由别的两种差异性组成的，那么，把内容的差异性这个术语限制在前面那种意义上，即限制在两个内容之间的差异的意义上，要更为贴切些。因此，这种学说是主张任何两个实体的不同都是就其谓项而言的。这样，它便预设了一种关于实体的知识，如果对实体不加规定，就无法对它进行讨论。

24. (2) 和“充足理由律”一样，不可辨者的同一性这项原则也不是莱布尼茨哲学的前提。莱布尼茨在许多段落里都对这个学说进行了推演和证明。但是这些证明不仅在它们的方法上而且甚至在它们的结论上都是不同的。因为这项原则和运动规则一样，作为纯粹偶然的东西至少出现一次，而在其他场合里，则作为形而上学地必然的东西出现。在这种不一致的情况下，如果可能的话，判定两者中哪一个与这个体系的其余部分最适合，并且判定要是这种不一致被指出来，这位哲学家就会选择哪一个，是恰当的。我认为，莱布尼茨本来应该把他的原则看作是必然的。为了证实这一点，我们需要考察他的种种根据。

在致克拉克的第五封信中，莱布尼茨说："这种关于两个事物不可辨别的设想……在抽象的意义下似乎确实是可能的。但是，这既和事物的秩序不相容，也同那神圣的智慧不相容，在那里，如果没有理由是什么东西也不会承认的。"（邓本，第 259 页；格本，第 7 卷，第 394 页）他继续说道："当我否认有两滴水完全一样，或者
56 任何两个别的物体相互之间全然不可辨别时，我并不是说，假定它们如此是绝对不可能的，而是说，这是一种与神圣的智慧正相反的东西，从而它便不可能存在。我承认，如果有两个相互之间完全不可辨别的事物确实存在，它们就会是两个；但是我承认这个假定是不正确的，并且是违反理性这条大原则的。"（邓本，第 269 页；格本，第 7 卷，第 394 页）在前面那篇文章中（邓本，第 247 页；格本，第 7 卷，第 371—372 页），莱布尼茨从充足理由律推演出不可辨别者的同一性，其中说到上帝能够毫无理由地把两个不可辨别事物中的一个放在这儿，把另一个放在那儿，而不是采取相反的安排。然而，这个论证虽然在其为证明这项原则所提出的所有论证中，最少先验性又最缺乏说服力，但是它还是提供了形而上学的必然性；因为我们在第三章中看到，对某个充足理由的需要是形而上学地必然的（格本，第 2 卷，第 420 页）。这样，由这条原则得出的否定结论，即这样的命题是假的，便因为它不会有充足理由而是必然的；虽然，肯定的结论，在一个特有的充足理由被指定出来的地方，也可能是偶然的。因此，他以这样一个意见结束了上面的论证，这

就是：假定两个事物不可辨别就是假定同一件事物有不同名称（邓本，第 247 页；格本，第 7 卷，第 372 页）。所以，断言不可辨别的事物是可能有的那一段文字（就我所知，这是仅有的一段），大概应归因于下面这件事实，即他是从充足理由原则推演出它们的非存在，从而这条原则便可望普遍地产生出偶然的结果。这样，要使人确信“在抽象的意义上”这个措辞在多大程度上蕴涵有更深一层的意思，是相当困难的。

莱布尼茨原则的上述论据，当其维持原状时，远非是无法反驳的，而且也并不充分代表他的意思。这个论据似乎预设了“这里”和“那里”作为号数差异的根源；并且接着又推论出，除地点或位置差异外，还必定有某种进一步的和显然不相关联的差异。然而，按照莱布尼茨的一般逻辑，他的真正意思是说，“这里”和“那里”本身必定要被还原成谓项。这一点我们试图通过后面将要考察的空间理论予以说明。然而，我们想要坚持的观点在于：绝不能够假定这种区别由位置本身的差异所产生，而只能假定由谓项的差异所产生，而根据莱布尼茨的理论，位置是必定可以还原为谓项的。凡在 57
位置或地点的差异“显现”出来的地方，就必定有谓项的差异存在；因为后者是真理，而前者则无非是这种真理的一种含混的表达。因而，断言两个实体不能同时存在于同一个位置，也就是在断言一个逻辑上后于不可辨别者的同一性的命题。所以，这个从位置或地点的差异性着手的论证，纯粹是一个以其人之道还治其人之身的论证，而且也不代表这项原则的要旨。克拉克是乐意承认两个事物在位置或地点上必定不同的；由此看来，既然位置或地点是一种谓项，那么，这两件事物就必定有不同的谓项。因此，莱布尼茨

说(《新论》,第 238 页;格本第 5 卷,第 213 页),除时间和地点的差异外,还必定有一种内在的区别原则;他补充说,地点和时间是借助事物区别开来的,而反过来却并非如此。他又说(格本第 2 卷,第 250 页),凡位置或地点不同的事物都必定能够表达它们的地点;因此,差异就不仅仅在位置或地点上,或一个非本质的名称上。一般说来,莱布尼茨无疑相信其读者会承认在一个时空点上,两个事物是不能共存的。而从这种承认中就可望推演出一种本质的差异来。但是,他不能既依靠他的时空理论,又合乎逻辑地依靠这个论据,因为他曾运用不可辨别者的同一性来反证空间和时间的实在性。他还有另外一个更加抽象的根据,这个根据是从实体的本性中推导出来的,而且也是与我们已经考察过的他的逻辑学说紧密关联的。如果他没有这样一个根据,他就会面临许多无法解决的困难。因为他宣称(邓本,第 273 页;格本第 7 卷,第 407 页),上帝绝不愿意在不可辨别的事物中进行选择,而这种说法事实上无非是充足理由原则的直接结论。我们由此便必然能够推知,在所有现实的实体中,根本不存在着一个甚至可以想象出另外一个实体与之完全一样的实体。不可能设想有这样一个实体存在,另外一个实体竟与之完全一样。因为,要是想象出另外一个全然一样的实体是可能的话,那么,上帝便早已想象到了,因而也就不会把两者中的任何一个创造出来。凡有关概念为实体概念的地方,不可辨别的事物就是不可想象的;这个证明可以从莱布尼茨著作中找到,我们现在就需对它进行一番考察。

莱布尼茨说,一个个别实体或一个圆满存在物的本性就在于它具有一个十分圆满的概念,足以包容和推演出作为这个概念的主项的所有谓项。[1] 他继续说道："从这一点产生出几条值得重视的悖论，其中之一就是说两个实体相互间完全相同而仅仅在号数上不同，这不会是真的。"（格本第4卷，第433页）在这个论证中，有几个中间步骤似乎曾被忽略，我想这或许是因为莱布尼茨认为它们显而易见的缘故。我在任何地方都没有发现莱布尼茨明晰地阐述过这些步骤。不过我想，他的论证可以有如下述：关于一个实体能有根有据地说到的一切，无非是指出它的谓项。每一个非本质的名称（即每一项关系）都有一个本质的基础，亦即都有一个相应的谓项（格本第2卷，第240页）。因而，实体的所有谓项一经列举出来，我们也就给实体下了 个完整的定义。这样，在论证实体不能是唯一的方面，便没有什么方法继续成立。因为假定A和B是两个不可辨别的实体，那么A就会完全不同于B，恰如B会不同于A一样。如同莱布尼茨在谈到原子时曾经说过的一样，它们尽管没有差异，但总是不同的（《新论》，第309页；格本第5卷，第268页）。或许，我们可以提出这样的理由：在它们是不同实体的意义上，我们说A不同于B；而A这样不同于B，乃是说A对于B有一种关系。而这种关系必定含有A的一个相应的谓项。但是，既然B并不区别于它自身，那B就不能具有同样的谓项。因此，与这个假设相反，就谓项而言，A与B将是不同的。实际上，如果我们承认，除了指出实体的谓项外，对实体我们什么也说不出来， 58

[1] 参阅附录第17节。沃尔夫也这样说道（《逻辑学》，第1章，第27节）："我们在一个个体中所能想象的一切，或者能够发现的一切在各个方面都受到规定。由于这个事实，一个事物在关于构成它的本质的东西和对它是偶然的东西两个方面都受到规定，而这个事物便获得个体的性质。"

那么，看来很显然，要成为不同的实体就需具有不同的谓项。因为如果不是这样，那在规定实体时，除了它所包含的谓项外就会还有某些别的东西；这是由于当这些谓项全都被指出来时，这个实体就会依然没有得到规定。

25. (3) 如果主项和谓项是命题的规范形式，就不能有两个不可辨别的实体；我认为，就证明所及的范围而言，上述论据是有效的。困难在于必须先行地应付那种根本就不可能有两个实体的59 证明。因为实体的号数上的差异在逻辑上是先于它们的谓项方面的差异的。如果实体不首先具有号数上的差异，那就不可能有它们在谓项方面的差异。但是，这个关于号数差异性本身的仅有的判断是可用作莱布尼茨激烈反对不可辨别事物的所有反对理由的。[①] 在指出实体的诸谓项以前，两个实体依然是不可辨别的；但是，如果它们不首先作为号数上有差异的东西加以区别，则它们就不可能具有使它们不再为不可辨别的事物的诸多谓项。这样，依据莱布尼茨的逻辑原则，论证不可辨别者的同一性就不会完全成功。他本来应当像斯宾诺莎那样，仅仅承认一个实体。依据任何一种别的逻辑，都不会有根据反对诸性质同一集合体在不同地点的存在，因为相反的证明完全基于对关系的否定。但是，既然一种不同的逻辑破坏了实体，它也就破坏了与莱布尼茨对其原则表述相类似的一切东西。

但是，从一个更深的层次上讲，这个论证似乎说出了一个反对整个实体学说的理由(这在前面一章也同样提到过)。如果这个实

① 参阅斯宾诺莎的《伦理学》第一部分命题五的证明。

体“仅仅”为它的谓项所规定(而这对于不可辨别者的同一性来说是本质的),那么,它就似乎应与那些谓项的总和相等同。在这种情况下,要断言某某实体的存在,也就纯然是断言这个实体所有谓项存在的简捷方式。如果不是在字母本质上即属于字母表这个意义上而是在任何别的意义上讲,谓项都并非“本质上即属于”实体。合乎逻辑的先天判断就是那些断言各种不同谓项存在的判断,而实体也就不再是某种与规定着它的那些谓项在性质上截然不同,而只是那些聚在一起的谓项的全体。可是,正如我们已经看到的,这一点并不是莱布尼茨想要说的。实体是一种单纯的、不可分的东西,它通过时间而持续存在。实体跟它的状态的系列并不是一个东西,而是这些状态的主项。但是,在这种情况下,严格地说,实体并不为它的谓项“所规定”。在断言一个实体的某个特定谓项和断言另一个实体的某个特定谓项这两者之间是存在着差异的。实体仅仅能够作为“这个”而被规定。或者更确切地说(这正是这种实体学说的不成功之处),对于实体,我们就根本不能加以“规定”。下定义就是指出其含义。但是,一个实体,按照其真实的本性,是没有什么含义的;因为它仅仅是赋予其某种含义的那些谓项。甚 60
至连说“这个”,也就是指出空间或时间的某个部分,或者是指出某个特殊的性质。以任何方式来解释我们所说的那个实体的含义,也都是赋予我们的实体以某种谓项。但是,除非我们已经认识了我们在讲的那个实体,我们的判断就没有任何确定性;因为断言另外一个实体的同样的谓项会是一个不同的判断。这样,我们就必定陷于循环论证。实体在涉及谓项之前必须在号数上是确定的;然而,又只有谓项才能给它以号数上的确定性。或者一个实体完

全没有什么含义，在这种情况下，它就不能同任何一个别的实体相区别；或者一个实体纯然是我们假定为其谓项的那些性质的全部或某几种。这些困难不是偶然的，而是下面这个认识的恒常不变的结果，这就是：接受任何一个没有什么含义的名词，亦即任何一个不可称作观念或概念的名词，以为命题的要素。从反对“多种”实体说的立场出发，我们可以和布莱德雷先生一起，极力主张所有的差异都必定是意义上的差异；从反对“单一”实体说的立场出发，我们可以极力主张上述情况就其本身而言也是真的。而这也同样反对了布莱德雷先生的“实在”所设定的那种自身同一性。

26. 断言每个实体都有无数的谓项，这一点同不可辨别者的同一性是有关联的。其必定如此这般仅仅从下面这样一个事实就显然可见，这就是：每个实体都必定有一个与每一瞬间相对应的谓项。但是，莱布尼茨比这更深入一步。他认为，一个实体在每一瞬间的状态都是可以分解成无数谓项的。这种说法本身可以从下面这个事实推演出来，即实体的现在状态同其所有的过去状态和将来状态都有关系；而这些关系，照莱布尼茨看来，必定影响到实体的现在状态；实际上，它们的真理也正在于此。但是，另一个因素是对于整个宇宙的那种表象，这使得每一个实体的每一个状态都必然包含有无限复杂性。这种无限复杂性是偶然的东西的一个标记。莱布尼茨说，在对必然的东西的分析和对偶然的东西的分析之间，是存在着差异的。在必然性问题方面，从对本性上在后的东西到对本性上在先的东西的分析，以原初概念告终，正如对数的分
61 析以“一”告终一样。但是，在偶然的东西或存在物方面，这种分析
却趋于无限，永远不能达到其原初的要素（格本第 3 卷，第 582

页）。他还指出，我们要具有关于个体的知识，要精确地规定任何一个事物的个体性，是不可能的。因为个体性包含着无限，而唯有理解无限的人才能知道这个或那个事物的个体性原则（《新论》，第309页；格本第5卷，第268页）。必然真理和偶然真理不同，正如有理数和不尽根不同一样。对后者的解析，要进展到无限（格本第7卷，第309页）。

他还说道（格本第7卷，第200页）："必然真理和偶然真理之间的差异实际上与可通约数字与不可通约数字之间的差异一样。"因为把可通约数字还原成一个公约数，是与必然真理的推证相类似的，或者说是与把它们还原成这样一些同一性命题相类似的。但是，像在不尽根数的比率的情况下，这种还原包含着一个无限的进程，但却接近一个公约数，从而达到一个有限但无终止的系列那样，偶然真理也就同样需要一种无限的分析，而这种分析唯有上帝才能完成。

我想，莱布尼茨在某种程度上，是把这看作他的偶然性学说的一个证据的。他似乎曾认为下面一点是很自然的，即偶然的东西应当是那些我们不能完全理解的东西。例如，他说，唯有上帝才明白我与存在是"如何"连接在一起的，才先天地知道亚历山大死亡的原因。[①] 偶然事物世界的特性不仅通过它之存在这个事实表现出来，而且也通过其中每个东西由于它的无限复杂性而包含无限性这个事实表现出来，因而是达不到精确的人类知识的。

上述段落曾使很多评注家认为，在必然的东西与偶然的东西

① 格本第4卷，第433页；第5卷，第392页（《新论》，第469页）。

之间的这种差异与我们人类的局限有本质的关联；而对于上帝来说，这种差异则是不存在的。我认为，这种观点，是建立在含混不清的论据上的，它对于莱布尼茨的体系说来，确实有一种十分严重的损害。而含混就存在于一切现实的和可能的偶然事物的一般特征与偶然性本身的含义之间；因为可能世界包含着同样的无限复杂性；实际上，这种无限复杂性是时间延续的必然结果。偶然事物
62 如此复杂，这从形而上学的观点看来，是必然的。但是，引起偶然性的东西并不是复杂性，而是存在。或者，从另一个角度看，含混就存在于关于偶然事物的永恒真理（亦即关于实体本性的必然命题）与关于这样一些实体存在的这种偶然真理之间。这种区别由于许多相当重要的原因而“必定”产生（尽管在这个问题上，莱布尼茨可能曾为其含混而内疚）。首先，关于“可能”世界的真理，不可能是偶然的，而关于现实世界的一切真理，当其关于现实存在的含义丧失时，就只是关于诸可能世界中的某一个世界的真理。其次，由于其他诸多世界可能存在，所以，上帝在创造世界时是自由的，他的抉择是偶然的。并且，只有当偶然性形而上学地是真的，而不仅仅是幻觉时，才会有上帝的自由和创造物的自由。最后，“充足理由律”，在它主张目的因的意义上，与“矛盾律”是同等的，并且适用于上帝的行为，就如适用于现实世界一样。反之，从相反的观点看，莱布尼茨使用这两项原则的信念不能不被宣布为是错误的。关于目的因、可能世界、因果联系的综合本性以及关于自由的学说（事实上，凡是表现莱布尼茨哲学特征的一切），都依赖关于存在的命题和关于必然的命题之间的对立所有的那种最终极、最单纯的性质。因此，我们就必定坚持认为，按照莱布尼茨的见解，所谓偶

然事物，并不仅仅意指那些我们不能充分解释的事物。但是我担心，他因此便不能从以这种想象上的关于命题两重本性的证据为基础的舒适处境中解脱出来。

这里，我还是认为，同在所有其他地方一样，莱布尼茨对于在个体与种的关系和种与属的关系之间的差别说得不清楚。有时，他极力主张，在这两种关系之间并无任何差异。对于这种观点，除了指责它与他的个别实体的概念不一致外，我看不出有什么缺陷。如我们所看到的，这种观点构成了不可辨别者的同一性的基础，它是在《人类理智新论》中提出来的；然而，在那儿，这种观点却导致了他本应感到对他非常不便的结果。他写道，“照数学的严格意义来看，使两个东西在各个方面不相似的最微小的差异，都使它们在种类上不同……。在这个意义上，两个物理个体绝不可能完全一 63
样；而且，尤有甚者，同一个个体也将会从一个种过渡到另一个种；因为从这一瞬间到那一瞬间它绝不会同它自身完全一样”（《新论》，第335—336页；格本，第5卷，第287—288页）。[①] 莱布尼茨的观点似乎是这样的：在永恒真理方面，我们从本质和谓项开始，进而规定它们的关系；而在偶然真理方面，我们是从未经规定的某种东西的存在开始（例如从自我开始），进而考察它的诸多谓项。问题在于，在这种情况下，这种存在物的本性是什么呢？而且，既然每一个实体都有无数的谓项，那么，这个问题就是一个我们永远

① 所谓“物理个体”，看来莱布尼茨很可能并不是指单一的实体。因为要是他把“物理个体”看作单一的实体，这段话就会与他的整个哲学相矛盾。如果考虑到他自己的有关解说，上述说法就更有根据了，他的解说是从圆、椭圆以及别的数学图形中引申出来的。

不能彻底回答的问题。但是，很显然（尽管莱布尼茨似乎未曾知觉到这一点），在从自我或任何其他存在物开始的情况中，我们准是已经规定了关于我们实体的某个特有的性质；否则，我们将不知自己所云，而且这个问题也是完全不确定的。我认为，在这样的问题中，时空的位置总是被暗中假定，并且，只有这种假定才给了它们一个确定的含义和确定的回答。

27. 实体的无限复杂性将有助于我们接着论述“连续律”这个题目。这条规律在关于莱布尼茨的评注中，通常占据突出的地位。但是，除适用于数学外，我不知道它有任何重大意义。在莱布尼茨的论及连续性的所有著述中，提到三种性质截然不同的连续性。他认为，它们中没有一种具有形而上学的必然性；但是，它们却都被看作为“事物的秩序”所需要。这三种连续性是：(1) 时空的连续性；(2) 可以称作实例的连续性的东西；(3) 关于现实存在物或关于形式的连续性。下面，让我们来依次考察这几种连续性。

(1) 时空的连续性本身是双重的。有空间和时间本身的连续性，莱布尼茨承认它是形而上学地必然的。同时还有在空间和时间中存在着的东西的连续性。前者并不是这儿要讨论的问题。后者则包括运动以及所有其他种类的变化。关于变化，一般都承认
64 它必定是逐渐的，位置的变化就包含着对中间位置连续系列的中间占有，颜色的变化就包含着所有中间颜色的过渡。对于这样一项原则，我不知道有什么理由，除非我仅仅把这些性质看作是属于同一件事物，这样，这些性质便有望因为某个这样一类的连续系列而相互关联。根据莱布尼茨的观点，从一个地点跳到另一个地点，与从一个状态跳到另一个状态，都恰恰处在同一个层次上（格本第

2卷，第169页）。任何一个反对前者的先天理由都将同样地反对后者。他认为，这两者都是形而上学地可能的，但又都被判定为在实际上是不可能的；其根据跟否定虚空、静止和间隙的理由一样，也就是他含糊地称作“事物的秩序”的东西；这是一种形而上学的圆满性，它似乎就在于所有那些能取悦于形而上学家的东西。①

（2）实例的连续性是莱布尼茨在致培尔的信中依据有助于解释自然规律的一般原则所提出的关于连续律的唯一形式（邓本，第33—36页；格本第3卷，第51—55页）。这项原则阐明，当两个实例的差异无限地缩小时，其结果中的差异也无限地缩小，或者更加概括地说，当所给予的材料形成一个有序系列时，它们各自的结果也形成一个有序系列，并且在一个方面无限小的差异会导致另一个方面的无限小的差异（邓本，第33页；格本第3卷，第52页）。严格地说，这是一项数学原则，并且这项原则本身常为莱布尼茨很有成效地用来反对笛卡尔的数学，特别是用来反对笛卡尔的碰撞学说（例如在格本第3卷，第47页）。在数学方面，尽管在所谓不稳定性的实例中有例外，但它依然有恒常的效用。但在哲学中，它似乎没有什么重大意义。

（3）第三种连续性是莱布尼茨特有的，而且这种连续性似乎既没有自明的有效性，也缺乏它可望得到证明的根据。自然是不作任何飞跃的，这作为所有形式的连续性的一般表述，也被莱布尼茨拿来解释从一个实体向另一个实体的过渡。如果两个实体以有

① 参阅格本第3卷，第558页：“在比例中存在有秩序，就如在复多中存在有觉察到的多。”

限的差异而彼此不同，那依照莱布尼茨所说，就必定有一个中间实
65 体的连续系列，其中每一个实体都无限小地区别于相邻的一个。[①]正如他常常表述的，就像在空间中根本不存在虚空一样，在它们之间也根本不存在任何形式的间隙或虚空（例如格本第 2 卷，第 49—50 页）。他有时自称他是由这项原则推演出不可辨别者的同一性来的，但是，这样一个推演必定被仅仅看作是对何以能用不可辨别者的同一性原则首尾一贯地解释世界的夸耀。因为连续性断言，这个系列中的每一个位置都被填满，而不可辨别者的同一性则断言，没有任何位置是被两次填满的。我们将会发现，后者在逻辑上是先于前者的。再者，如我们所见到的，后者是形而上学地必然的，而前者则仅仅为秩序所需要，也就是说它是偶然的。在这些段落中，莱布尼茨打算干的，就是要指出，既然存在着差异无限小的事物，而无限小的差异又是不可见的，那么，发现那些看起来是不可辨别的事物就不至于和那种否认它们实际上是不可辨别的事物的见解相冲突了。而这正是莱布尼茨为什么要附带说明他的这个观点有一个“先天理由”的原因（拉塔本，第 380 页；《新论》，第 52 页；格本第 5 卷，第 51 页）。

28. 要说出莱布尼茨为什么要主张实体形成一个连续系列的原因是困难的。就我所知，除了这么一个世界在他看来似乎较之一个有间隙的世界更能给人以快感外，他甚而连一个理由的影子

① 参阅《新论》，第 712 页：“联合形成为宇宙的所有不同类别的存在物都存在于上帝的观念中（上帝是清楚地知道它们的本质等级的），就像同一条曲线的许多纵坐标一样，这些纵坐标的联合不容在它们之间安插第三者，因为这种安插会表明混乱和不完满。”（古劳尔：《莱布尼茨传记》，关于第 2 卷的评注，第 32 页。）

也从来不曾提供过。然而，我不能不认为空间的连续性是同连续性的这种形式有关的。此后，我们将会看到，每一个单子都从一定的观点反映宇宙，而这个观点又是常常被看作一个空间的点的。相应地，相邻的空间的点就应当提供出差异无限小的观点；这样，既然对宇宙的反映提供了一个单子的全部知觉，那么，空间上相邻的点就应为差异无限小的单子所占据。[①] 这种解释有许多缺陷，它们在我们进而考察单子与空间的关系时将会表现出来。但是，我想，到那时我们就会看到，这些缺陷是如何同整个单子理论相对 66
立的，从而证明不出关于形式的连续性的上述解释中所包含的这种混乱在莱布尼茨的心中实际上并不存在。

29. 形式的连续性并不能够肯定一切可能的形式都是实在的。恰恰相反，主张可能的比现实的范围更广大，对于莱布尼茨的体系来说，至关紧要。事物当其不自相矛盾时，就是“可能的”；两个或更多的事物当它们属于同一个可能世界时，亦即当它们可能共同存在时，便是可共存的。所有的可能世界都具有普遍规律，这些普遍规律同运动的法则相类似。这些规律是什么，这是偶然的，但是存在这样一些规律，则是必然的(格本第 2 卷，第 51 页；也参阅格本第 2 卷，第 41 页)。因此，那些不能够服从于同一套普遍规律的两个或两个以上的事物，便不是“可共存的”。对于种或属来说，也是如此。虽然现实的种或属形成一个连续不断的序列，但是在这个现实序列之外，还存在有别的可能的种或属；而这些种或属尽管是可能的，但它们同那些存在的种或属却不是可共存

① 参阅格本第 4 卷，第 439 页。

的，这就使得某些种或属不能存在。必然有一些种或属从来不曾存在过并且将来也永远不会存在，它们同上帝所选择的那个序列是不可共存的。在自然的秩序里没有任何间隙，但是也没有一个秩序能包含所有可能的种或属（《新论》，第 334 页；格本第 5 卷，第 286 页）。

可能性和可共存性问题在莱布尼茨哲学中相当重要，因为他对于恶的问题的解决就取决于它。因此，略加详细地考察一下可共存性的含义或许是恰当的。

根据莱布尼茨的见解，有无数个可能的世界，亦即有无数个其内部不自相矛盾的世界。这些世界在某些方面（亦即在永恒真理方面）是完全一致的，而在别的方面却不尽相同。一个存在物的概念，当其不包含矛盾时，便是可能的。任何一个这样的概念都构成某个可能世界的概念的一部分。当几个可能存在物的概念构成同一个可能世界的概念的一部分时，它们就是可共存的。因为在这种情况下，它们可能全部存在（参阅格本第 3 卷，第 573 页）。当它们不可共存时，尽管每一个概念分别地看都是可能的，然而它们的共存却是不可能的。

67 可见，可共存性的含义在莱布尼茨哲学中是够清楚的了。但是，这个概念运用起来，其困难却依然存在。因为我们看到，依照莱布尼茨的说法，没有一个实体的两个偶然的谓项是必然地相关联的。如果给定了某个实体，则那个实体的每一个谓项也就同时给定了。在这个意义上，我们可以说，每一个谓项都必然地同实体概念相联系。但是，每一个个别的偶然谓项本来也可以属于另一个实体，并且因此也就没有两个这样的谓项必然地相互联系。由此看来，可能存在物的任何一个集合，都必定是可共存的。因为它们的共存是不会自相矛盾的（参阅前引书，第19、20页）。

这种困难为莱布尼茨所回避，他是利用作为整个系列的“某个”充足理由的必要性来回避这一困难的。尽管这个或那个充足理由是偶然的，但是必定有某个充足理由；如果没有的话，存在物的许多系列就被判定为是形而上学地不可能的。他说：“根据上帝可能形成的不同意图，有无限多个创造世界的可能方式。而每一个可能的世界都依赖于上帝认为适合于自身的某些主要的意图或目标，亦即某些原初的自由命令（被设想为“次于理性的可能性”），或关于这个可能宇宙普遍秩序的诸多规律。这些命令和规律属于这个宇宙，它们规定着这个宇宙的概念，也规定着必定属于这同一个宇宙的所有个别实体的诸多概念”（格本第2卷，第51页）。这一段话相当确切地证明了所有可能世界都具有普遍的规律，这些规律规定着偶然事物的关系，正如在现实世界中，这种关系受到运动法则以及自由精神追求对于它们似乎是最好东西的那个规律的规定一样。[①] 如果不需要“某些”普遍规律，那么任何两件可能的事物就都会是可共存的，因为它们不会相互矛盾。只有当根本不存在两件可能的事物都必须遵守的普遍规律时，这两件可能的事物才终止其为可共存的。在莱布尼茨哲学中，那种所谓“规律支配”的东西，是形而上学必然的，尽管现实的规律是偶然的。如果认识不到这一点，可共存性就必定依然是无法理解的。

---

① 照洛茨的看法，这是一个莱布尼茨从来没有明说的观点。（《形而上学》第1卷，第5章，第67节。）

30. 在这一点上，为清楚计，列举所有可能世界相互一致的主
68 要方面以及其他可能世界可能区别于现实世界的诸多方面，或许是妥当的。为了这个目的，鉴于莱布尼茨自己表述得并不十分明晰，我们就有必要考察一下哪样一些命题是必然的，哪样一些命题是偶然的。现在，我自己将满足于陈述意见；至于有关证据，我将在详细论述有关各种问题时再提供。

首先，上帝是自由的，他可以不去创造诸多可能世界中的任何一个。因而，即便在所有可能世界中存在的东西也都并不必然地存在。这一点特别适用于空间、时间和运动。我们说时间、空间和运动是必然的，是就它们的性质，亦即就几何学和运动学的命题而言的，并不是就它们的存在而言的。上帝不可能创造出这样一个世界，在这个世界里，空间和时间会不同于现存世界里的空间和时间；至少时间是构成任何一个可能世界的要素，而空间和运动也是构成其中有许多实体的任何一个世界的要素。再者，所有可能世界都由单子即被赋予能动性的个别的实体组成；在所有的可能世界中，都存在有普遍的因果律。但是，实体的多元并不是必然的；上帝仅仅创造一个单子本来也是可能的，而且这一个单子本来也可以是被创造的现实的诸单子中的任何一个。这样被囊括进知觉和前定和谐中的一切，包括其他实体的存在，也就都是偶然的了。看来甚至在现实单子中任何一种偶然的选择都会产生一个可能世界。① 但是，诸多可能世界或许不仅从数和量，而且从质上都不同

① 这一点不仅从诸单子的相互依赖表现出来，而且也从同德·博塞斯关于在《创世记》中连续几天的活动的讨论中表现出来：例如格本第2卷，第368、370页。

于现实世界。别的世界可能有别的运动法则，并且如果我没有弄错的话，它们很可能包含那些并非总是选择显然是最好的事物的自由实体。每一条因果律，事实上(尽管不是因果关系自身)本来也可以是不同的。

这些似乎是关于其他可能世界的主要观点。把这些观点牢记在心，我们就在莱布尼茨的诸项原则中获得了一种等级，因为它们随着与现实世界的接近，而渐次受到专门研究。至于他关于可能 69
性的逻辑学说中的不一致问题，最好留待我们考察关于上帝存在的证据时再予以阐述。

31. 同可能性和可共存性相关，莱布尼茨区别了几种必然性。首先是形而上学的或几何学的必然性。严格地说，唯有它才称得上是必然性。这就是我们已经讨论过的那一种。在这种必然性中，对立面是自相矛盾。其次是假设的必然性。在这种必然性中，其结论是以形而上学的必然性从偶然的前提推断出来的。这样，物质的运动便具有假设的必然性，因为它们是运动法则的必然结果；而这些运动法则本身却是偶然的。最后一种是道德的必然性。这是一种上帝、天使和至圣据以选择善的必然性。自由精神的活动，在有关必然性问题方面，占有特殊的地位。就它们是先前状态的结果而言，不仅它们的状态，而且这种结果本身都有假设的必然性。因为它们包括一个诸精神并非被迫服从的心理学规律，尽管它们总是服从这条规律。[①] 关于这个概念中的困难，当我们谈到“自由”和“决定论”问题时再予以讨论。现在是我们放下我们一直

① 参阅邓本，第170、171页；格本第3卷，第400、401页。

进行的逻辑学讨论而进展到物质哲学的时候了。从物质哲学出发，借助于我们现在所了解的逻辑学，莱布尼茨推演出莱布尼茨哲学的通常阐述所由之开始的那个学说，我这里指的是他的单子学说。

第六章　莱布尼茨为什么会相信外部世界？ 70

32. 现在，我们进展到一个全新的观念系列。从逻辑学问题开始，即从诸命题的本性、实体的定义以及若有许多实体它们又如何必定不同这样一些问题开始，我们进而讨论关于现实世界的问题：实体的概念如何能够运用于存在物的世界？存在一个实体还是许多个实体？现存的实体，除了实体定义中所蕴涵的性质外，还有些什么性质？这个概念何以有助于解释现实世界给形而上学家提出的难题？

在这个问题上，由于莱布尼茨的理由显然仅仅是历史学的和心理学的，所以，他是从作为其给予材料的物质开始的。在他最初放弃经院哲学时，他似乎转向了伽桑狄和霍布斯，转向了原子论和唯物论（格本第 3 卷，第 620 页；第 4 卷，第 209 页；第 7 卷，第 377 页；第 4 卷，第 478 页；拉塔本，第 300 页；邓本，第 72 页；格本第 1 卷，第 52—54 页）。他所以没有继续作唯物主义者，乃是由于他在关于物质的通常概念中发现了困难。于是，他发明了可称作关于物质的唯灵论的或唯心论的理论。但是，他的理论所由以开始的东西却依然是物质。从而，他所由以开始的问题不是“物质存在吗？”，而是“物质的本性是什么？”。在这个方面，由于莱布尼茨的本体论从动力学开始，而这种动力学又逐渐地为他的本体论转化成心理学，所以，他的思想还不如巴克莱主教的哲理气味浓。“物质存在吗？”是一个莱布尼茨从来不曾透彻探索过的问题。然而，
71 在这个问题上，他的有些意见兴许有助于我们理解他的立场。

在这个方面，有两篇短著是特别重要的。第一篇是致富歇的一封信，这封信写于或大约写于 1676 年，也就是说，它是在莱布尼茨完成他的哲学的前九年或前十年写就的（格本第 9 卷，第 369—374 页）。第二篇是一篇未署日期的题为《论区别实在的与想象中的现象的方法》的论文（格本第 7 卷，第 319—322 页；《新论》，第 717—720 页）。虽然在他后来的著作中他对于这个问题的分散零星的意见似乎与这两篇著作的意见一致，但是我们在他的哲学完成之后，找不到一部注署日期的著作这么认真地讨论过物质存在问题；而且，莱布尼茨只是由于连续统一体的困难才考察这个问题的（这种情况至少是可能的）；按照他的意见，单子论学说完全地和令人满意地解决了连续统一体的困难。莱布尼茨自己在《新系统》中，通过对这种观点起源的说明，为这种观点提供了证据。[①] 他写道：“开初，当我自己摆脱亚里士多德的束缚时，我接受了虚空和原子的观点，因为它是一种最能使想象力得到满足的观点。但是，在我接受了这种观点后，经过一番深思熟虑发觉：要单单在物质中，或在仅仅是被动的东西中找到‘实在统一性的原则’是不可能的；因为物质只是无限分割的各个部分的集合或堆积。而复多只有从

① 拉塔本，第 300 页；邓本，第 72 页；也参阅《哲学史文库》，第 1 卷，第 577 页（拉塔本，第 351—352 页）。

'真正的单元'中才能获得它的实在性。这些真正的单元是来自别处的,而且完全不是数学上的点。因为数学上的点只是有广延的东西的端点,而连续统一体无疑是不能由它们的情状组成的。因此,为了发现这些真正的单元,我就不得不诉诸一种'实在的和生气勃勃的点'"等。看来,从莱布尼茨发现纯粹的物质包含着连续统一体不可解决的困难,到他发明作为真正单元的单子(通过单子,连续统一体被描绘成非连续的),其间很多年过去了。[①] 无论如何,这种理论在说明他的观点以及说明他的解释方式这两个方面,比我所知道的任何别的理论都好得多。不过,现在是考察莱布尼茨实际说法的时候了。

33. 莱布尼茨并没有清楚地区别开两个完全不同的问题,即 72
(1) 为什么承认在我们之外有一个世界?(2) 若假定有这样一个世界,我们该如何区别真的知觉和幻觉?后一个问题,从题目就可看出它是在前面引述的未署日期的那篇论文中讨论的主要问题。这并不是一个基本的问题,莱布尼茨以通常的方式回答它。他说,相互的一致和预言的成功是最好的验证。然而,在第一个问题上,他进展到一个彻底的非哲学的议论。"尽管整个人生被说成只是一场大梦,而可见世界只是一个幻象,但是,我还是认为这个梦和幻象相当真实。如果我们很好地运用理智的话,我们就绝不会蒙受它的欺骗。"(《新论》,第718—719页;格本第7卷,第320页)在这段话中,莱布尼茨在哲学方面过分关注实际的性格跃然纸上。在这里以及在许多别的段落里,他都承认:对于感官对象在我们之

① 参阅本书第九章。

外并没有什么“精确的推证”，外部世界的存在仅仅有道德上的确定性。[1] 为了获得即使是这样一种确定性，他首先考察了上帝的存在，这是具有绝对确定性的。例如，他说道：“应该仅仅存在着一个实体”（看来，他的意思是指“被创造”的实体），“这是属于不符合神圣智慧的一类事情的，因而不会发生，虽然它们也可以发生”（格本第2卷，第307页）。而在早年写就的一段话里（格本第1卷，第372—373页，大约写于1676年），他实际上提出了巴克莱的哲学。他写道，我们确切知道的一切，就是我们的表象相互之间是联系着的，从而它们必定具有一个外在于我们的永恒的原因；我们没有什么方法证明这原因是别的东西而不是上帝。然而，虽然他似乎从未发现反对这种承认的论据，但是他后来竟然把他早年未予澄清的疑窦忘得一干二净，以至于当巴克莱的哲学出现时，莱布尼茨并未对它发表过什么颂词。他写道：“这个爱尔兰人，谴责物体的实在性，似乎既拿不出什么合适的理由，对他自己的理论也没有作出充分的解释。我猜想他是那种希图依恃自己的谬语成名的人。”（格本第2卷，第492页）

如果要在莱布尼茨著作中找到任何关于物质存在的论据的
73 话，那么它们就显然依赖上帝的存在；这样，唯我论就为之破坏了。然而，笛卡尔基于如果没有物质，上帝就是一个骗子这个论断的论证也为莱布尼茨明确地否定了。“笛卡尔试图借以推证出物质东西存在的论证是软弱无力的。因而，要是不作这种尝试或许会更

[1] 《新论》，第318、422、719页；格本第5卷，第275、355—356页；第7卷，第320—321页；第1卷，第373页；第2卷，第378、502页。

好些”(邓本,第 58 页;格本第 4 卷,第 366 页)。他说,上帝可以有很好的理由来欺骗我们。然而,无论如何,这种欺骗都能为我们自己的理智所消除(邓本,第 58 页;格本第 4 卷,第 367 页;第 1 卷,第 373 页;第 5 卷,第 275 页;《新论》,第 318 页)。

在莱布尼茨的著作中,确实存在着一种泛神论的论点。根据这种论点,我们对世界的观点,是上帝对世界的观点的一部分,因而具有和属于上帝的知觉同样的真理性。莱布尼茨说,“上帝以各种可能的方式注视着世界的所有方面……;每次观看的结果仿佛是从一个确定的地点看到的,如果上帝认为使他的思想生效产生一个实体是合宜的话,那么这个结果就是一个从这个观点出发表象宇宙的实体。而且,既然上帝的观点总是确实的,那么我们的知觉也应如此。但是,欺骗我们的正是我们的判断,这些判断是来自我们自身的”(格本第 4 卷,第 439 页)。这一整段话是莱布尼茨泛神论倾向的一个例证。然而,这个例证如此极端,以致和他的通常的单子论几乎没有什么连贯性。因此,在无论什么样的程度上,莱布尼茨都几乎不会依靠这样一个论据的。

唯一的另外一个肯定的论据,是一个近乎通常为人们极力主张的在别的星球上也有生命的说法。他说:“我们以最大概然性判定,我们并非单独地存在,这不仅是根据上帝智慧的原则,而且也是根据我始终反复阐述的那项普通原则。这项原则就是,如果对于为什么单单应当选择到我们而不选择如此之多的其他可能的东西,既没有一个理由,又没有推断出一个理由,那就没有什么事情

能够发生。”(格本第 2 卷,第 502 页)[1]

在这个问题上,莱布尼茨似乎主要依靠的根据与使他否认虚空,即认为存在越多越好的根据是相同(参阅邓本,第 102 页;拉塔本,第 340、341 页;格本第 7 卷,第 303、304 页)。这就是所谓形而上学圆满性的原则。对此,我将在与莱布尼茨的伦理学的有关部
74 分进行讨论。这使莱布尼茨认为必定有尽可能多的单子,并且因此除他自身外还必定有无数实体。[2] 但是,倘若历史地和心理地看,我则认为,莱布尼茨是在纯常识精神下从物质和空间开始的。对他来说,问题产生的原因是:通过对物质和空间这样一些概念的批评,他把它们改造成一些完全不同的东西,即无广延的诸多实体及其知觉。但是,像康德一样,莱布尼茨在达到了空间的主观性之后并未使知识囿于经验,而是使所有先天知识真正地变成了自我意识。他没有看出否认空间的实在性会使我们去承认我们认识的只是现象,即只是相对于我们心灵而存在的表象。康德之所以能够甚而设定一个不可知的物自体,仅仅是由于他把我们知觉的原因(或根据)扩展到经验之外,而把某种非我们自身的东西看作我们知觉的源泉。这在康德那里是前后矛盾;而对莱布尼茨说来,则全然不可能。因为他认为知觉应完全归因于我们自身,而且在任何意义上,都不是为知觉到的对象所引起的。假定外部世界存在

---

① 参阅格本第二卷,第 516 页。

② 参阅拉塔本,第 323 页;邓本,第 86 页;格本第 4 卷,第 495 页:“有人问我,有人认为上帝不会认为仅仅产生关于灵魂的一切思想和情状就够了,而根本无需这些无用的物体,灵魂据说是既不能推动也不能认识这些物体的,这样一种说法的理由何在。”答复是容易的。这就是,应当有较多的实体而不是较少的实体正是上帝的意志,同时上帝还认为这些情状与外面的某些东西相一致是恰当的。

的通常根据,就这样为莱布尼茨所破坏,但我也找不出任何坚实可靠的东西能够取而代之。

因此,除上帝和我们自身外,别的实体的存在只是可能的,它只具有一种道德上的确定性。因此,就其断言许多单子的现实存在而言,这种看法适用于从物质理论推导出来的所有关于存在的命题,也就是说适用于整个单子学说。莱布尼茨不能拿出更大的精力潜心于这个基本问题,他没有使自己成为批评家,也没有使自己成为常识的评注者,这真是一件憾事。如果他能拿出更大的精力潜心于这个问题的话,他就或许已经发明了某个更加令人满意的空间理论,而不至于像现在这样,虽然从关于空间实在性的常识假定出发,然而却在这个真实基础上进展到完全否认这种实在性。我既然已经指出了这个预设,那么,在下一章,我将同莱布尼茨一起,从关于物质实在性方面的一个常识信条开始。

75 第七章　物质哲学：(a) 作为动力学原则的结果

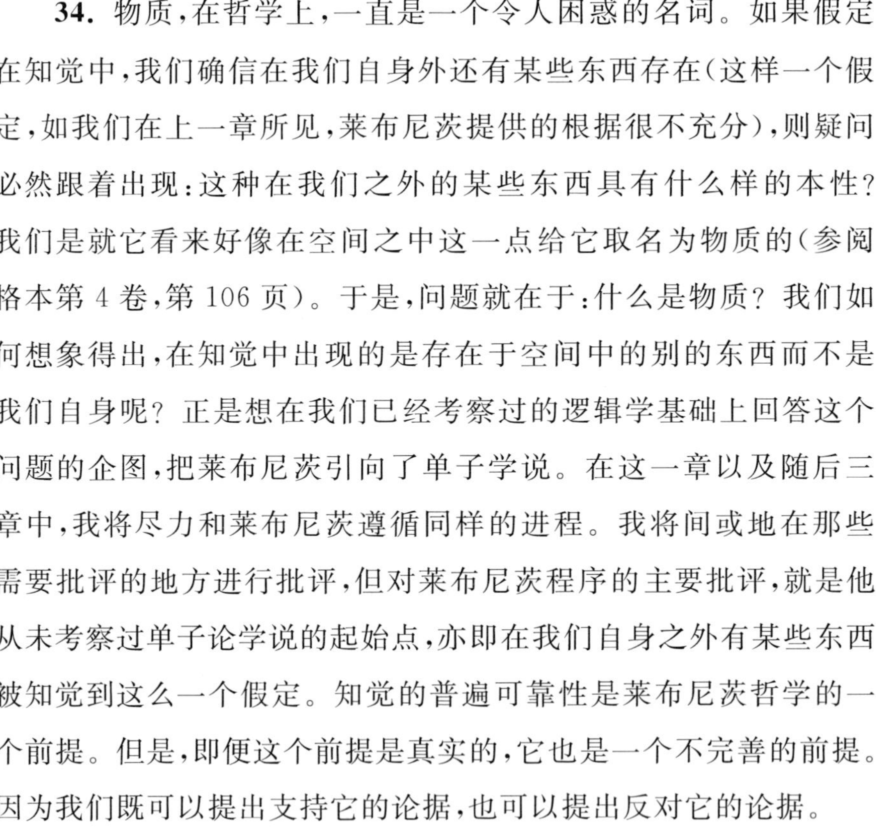

34. 物质，在哲学上，一直是一个令人困惑的名词。如果假定在知觉中，我们确信在我们自身外还有某些东西存在(这样一个假定，如我们在上一章所见，莱布尼茨提供的根据很不充分)，则疑问必然跟着出现：这种在我们之外的某些东西具有什么样的本性？我们是就它看来好像在空间之中这一点给它取名为物质的(参阅格本第 4 卷，第 106 页)。于是，问题就在于：什么是物质？我们如何想象得出，在知觉中出现的是存在于空间中的别的东西而不是我们自身呢？正是想在我们已经考察过的逻辑学基础上回答这个问题的企图，把莱布尼茨引向了单子学说。在这一章以及随后三章中，我将尽力和莱布尼茨遵循同样的进程。我将间或地在那些需要批评的地方进行批评，但对莱布尼茨程序的主要批评，就是他从未考察过单子论学说的起始点，亦即在我们自身之外有某些东西被知觉到这么一个假定。知觉的普遍可靠性是莱布尼茨哲学的一个前提。但是，即便这个前提是真实的，它也是一个不完善的前提。因为我们既可以提出支持它的论据，也可以提出反对它的论据。

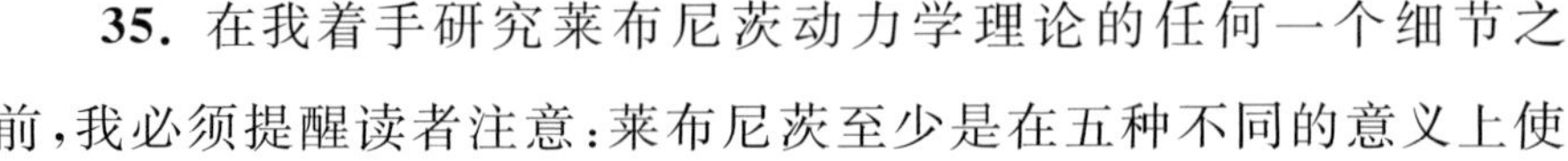

35. 在我着手研究莱布尼茨动力学理论的任何一个细节之前，我必须提醒读者注意：莱布尼茨至少是在五种不同的意义上使

用"物质"和"物体"这两个词的。这些词的意义在他自己的思想中,并无含糊其辞之处,在其著作中,也时常是泾渭分明的。然而,这些词常常在对赋予它们的意义除上下文提供的东西外没有任何暗示的情况下被使用,这就给我们理解莱布尼茨的理论增添了很 76
大困难。在这五种意义中,有两种是先于莱布尼茨的单子论的,其他三种是后来的。首先是有所谓初级物质和次级物质之分。这种区分在动力学中是一回事,而在单子论中则是另一回事。这样,我们就有了关于物质的四种意义。除了这些之外,还有属于某一个单子的有机体,这个有机体由隶属于这个单子的其他单子组成。莱布尼茨的这种理论的目的,是将出现在动力学中的初级物质和次级物质转换成出现在单子论中的初级物质和次级物质。同时,既然第一对是给予的材料,第二对是结果,那么,把它们区别开来就显得重要了;并且,通过考察他对动力学问题的批评证实这种转换的正当性的程度,莱布尼茨理论的正确性也就可望由此得到验证。

这五种意义,确切地说,有如下述:

(1) 有依照莱布尼茨的说法由广延所预设的"初级物质"。如我们在下一章将要见到的,广延,在莱布尼茨看来,仅仅是重复。那种被重复的东西就其本身来看,就是初级物质。它是纯粹被动的。

(2) 有出现在动力学中的"次级物质",亦即赋予了"力"的物质。我们打算在本章其余部分进一步解释这两种意义。

(3) 有构成每个被创造的单子的本性之要素的初级物质。在这个意义上,它相当于被动性或知觉的混乱。

(4) 有作为单子的堆集或“团块”的次级物质;这仅仅是一种只具有偶然的统一性的堆集。

(5) 有属于某一单子的有机体,也就是有为这个单子所支配的诸单子的集合体,它并不仅限于为这些单子提供偶然的统一性(格本第2卷,第252页;《新论》,第222页以及格本第7卷,第501页)。

第一对意义向第二对意义的转换构成了单子学说的证明,这
77 将占用后面三章的篇幅。第二种和第四种意义的物质常被称作“团块”或“物体”;具有主导单子的第五种意义的物质常被称作“有形的实体”;如果撇开起支配作用的单子,它就被称作主导单子的有机体,或简称为躯体。但是,莱布尼茨在使用所有这些术语时,缺乏规则性,其意义一般都需靠上下文才能体悟出来。

36. 莱布尼茨的动力学理论是他蓄意为反对笛卡尔而设计出来的。笛卡尔主张物质的本质是广延,宇宙的运动量是恒定的,而“力”是与运动量成比例的。与此相反,莱布尼茨则证明物质的本质不是广延,运动的总量也不是恒定的;而作为笛卡尔所不知道的东西,则是在任何一个特定方向上运动的量总是恒定的。不仅如此,莱布尼茨还认为他自己已经证明出动力学需要把“力”的概念作为终极概念。他认为力同能动性或活动性是一回事,对于实体是本质的、必不可少的。笛卡尔以及笛卡尔主义者用运动量来度量力,看来他们没有把力和运动量区别开来。与此相反,莱布尼茨相信力是一种终极实存,把力的量必定恒定不变看作一条公理,提出了一种不同的力的计量方法;通过这种方法,力变得同现在所谓的能量成比例了。围绕着力的正确计量问题展开了一场著名的论

战。这场论战以伏尔泰与夏德勒侯爵对阵这个事实以及它形成康德第一部发表的著作[①]的题目而著称。这场论战，对于现代数学家说来，似乎只是一种词义之争。而对于莱布尼茨及其同代人说来，则似乎有更多的意义。这是由于力被他们假定为终极实存，而且还是这样一种实存，它的量和团块的量一样必定是守恒的。

37. 物质的本质不是广延，这是一个莱布尼茨喜欢长篇大论的命题。他似乎至少早在1672年就已经发现了这个命题，[②]以至于这个命题有可能成为他创新的源泉之一。他对这个命题的证明 78
近乎详尽无遗。这个命题是从下面几点推导出来的：(1) 广延的本性；(2) 广延的东西或初级物质的本性；(3) 下面这个事实，即甚至初级物质虽不只是广延，但也是一种抽象的东西，也需要为“力”或“能动性”所补充。从广延本性出发的论证，连同其结论，我都打算留待下一章讨论。至于其他两种论证，我们现在就着手讨论。我们还是从作为出现在动力学中的初级物质的定义开始吧！

38. “初级物质”由为莱布尼茨称作“阻力”的东西所规定。他

① 《论活力的真实评价》(1747年)，哈特版，第1卷。

② 例如，这是从他对虚空的存在所作的几何学证明的说法中产生出来的(格本第1卷，第58页)。莱布尼茨意识到下面这个事实，即虚空与物质的本质是广延这种观点相矛盾，这看来也是来自格本第1卷，第321页。在致阿尔诺的一封信(可能写于1671年底或1672年初)中，莱布尼茨说(格本第1卷，第72页)，他已经证明了在别的东西之间，“物体的本质并不在于广延，因为空的空间必定不同于物体，然而却也是广延的”；再者，“物体的本质毋宁说在于运动。”参阅格本第4卷，第106页(1669年)：“物体的定义是它只存在于空间中。”也参阅上书，第171页(1670年)。参阅塞尔沃：《莱布尼茨单子学说的演变进程》，第49页。看来莱布尼茨是由于探究圣餐说的哲学理论而被引导到这个发现上来的。笛卡尔的物质的本质是广延的说法被认为是既与化体说又与圣体同在论不一致的。参阅古劳尔：《莱布尼茨传记》第1卷，第77页。

说，这并不在于广延，但却是广延的原则(格本第 2 卷，第 306 页)，也就是说，它是那种物体借以占据空间或场所的性质。再者，阻力包含两种不同的性质，即不可入性或抗变形性，以及阻力(狭隘意义上的阻力)或惯性(格本第 2 卷，第 171 页)。[①] “初级物质”的这两种性质可以定义为：(1) 它们借以存在于空间或场所中的那种物体的性质(格本第 7 卷，第 328 页)；(2) 它们借以抵抗任何使其改变场所或位置的作用力的性质。莱布尼茨说道，被动的力是一种阻力。凭借这种阻力，物体不仅抵抗着穿透作用，而且也抵抗着运动；结果便是：如果第一个物体不让出场所或位置，另一个物体就不能进入第一个物体所占据的场所或位置；而且如果不阻止另一个物体，它就让不出自己的场所或位置。这样，就有两种阻力：不可入性和惯性。这两种阻力在任何地方都是一样的，并且因此也是同广延成比例的(格本第 4 卷，第 395 页；《数学著作集》第 6
79 卷，第 100 页以及《新论》，第 701 页)。把惯性说成“被动的力”，这是一个有几分令人费解的措辞，我们将会发现它相当于单子论中简称为被动性的东西。因而，莱布尼茨说：“再者，物体中的动力或能力是双重的：被动的和能动的。被动的力完全地构成物质或质量，而能动的力则被构成隐德来希或形式。被动的力是那种物体借以不仅阻止穿透作用而且也将阻止运动的真正的阻力。”同时，被动的力，正如我们在能动的力中所发现的那样，“是双重的，即或者是原初的，或者是派生的。并且，实际上由‘持续的或抵抗的原

---

① 阻力一方面被理解为初级物质的整个本质，另一方面又被仅仅理解为惯性。它在这两个意义上的使用，是非常令人讨厌的，并且使得莱布尼茨的说明显得极为混乱。

初的力’所构成的东西，如果正确解释的话，就是所谓‘初级物质’；由于这样一种初级物质，便出现了这样一种情况：物体并不是由物体所穿透，而是对它形成一种障碍，并且被赋予某种惰性；换言之，所谓被动的力或初级物质，就是同运动相抵触，并在事实上不使自身处于运动状态，除非它受到某个能动物体的某种断断续续的力的作用。由于这种原因，持续的派生的力便以各种不同方式在次级物质中显示其自身”(《新论》，第 672—673 页；《数学著作集》第 6 卷，第 236 页)。莱布尼茨说，阻力不仅仅是没有原因就不变化，而且还具有一种保持现存状态和抵抗变化原因的力和倾向。因而，在碰撞中(莱布尼茨在对初级物质进行数学讨论时心里总是想着这种碰撞)，当一个物体处于静止状态时，撞击中的物体在推动另一个物体时，便失去了一些速度；而这另一个物体，当它开始被推动时便比第一个物体运动得慢些。[①] 在这个意义上，莱布尼茨断言，阻力并不是形而上学地必然的。

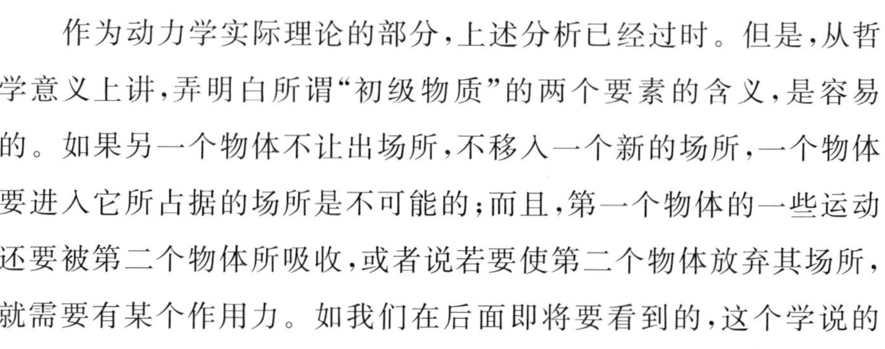

作为动力学实际理论的部分，上述分析已经过时。但是，从哲学意义上讲，弄明白所谓“初级物质”的两个要素的含义，是容易的。如果另一个物体不让出场所，不移入一个新的场所，一个物体要进入它所占据的场所是不可能的；而且，第一个物体的一些运动还要被第二个物体所吸收，或者说若要使第二个物体放弃其场所，就需要有某个作用力。如我们在后面即将要看到的，这个学说的重要性就在于它与每个单子的“初级物质”有关。我想，困难就在

① 参阅拉塔本，第 352—353 页；《新论》，第 678 页；《数学著作集》第 6 卷，第 240 页。

于一种显而易见的前后矛盾，而这个困难是由下面这个说法引起80 的，这就是“初级物质”作为每个单子的要素是形而上学地必然的（格本第 2 卷，第 325 页）。我认为，主张两个都是必然的要比主张两个都是偶然的更加符合莱布尼茨的哲学。当强调地宣布说关于一个的必然性要比关于另一个的偶然性多得多时，情况就更其如此了。

初级物质的这两种特性中的任何一种都不能仅仅从广延中推演出来。这对于不可入性为真是从下面这个简单考察得出来的，这就是：场所，虽然是有广延的，但并不是不可入的（格本第 3 卷，第 453 页）。至于惯性，莱布尼茨指出，如果物体完全无异于静止和运动，那么，一个小的物体在不失去任何速度的情况下，就能使一个大的物体进入运动状态；这样，真正保存下来的东西就是动量，而这种动量是包含着质量的。但是，对于惯性来说我们在没有反作用的情况下就当具有作用，而对于力或动力的任何估计都是作不出来的，因为任何一个东西都可以为任何一个东西所完成（拉塔本，第 353 页；《新论》，第 678 页；《数学论文集》第 6 卷，第 341 页）。因此，纵然物质是纯粹被动的，笛卡尔关于物质的本质是广延的理论也是错误的。

39. 但是，当我们进而考察“次级物质”，亦即作为能动的和被赋予力的物质时，这就更加明显了。力的学说同莱布尼茨哲学的每个部分都紧密相关，诸如偶然真理的概念，[1]作为实体所有谓项

① “你断言，动力学在很大程度上是我的体系的基础，这是很对的。因为，正是由于动力学我们才理解了下面两种真理之间的差异：其中一种是无情理的和几何学的，而另一种则在适宜性和终极因中具有其源泉”（格本第 3 卷，第 645 页）。

源泉的实体的概念,[①]独立因果系列的复多(邓本,第 60、61 页;格本第 4 卷,第 369 页),所有实体的物理性质,[②]以及关于能动性、自由和决定论的整个理论,等等。它是莱布尼茨哲学的中心点,而且莱布尼茨本人也是自认如此的。力被说成是先于广延的(《新 81
论》,第 671 页;《数学著作集》,第 369 页),并且是推证实体复多的真正根据(格本第 2 卷,第 372 页)。就力与能动性相同一的范围来说,我们已经考察了它。我们现在应予考察的是莱布尼茨用以从动力学中引申出力的观念的那种方式。

莱布尼茨发现了动量守恒,并认为他自己已经发现了另一条法则,即活力守恒法则,这两条法则均为笛卡尔所不知(邓本,第 88 页;拉塔本,第 327 页;格本第 4 卷,第 497 页)。这样,他就能够从理论上——假定完全弹性的碰撞最终是动力作用的唯一形式——完全地规定任何运动的进程,并且证明:如果确认他的动力学的正当性,那么,为笛卡尔所承认的关于心灵对物质直接作用的可能性就不成立。笛卡尔曾经假定,虽然运动的量是恒定的,但它的方向可能为心灵对精气的直接作用所改变。莱布尼茨说,如果

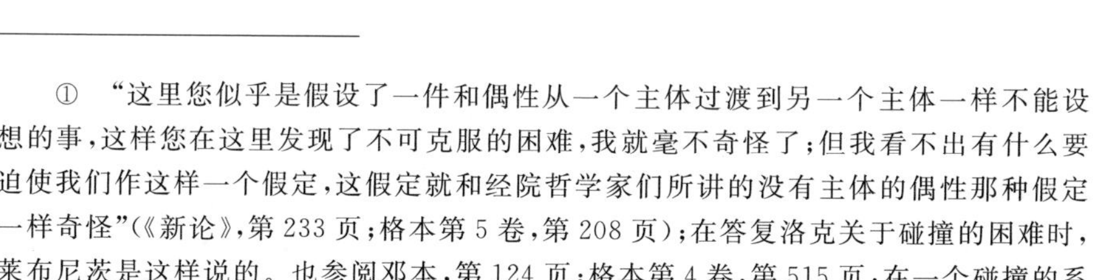

① “这里您似乎是假设了一件和偶性从一个主体过渡到另一个主体一样不能设想的事,这样您在这里发现了不可克服的困难,我就毫不奇怪了;但我看不出有什么要迫使我们作这样一个假定,这假定就和经院哲学家们所讲的没有主体的偶性那种假定一样奇怪”(《新论》,第 233 页;格本第 5 卷,第 208 页);在答复洛克关于碰撞的困难时,莱布尼茨是这样说的。也参阅邓本,第 124 页;格本第 4 卷,第 515 页:在一个碰撞的系列中,“每一个球,当其为撞击它的下一个球所抵制时,便由于它自己的力,即它的弹性而处于运动状态。”

② “我们还看到,作为一个东西对它自身的作用的思想,是不能以数和运动的形式发生的,这绝不能显示出真正的内在作用的原则”(格本第 3 卷,第 69 页)。然而,这样一个原则在力中找到了。

他知道在每个方向的运动的量是恒定的话，那么，他就可能发现前定和谐了（邓本，第 164 页；格本第 6 卷，第 540 页）。因为他会看出心灵与物质间的相互作用是不可能的。至于他未被引向格林克斯或斯宾诺莎的观点的原因，莱布尼茨并未提及，这一点是很难看出的。莱布尼茨未被引向偶因论，或斯宾诺莎的心灵是身体的观念的理论，这是由于他的力的概念；这种概念使他把每一块物质（或许，更确切地说每一个其现象是物质的真正实体的集合体）都看作它自己一切变化的独立源泉。

40. 力的必要性由各种不同的方式推演出来。如温特已经指出的那样，[①]这个论点在很大程度上是依靠原因必定等于结果这条公理的，当它采取反对笛卡尔主义者的论战形式的时候，就更其如此了。力的两种计量法在均衡情况下，亦即在静力学范围内仅

82 仅提供同样的结果。莱布尼茨把执着笛卡尔的计量方法归因于如下这件事实，即人们过分地注意于同动力学对立的静力学（《新论》，第 675 页；《数学著作集》第 6 卷，第 239 页）。既然运动的量并不是守恒的（对这一点笛卡尔曾经错误地假定过），那么真正的原因和结果就不能够是运动。如果仅仅采用纯数学的思考，那么，在一个特定的方向上的运动就可能被替代了。但是，作为一种终极的物理存在，莱布尼茨期望有某个单值的量，这个量在任何一个独立的体系中，都有一个恒定的总数。并且他还认为他自己在活力中已经发现了这个单值的量，即质量与速度平方的乘积。静力

① 《物理学公理及其同因果原则的关系》，阿尔朗根，1866 年，第 60 页以下。关于莱布尼茨动力学的许多有价值的意见都包含在这部著作中。

学和动力学都应该从“总的结果始终等于它的全部原因”的法则中推导出来。他解释说，“像在几何学和数中，由于总数同它所有部分等值的原则，几何学便隶属于解析的微积分那样，在力学中，由于结果与它的全部原因或与产生它的全部结果的那个原因等同，我们也就获得了一些方程式，也可以说是获得了一种运用这条公理的力学的代数学”。① 在对动力学原则的详尽讨论中，考察一下这条被设定的法则是必要的；不过，在这里，我们只要指出它对莱布尼茨观点的影响也就够了。因为，如他自己似乎承认的那样（《文库》，同上引页码），这个问题与其说属于哲学，还不如说属于数学。② 因此，我现在要进而考察那些更为严格的哲学论证。

当莱布尼茨从英国横渡海峡到达荷兰时，在其拜访斯宾诺莎的途中，他写作了一篇关于由运动的连续性引起的诸多困难的非常有趣的对话。③ 在对话结尾处，他说道，“在这儿，就变化和连续统一体属于运动的范围而言，我已经考察了它们的本性。留待考察的，首先是运动的主体问题，运动可能对改变着相对位置的两个物体中的那一个显现出来，而这运动也就该归之于那个。其次，是运动的原因或原动力”（第 215 页）。至于连续统一体问题，我留待 83
下一章讨论。按照莱布尼茨的看法，由于他而后获得的力的概念，

---

① 拉塔本，第 354 页；《哲学史文库》第 1 卷，第 576 页。同样的准则也为莱布尼茨应用于 1676 年同斯宾诺莎的争论中；在这场争论中，莱布尼茨是反对笛卡尔关于运动的法则的。参阅拉塔本第 10 页，以及加雷尔的富歇：《未刊莱布尼茨所拟对斯宾诺莎的答辩》，第 64 页。

② 不过，在致培尔的一封信中，他曾把它作为一个“完全形而上学的公理”谈及（格本第 3 卷，第 46 页）。

③ 参阅《哲学史文库》，第 1 卷，第 211—215 页。

其他两个问题也就一并解决了。

对于处在运动中的物体来说运动需要力或一个变化的原则。这一点部分地为莱布尼茨从抽象的形而上学的理由中推演出来，部分地从运动的相对性中推演出来，部分地从所谓惯性定律中推演出来；而所谓惯性定律就是断言每个物体都保持着它所获得的运动，除非它为外因所阻碍。我打算从最后一个论证开始。

惯性定律阐明了：一方面，一个物体不会自行开始运动；但在另一方面，“物体本身保持着它曾经获得的动力，这种动力在这物体的万端变化中是恒定的，或者说在物体已经开始的一系列变化中有一种坚持不变的努力”（邓本，第 120 页；格本第 4 卷，第 511 页）。一个运动着的物体不但连续不断地处于不同的场所，而且每时每刻都处于运动的状态之中；它具有速度，它在运动状态中是不同于处于静止状态的物体的（邓本，第 122 页；格本第 4 卷，第 513 页）。但是，这种状态还包含着某种改变它的场所的努力；下一个状态因此就自行跟随眼下状态而来。不然的话，在现时，因而在任何时刻，一个运动着的物体就会一点也不同于静止的物体（同上）。我认为，这个论证用来反对像克拉克·麦克斯韦（《物质和运动》第 61 条）那种竭力把牛顿第一定律描述成自明真理的人们是有效的。莱布尼茨承认，在匀速直线运动中，一个物体尽管其速度是不变的，但它还是要经受一系列变化的。他指出，既然这个变化系列在没有外来影响的情况下也是可能的，那么，每一个物体都必定自身包含着一个变化的原则，即力或活动性；凭借这种力或活动性，我们就得到了变化状态的意义。但是，这涉及变化的连续性；关于这种连续性，我们面临着极其严重的困难；就空间方面而言，回避这些困难正

是单子学说的主要目标。因此，在别的地方即在莱布尼茨考虑到连续统一体诸多困难的地方，他认为，一旦断言连运动都是一种连续不断的转移创造，[①]那么所有的变化就都是非连续的。[②] 如我们在下面两章中将要看到的，这是莱布尼茨讨论这个问题时，由于其拒绝承认无限可分性的二律背反而陷入举棋不定的一个例证。 84

41. 支持力的学说的最重要的动力学论据同运动的相对性有关。在这一点上，莱布尼茨的观点呈现出某种循环论证的迹象。他有时似乎论证说，由于力是某种实在的东西，它就必定有一个主体，是一种属性而并非只是一种关系。由此而来的是，在相对位置的变化中，变化的"原因"能够按比例分配到两个物体之间。这样，我们就得到了一个绝对运动的意义(例如《数学著作集》第 2 卷，第 184 页)。但是，在别的时候，他又论证说，有些实在的变化并不纯然是相对的，它必定要构成运动的基础，而且也只有借助力才能够获得(例如邓本，第 60、61 页；格本第 4 卷，第 369 页)。他的这项论证在下述两个方面都很有趣：一方面，是由于他和牛顿用来证明绝对空间的必要性的类似论证的不同；另一方面，是由于目前动力学仍然不能够使运动的相对性与力的绝对性相和谐这么一个事实。[③] 莱布尼茨说，在每个运动中，运动本身给予的只是相对位置

① 原文为"transcreation"。——译者

② 格本第 2 卷，第 279 页。参阅蕴涵着上述意思的那段对话，《哲学史文库》，第 1 卷，第 212 页以下。

③ 在这里，我不能给这个论断提供证明。这个论断依靠下面这个事实，即如果运动的规律适用的话，则运动就必定不能归因于随便什么样的轴线，而必须归因于所谓动力学的轴线，这种动力学轴线也就是那种没有绝对加速度的轴线。参阅牛顿：《原理》，第 8 个定义的附注。对照克拉克·麦克斯韦的《物质与运动和技术》，第 18 卷，第 105 页。

的变化，而不可能说出究竟是其中哪一个物体运动了，还是这两个物体都运动了。为了做到这一步，我们就需要知道相对位置变化的原因在哪里。这个原因，我们称之为力（同上）。他写道："先前，我把空间看作不可运动的实在的场所，仅仅具有广延性，由此，我能够把绝对的运动定义为这种实在空间的改变。但是，逐渐地，我开始怀疑自然里是否有被称作空间的这样一种存在。由此而来的是，对绝对运动的怀疑也可能产生……似乎可以由此推出：那种在运动中实在的和绝对的东西并不在于纯粹数学的东西，例如邻域或位置的改变，而是在于动力本身；如果没有动力，也就根本没有
85 绝对的和实在的运动……。因此，除在假定"结果的总量始终等于它的全部原因"这个形而上学原则的前提下进行力的计算外，我们就找不到别的阿丽亚娜思路使我们走出这座迷宫"（拉塔本，第353页；《哲学史文库》第1卷，第580页）。[①]

在这个问题上，莱布尼茨的见解不同于牛顿的见解，是充满了混乱的。一方面，空间完全是表示关系的，因而运动不是绝对位置的改变，而仅仅是相对位置的改变。然而，相对位置的改变必然是相互的，因此致使莱布尼茨承认作用与反作用相等（《新论》，第689页；《数学著作集》，第6卷，第251—252页）。但是，为了赋予作用以任何含义，他就不得不忘却运动的相对性，并且因此而不得不否认一个同值的反作用的必要。莱布尼茨同惠更斯一致，而同牛顿相对立，认为：运动的现象同直线运动一样，没有提供绝对运

① 据希腊神话，阿丽亚娜为古希腊克利特国王朱纳斯的女儿，她曾顺着一根线从一个迷宫里走了出来。——译者

动的征兆；尽管惠更斯坦率地承认他并未考察过牛顿的证据(《数
学著作集》第 2 卷，第 177、184—185、192 页)。莱布尼茨在马赫之
前就说过哥白尼的假设较之另外一个假设虽然更为简单，却并非
更为真实(《新论》，第 685 页；《数学著作集》第 6 卷，第 248 页)。
但是他依然认为，借助力，我们就能够赋予在相对位置变化中一个
物体已经运动而另一个却不曾运动这个说法以某种意义。他说：
"关于绝对运动和相对运动的差异，我认为，如果运动，或者确切地
说，物体的动力，是某种实在的东西，就好像一个人必须承认运动
应有一个主体是必然的一样……，那么我就赞同，这种现象并不能
提供给我们(或许乃至于天使)决定运动主体或运动程度的确实可
靠的理由。同时，我还赞同：每一个运动都可以分开来被设想为处
于静止状态之中……。但是，我认为，你不会否认，实际上，它们每
一个都有一定程度的运动，或者如果你乐意的话，也可以说它们都
有一定程度的力；尽管这两个假设是相同的。的确，我是从这里引
出下面这条结论的，即在自然界里，除了几何学能够规定的东西
外，还有某种东西存在"(《数学著作集》第 2 卷，第 184 页)。他指
出，这意味着他承认力是不无理由的。再者，他甚至更加明确地指
出："在关于自然的数学原理的第八条定义中，或者说在这条定义
的附注中(也就是牛顿用以解释绝对空间、时间和运动的必要性的
那个附注中)，我找不到什么东西能够证明空间本身的实在性。然 86
而，我还是承认，在一个物体的真实绝对的运动与另一个物体的纯
粹相对的位置改变之间存在着某种差异"(邓本，第 269 页；格本第
7 卷，第 404 页)。但是，必定明白无误的是，如果位置是相对的，
那么，绝对的运动就是没有任何意义的。这两者是不可能调和的。

和牛顿一样，莱布尼茨正确地认识到，动力学要求我们在相对位置的变化中区别加速度在两个物体间分配的比例。莱布尼茨还正确地坚持了下面这种见解，即从动力学的观点看来，这样一种区别并不能实际地产生出来。但是，几何学也没有表明这种区别没有意义，而且要是几何学表明了这种区别是没有意义的话，动力学也不会作出这种区别。这样看来，在从动力学推论出绝对空间的必要性方面，牛顿似乎是正确的。当我们进而讨论时，我将强调指出，甚至几何学也需要这种区别，虽然，在几何学中，这种区别仅仅从形而上学的角度看，才是需要的，而不是像在动力学那样，除了从形而上学的角度看是需要的外，还为经验的理由所需要。

既然这一点是重要的，那我们简略地复述一下那些说明运动的相对性与力的绝对性不一致的各种论据就可能是恰当的。莱布尼茨说："关于物理学，它必然地把力的本性理解为与运动完全不同的东西，其中运动是某种更加相对的东西。这种力应以它的结果的量来测度"（邓本，第 39 页；格本第 2 卷，第 137 页）。但是，既然在这儿出现的反驳理由（这是一个对任何一个表示关系的空间理论都在所难免的反驳理由）是：结果只能通过运动来测度，则那种自诩能避免无终止的相对性的说法，就不攻自破了。新的反驳理由适用于另一个说法，在这种说法中，莱布尼茨竭力证明运动并非纯然是相对的。他说，"如果在运动中没有别的，只有这种各自的变化，那么，就会推出在自然界里找不到运动必定归于某一个东西而不归于其他东西的原因。其结论将是根本不存在什么实在的运动。因此，为使一个东西可以说成是被推动的，我们就不仅需要它改变其相对于其他东西的位置，而且也需要在它自身中就有变化的原因,即力或活动”(邓本,第 61 页;格本第 4 卷,第 369 页;也参阅邓本,第 269 页;格本第 7 卷,第 404 页)。首先,建立绝对运 87
动的这种努力完全同莱布尼茨的空间理论相矛盾。从一些相似的论据中,牛顿已经成功地推演出绝对位置的必要性。莱布尼茨在许多数学问题上都较牛顿更少哲学气味,他在狂热地否认绝对位置的同时竭力顾全绝对运动(参阅邓本,第 266 页;格本第 7 卷,第 401—402 页)。但是,进一步说,这种理论同单子的本性也是相矛盾的。让我们假定有两个物体 A 和 B,由于物体 B 中的力,它们改变了它们的相对位置。既然 A 反映宇宙,那么,当 B 运动时,在 A 中就会发生一种变化。因此,要是力仅仅存在于 B 中,B 就会在 A 中引起一种变化,这就与单子之间不相互作用的理论相矛盾了。因此,在位置相对变化的每个情况下,我们都必须把力同时放在两个物体中,这种变化才有可能产生。而这样一来,我们也就失去了假定由力所提供的那种辨别能力。这个论证只有通过否认单子具有任何与空间中的位置相对应的东西的方式才能够回避。这种否认,正如我们在后面就要见到的,会破坏掉他的单子论的唯一根据。

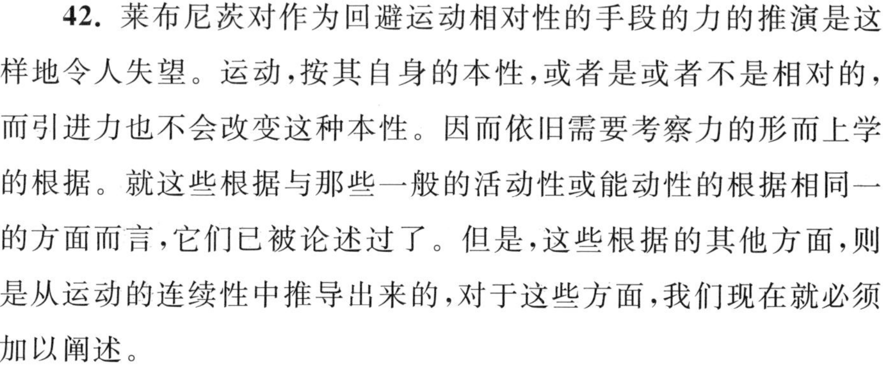

42. 莱布尼茨对作为回避运动相对性的手段的力的推演是这样地令人失望。运动,按其自身的本性,或者是或者不是相对的,而引进力也不会改变这种本性。因而依旧需要考察力的形而上学的根据。就这些根据与那些一般的活动性或能动性的根据相同一的方面而言,它们已被论述过了。但是,这些根据的其他方面,则是从运动的连续性中推导出来的,对于这些方面,我们现在就必须加以阐述。

莱布尼茨说(《新论》,第671页;《数学著作集》第6卷,第235页):“我们在别处已经提到,在有形事物中除广延外还有某种东西,这种东西甚至是先于广延的,这也就是造物主到处放置的自然的力。这种力,并不在于为经院哲学家们似乎感到满足的那种单纯的功能,而在于它还被赋予一种趋向或努力;这种趋向或努力,如果不为一个相反的趋向所阻止,就将取得圆满的结果。这种努力时常显现给诸感官,而且就是在它不显现给感官的情况下,按照我的看法,不管它在物质中的什么地方也都会为理性所认知。但
88 是,纵然我们不把这种力归因于上帝的奇迹,这种力在物体本身中产生出来并构成物体最内在的本性,也是确定无疑的。因为活动乃是实体的标志,而广延只是意味着那种已被预先假定的……在抵抗着的实体的持续或扩散,就此而言,广延本身是不能够构成实体的真正本质的。而且,说运动产生有形的活动,而运动本身如果不来自运动便不存在,这显然也不中肯……因为运动,和时间一样,如果你把事情搞得很绝对,它就永远不会存在了。这是因为它既然没有共存的部分,也就绝不可能作为一个整体而存在。并且,在其中,除了那些稍纵即逝的性质外,根本没有什么东西是实在的,因而它必定为力求变化的力所构成。”这本来是芝诺的一个古老论证,也在为斯宾诺莎写作的对话中(《文库》第1卷,第213页)以及许多别的段落中被提及。运动是位置的改变。但是,在每一瞬间,位置都是一个,并且仅仅是一个。所以,在每一瞬间是没有位置变化、没有运动的,并且因此也就永远没有位置变化、没有运动。可是莱布尼茨认为,作为微积分很可能提及的东西是在增值

的总额是不真实的情况下，每一瞬间的增值却是真实的；[①]因此，应当把力而不是把运动作为提供某种实在性的东西，而运动也就可能被设想为由力所产生。他说道："力，即使在被创造的实体中，也是某种真正实在的东西。但是，空间、时间和运动有几分精神东西的本性，它们是真实的和实在的，这并不是由于它们本身，而是由于它们包含着神圣的属性。"(《新论》，第 684 页；《数学著作集》第 6 卷，第 247 页）再者，"只有力，以及因此初生的作用力，才在任何时刻都存在着，因为运动，绝不会真正地存在"(《新论》，第 689 页；《数学著作集》第 6 卷，第 252 页)。莱布尼茨借助于这个学说企图实现的东西，就是要用一般能动性或活动性把一种关系还原为一种性质。运动从两个方面看都是一种关系，首先是作为连续瞬息间的关系，其次是作为处于不同位置或场所的物体间的关系。这两种关系都依靠力而得以还原。在运动的每一瞬间，运动的"状态"都区别于静止的"状态"，这是由于有力在场的缘故；而在上述分析中，力是与欲望同类的。凭借这种方法，不仅时间连续统一体的困难可望克服(拉塔本，第 351 页；《文库》第 1 卷，第 577 页)，而 89
且当两个物体改变其相对位置时，我们便能够考察究竟是一个物体还是两个物体包含着力，并且因此而能够对每一个物体安排一个恰如其分的运动状态。

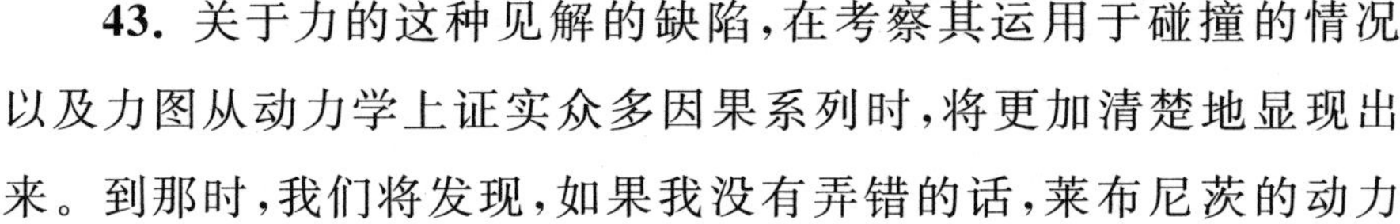

43. 关于力的这种见解的缺陷，在考察其运用于碰撞的情况以及力图从动力学上证实众多因果系列时，将更加清楚地显现出来。到那时，我们将发现，如果我没有弄错的话，莱布尼茨的动力

① 参阅柯亨：《无穷小方法》，第 15 页。

学同其形而上学的关系是极其混乱的，当我们主张另一个方面时，这一个方面就站不住脚了。令人遗憾的是，在莱布尼茨的体系中，一个方面的垮台并不影响另一个方面的坚持。莱布尼茨已经因自诩其两部分观点的相互联系而赢得了信誉，看来，很少有人意识到他所自夸的东西实际上是多么的荒谬。我认为，事实上，这两个方面缺乏联系，正是莱布尼茨体系中最薄弱的环节之一。

碰撞问题，对莱布尼茨时代的数学家，要比对我们时代的数学家具有更大的吸引力。只是在莱布尼茨已经获得了数学依据并且以为达到说明其物质理论某几个稀奇古怪的特征的地步之后，碰撞问题才得以解决。看来他已经很不适当地忽略了那些不是完全弹性的碰撞，并且认定（虽然他从未明确地坚决主张过）：要是物体只是被看作小得很，它们就总是可以作为全然弹性的东西看待的。对莱布尼茨说来，碰撞最终是动力相互作用的唯一形式。他明确地反对牛顿的引力学说，认为这种学说并不是最终有效的；同大多数现代人一样，他认为引力必须通过遍在的流体加以解释。如果要维护他的活力（能量）守恒定律，那最终就需要完全的弹性。因为，当弹性物体复原的系数小于1（它实际上始终如此）时，活力显然是失去了。他对于这种反对意见的答复如下：这是由于活力为物体的微小部分所吸收（用现代术语说就是从物体的整体运动转换成分子运动）的缘故（《新论》，第669—670页；《数学著作集》第6卷，第230—231页）。但是，如果碰撞是相互作用的最终形式，则这个答复便仅仅适用于获得运动的较小部分本身具有完全弹性
90 的情况。当这点为惠更斯所强调时，莱布尼茨却通过否认存在有任何物体的终极因素这一点不高明地来回避这个困难（《数学著作

集》第2卷,第157页)。但是,进一步的困难却依然存在,这种困难如下:碰撞只是弹性的,据莱布尼茨所说,这是由于一种"稀薄的和渗透的流体"的缘故。"这种流体的运动为张力或弹力的变化所扰乱。而且,既然这种流体必定自身转过来又为小的固体、固体中有弹性的东西所组成,那么,我们就会明白,固体和流体的这种相互复制过程将进展到无限"(《新论》,第668页;《数学著作集》第6卷,第228页)。他进而承认弹力对于活力守恒是必要的。他说道(这是一个他借以时常提及单子学说的论据):"的确,这种力的守恒只能通过把弹力放进物质中的每个地方而获得,而这样就会产生一个使那些并不充分相信事物奇迹的人感到莫名其妙的结论;这就是:可以这么说,在最小物体中存在着诸多世界,因为每个物体尽管可能很小很小,但却都具有弹力,因而也就为一种稀薄的流体所包围和渗透;这种流体同这个物体的关联,就如产生可见物体的弹力能够同我们相关联一样。并且因此也就没有什么第一元素,因为我们必须承认最稀薄的流体的最小部分这一类东西是可以想象的。"(格本第3卷,第57页)但是,必定显然的是,最后,他的流体的运动必定为某种不同于弹性碰撞的规律的东西所规定。因为相对而言是固体的东西的弹性仅仅归因于那种相对而言是液体的东西的存在。为了发挥这种遍在流体的理论,莱布尼茨需要一种为他那个时代尚不存在的东西,这或者是流体动力学,或者是关于以太的现代动力学。

44. 广义地说,有三大类型动力学理论。一种是关于坚硬的、广延的原子的学说。对于这种学说来说,碰撞理论是一种恰如其分的武器。第二种是关于充实、关于遍在流体的学说。对于这种学说来说，关于以太的现代学说（事实上，即电的理论）最终部分地铸成了必要的武器。最后，第三种，是关于没有广延的、具有超距作用的力的中心的学说。牛顿提供了这种学说所需要的数学。莱布尼茨并没有抓住这些选择对象，并且这样一来，出于对中间立场
91 的热衷，莱布尼茨便不是两头落空，而是三头落空了。他把碰撞视为动力学基本现象的见解本应把他引向为伽桑狄以及在他那个时代为惠更斯所支持的有关广延的原子的理论。他的关于充实的和流动的以太的信念，本来应把他引向第二种理论，引向对流体运动的研究。他的表示关系的空间理论，以及他的整个单子论学说，本来应把他引向非广延的力的中心的理论，正如这种空间理论把波斯考威琪、康德[①]和洛茨引向无广延的力的中心的理论一样。由于未能在这些选择对象间进行抉择，结果使他的动力学充满了混乱。真正的莱布尼茨的动力学并不是莱布尼茨本人的，而是波斯考威琪的动力学。[②] 这种理论是牛顿动力学的单纯的发展。在牛顿的动力学中，一切物质都由物质的点所组成，并且一切作用都是超距作用。这些物质的点和单子一样是非广延的，波斯考威琪所求助的，也正是与此相类似的东西。[③] 而为要保持它们的相互独立，仅仅需要把引力或斥力看作是由于一个单子对另一个单子的

① 康德在《自然科学的形而上学入门》中提出的空间理论不同于他在《纯粹理性批判》中提出的空间理论，这已经经常地为人们注意到。参阅怀星格的《评注》，第224页以下。

② 《自然哲学理论》。尤其参阅第一部分，第138节以下。

③ 1763年威尼斯版，第25页。波斯考威琪的动力学与牛顿的动力学不同，主要在于他假定：在很短很短的距离内，两个微粒之间的力是推斥的。在哲学上，他与牛顿的意见相左，乃是由于他把超距作用看作是终极的。

知觉。事实上,莱布尼茨正是这样做的。那么,为什么我们说这个理论并不是莱布尼茨的理论呢?

我认为,这应该从其后来生活中的个人原因谈起。莱布尼茨曾经就微积分问题跟牛顿发生过争吵,他决意否认牛顿对他有过任何教益。[①] 因而,他反对把引力看作是对于事物的终极说明,其理由是:超距作用是不可能的。但是,这种个人原因在 1687 年《原理》发表后,方有可能奏效,而到了那个时候,莱布尼茨既创立了他的哲学,又创立了他的动力学。因此,寻求更加客观的理由,就变得十分必要了。

莱布尼茨否认原子、虚空和超距作用等理论。现在我们就必 92
须着手考察其否认这三种理论的诸多根据。

45. (1) 我认为,莱布尼茨有完全正当的根据反对广延的原子。这些根据在他与主张原子论的惠更斯的通信中,得到了最好的阐述(见《数学著作集》第 2 卷,第 136、145、155—157 页)。首先,既然广延是重复,则广延的原子便由部分组成,因而,它就不能对物质的构成提供形而上学的解决办法。其次,如果运动的规则应予维护,则原子就必定是完全弹性的,而这一点则由于原子十分坚实而不可能,况且原子也不能包含"稀薄的流体"。再次,假定当分割达到某一阶段时突然冒出一个无限坚硬性和绝对不可分性问题,这也就破坏了连续律。原初的刚性,在任何情况下,都是一种毫无理由的性质,并且因此是不能予以承认的。

① 甚而使人想到,莱布尼茨从来不曾费心阅读一下牛顿的《原理》,这种联想看来很可能是正确的。参阅古劳尔,上引书,第 1 卷,第 297 页。

简言之，不可分的原子是一个永恒的奇迹。这些论证此后曾多次为人们所极力主张，而且人们也可以设想，这些论证是基于完全正当的根据的。

46.（2）关于虚空，莱布尼茨主要地依赖一个来自他所谓形而上学圆满性的论证。他承认，虚空是可以设想的（《新论》，第157页；格本第5卷，第140页），但是他又认为，凡有余地的地方，上帝就在对其他事物丝毫无损的情况下放进物质。既然，一般地说，存在总是越多越好，那么上帝便总是不会放过任何创造机会的，这样在任何地方也就都存在有物质（邓本，第240、253页；格本第5卷，第140页）。这条形而上学圆满性原则留待以后讨论；眼下，我仅限于讨论很少几个神学上的论证。有这样一个论证，认为不可能有充足理由来决定虚空与被填满了的空间的比例，从而也就根本不可能有所谓虚空（邓本，第253页；格本第2卷，第475页；第7卷，第378页）。这个论证是十分软弱无力的，这一点，莱布尼茨本人有时也承认。这个仅有的力求明确的论证，注定是一个靠不住的论证。莱布尼茨说，如果空间是一种属性，那么，空的空间能够是什么东西的一种属性呢（邓本，第248页；格本第7卷，第372页）？但是，空间，对他来说，是一种关系而不是一种属性。
93 他的反对那种认为由点组成空间这样一种观点的整个论证，正如我们在第九章中将要见到的，是依赖于那种基本的距离关系的。事实上，他并没有任何反对虚空的正当的论证。他似乎认为，相信虚空同相信广延的原子是必然地联系在一起的——“原子和虚空”始终是连在一起讲的。事实上，当超距作用遭到反对时，这两个方面是必然地联系在一起的；因为如果根本就没有什么原动力的作

用的话，则无广延的原子就必定远距离地起作用。[①]

47. (3) 这个问题把我引到了莱布尼茨反对超距作用的根据上。在这一点上，我只能看到庸俗的偏见。在这一点和上述一点上，哪怕是莱布尼茨的最忠实的信徒，在牛顿的影响下，也都抛弃了他们大师的观点；而这似乎曾主要地归因于残存的笛卡尔的偏见。原因和结果的时空接近，显然是被放在同一个层次上的。“如果不存在于空间或时间中的某件事物能够毫无中介地在此时此地起作用的话，那么，任何一个人都有同等权利说，任何一件事物是任何一件事物的结果”(邓本，第 115 页；格本第 4 卷，第 507 页)。关于时间，尽管由于连续律而产生了困难，但是，这个准则尚在允准之列；但是，关于空间，这条准则作为一条形而上学的公理，则由于其否定外在的作用而被排除。因为，既然没有什么事物能够实在地作用于任何别的事物，那么，似乎就不可能有什么形而上学的理由来说明为什么在反映宇宙的诸多单子中对于远距离事物的知觉不应当是一个原因，一如对近距离事物的知觉一样。因此，在莱布尼茨体系里，这条准则似乎并没有什么形而上学的根据。在他那个时代(牛顿那个时代)，肯定不存在什么动力学根据。因而，否认超距作用必定归于一种纯粹的偏见，而且它还是对莱布尼茨的

① 然而，在一个次要之点上，亦即在充实中运动的可能性之点上，莱布尼茨无疑是正确的。洛克曾坚决主张必定有空的空间，否则就会没有运动的余地。莱布尼茨正确地答复说(《新论》，第 53—54 页；拉塔本，第 385 页；格本第 5 卷，第 52 页)，如果物质是流动的，则这种困难就会被排除。在一个封闭线路中的运动对于液体来说是可能的，这在事实上应是明显的，即使对非数学家也是如此。遗憾的是，哲学家们只是听凭他们自己重复这个论证，而对于流体动力学的一个星期的研究，就足以排除它。对于这个论证的完全的答复包含在所谓连续性的方程中。

动力学与形而上学的关系产生最有害影响的一种偏见。

48. 现在，我们进展到力的学说想要达到的另一个目标。首
94 先，力的学说说明，现实的次级物质（它作为那种纯粹抽象的初级物质的对立面）本质上是主动的，正如每一个实体性的东西都必定如此一样。但是，它还企图说明（这对于单子学说来说是本质的），每一块物质都有它自己的力，都是它自身一切变化的源泉。如我们在第四章所见到的，主张独立因果系列的复多，并且由此去说明力实在地作用着的仅仅是它在其中的那个物体，而不是那些它表面上作用于其上的那些东西，是十分必要的。在这里，莱布尼茨完全无意识地肯定了看来是二律背反的东西的一个方面；他仅仅借助于他的动力学来证明这个论题，但当他这样做时，他却使用了论证与此相反论题时完全可以使用的证据。[1] 这一点把我们引向了力的赋予事物以个体性的方面[2]——一个莱布尼茨还用于证明力的必要性的方面。他说，如果没有力，所有物质便都会一样，并且因此运动也会由于空间是一个充实的东西而造不出任何差异。这个论证，根据表示关系的空间理论来反对那些把所有运动归结为一个完善流体的涡旋而又主张运动相对性的人们（笛卡尔主义者和现代人），肯定是有效的。但是，这只是一个枝节，我们必须言归正传，回到动力学和碰撞的问题上来。

据说，每个物体都实在地被推动着，不过不是为别的物体所推

---

① 参阅本书第49、50节。

② 这是同把能动性看作个体性本质的学说联系着的。顺便说一下，斯宾诺莎的“欲望是一个人的真正本性或本质”的名言是可以与这个学说相提并论的。（《伦理学》，第三部分，命题9附释及命题57。）

动，而是为其自身的力所推动。这样，在许多球的连续碰撞中，“每一个为别的撞击它的球所驱使的球，都由于其‘自身的力’即它的弹性而处于运动状态”(邓本，第 124 页；格本第 4 卷，第 515 页)。莱布尼茨认为，这些运动法则迫使我们承认通过每个物质微粒所表现出来的独立不依的因果作用，并且只有凭借这种因果作用，我们才能使我们的运动观念从那种使之全然含糊不定的所谓相对性中解脱出来。因此，在每个物质微粒中，都必定有使其变化得以发生的力或能动性，凭借这种力或能动性，我们就能获得关于运动状态的意义，并且把处于相继瞬间中的某一物体的诸多状态联系起 95
来。在亚里士多德的意义上，力作为物体的形式同“初级物质”相关。“由于形式，每个物体始终作用着；而由于质料，每个物体便始终持续着和抵抗着”(《新论》，第 673 页；《数学著作集》第 6 卷，第 237 页)。隐德来希在主动的力中，它类似一个灵魂，其本性在于它的变化系列有一条永恒法则；它是自发地实现着这条永恒法则的(格本第 2 卷，第 171 页)。构成每块物体的同一性，并使之与所有别的物体区别开来的，正是这种力。出于他的形而上学的需要，莱布尼茨竭力说明，力仅仅作用于它存活于其中的那个物体，而绝非任何一个别的物体。一个物体“看起来好像是”受到另一个物体的作用；这类状态就称做被动；但是即使在这里，这种现象也是骗人的。“每个物体的这种被动实质上是自发的，或者说是由其内在的力所引起的，尽管要以某种外在的东西为诱因。然而，在这里，我是把下述情况理解为真正的被动的，这就是由碰撞所产生的情况，或者不论最终归因于什么样的假设，不论我们最终把绝对静止或运动归因于什么东西都保持一样的情况。因为，既然对于真实

运动最后所从属的无论什么东西来说，碰撞都是一样的，那么，由此便可以推出碰撞的结果是被平均地分配给这两个物体之间的，而这样一来，‘物体在遭遇中也就同等地作用着’；因此，有一半结果为其中一个物体的活动所产生，而另外一半结果则为另外一个物体的活动所产生。而且，既然结果或被动也有一半在其中的一个物体中，而另一半在另一个物体中，那么，我们就足以从在一个物体自身中的那种活动推导出在这个物体中的被动；而且我们也不需要一个物体对另一个物体的影响，尽管通过这个物体，另一个物体活动的诱因才提供出来了，但这另一个物体是在自行地产生着一个变化”（《新论》，第 688 页；《数学著作集》第 6 卷，第 251 页）。

49. 为了使这一学说同这些事实协调一致，就有必要进一步把原初的力和派生的力区别开来。后者是前者的一种情状，它是一种实际的现存状态而又趋向于将来。原初的力是持续不断的，并且可以说是这个系列的法则；而派生的力则是用来指明这个系列特殊项目的规定性（格本第 2 卷，第 262 页）。莱布尼茨写道：“主动的力，……是双重的，也就是说，或者是原初的，它存在于每个有形实体本身（因为我认为，一个完全静止的物体与事物的本性是不一致的）；或者是派生的，由于派生的力可谓是通过物体间相
96 互冲突而产生的对原初的力的限定，它便被以各种各样的方式实施出来。实际上，原初的力（它不是别的任何东西而只是第一个隐德来希）相当于灵魂或实体的形式，但是由于它作为一种真实的原因仅仅与一般的原因有关，所以便不足以解释现象。这样，我们的见解便同这样一些人相一致，他们否认形式必定要被运用于推演可感觉事物的特殊的和专门的原因的过程中”（《新论》，第 672 页；《数

学著作集》第 6 卷，第 236 页)。原初的力在每个物体中无论何时都是恒定不变的；整个宇宙的派生的力的总量也是恒定不变的(这种派生的力也就是莱布尼茨的所谓活力，并且直到现在人们有时也依然是这样称呼它的)。它是现在被认为是动能的东西的两倍(格本第 3 卷，第 457 页)。"派生的力是有些人称之为动力的东西，对于某个确定的运动来说也是一种自然倾向或趋势，凭借这种自然倾向或趋势，原初的力或活动的原则便受到限定。而这种派生的力，我已作过说明，不是在同一个物体中保持不变，而是分散到许多物体中间，维系着一个恒定的总数；而且，它也不同于运动，因为运动的量并不是恒定不变的"(《新论》，第 702 页；格本第 4 卷，第 396 页)。

在这个论证中，必须明白的是，莱布尼茨远非把形而上学建立在动力学基础上，他是在纯粹形而上学的基础上推论出一种为动力学所不曾运用过的原初的力。[①] 在动力学中有用的东西，并不是原初的力(这种原初的力在每一块各别的物质中都是恒定的)，而是派生的力；这种派生的力从一个物体传输到另一个物体。这样，原初的力就求助于纯粹形而上学的理由，因而它便不能用来充分说明动力学支持了实体独立的学说。在这儿，我还认为，和连续性的情况一样，存在着一种莱布尼茨拒绝正视的二律背反。从动力学角度看，对每一个微粒的总结果由为所有其他微粒所产生的诸多结果所组成。这样，各别因素间的各别因果关系便似乎得到了承认。但是，这些个别的结果并没有一个曾经出现，它们全是数

① 参阅格本第 2 卷，第 251 页："每一种变态都以某种持续的东西为前提。因此，当你说'让我们假定在物体中除了派生的力外什么也找不到'时，我便可以答复说这不是一个可能的假设。"也参阅格本第 2 卷，第 270 页。

97 学的虚构。实实在在出现的东西，是诸结果的总和，也即作为那个总数的或那个整体的结果。这样，即使一个东西被定义为一个因果系列，我们也几乎不可避免地要承认，事物终究是相互作用的；然而，如是，我们便立即陷于自相矛盾了。

事实上，莱布尼茨在他的著作中也实际地承认了这一点。尽管动力学要求我们把因果作用或因果活动分配给每一块物质，但是它同样要求我们在讨论任何一个物质微粒将要发生的情况时，考虑到一切物质微粒。也就是说，我们需要在纯粹动力学的基础上，去承认外在的作用，即一个东西对另一个东西的作用。下面一点并没有为莱布尼茨所避免，这就是：恰恰相反，纯粹物质世界，对他来说，依然是一个在其中每个运动都影响到所有别的运动的世界，尽管“直接”的相互作用仅仅在碰撞中发生。“既然全体是充实的，全部物质也就是连接在一起的；既然在这种充实中，所有的运动都按距离的比例对远处物体发生影响，因而每个物体都不仅仅受到与它相接触的物体的影响，并以某种方式感受到这些物体中所发生的所有事件的影响，而且还以这些事物为媒介，间接地感受到与它所直接触到的这些事物相接触的物体的影响。所以，由此便可推出，这种事物的相互联系一直扩展到任何一个距离，而不管这个距离是多么的大。这样，每个物体便都能感受到宇宙中所发生的一切”（《单子论》，第 61 节；拉塔本，第 251 页；邓本，第 227 页；格本第 6 卷，第 617 页）。[①] 然后，莱布尼茨由这个观点进而推演出所有实体都反映宇宙的命题，这个命题同凡物质微粒皆独立不

① 参阅格本第 2 卷，第 112 页。

依的命题正相反对。他以一种主观理论来解释这种显而易见的相互作用，按照这种理论，在所有单子中运动都纯粹地变成了表象，因为所有单子都反映宇宙。对于这个问题的真正说明，变成了原因的表象就是对结果的表象的原因（格本第 4 卷，第 533 页），变成了一种巴克莱式的理论，因而使从动力学的无论什么东西中推演出实体的能动性或活动性变得荒谬了。

再者，如果（人们必定如此假定）在诸单子的某个集合体中，那种似乎运动的东西是一种实在的变化，因而是一个独立因果系列的一个部分，那么，它的知觉，这种主观的运动，也就是这样一个系列 98
的一个部分；并且，在单子反映的世界中存在着多少个单子，在每个单子中也就存在着多少个独立的因果系列。然而，这种困难，可留至我们讨论前定和谐时再予以考察。

50. 依旧有一个最后的和主要的困难。就我所知，这是一个没有一种动力学的存在理论能够避免的困难。当一个微粒受到几种力的支配时，这几种力便以力的平行四边形规则组合起来，而这个合力就被看作是这些力的总和。莱布尼茨主张，每一个力都独立地产生它的结果，而这个合成的结果便是各部分结果的总和。这样，“每个意动与每一个别的意动都是可和谐共存的，因为每个运动都能与每一个别的运动组合起来而产生第三个运动，而这第三个运动总是被几何学地决定着，而这样一来，就没有显示出一个意动如何能够自然地被消灭掉或者从另一个物体中撤销”（《哲学史文库》第 1 卷，第 578 页）。如果我们要承认特殊的原因，承认它们中的每一个都不依赖所有别的特殊原因而独立地产生它的结果，那我们就必须把合成的运动看作它的各个组成部分的合成。如果我们不承认这样一些特殊的原因，那么，物质的每一个部分，并且因此所有的物体都不能具有因果活动，动力学便因此而成为不可能的了(除非描述学派是正确的)。但是，运动或者力或矢量的总和，一般说来，在一个相当特殊的意义上亦即在其要素并非其各个部分的意义上，是一个总数；这一点，却并非已经为人们所普遍地认同。这是一种为矢量(动力)或者甚而为具有标志的数量所附加的特殊性。这样，合成的诸多原因中就没有一个曾经实在地产生出它的结果，从而这唯一的结果就是这样一个组合物，它是在这种特殊意义下由那些如果诸原因独立地起作用就会产生出来的诸多结果组合而成的。这是一个与附加物的本性有关的基本困难；而且，我还认为，这个困难也解释了在关于特殊事物与特殊事物的因果关系方面，莱布尼茨何以会陷入如此混乱的地步。这个混乱是如此之大，致使温特所说的下面这些话也显得不无理由。温特指出："每个实体都是自身决定的，但是，这种自身决定性却为另一个实体所决定。"(《物理学公理》，第 57 页)

这样，在动力学基础上建立诸多独立因果系列的意图，就必定
99 被宣告完全失败。这不仅在细节上是错误的，而且在原则上也是错误的，因为被视为目标的那个结果即动力现象的整个系列都还原成一个主观的知觉系列，本来应当使整个动力世界在每一个有知觉的单子中成为一个"单一"的系列。这种混乱(我们将会发现这是一种同莱布尼茨的多数混乱密切相关的混乱)应归因于没有抓住那个后来为康德所大胆引申出来的关于空间主观性(物自体除外)的结论。在下面两章里，我们将必须考察一个较好的论证，一个从连续统一体的困难到空间的非实在性以及作为其结果的关于单子的无空间性的论证。

第八章　物质哲学（续）： 100
（b）作为对连续性和广延性的解释

51. 现在，我们终于进展到莱布尼茨哲学的中心点，即关于广延性和连续性的学说。莱布尼茨思想最显著的特征是他对“连续体的迷宫”的关注。找到走出这座迷宫的一条出路乃单子论学说的一项主要目标。按照莱布尼茨的说法，这是一个他的单子论学说完全达到了的目标。而连续性问题，则可以很有理由地像拉塔先生那样（拉塔本，第 21 页），看作是解说莱布尼茨思想的起始点：“连续的东西何以能够由不可分的要素组成？”我认为，回答这个问题，是莱布尼茨实体学说的两个主要目标之一，也是莱布尼茨哲学中最卓越的内容之一。我之不能从这个问题开始，只是出于逻辑优先的考虑。因为迄今我们所考察的抽象学说，虽然或许主要地是由关于这个问题的观点“发明”出来的，但是它们在逻辑上对于这个观点却是在先的。这些学说构成了为理解莱布尼茨关于眼下这个问题的论述所必须先行掌握的工具。

目下这一章可以看作是《单子论》头两段的注解。莱布尼茨在那里写道：“我们这里要说的单子不是别的，只是一种组成复合物的单纯实体；所谓‘单纯’，就是没有部分的意思。而且，既然有复合物，就一定有单纯的实体；因为复合物无非是一群或一堆单纯的

东西。”（拉塔本，第217页；邓本，第218页；格本第6卷，第607页）现
101 在，在这个说法里，我想指出下述几个预设的东西：（1）“实体”的意义是已知的；（2）我们具有设定某些物质性的但又是复合的事物存在的根据；（3）每件物质性的复合的事物最终必定由那些并非复合的，亦即没有部分的其本身是单纯实体的东西所组成。在这些预设的东西中，实体的意义已经讨论过了。关于物质存在的假定也已经被证明是必要的了。因此，剩下来的就是去考察物质是实体的堆积的原因以及物质必定由单纯实体组成的原因了。

52. 在讨论这个问题时，莱布尼茨是从下面这个事实出发的，这就是：物质是广延的，而广延不是别的，只是重复（参阅格本第2卷，第261页）。在这个论断中，广延同空间必须精心地区别开来。广延，如绵延一样，是有广延的东西的一种性质，一种有广延的东西把它从一个地点传送到另一个地点的性质。“一个物体能够改换空间，但是不能脱离它的广延”（邓本，第263页；格本第7卷，第398页）。每件事物都有它自己的广延和绵延，但是并没有它自己的空间和时间（邓本，第265页；格本第7卷，第399页）。这样，同我们有关系的便是广延而不是空间。对于广延，莱布尼茨采纳了一种多多少少是常识的看法。而对于空间，莱布尼茨却另有一套晦涩难懂、相当荒谬的理论，这种理论在广延学说展开之后才能得到充分的论述。在莱布尼茨这里，严重的错误在于他的断言广延和绵延先于空间和时间这样一个思想。他的逻辑的秩序同发现的秩序是正相反对的。他的逻辑的秩序有如下述：第一是获得实体的概念；第二是许多实体的存在；第三是广延，它是实体重复的产物；第四是空间，它依赖于广延，但却加上了秩序的更深一层的概

念;并取消了对"现实"实体的依赖性。然而,证明与发现的秩序却与此大不相同。诸多实体的存在是根据广延即重复的论点从广延的事实中推论出来的。广延在逻辑上预设了空间,这一点由于所谓广延实际上即是占据那么多空间的特性,而变得相当明显了。然而,莱布尼茨却忽视了这一事实。他从广延开始,实际上,这对于任何一个认为实体逻辑上先于空间的人来说,都是很自然的。把这同康德的《纯粹理性批判》的秩序对比一下是十分有益的。康 102
德的《纯粹理性批判》从空间和时间开始,然后才进展到范畴,而实体和属性则在范畴之列。莱布尼茨的秩序与此不同正是他的连续体哲学的一项主要缺陷。与康德不同,他从广延和绵延的常识理论开始,徒劳地用他关于时间和空间的荒谬理论来弥补它。

53. 在上一章,我说到莱布尼茨反对物质的本质即广延的观点的论据之一是从广延本身的本性中推导出来的。我们现在就来考察他的这个论据。莱布尼茨在他针对马勒伯朗士的一篇对话中曾经说过,广延并不是一个具体物,而是对广延的东西的一种抽象。他继续说道,这就是他的实体理论同马勒伯朗士所拥护的笛卡尔的理论之间的本质差异(格本第 6 卷,第 582—584 页)。他在另外一处又说:"除广延外,必定还存在有一个主项,这个主项是广延的;也就是说,必定存在有一个实体,广延是属于这一被重复或持续着的实体的。因为广延仅仅表示广延的东西的一种重复和连续的增殖,表示一种复多、连续性和诸多部分的共存。因此,用广延来解释广延的或被重复着的实体自身的本性,理由便不充分;实体的概念是先于它的重复的概念的。"(邓本,第 44 页;格本第 4 卷,第 467 页)不仅必定存在有实体,而且我想,为了使这多数实体有可能构成重复，还必定有一种重复着的或者广延的性质。例如，在牛奶中有白的扩散，在金刚石中有硬的扩散（格本第6卷，第584页）。但是，这样一些性质的扩散仅仅是表面的，而且也不是在其最小部分中能够找到的。因此，这种严格说来就是广延的唯一性质就是阻力，这种阻力是初级物质的本质（《新论》，第700页；格本第4卷，第394页）。可见，初级物质的本质不是广延，而是广延的，实际上也就是那种能够确切地称做广延的唯一的性质：因为它就是那种为一切被创造实体所共有的，并且因此到处都被重复着的唯一性质。莱布尼茨说，广延或初级物质，就其是相似的或不可辨别的意义而言，不是别的，只是事物的某种重复。但是，这也就假定了一些事物，这些事物被重复着，并且除共有的性质外，还
103 有某些别的特殊性质（邓本，第176页；富歇本，第28—30页）。这种理论解释了两个重要之点。首先，它说明了为什么所有单子都具有初级物质；这是因为一个单子集合体是广延的，正是由于这种共有的性质。其次，它把不可辨别者的同一性与广延的抽象性和现象性联系起来了。因为就事物是不可辨别的而言，广延就是它们的重复；而这样一来，既然没有两件事物是真正不可辨别的，那么，广延也就包含了从这两件事物借以区别开来的诸性质中得到的那个抽象物。因此，当我们除每个单子的初级物质和活动性的一般性质外不考虑一切东西，而仅仅考察这些性质的重复时，诸多单子的一个集合体便仅仅是广延的。

54. 但是，初级物质，如我们在前面一章所见到的以及如进一步从两块初级物质是不可辨别的这个事实中所表现出来的，仅仅是一种抽象；既然实体的重复产生广延，则诸多实体除了这种纯粹

的被动性外,还必定具有某些别的性质,即对于实体是本质的那种能动性或活动性以及为造成它们的复多所需要的那种差异性。于是,凡是存在有重复的地方,就必定存在有许多不可分的实体。莱布尼茨说:“在那些仅仅存在有作为聚集体的存在物的地方,甚至连实在的存在物也没有。因为每个作为聚集体的存在物都预设了被赋予了真正统一性的存在物;既然它的实在性只能从组成它的那些东西的实在性中得到,那么,倘若每一个组成部分也是一种作为聚集体的存在物,则它就根本不可能有任何实在性。”如果我们承认聚集体的存在,那么,“我们就必定或者达到数学的点,……或者达到伊壁鸠鲁的原子……,或者我们必须坦率地承认在物体中根本就没有什么实在性,或者最后我们必定承认在它们中有一些具有真正统一性的诸多实体”(格本第2卷,第96页)。关于数学的点的特殊的反驳理由,我们将在讨论连续体时予以考察。对于原子的反驳理由(它们也适用于反对数学的点)在于它们是不可辨别的,而且如果它们是纯粹物质的,则它们就不可能具有能动性或活动性。至于不承认物体实在性的理由,如我们已经指出的那样,似乎是除常识外并没有什么更好的东西了。但是,如果莱布尼茨能够严格按照逻辑推论下去的话,这一点就会使他更加喜欢“真正统一体”的理论,而不是那种关于物体的纯粹非实在性思想。同时,很显然,在其关于单子学说的早期论述中,莱布尼茨曾犹豫不
决地承认“所有”物体都具有实在的统一性,而且还倾向于认为,可 104
能存在有无任何统一性因而无任何实在性的无生命物体(格本第

2 卷，第 77、127 页）。[①] 在那个时候，他的论证可以这样表述出来：假定作为物质呈现在我们面前的东西是某种实在的东西，那就很显然，它必定是一种复多。这样，如果复多的要素是实在的，那么，复多也就是唯一实在的了。但是，在这种情况下，既然复多的要素是同时存在的，则复多就不仅仅是一种诸多状态的复多；它因此也就是一种诸实体的复多，而实体也就必然是不可分的。因此，作为物质呈现在我们面前的东西就必定是不可分的诸实体的一个集合体。凡不真正地是"一个"存在物的东西，也就不会真正地是一个"存在物"；如果没有统一性作为一个物体的本质的话，则一个物体的本质就只能是一种现象（格本第 2 卷，第 97 页）。这些实在的统一性就是莱布尼茨的所谓隐德来希或形式。这些术语，是他从亚里士多德那里转借过来的；当它们被精确地运用时，并不表示整个的单子，只是表示它的能动性或活动性，或其中那种同灵魂相似而与它的初级物质正相反对的东西。这种初级物质是被动的，并且在亚里士多德的意义上也就是同形式相对立的质料（参阅格本第 2 卷，第 252 页）。

那么，蕴涵在作为物质显现出来的那些东西的实在性中的这些"真正统一体"的本性究竟是什么呢？这种一般本性，我将在第十一章里予以详尽地讨论；眼下我只就解释广延所需要的范围简单地谈一下。下一章，我们将必须考察构成现在这个论证的基础的关于连续与分立、空间和广延的抽象学说。不过，我们完全有正当理由从莱布尼茨连续统一体这一深奥学说的更为具体的形式

① 对照斯坦，上引书，第 167 页注。

着手。

55. 莱布尼茨区别了三种点。他说:“物质的原子是反乎理性的……,只有实体的原子,亦即实在的、绝对没有部分的统一体,才是活动的源泉和事物组合的绝对第一原则,也可以说是诸实体分析的最后因素。它们可以称作形而上学的点;它们具有一定的活力和一种知觉,而数学的点则是它们表达宇宙的观点。但是,当有 105
形的实体被压缩时,它们的所有部件一起仅仅形成了为我们视觉所观察到的一个物理学的点。因而,物理学的点仅仅从现象上看来才是不可分的。数学的点是精确的,但它们纯粹是一种样式。只有形而上学的点或实体的点(由形式或灵魂构成),才既是精确的又是实在的,如果没有它们,便不会有任何实在的东西;因为如果没有真正的统一体,也就不会有任何复合物”(邓本,第 76 页;拉塔本,第 310—311 页;格本第 4 卷,第 482 页)。“形而上学的点”这个术语并不是惯用的,而只是为了明白地表示出同无限可分性的联系才造出来的。我们可以这样表述这个问题:空间是由距离关系的集合组成的;这样一些关系的项,单纯地作为项,就是数学的点。它们因而是一些纯粹的样式,这些样式作为现实的项的一个纯粹的方面或性质,就是形而上学的点或单子。与此相反,物理学的点则是一种无穷小的广延,一种在微积分中使用的东西。这并不是真正不可分的,因为它毕竟是一种小的“广延”,而广延在本质上就是重复。因此简要地说,这个论证有如下述:物质本身是广延的,广延本质上就是复多;因此,作为广延的东西的因素本身便不能是广延的。一个单纯的实体不能是广延的,因为所有的广延都是组合而成的(格本第 3 卷,第 363 页)。物质的原子是反乎理

性的，因为它们会不得不成为其本质为可分性的不可分的东西。因此，如果物质的东西必定是广延的话，那么，物质的要素就不能够是物质的。但是，这些要素也不能够是数学的点，因为数学的点是纯粹抽象的，而不是存在的事物，因而也不能组成广延。因此，那些作为物质显现出来的东西的要素，是非广延的，是非数学的点。它们必须是实体，被赋予了能动性，且由于“不可辨别者的同一性”而相互区别。因此，在经验的对象中，要是除去某种和灵魂相类似的东西，就不会再有什么这些实体能够是的任何东西了。灵魂是具体的存在物，或者说是实体，它们是相互区别的，并且是非广延的。因此，这些就必定是那些看上去是物体的东西的要素或组成成分。物体本身，亦即作为广延的东西，是现象；但是，它们是有良好基础的现象，因为它们是真正实体的集合的显像。这些
106 真正实体的本性是力，并且它们像我们的心灵那样，也是不可分的（邓本，第 72 页；拉塔本，第 301 页；格本第 4 卷，第 479 页）。

在致德·伏尔德的一封信中，这个论证极其卓越地表述出来了（格本第 2 卷，第 267 页）。德·伏尔德说，既然广延对于数学上的形体是必要的，由此便可以正确地得出结论说，在这样一种形体中，是找不出什么不可分的单元的。但是，这却证明不出数学上的形体没有实在性。对于他的这个论证，莱布尼茨给了一个相当充分的答复。莱布尼茨说，能够划分成若干个东西的东西，是若干个东西的集合体；而一个集合体仅仅对于心灵来说才是一，并且除了由其要素或组成成分所授予的东西外再无别的什么实在性。因此，在事物中必定存在有不可分的单元，因为，要不然，在事物中就将没有真正的单元，也没有任何衍生出来的实在性；而这显然是荒

谬的。因为,凡没有真正单元的地方,也就没有真正的复多。而凡没有衍生出来的实在性的地方,也就根本没有什么实在性,因为这种实在性最终必定是由某个主体产生出来的。他又说道,我断定,在一堆物体中,不可分的单元或原初要素,是能够找得到的。物体总是可分的,并且总被划分着,但是构成它们的要素或组成成分就不是这样。数学上的形体是不实在的,因为它没有这些要素或组成成分;它是某种心理上的或思想上的东西,标示着一种纯粹的由部分组合而成的复多。像数字如果没有被数的事物就不是实体一样,数学的形体或广延,在没有能动性或被动性的情况下,也不是实体。但是,在实在的有形的事物中,部分不是无定限的(像思想上的东西在空间中那样),而是现实地以一定方式被指定出来,因为自然总是根据运动的变化而进行实际的划分和再划分;这些划分虽然可以无限地进展下去,但却依然要导致某种原初的要素或真正的单元,因而仅仅是数上的无限。但是,严格地讲,物质并非由基本的单元所"组成",而是由这些基本单元所产生的;因为物质或广延的团块,只是一种具有良好基础的现象,并且一切实在都是由单元所组成的。因此,凡现象总是能够被划分成较小的现象,但却永远没有什么最小的现象。实体性的单元不是现象的部分,而是现象的基础。

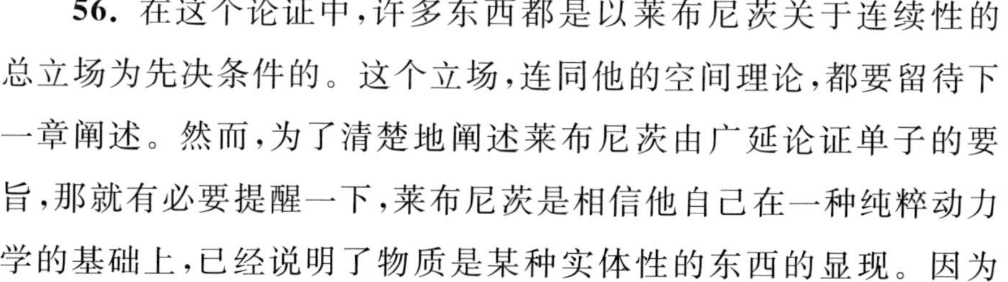

56. 在这个论证中,许多东西都是以莱布尼茨关于连续性的总立场为先决条件的。这个立场,连同他的空间理论,都要留待下一章阐述。然而,为了清楚地阐述莱布尼茨由广延论证单子的要 107
旨,那就有必要提醒一下,莱布尼茨是相信他自己在一种纯粹动力学的基础上,已经说明了物质是某种实体性的东西的显现。因为

他视之为能动性的等价物的力，既为运动的法则所需要，又为每一块物质所需要。必定存在有隐德来希，被分散到物质所及的任何地方，这一点是从运动的原则这样被分散的事实推断出来的（格本第7卷，第330页）。从这种观点看来，我们就可以赋予力的学说一个较之过去略好一些的意义。力比运动，甚至比物质都更加实在。运动不是力的原因，而是力的结果，并且和时间一样不是实在的存在物。但是，力“是”一种实在的存在物，尽管物质只是一种具有良好基础的现象（格本第2卷，第115页；第3卷，第457页）。这样，虽然物质和运动只是显现，但是它们却是某种具有能动性的东西“的”显现，因而也是某种实体性的东西的显现。如果我们如莱布尼茨始终做的那样，去假定我们对物质的知觉“对应于”我们之外的一个实在世界，那么，基于动力学根据的那个世界就必定包含力，并且因而也包含实体。唯一的困难在于使这种观点同关于物质的那种任意专断的无限可分性调和起来。这种困难把我们引到了无限性和连续性学说。

第九章　连续体的迷宫 108

57. 在上一章里，我们已经看到，物质是一种现象，由单子或单元的集合物所产生。广延是重复，因而广延的东西是复多的。然而，如果作为物质出现的东西是复多的话，那么它就必定是无限的多。因为凡是具有广延的东西都可以无限地加以分割。莱布尼茨说：团块是不连续的。也就是说，它是实际上的众多，是由无限多的单元所构成（格本第 2 卷，第 379 页）。这里，我们就有了莱布尼茨关于实无限的信念。一般地说来，实无限被认为是不可接受的。莱布尼茨接受了它，就面临着连续体的问题。因此，就此而言，考察一下他关于无限性、连续性、无限数以及无穷分割的看法，就很有必要了。在我们进一步描述单子或实在单元之前，我们必须讨论一下这些问题。因为莱布尼茨声称：主要地出于对连续体解释的需要，才推导出单子的存在和本性来。莱布尼茨说：“在这种考察中（也就是在关于单子的考察中），并不出现广延或连续体的组合，而关于点的一切困难也就都消失了。我在《神正论》某些地方想要说的就是这一点，即关于连续体的困难会告诫我们：事物需在十分不同的方式下被设想。”（格本第 2 卷，第 451 页；参阅格本第 6 卷，第 29 页）他还说（格本第 2 卷，第 262 页）：“只有单子是一个实体。形体是一些实体，而不是一个实体。关于连续体的构

成的困难，以及与此有关的别的困难，也是不可能用别的方式避免的。”他还说：“除了几何学能够为走出连续体的构成的迷宫，极大
109 的和极小的迷宫，以及不可指定的和无限的迷宫提供一条引线而外，别的什么东西也都无能为力，也没有一个人能够不穿过这个迷宫就达到真正的、坚实的形而上学。”①那么，连续体的困难到底是什么呢？怎样才能回避它们呢？我对说清楚这个问题不能抱什么希望，这不仅因为它几乎是哲学中最困难的问题，而且还在于莱布尼茨关于这个问题的论述给评注者带来了一些特殊的困难。

58. 每一个曾经听说过莱布尼茨的人，都知道他相信实无限。几乎没有什么引文比下列引文更为人们所熟悉(邓本，第 65 页；格本第 1 卷；第 416 页)：“我如此赞成实无限，以致我并不像通常人们所认为的那样，认为自然厌恶实无限。而是认为：自然为了更好地显示出它的制作者的完满性，在任何地方都喜爱它。因此我认为：不存在不可分割的物质部分。我这里说的是实际的分割，而不是指分割的可能性。因而，连最小的微粒也应该被看作是一个充满了无限多的、各种各样创造物的世界。”我说，这样的段落是为大家所熟知的，它被体现在认为莱布尼茨相信实无限，也就是被黑格尔常常称为假无限的那个东西的那些通常论述之中。但这绝非关于这个问题的全部真相。首先，莱布尼茨否认无限数，并且通过非常坚实可靠的论证来支持他的论点。② 其次，他是熟知真无限与假无限之间的区分的，这种区分后来为黑格尔所采用。他说：“严

① 柯亨：《无穷小方法》，第 64 页。《数学著作集》第 7 卷，第 326 页。

② 参阅格本第 6 卷，第 629 页；第 1 卷，第 338 页；第 2 卷，第 304—305 页；第 5 卷，第 144 页；《新论》，第 161 页。

格说来，真正的无限只存在于绝对之中，它是先于一切组合而不是由各部分的相加构成的。”①一个无限的集合物并不真正是一个整体，因而，也就不是真正无限的(格本第 2 卷，第 304—305 页；《新论》，第 161—163 页；格本第 5 卷，第 143—145 页)。然而，他并不 110
是在忘了他的对于实无限的主张的情况下提出这些说法的。相反，他在有一段中说：“那些反对实无限的论证假定，如果这种无限得到承认，就会有一个无限的数目，而且所有的无限也就会是相等的。但是，必须注意到的是：一个无限的集合物既非一个整体，或者具有量，也不与数目相一致。”(格本第 2 卷，第 304 页)就这样，莱布尼茨是在实无限并不通向无限数目这样一个明确表示的基础上为实无限进行了辩护。这使得我们必须同意这样的说法，即莱布尼茨关于无限的观点绝非常常像人们所想象的那样简单或朴素。企图说明上述意见所由以产生的理论，是一件难办的事。然而我们现在却必须着手来作此尝试。

我已有机会提到过黑格尔。而且我认为，再从别的方面进行这样的类比是有助于把莱布尼茨的论证清楚明白地表述出来的。首先，正如我们在有关广延的问题上所看到的，他似乎常常暗含着

① 《新论》，第 162 页；格本第 5 卷，第 144 页。参阅下面一段话：“我和洛克先生一样认为，严格地讲，可以说没有空间、没有时间也没有数目是无限的。然而，这一点只是在这个意义下才是真的，就是说：无论一个空间，一个时间，或一个数目可能有多大，总还会有一个比它更大的，这样可以无穷类推。所以，真无限是不会在一个由部分构成的整体中发现的。然而，它仍然可以在别的地方被发现。也就是说，在绝对中被发现。绝对是没有部分的。它对复合物有影响，因为复合物是从对绝对的限定中产生出来的。因而，正面意义的无限无非就是绝对。在这个意义上，人们可以说：存在着一个关于无限的正面的观念，它是先于关于有限的观念的。”(邓本，第 97 页；《新论》，第 16—17 页；格本第 5 卷，第 17 页；埃德曼版，第 133 页；格本原文显得有些缺点。)

实质上是黑格尔的观点，即认为抽象就是造假。其次，他关于眼下这个问题的论证，以及他的从连续体的困难出发的单子论的全部推论，似乎和辩证法的论证具有极为相似之处。如果粗鲁地说，那就是：某个结论之所以被看作真实的东西接受下来乃是因为它能够从公认为虚假的、相互不一致的前提中推论出来。[1] 那些赞赏黑格尔哲学中这两个要素的人，将会认为莱布尼茨的论证因包含了它们而更好。但是，如果我的解释是正确的话，那么无论如何，这种同已为人们所熟知的方法的类比是大大有利于对这个论证的理解的。

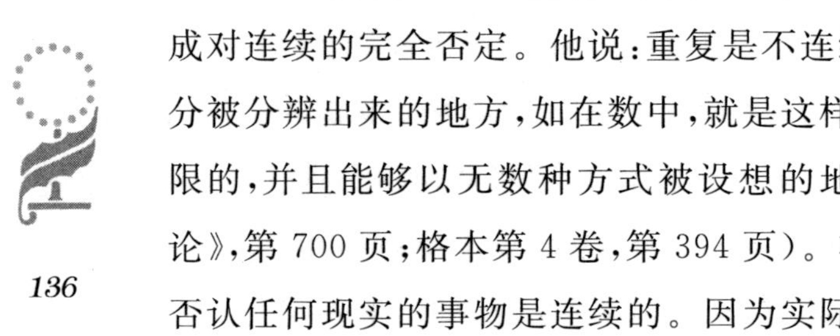

111 **59.** 尽管提出了连续性原则，莱布尼茨哲学还是可以被描绘成对连续的完全否定。他说：重复是不连续的，在那些集合物的部分被分辨出来的地方，如在数中，就是这样。而那些其部分是无定限的，并且能够以无数种方式被设想的地方，则就是连续的（《新论》，第 700 页；格本第 4 卷，第 394 页）。在这个意义上，莱布尼茨否认任何现实的事物是连续的。因为实际存在的东西即使可能有无限多的部分，但是这些部分不是无定限的，或者任意的，而是完全限定的（格本第 2 卷，第 379 页）。按照莱布尼茨的意思，只有空间和时间才是连续的。而时间和空间却纯粹是观念性的。他说，

[1] 这种论证并非严格辩证的，但以下的说法可以表明它的弱点。总的前提是：因为物质有部分，所以有许多实在物。然而，物质的部分是有广延的，而且由于无限分割的可能性，这有广延之物的部分也总是有广延的。然而由于广延意味着重复，而被重复的东西最终又不是有广延的。这样，物质的部分最终也不是有广延的。因此，设想物质有部分是自相矛盾的。结果是：这许多实在物并非是物质的部分。（在格本第 7 卷，第 652 页中，这项论证几乎是完全按照这种方式陈述出来的。）

十分明白：为了得到许多实在的东西，这个论证设想它们是物质的一些部分——而为了说明这些实在物不是物质的，这个前提又不得不遭到否定。

在实际事物方面，是单一先于集合物；在观念性的东西方面，则是整体先于部分（格本第2卷，第379页）。他还说，连续体是观念性的，因为它包含不确定的部分。而在每一个实际事物中部分都是确定的。莱布尼茨继续说，连续体的迷宫——这是他非常喜爱的说法之一——来自在可能的东西的序列中寻找实际的部分，以及在实际物的集合中寻找无定限的部分的结果（格本第2卷，第282页；参阅同上书，第379页；第4卷，第491页）。这就意味着点和片刻不是空间和时间的实际部分，空间和时间是观念性的东西。[①]这也意味着没有什么具有广延的东西能够是许多实体的集合物的真正组成部分（既然具有广延的东西是不确定的），而这些实体的集合物却是实际存在的。对于空间和时间，还有数目来说，有限的整体是逻辑上先于那些它所能够被分割成的部分的。对于实体来说，正好相反，集合物是逻辑上后于组成它的那些单个实体的。[②]

莱布尼茨想说的东西大概就是如此。有两类不可分割的东西，这就是简单观念和单一实体。在前者的意义上，数目“一”就是不可分割的。它是一个简单观念。它逻辑上先于其总和为“一”的分数。这些分数是以它为先决条件的。那种存在着无数可能组成它的分数的事实并不能否认它的单纯性。事实上，把分数看成是由分割一所形成，比起把一看成是由合成分数所形成，要更为真实一些。同样地，“一半”，如果抽象地来看它的话，也只是一个比率，而非两个四分之一之和。后者仅只是对被计数的事物来说才是真

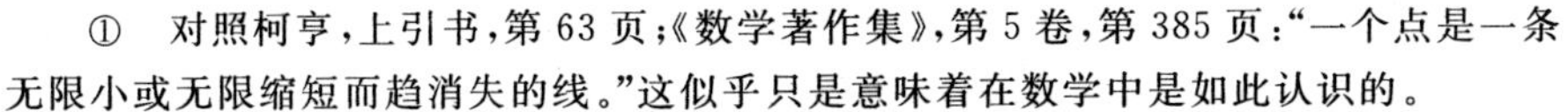

① 对照柯亨，上引书，第63页；《数学著作集》，第5卷，第385页：“一个点是一条无限小或无限缩短而趋消失的线。”这似乎只是意味着在数学中是如此认识的。

② 参阅《数学著作集》第4卷，第89页以下。

实的（格本第 4 卷，第 491 页）。由于没有把分解为概念和分割为部分这两者区别开来，许多曾经对点和“一”进行过哲学思考的人也被弄糊涂了（格本第 3 卷，第 583 页）。同样，莱布尼茨认为，抽
112 象的线不是组合而成的（格本第 4 卷，第 491 页）。因为对于线来说，真实的东西仅仅只是距离的关系，而就其作为关系来说，是不能分割的。复合物只存在于具体事物之中，也就是说，只是存在于那些团块中，这些抽象的线标志着这些团块的关系。在实体性的实在事物中，整体是单纯实体的结果或集合物（同上）。莱布尼茨还说，正是由于混淆了观念的东西和实际的东西，才搞乱了一切，产生了关于连续体的迷宫。

60. 在这一点上，看来有必要考察莱布尼茨的空间理论。这种理论或多或少地包含在有关他的哲学的可以谈到的每一个问题之中。关于这种理论，我已经谈到过一些，在下面还要更多地谈到。但在这里，只要少数明白的陈述就将可说明这种连续体的学说。

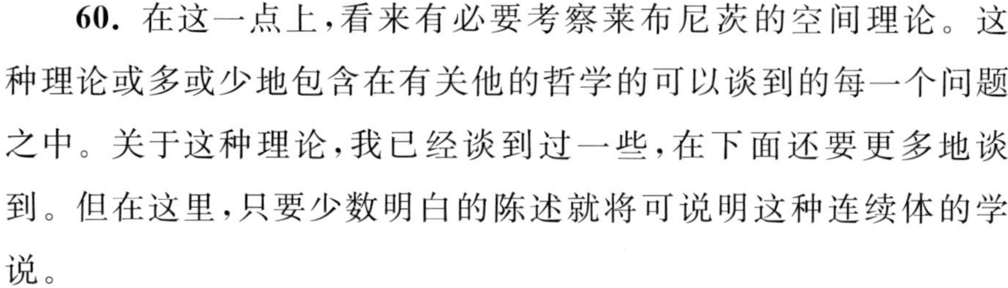

在莱布尼茨看来，那些其中整体先于部分的观念性的东西，就是数目、空间和时间。就数目而言，“一”乃至别的整数先于分数，这是很明显的。对于空间和时间，根据关系的理论也得到了相同的结论。在所有这些方面，莱布尼茨要是大胆地说虽然数目和距离有可能较大或较小，但它们却没有部分，这样，他就会做得更好一些。关于分数，他确实是如此说的（格本第 4 卷，第 491 页）。在所有诸如此类的情况中，他所打算说的就是这些。观念性的东西如果是数目，它们就是适用于可能的集合物的一些概念，但其自身并非集合物；如果它们是距离，它们就是可能的关系，因而必须把

它们和从距离的一端延伸到另一端的广延区别开来。

61. 存在着两大类型的空间理论：一类是牛顿所代表的，另一类是莱布尼茨的。这两类是在与克拉克的争论中面对面对立起来的。这两类理论都是由于强调了以下两种看法中的某一个而产生的。这两种看法是：如果我们取 A、B 两点，(1) 它们有一个距离，这个距离仅仅是两点间的一种关系；(2) 它们有一个实际的长度，这个长度由如此众多的空间所构成，并且从 A 延伸到 B。如果我 113
们坚持认前者为空间的本质，我们就会得到一个表示关系的理论。A 和 B 这两项，它们的距离是空间的，然而它们自身却必须是非空间的，因为它们不是关系。如果我们坚持后一种看法，认为这是一个介于 A、B 两点之间的实际长度，那么我们就会发现，它可以分割为无数个点，其中每个点都像端点 A、B 一样。由此也就得到了牛顿的绝对空间的理论。这种空间不是在于各种可能关系的集合，而是在于一些实际的点的聚合。对牛顿理论的反驳意见认为这种理论是自相矛盾的。而反对莱布尼茨理论的看法则认为，这种理论明显地与事实不合，而且最终也像牛顿的理论一样是自相矛盾的。一个没有这两者缺陷的理论是人们非常期望的，因为它将是某种至今还不为哲学所知的东西。在下一章中，我将回到莱布尼茨的论证上来，而眼下，我仅仅只想指出他的表示关系的理论的结论——这些结论也为洛茨以及别的为这一理论进行辩护的人所推断出来。

空间是距离的可能关系的一种集合。只有当点 A、B 为实在的实体所占据时，这些才成为实在的。距离可以较大或较小，但它不能分割为部分，因为它们是关系。(这个结论不是由莱布尼茨得出来的，它为莱布尼茨所明确地否认。而且，他用部分这个词比我现在用得还多。对我来说足够理解的东西是：他说在空间和时间中不存在着分割，除非是为心灵所分割[格本第 2 卷，第 278—279 页]。）由于空间是表示关系的，所以作为远隔着的关系项来说，其自身不能是空间的或有广延的。此外，距离应当被分析为 A、B 这两个远隔着的关系项的谓项。莱布尼茨是通过视距离为 A、B 两点相互反映的方式之要素的办法来进行这种分析的。这样，一个数学上的点，A 的场所，就仅仅只是 A 的质，凭借它，在每一瞬间，它像那样反映着别的事物。这就是为什么说数学上的点是单子的观点，以及为什么这些点只是一些样式，而非空间的部分的原因。因为所谓一个距离的一些部分，仅仅只是其他一些较小的距离关系，而且它们也绝非为较大的距离所预设，这较大的距离在逻辑上
114 是不依赖于它们的。事实上，这区别是内包的量和外延的量之间的区别。外延的量预设了它们自身为其总和的所有的组成部分；相反，内包的量则绝不以任何方式预设与之同类的较小的量的存在。因此，莱布尼茨的看法是：空间和时间的量是关系，因而是内包的；而广延则是一种外延的量，它预设了有广延的东西存在于其中的实在的部分。[①]

① 这样，在答复克拉克时，莱布尼茨指出："至于这样的反对意见，即空间和时间是量，或者不如说是某些被赋予量的东西，以及位置和秩序不是量，我的回答是：秩序也有它的量，在它之中存在着排在前面的东西和放在后面的东西，存在着距离和间隔。相对的东西有它们的量，绝对的东西同样也有它们的量。例如，在数学中，比率或比例有它们的量，并且是用对数来计算的，然而它们也是一些关系。因此，虽然时间和空间由关系形成，但是它们也有它们的量。"（邓本，第 270 页；格本第 7 卷，第 404 页）但是，莱布尼茨关于内包量的观点却绝非是清楚的。

因此，在实际存在的东西的组合和观念性的东西的解析之间的区别具有很重要的意义。它说明了莱布尼茨关于一个片刻不是时间的一个部分（格本第 3 卷，第 591 页），一个数学上的点也不是空间的一个部分（邓本，第 64、76 页；拉塔本，第 311 页；格本第 1 卷，第 416 页；第 2 卷，第 279 页；第 4 卷，第 482 页）这些话的含义。空间的连续体是一切可能的距离的集合。数学上的点仅仅只是位置，也就是距离关系的一些可能的关系项。这样，它们就不属于与构成空间连续体的可能的距离相同的层次；它们就不是这个连续体的部分。实际上，距离由于是一种关系，因而严格地说是没有部分的。这样我们也就没有理由去把它分解为一些不可分的部分了。相反，在空间中有广延的东西是具体的，我们不仅具有距离，而且还具有在其间保持距离的那些项。一个抽象的空间不是多，而一个占据那个空间的物体就只是多。因为在那些否则就只是“纯粹样式”的位置上，代替赤裸裸的可能性，我们现在就有了某种实在的东西。

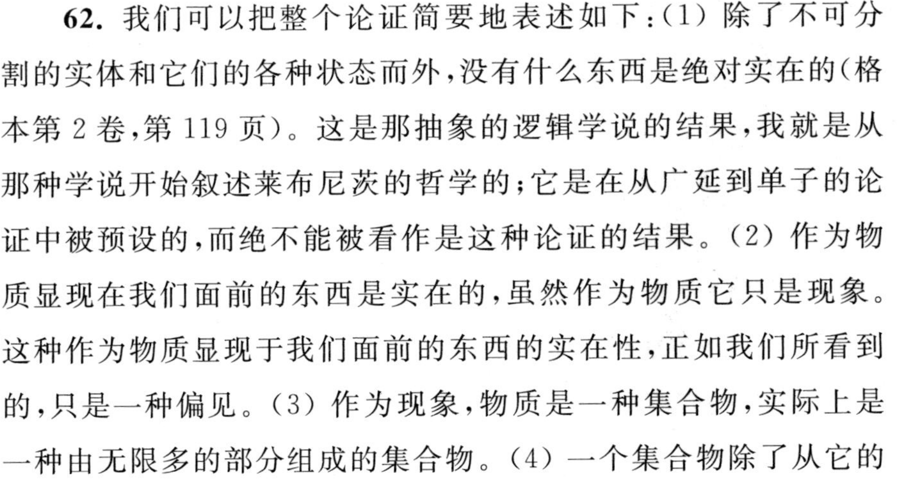

62. 我们可以把整个论证简要地表述如下：(1) 除了不可分割的实体和它们的各种状态而外，没有什么东西是绝对实在的（格本第 2 卷，第 119 页）。这是那抽象的逻辑学说的结果，我就是从那种学说开始叙述莱布尼茨的哲学的；它是在从广延到单子的论 115
证中被预设的，而绝不能被看作是这种论证的结果。(2) 作为物质显现在我们面前的东西是实在的，虽然作为物质它只是现象。这种作为物质显现于我们面前的东西的实在性，正如我们所看到的，只是一种偏见。(3) 作为现象，物质是一种集合物，实际上是一种由无限多的部分组成的集合物。(4) 一个集合物除了从它的

组成部分得到的实在性之外，是不可能有实在性的。因为只有实体是实在的，而实体是不可分的。(5) 因此，如果显现为物质的东西的实在性要得到保留的话，那它一定是由无限多的不可分的实体所组成。

63. 然而，无限的数目是自相矛盾的。而且我们不能以存在着无限数量的单子这种断言为满足。为了避免这种论证，莱布尼茨非常大胆地使用了他的原则，这个原则即是：在具体事物中，部分先于整体，以及除了不可分的实体和它们的各种状态而外，没有什么东西是绝对实在的。他说：存在和“一”是两个可以互换的名词(格本第 2 卷，第 304 页)。集合物由于不具有统一性，它就仅仅只是现象。因为除了组成它的单子而外，其余的东西(我想，大概指的是集合物的统一性)都只是为知觉所增添，为它们以前曾经被知觉这一事实所增添(格本第 2 卷，第 517 页)。这种说法极为重要，它是莱布尼茨总的主张的一个合法的结果，而且或许还是那种主张允许他作出的最好的选择。同时，不久就会弄明白，它所蕴涵的东西完全破坏了实体复多性的可能性。

莱布尼茨的主张是这样的：整体这个概念只能用于那种实质上不可分的东西上。而关于集合物的任何实在的东西，只不过是它的那些组成成分一时取其一个来看的实在性。一个集合体的统一性是莱布尼茨称为半心理的那种东西(格本第 2 卷，第 304 页)。因而，虽然集合体的组成成分完全是实在的，而集合体本身却是现象的。“一”是可能用于那种实在物之上的唯一的数。因为任何别的数都包含有部分，而集合物，像关系项一样，不是“实在的存在物”。这说明了无限的数目何以能够被否认，而实无限却得到承

认。莱布尼茨说:“并没有无限的数,也没有无限的线或其他无限
的量,要是这些被看作真正的整体的话”(《新论》,第 161 页;格本
第 5 卷,第 144 页)。一个整体必须是一个实体。严格地说,数是 116
不能用于那种不是一个整体的东西的。世界仅仅只是在口头上是一个整体(格本第 2 卷,第 305 页)。甚至于单子的一个有限的集合物也不是一个整体本身。统一性是心理的或半心理的。在大多数的段落中,莱布尼茨只是用这个学说去反对无限的集合物。然而很明白,它必须同等地用于反对一切集合物。关于这一点,莱布尼茨似乎早就知道。因而他说(《新论》,第 148 页;格本第 5 卷,第 132 页):“也许一打或二十只是一些关系并且只是通过与理智相联系而构成的。那些单位是分离的,而理智把它们合在一起,不管它们是多么分散的。”在同一章的结尾处,他表达了与此相同的看法(第 2 卷,第 12 章)。在那里他说:“这种集合物的观念的统一性是很真实的;但归根到底必须承认这种集合体的统一性只是一种联合或关系,它的基础是在那每一个分离独立的单个实体中所能找到的东西中的。因此,这种集合成的东西除了心理上的之外并无其他完整的统一性;所以它们的实质在某种程度上也只是心理的或现象的,就像天上的虹一样”(《新论》,第 149 页;格本第 5 卷,第 133 页)。

这种主张是从这样一种理论中得出的一个合法的推论,这种理论是:所有的命题都可以还原为主—谓项形式。而关于实体的复多的论断就不是这种形式——它并没有给一个实体指定谓项。因而,正如在别的同类场合中,莱布尼茨和许多后来的哲学家们一样,到心灵中——人们几乎可以说,是到察觉的综合统一中——来

找庇护所。心灵，而且只有心灵，才能综合单子的多样性。撇开单子的知觉不说，每个独立的单子都是实在的。但是，这样一个集合体本身则仅仅只能得到一个靠不住的、由同时发生的知觉所派生的一种实在性。这样，在关于复多的判断中的真理，就被归结为一个关于每个知觉到复多的单子的状况的判断。只是在这样的知觉之中复多才形成为一个整体。而且这样一来，知觉就被莱布尼茨定义为一中之多的表现(格本第3卷，第69页)。

64. 一个命题是由于被相信而得到它的真理性，这种看法是
117 我将在论及上帝和永恒真理的关系时加以批判的。而眼下，只要向莱布尼茨提出一个二难推理就足够了。这个二难推理就是：如果复多仅仅存在于知觉者之中，那么就不可能有这么多的知觉者。这样一来，关于单子的整个学说就会倒塌；相反，如果复多不只是存在于知觉者之中，那么就会有一个不能归结为主—谓项形式的命题存在。这样，利用实体的基础就彻底垮台，对于莱布尼茨来说，关于无限集合物的论断，以及它的一切矛盾就成为完全不可避免的了。那种能够解决连续体困难的自诩也就这样烟消云散了，而我们也就在面对着关于物质的一切未得到解答的问题的情况下被丢下不管了。①

现在，我们已经看到莱布尼茨的“在实际的东西中，部分先于整体”原则的作用了。我们已经看到，这个原则何以能够使他在声称存在着无限众多的事物的同时，又否认无限数目。他说，事物的

① 一切集合物都是现象这个总的原则一定不能和下列另一个原则搞混淆了，那另一个原则就是莱布尼茨也主张的关于无限的集合物没有数目的原则。这后一个原则或许是莱布尼茨用来逃避关于无限数目的自相矛盾的说法的最好办法。

众多超出了每一个有限的数目，或者更确切地说超出了每一个数目（格本第6卷，第629页）。我只能要求如果这个众多是一个整体，某个数会适用于它；而莱布尼茨否认它是一个整体，虽然这种一个整体的论断包含在称它为一个众多的说法之中。不能否认，这种看法是和他的原则相一致的，而且甚至就是这些原则的直接结果。但这种一致性是属于表明在原则中有错误的那一类一致性。莱布尼茨被置身于其中的那种二难推理是三个前提结合在一起的直接结果。这三个前提，正如我在第一章中所指出的，是无可救药地彼此不一致的。这三个前提是：(1) 所有的命题都有一个主项和谓项；(2) 知觉给予了关于一个并非我自身或者我的谓项的世界知识；(3) 自我是一个最终的逻辑主项。

118 # 第十章 空间和时间理论及其同单子论的关系

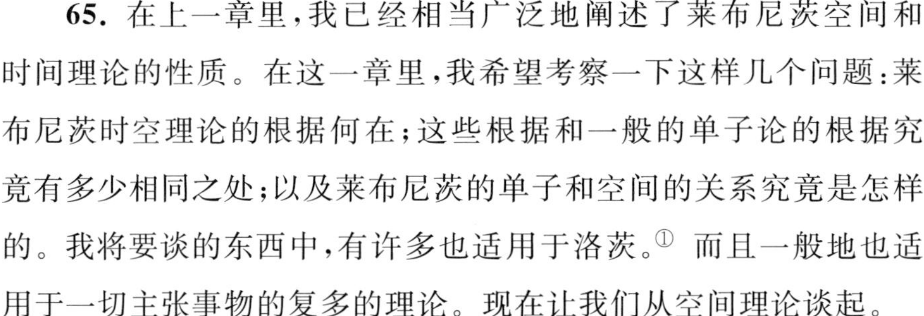

65. 在上一章里，我已经相当广泛地阐述了莱布尼茨空间和时间理论的性质。在这一章里，我希望考察一下这样几个问题：莱布尼茨时空理论的根据何在；这些根据和一般的单子论的根据究竟有多少相同之处；以及莱布尼茨的单子和空间的关系究竟是怎样的。我将要谈的东西中，有许多也适用于洛茨。[①] 而且一般地也适用于一切主张事物的复多的理论。现在让我们从空间理论谈起。

146 莱布尼茨说，“我有好几个推证，足以驳倒那些认为空间是一个实体，或者至少是一个绝对的存在的人们的空想”(邓本，第 243 页；格本第 7 卷，第 363 页)。这些推证，如它们出现在莱布尼茨那里那样，是在传统逻辑的基础上进行的，而且在那个基础上，它们有着非常巨大的力量。因为传统逻辑——凡是用了实体或者绝对的一切理论都以这种逻辑为基础——正如我曾经竭力加以说明的，它假定了一切命题都有一个主项和一个谓项。现在，如果空间被承认为自身存在的，而实体的学说又同时保留的话，那么在实体和它们所占有的空间之间就会有一种关系。而这种关系将会是独

---

① 虽然洛茨最终并未主张复多，而是把一切都合并到他的“单子”中了。

特的;它将不是主项和谓项的关系,因为即使关系变了,而每个关系项却仍然存在,而且可以继续存在下去。当由某一事物腾出的部分空间又被别的事物所重新占据时,无论是事物还是空间的部分都没有被消灭。这样,一个场所和占据这个场所的实体之间的 119 关系,就成了传统逻辑对它不起作用的东西了。因此,那些谨慎的哲学家们也就否认空间的独立存在,而牛顿仅仅由于看不出由此引起的后果而承认它。为了逃避这种后果,克拉克使时间和空间成为上帝的本质的一些部分。这是一个莱布尼茨能够很容易地指出其荒谬的想法(邓本,第 263 页;格本第 7 卷,第 398 页)。莱布尼茨真正攻击的论点是:空间是自身存在,而不是仅仅作为任何事物的属性存在的。

这样,我们就可以看到:为什么对于一个关于实体的哲学来说,证明空间实在性的不成立是一个本质性的问题。一个一元论者必须坚决主张空间是一种属性;一个单子论者则必须坚决主张空间是关系的堆集。莱布尼茨在反对前者方面是相当强的;然而他对后者的维护是缺乏说服力的。但还是让我们谈他的论证吧。

莱布尼茨说,“如果没有被创造物,空间和时间就只是在上帝的观念中了”(邓本,第 252 页;格本第 7 卷,第 376—377 页)。康德反对这种说法。他说:“我们永远不能表象出没有空间,可是,我们却很能设想空间中没有对象。”(哈藤斯坦版,1867 年,第 3 卷,第 59 页)这里我们有了一种尖锐而确定的对立:康德已经引出了莱布尼茨的理论事先企图逃避的那个结论。[①] 莱布尼茨说:“如果

① 康德关于空间主观性的思想这里可存而不论。

空间是一种绝对的实在，远不是一种和实体相对立的性质和偶性，那它就比实体更能继续存在了。”（邓本，第 248 页；格本第 7 卷，第 373 页）那么，莱布尼茨用来证明空间实在性不成立的论证又是什么呢？

66. 虽然在与克拉克的论战中，莱布尼茨主张：既然空间有部分，它就不可能是上帝的一种属性，而空的空间不能是任何东西的属性（邓本，第 264、268 页；格本第 7 卷，第 399、372 页）；但是，关于空间如果是实在的，那么它就必定是主项或者谓项，然而，它显然两者都不是。这样一种抽象的逻辑论证，就我所知，在莱布尼茨那里，并没有得到清楚的阐述。反对把空间视为一种属性的真正论证是：物质的本质不是广延——这是我们已经看到有结论性意义的论证。莱布尼茨所喜爱的，用来反对把空间视为一个实体，或
120 者视为一个独立的存在物的论证是从不可辨别者的同一性和充足理由律中得到的。这种论证同样用来反对把时间视为实体或独立存在物的看法。空间是绝对齐一的。它之中的一个点恰好就像另一个点。这样不仅各个点是不可辨别的，而且就是事物的各种排列也会是不可辨别的——例如，事物现在的实际排列和把世界转动到任何一个角度所得到的排列之间就也是不可辨别的（邓本，第 243—244 页；格本第 7 卷，第 364 页）。再说，如果时间是实在的，那么世界就有可能更早地被创造出来。而且对于世界为什么在这一时刻而不是在另一时刻被创造出来的问题，也看不出什么充足的理由来（邓本第 249 页；格本第 7 卷，第 373 页）。一般地说，作为一个整体的宇宙，在时间中是不能有各种不同的绝对位置的，因为这些位置会是不可辨别的，所以是完全一样的（邓本，第 247

页)。除了这些论证而外,还有关于连续体的矛盾,我们已经在上一章中作过考察。空间和时间,如果它们是实在的,那么它们除了由数学上的点构成而外,就不能由别的东西构成。但是它们永远也不可能由这些点所构成。因为这些点只是端点。它们之中的两个并不比一个更大,正如两个完全的黑暗不会比一个黑暗更黑暗一样。至于时间,除了片刻而外,它也没有什么别的东西存在,而严格地说起来,片刻并不是它的一些部分,那种其部分从来不存在的东西,其自身又何以能够存在呢(邓本,第 268 页)?

67. 但空间和时间如果不是实在的,那么它们是什么东西呢?答案是在不可辨别者的同一性的论证中暗示出来的。从这个论证出发,推论出没有绝对的位置,只有事物间的相互关系的结论,位置就是由这些关系抽象出来的。空间是一种秩序,位置就是根据这种秩序安排的。而抽象的空间则是当位置被设想为可能的时候的那些位置的秩序(邓本,第 281 页;格本第 7 卷,第 415 页)。再说,时间和空间完全一样,也是一种理性的存在。然而同时、在先以及在后的存在却是某种实在的东西(格本第 2 卷,第 183 页)。但如果空间是位置的秩序,那么位置自身又是什么呢?对它们又该如何从关系的角度来作出解释呢?

149

在这个问题上,莱布尼茨是非常明白的(邓本,第 265—267 页;格本第 7 卷,第 400—402 页)。他认为:当物体 A 对于别的物体 C、D、E 等的位置关系发生变化,而 C、D、E 等相互间的位置关系不发生变化时,我们就可以由此推论说:变化的原因是在 A 之中,而不是在 C、D、E 等之中。如果现在另外一个物体 B 有着一个和以前的 A 恰好一样的对 C、D、E 等的位置关系,那么我们就 121

可以说B处在和A相同的地点。但是,在这两种情况中确实单独地并没有什么相同的东西。因为虽然在第一种情况中,位置关系是A的性状,而现在它们同时也是B的性状,但相同的单独的偶性不能存在于两个不同的主体之中。这样,在说到同一地点时所蕴涵的同一性是一种幻觉。这里只有精确相似的位置关系。莱布尼茨的说明由于绝对运动的引进而变成不必要地自相矛盾了。这种绝对运动,如我们已见到的,是他从"力"中推导出来的(参阅邓本第269页;格本第7卷,第404页)。从绝对运动出发,他本来应该像牛顿那样,推论出绝对位置来。但他的关于位置的说明是可以避免这种不一致的。他急切地要给"同一地点"一个无歧义的含义,为的是能够明确地说:两个物体A和B相继地或者在或者不在同一个地点。然而在他的理论中,这是既没有必要也不可能的。莱布尼茨必须经常依据某种关系来确指物体,相对于这种关系,地点才得以估定,而且为了不陷入矛盾,他必须承认:别的参照物体会同等合法地产生出不同的结果来。他的涉及位置变化的原因,乃是出于一种自身不一致,这种不一致在他的动力学中,乃至在凡是靠相对位置起作用的一切动力学中都是根本性的,但在一个把空间看作关系的理论中,只要不引进和动力学相关的东西,这种不一致是可以避免的。这样,我们就可以接受以下的定义:"地点是在不同的时刻对于不同的存在物同一的东西,如果这些存在物对于某些别的存在物的共存是相互完全一致的话。"但是,当他继续说到这些别的存在物"被设想为从一个时刻到另一个时刻都持续固定不动"时,他提出了一个对关系理论来说完全显现出这种理论的弱点的那类附加物。对于空间来说,明显地存在着比关系更多的东西。由于显而易见的事实，那些试图否认这一点的人是不可能避免自相矛盾的。但是通过这种否认明白的事实的做法，人们必须承认，关系理论有可能得到一种高水平的内在的自身一致。

68. 我现在进到另一个密切相关的论题，那就是关于空间与单 122
子的关系问题。空间，正如我们已经看到的，是某种纯粹观念性的东西。它是一个抽象的可能关系的集合体。而关系总是必须被归结为相关各项的属性。为了促成空间关系的这种归结，就必须引进单子和单子的知觉。这里，莱布尼茨本来应该发现存在着一个很大的困难——这困难困扰着每一种单子论，而且一般地说也困扰着每一种在承认外在世界的同时又坚持空间的主观性的哲学。

困难是这样的：空间关系并不保持在单子之间，而仅仅保持在每个单子的知觉的同时存在的对象之间。[①] 这样，就像在康德那里一样，空间真正是主观的。然而，由于观点的不同，不同的单子的知觉也不同。观点是数学上的点，而且可能的观点的集合是可能的位置的集合。[②] 这样莱布尼茨就有两种空间理论：第一种理论和康德的哲学一样，认为空间是主观的；第二种理论提出了一个客观的对应物，也就是单子的各种不同的观点。困难在于：除非主观的空间是纯粹主观的，客观的对应物就不可能仅仅存在于观点的区别之中；但是如果空间是纯粹主观的，那么不同观点的基础也就不存在了，因为没有理由相信那现象是有良好基础的。

---

① 格本第 2 卷，第 444、450—451、378 页；第 3 卷，第 375、623 页。

② 参阅格本第 2 卷，第 253、324、339、438 页；第 4 卷，第 439、482—483（邓本，第 76 页；拉塔本，第 311 页）、484—485 页（邓本，第 78 页；拉塔本，第 314 页）；第 7 卷，第 303—304 页（邓本，第 102 页；拉塔本，第 340—342 页）。

如果考察一下莱布尼茨关于单子和空间的关系的看法的发展，这个困难的性质就会搞得更清楚一些。我们将看到，当他年轻的时候，按照他的唯物主义的倾向，他明确地把灵魂看作占有空间的点，然而到了后来，当他转而信服空间的非实在性时，他就竭力越来越多地强调空间的主观性而牺牲客观对应物了。

69. 莱布尼茨在1709年写道："许多年以前，当我的哲学还不够成熟的时候，我确认灵魂是在点之中。"（格本第2卷，第372页）
123 从这种早期的观点出发，他似乎得到了关于他的学说的许多前提。此后他把这些前提当做进一步论证的一个确定的基础接受了下来。由于忘记了这些前提自身是从空间的实在性中得到的，所以他也就毫无顾忌得用它们去反驳空间的实在性。这至少在我看来是对他的观点发展的一个似乎有理的看法。在1671—1672年，他似乎已经非常接近于他的单子论，但后来由于和笛卡尔主义的接触，他曾经一度离开了他的个体性原则的倾向，不久，只是当他已经证明笛卡尔的动力学不恰当，以及笛卡尔关于广延是物质的本质的名言是无根据的时候，他才又回到了个体性原则的倾向上来。

他在去巴黎旅行之前，已经非常接近于单子学说了。他说："我可以从运动的本性出发证明……心灵作用于自身……证明心灵存在于一个点或一个中心之中，因而它是不可分的，不可毁坏的，不死的……。心灵是一个小世界，被包含在一个点之中，并且由它的观念所组成，就像一个中心，虽然是不可分的，却由许多角所组成一样。"（格本第1卷，第61页）1671年，他说，他的关于上帝存在以及灵魂不死的论证是建立在关于点、片刻、不可分的东西以及意动等困难学说的基础之上的。——这些和他后来的理论打算解决的困难恰恰是同一些困难。“心灵自身”，他接着说，“严格说来是存在于空间的一个单一的点之中的，而形体则占据一个场所。”“如果我们给心灵一个比点更大的场所，那么它就已经成为一个形体了，而且有了彼此外在的部分；因而，它也就不再直接呈现于自身了。”但是如果我们设定心灵存在于一个点之中，它就是不可分的和破坏不了的了。他说，形体有一个总是被保存的实体的内核。这个内核存在于一个物理学的点中，而灵魂则存在于一个数学的点中（格本第 1 卷，第 52—54 页）。

70. 在这些早期的思想中，对于空间的实在性有一个坦率的认可，并且有一种唯物主义，使人想起卡尔·彼尔逊的中心电话交换机。[①] 他说，心灵一定处在为感官对象所影响的一切运动的汇集处（格本第 1 卷，第 53 页）。这种理论不能解决点、片刻的困难，

也不能提供一个关于实体的前后一贯的理论，这一点莱布尼茨是 124
很快就明白了。这样，在他早期发表的关于单子学说的说明中，我们发现他在以上说到的两种点之外，又加上了第三种点，也就是形而上学的点。数学的点也就再也不是灵魂存在于其中的点了，而仅只是它的观点了（邓本，第 76 页；拉塔本，第 311 页；格本第 4 卷，第 482—483 页）。

71. 但是，即使在这里，空间和数学的点，也还是保留了比所希望的更多的实在性。因而，在 1695 年以后，不但“形而上学的点”的表述，就连数学的点是实体的观点的断言也都不见了。[②] 在

① 《科学入门》，第 2 章，第 3 节。

② “形而上学的点”的消失并不仅仅在于 1696 年单子这个名词的发现。因为他保留了别的名词——隐德来希、单纯实体、形式等——尽管用了单子这个名词。

此以后，他依然说到观点，并且总是用空间的点的类比来加以解释，从这种空间的点出发，世界似乎可以在透视中被看到（格本第2卷，第438页；第3卷，第357页）。但是他坚持说这仅仅是一个类比。他似乎已经觉察到这种困难，因为他在后来的著作中避免对灵魂的所在作任何明确的阐述。他认为：至少在对肉体的关系上，灵魂可能有某种能够被称作限界所在的东西。也就是说，它们是在一个确定的体积之中，但我们不能给它们指定在那个体积中的任何确切的点（《新论》，第230—231页；格本第5卷，第205—206页）。晚年的时候，他在言谈中甚至更多地从否定方面来谈这一点。他说："上帝不是通过位置，而是通过本质呈现在事物面前的。他的在场为他的直接作用所证明。灵魂的在场却完全属于另外一种性质。如果把它说成是散布于身体的一切地方，那就会使他成为有广延的和可分的东西。如果说它的整体存在于某个身体的每一部分，那也会使它自身成为可分的了。无论是把它固定在一个点中，还是把它散布于所有的许多点中，都是滥用词句，是种族假相。"（邓本，第245—246页；格本第7卷，第365—366页）在作了这种纯粹否定性的阐述之后，莱布尼茨就进到另一个题目上去了。事实上，他似乎除了讲到存在着相接的、限界的和充满的三种所在[①]而外，没有什么别的更好的东西可说。这第一种所在是
125 属于形体的；第二种是属于灵魂的；第三种是属于上帝的（《新论》，第230页；格本第5卷，第205页）。最为明确的说法表述在给玛歇姆夫人的一封信中（格本第3卷，第357页）："（一个单纯实体）

① 这是一种实际上从经院哲学中引用而予以认可的看法。

存在于某个地方还是不存在于任何地方的问题是一个词语的问题。因为它的本性并不在于广延，但它和它所表象的广延有关系；这样，人们就必须把灵魂放置在肉体之中，那里就是它现在据以表象宇宙的观点。如果想要更多的东西，如果把灵魂关闭在容积之中，那就是想把灵魂想象成和肉体一样的东西。”在这里以及在我所知的别的段落中，莱布尼茨拒绝面对这样的事实，这就是：所有的单子都表象着同一个世界，而且这个世界总是被他想象为具有和我们的知觉的空间相类似的某种东西。确实，他似乎一度曾经觉察到：从广延出发到实体的复多的论证包含了一个客观的空间。他曾因此而抛弃了这种论证。他说：“属于广延的东西一定不能指派给灵魂。我们也必定不能从量的范畴中得到它们的一或多，而是应该从实体的范畴出发去得到它。也就是说，不是从点而是从作用的原初的力出发去得到它。”（格本第 2 卷，第 372 页）这种说法暗示了从动力学出发的论证，比起从广延出发的论证要更为基本一些。如我们所见，这是一个不能坚持到底的看法。而作一番更为严密的研究就会指出越来越多不可救药的混乱。莱布尼茨试图通过与形体的关联来给单子以地位（位置）。他说，单子，虽然它们不具有广延，但是它们却具有某种位置，也就是说，通过被它们所支配的身体机器，有一个与别的事物共存的、有秩序的关系。“具有广延的东西牵涉到许多具有位置的东西；单纯的东西，虽然它们没有广延，但是它们在广延中也必定有位置，虽然这种位置不能作为确切的点标示出来，就像在不完全的现象中那样”（格本第 2 卷，第 253 页）。他还说，单绝实体，虽然没有广延，但有位置，这是广延的基础。因为广延是位置的一个同时存在的、连续的重复

(格本第2卷,第339页)。由于他还坚持认为无穷数量的点也不能一起形成为一个广延(同上书,第370页),所以我们必须设想:在这种情况下,位置是在于一个体积中,而不是在一个点中。这种十分奇怪的看法在他的《新系统》中明确地提了出来。在同一部著
126 作中,他说到数学的点是灵魂的观点。在通过前定和谐的方式解释了身心的结合之后,他接着说:"因此,我们就可以理解:灵魂何以能够在肉体中通过直接的在场而占有它的位置,这个位置不能更大一些,因为灵魂在身体中就像单元(或单一,在法语中是 *unite*)在单元的组合中一样,这种组合就是复多。"[①]这种关于在一个体积中直接在场的十分新奇的概念,由于关联到有机体或身体机器而显得貌似有理。但是,由于这身体又是由许多单子构成的,那就又需要对它们的位置作出一个新的解释。莱布尼茨说,灵魂并没有被看作是在点中,但是我们可以说它们对应地在一个地方存在着,这也就是存在于它们使之有生命的整个身体之中(格本第2卷,第371页)。但是,由于身体又是由单子所构成,于是就明显地出现了这样的问题:身体是在什么地方?总之,他的种种办法,没有一个能使他逃脱客观的空间,它是先于那种在每个单子知觉中的现象的空间的。从没有像单子那样多的空间,而是只有一个,

① 格本第4卷,第485页;邓本,第78页;拉塔本,第314页;参阅拉塔先生在这一段的注:关于莱布尼茨在此以似乎想到的作用为根据的现实存在的概念,我将在以后谈论身心理论的时候再去谈它。无论如何,莱布尼茨是用嘲笑的方式来拒绝这样的观点,即它似乎由这样一种理论推论出来。这种理论就是:灵魂是有广延的。参阅邓本,第267页;格本第8卷,第402页。

并且甚至是仅只一个作为所有可能世界的空间这一事实出发，①上面所说的那一点对他来说本来应该是很明白的。构成空间的那种关系和地点的堆积，不是仅仅存在于单子的知觉中，而必须是现实地存在的、为所有的单子的知觉所知觉到的某种东西。莱布尼茨所陷入的这些混乱，是对他把广延作为先于空间的看法的一种惩罚，而且它们显示出了一切单子理论的一个基本的缺陷。因为这些理论，既然它们用实体来工作，便必定要否定空间的实在性；但是为了得到一个共存的实体的复多，它们又不得不偷偷地假定那种实在性。我们可以这样说：斯宾诺莎已表明了不能用一个实体去说明实际的世界，莱布尼茨则表明了这个实际的世界也不能用许多实体来解释。因此，必须把形而上学置于某个别的概念，而不是置于实体概念的基础上——这是一个尚未完成的任务。

72. 剩下还要谈点与时间以及变化有关的东西。我们这里只 127

有少得多的篇幅涉及这个问题。而且，就我所知，在莱布尼茨的哲学成熟以后，就没有彻底讨论过这个问题。时间像空间一样是表示关系的和主观的（参阅邓本，第 244 页；格本第 7 卷，第 183 页）。在第 4 章中，时间的主观性已经讨论过了。这里我只想讨论它的实在性。莱布尼茨似乎还没有清楚地意识到：这种时间的实在性中所包含的是什么。这种东西就是：在时间中，也和在空间中一样，我们只有距离，而没有长度或者点。也就是说，我们只有在前和在后。事件并不是存在于一个确定的时刻，而是那些并不同时

① 参阅邓本，第 102 页；拉塔本，第 340—341 页；格本第 7 卷，第 303—304 页；第 2 卷，第 379 页。

存在的东西之间有一段距离，这距离是通过说一个东西在另一个东西之前来表现的。这种距离并非由时间的点所构成，以致我们不能说两个事件之间时间过去了。别的事件有可能处在这两个事件之间——也就是说，可能存在着这样一些事件，它们存在于我们所说的两个事件中的某一个的前面，同时又在另一个的后面。但是，当这两个事件之间没有第三者时，它们就仅仅只有一个在前和在后的关系，而没有为一个诸片刻的系列所隔开。没有事件能够持续任何一段时间，因为根本就没有一段时间这样的东西。只存在着形成为一个系列的各种不同的事件。我们也不能说事件持续了一个片刻，因为也没有片刻这种东西。这样，也就不存在变化状态这样的东西，因为这就蕴涵着连续性。例如，在运动中，我们将有成系列地被占据的各种不同的空间位置，但是，却将并没有从这个位置到那个位置的过渡。确实，莱布尼茨认为时间是一种充实体（邓本，第281页；格本第7卷，第415页）——这句话，正如对空间所说的那样，根据关系理论只能理解为：那实际占有的最小距离是无穷小的。或者毋宁说，既然如莱布尼茨所宣称的（《新论》，第159页：格本第5卷，第142页），即如果两个事件仅为空的时间所分割的话，那么我们就永远也不能发现这样的时间之总和。当我们说时间是一个充实体的时候，我们的意思必须是：在任何两个被给定的事件之间总是存在着一个第三者。但是，这种观点留下了连续性的困难未加解决。

当把这种观点运用于运动时，我们切勿把它表述成：运动就是一个物体在片刻间从一个地方跑到了另一个地方，然后停留在那里，直到它作另一次飞跃时为止。因为这种说法意味着在

相继的飞跃之间时间过去了，而关于关系的观点的本质却是：没
有时间消逝。出现在空间中某一位置和出现在下一个被占有的 128
位置这两者之间，不是被时间的长度所隔开，而是被时间的距离所隔开。我们也绝不能说，一个运动的物体时而运动时而静止。实际上，像通常的话所说的那样处在静止之中或处在运动之中，都永远是不可能的。我们说一个物体是静止的，只能是意味着这个物体对空间某一确定位置的占有，是与两个并非彼此同时的事件同时的。（同时性是一种根本的关系。）而说一个物体是处在运动之中，则将意味着它对一个位置的占有和对另一个位置的占有是相继的。但是，从这一点出发，我们将永远也不能达到一个运动状态，甚至认定无数的空间位置被连续地占有也无济于事。同样的论证也将完全适用于一般的变化，而一个运动或变化的状态，正如我们已经看到的，对于莱布尼茨的能动性学说来说是绝对必要的。①

73. 关于时间的关系理论，总的说来比空间的关系理论更加显得矛盾怪诞。这是由这样的事实所造成的，即过去和将来都不是在和现在的存在相同的意义上存在的。还有，莱布尼茨承认，以往的时间对于其后的时间有一种自然的在先性（格本第 3 卷，第 582 页），以及可能有一个最初的事件，也就是创世（邓本，第 274 页；格本第 7 卷，第 408 页）。这种承认大大增强了维护时间位置的相对性的困难。此外，在所有单子论中，关于事物与空间和时间

① 参阅格本第 4 卷，第 513 页。就我所知，除了在《哲学史文库》第 1 卷第 213—214 页中而外，再没有关于运动的困难的讨论。那讨论还是在 1676 年作的，它对于理解莱布尼茨哲学成熟时他想些什么并无多大启示。

的关系问题都存在着不一致的地方。对于这类问题，据我所知，除了表面上对自我的坚持而外，没有什么东西是值得极力主张的。有人主张：实体持续存留在整个时间之中，但是并不遍布整个空间。在同一时间中而空间位置的不同，显示了实体的不同；但是，在同一地方而时间位置的不同却并不显示实体的不同。时间的秩序是由属性间的关系所构成，而空间的秩序却保持在实体之间。对于这一重要设想，在莱布尼茨那里并没有一套论证。它在这里是由关于事物的常识混乱地形成的。并且似乎是被各种
129 单子理论完全无批判地从那里借用来的。这一点以往竟很少被人们加以讨论，甚至也很少为那些认为自己全然同样地看待时间和空间的人们所讨论，这可以说是心理想象的强而有力的一个奇怪而不幸的例证。

74. 因此，在莱布尼茨那里，总是或多或少不自觉地表现出他有两种时间和空间的理论。一种是主观的，它仅仅给人以每个单子的知觉之间的关系。另一种是客观的，它给予知觉间的关系一种在知觉的对象中的对应物，它对于一切单子来说，甚至对于一切可能的世界来说，都只是一个并且是同一个。莱布尼茨愿意把这个对应物看作是一种"纯粹观念性的东西"，一种"理性的存在物"，一种"心理的东西"。我希望简要地重复说明一下，为什么这些滥用的形容词只能用于主观的空间和时间，而不能用于空间和时间所必须具有的在知觉之外的对应物的道理。要说清这一点，就必须复述一下作为单子论基础的一些论证。

莱布尼茨说："物体是实体的一个集合物，不真正是一个实体。因而，在物体中必定到处都可以发现不可分割的实体。"（邓本，第

38 页；格本第 2 卷，第 135 页）[①]如果空间是纯粹主观的，而有广延的物体是纯粹的现象，正如康德所说，那么莱布尼茨的这个论证就会不起作用。据莱布尼茨说，另外一个为他所喜爱的关于单子之间的区别的论证，与几何学的证明有着同等的可靠性（格本第 2 卷，第 295 页），这个论证就是：如果它们不是相互区别的，那么即使在一个充实体之中运动也不能产生区别，因为每一个地点，仅仅能够接受它先前已有的东西的相等物（邓本，第 219 页；拉塔本，第 221 页；格本第 6 卷，第 608 页）。这是涉及地点并不仅仅存在于单子知觉中的又一个论证。这个论证和他的另一个论证相关联，这另一个论证即是：必定有隐德来希散布于整个物质之中，因为运动的原则是这样散布着的（格本第 7 卷，第 330 页）。关于空间和时间的客观性的另一个理由是：它们既是可能的也是实际的东西的秩序，同时，在某种意义上，在创世以后，它们也以某种不同于早先存在于上帝心灵中的方式存在着。在事物的起源方面，他告诉

我们：某种神圣的数学被用来决定存在的最大的量，"考虑到了时 130
间和地点（或者存在的可能秩序）的容量"（邓本，第 102 页；拉塔本，第 341 页；格本第 7 卷，第 304 页）。在创世之前，这个可能的秩序仅仅存在于上帝的心灵之中（邓本，第 252 页；格本第 8 卷，第 377 页）。但是在创世之后，它就以某种别的方式而存在。因为莱布尼茨明确表示：空间并不是像上帝那样必然存在的（格本第 6 卷，第 405 页）。虽然仅仅作为上帝理智的对象，空间也理当必然

① 参阅格本第 2 卷，第 301 页："既然在物质中单子或实体性单元的原则是无所不在的，所以也就必然导致肯定有一种实无限，因为没有不包含单子的部分或者部分的部分。"

存在。因此，我们必须区分：(1) 在上帝心中的空间和时间；(2) 在每个单子知觉中的空间和时间；(3) 存在于创世之后而非创世之前的客观的空间和时间。当然，对莱布尼茨来说，这第三种空间和时间仍然是关系的。由此他说(邓本，第 209 页；拉塔本，第 408 页；格本第 6 卷，第 598 页)："每个地方都存在着单纯实体，它们实际上通过自身的活动而相互分开，它们不断地改变着它们之间的关系。"然而重要之点是：这些关系由于存在于各个单子之间，而不是存在于一个单子的各种各样的知觉之间，所以总是一些不可还原的关系，而不是单子的一对一的形容词。在同时存在的情况下，这一点就特别明显。而且这似乎确实是在知觉的观念中预设了的。如果这是事实，那么从知觉中推导出同时存在就是一个致命的恶性循环。

第十一章　单子本性概论 131

75. 现在，我来描述一下单子的共同性质。这些性质中首要的性质是知觉和欲望。莱布尼茨以各种不同的方式来证明单子一定有知觉。(1)(邓本，第209页；拉塔本，第407页；格本第6卷，第598页)单了“不可能有形状，否则它们就会有部分。因而，一个单子在它自身之中和在一个给定的时刻中除了通过它的内在性质和活动而外，它是不可能和别的单子区分开来的。而这种内在性质和活动不是别的，只能是单子的知觉(也就是在单纯的东西中对复合物或外在物的表象)和欲望(即单子从一个知觉过渡到另一个知觉的倾向)，这些欲望又是变化的原则”。这就是说，由于不可辨别者的同一性，单子之间必须区分开来，然而，由于它们没有部分，所以它们只能以它们的内在状态来加以区分，而这些内在状态就经验所及而言，不是知觉就是欲望。(2)另外还有一个更多动力学性质的论证(邓本，第210页；拉塔本，第409页；格本第6卷，第599页)。“既然世界是一个充实体，一切事物就都联系在一起，而且每一个形体都作用于每一个别的形体。这种作用根据它们之间的距离而受到别的形体的影响。由此我们得出以下的结论：每个单子都是一面活生生的镜子，或者是一面被赋予内在能动性的镜子，按照它的观点反映着宇宙。”莱布尼茨显然不能用这个论证去

证明他自己有知觉。因为按照莱布尼茨这种体系，这些是在动力学中被预设的。这样，一切单子都有知觉的证明也就预设了一个
132 人自己具有知觉。而且这仍然是一个前提。被证明的东西是：其他的一切都是由带有相似知觉的相似实体所构成。

莱布尼茨永远也不能从任何进一步的原则推导出他自身是有知觉的，或者说，如果你乐意的话，推导出一个不是他自身或者他的属性的世界来。他说："灵魂认识事物是因为上帝曾在它们之中放置了一种表象在它们之外的东西的原则"（邓本，第 251 页；格本第 7 卷，第 375 页；参阅邓本，第 275—276 页；格本第 7 卷，第 410 页）。"奇迹性的或者毋宁说神奇的，是每一个实体从它的观点出发表象宇宙"（格本第 8 卷，第 464 页）。知觉是神奇的，因为它不能被看作是客体对于知觉者的作用。这是由于实体永远不相互作用的结果。这样，虽然它与客体相关联，并且与之同时存在（或者说近乎如此），但它却一点也不归因于客体，而仅仅归因于知觉者的本性。偶因论通过这样一种学说，即虽然心灵和物质不能相互作用，但是心灵能够认识物质的学说，已为这种观点铺平了道路。莱布尼茨所做的，就是把这种已为人们发明出来的、仅仅涉及两个实体的理论，发展为涉及无限多的实体的理论（邓本，第 275—276 页）。

至于说到知觉的意义，那就是"一中之多的表现"（格本第 3 卷，第 69 页）。关于表现究竟是什么意思，莱布尼茨对此是十分明确的。他说："一个东西表现或表述另一个东西，……也就是在对某个东西能说到的东西与另一个东西能说到的东西之间有一种恒常的、有规则的关联。"这样，在透视法中一个投影就表现一个原型。表现对于所有的形式来说，是共同的。它是一个属，其中自然

的知觉、动物的知觉以及理智的知识都是它的种。在自然的知觉中，以及在感觉中，只要那些可分的、物质性的以及在一些存在物之间散布的东西，在一个不可分的存在中，或者在被赋予真正统一性的实体中被表现或表象也就够了（格本第 2 卷，第 112 页）。莱布尼茨进而说："只要保留某种条件的类似，表现的东西也不必和被表现的东西相似……这样，事物的观念在我们心中这个事实也就不是别的，只不过是这样一个事实，即上帝这个事物与心灵的共同创造者曾经把这样的思想能力印在心灵上，以致从它自身的工 133
作中，它就可以得出与从事物之中得出的东西完全对应的东西来。因此，虽然圆的观念并不和圆相似，但是，从圆的观念中也还是可以得出真理，在真正的圆中，经验无疑会引证这些真理。"（《新论》，第 716—717 页；格本第 7 卷，第 264 页）这样，知觉就看来几乎与前定和谐无法区别，并且归结起来只等于这样一种论断，即一个单子的每一种状态按照某种规律和每个别的单子同时存在的状态相对应。这样，就正如我在第 10 章末尾所提到过的，同时性是包含在知觉的定义之中的。然而，在知觉中有一个要素，那就是关于复多的综合或表现，是并不仅仅包含在前定和谐之中的，因而有必要记住它和强调它。

76. 关于欲望，除了有关实体的活动性方面已说过的之外，没有多少要说的。"欲望是从一个知觉到另一个知觉的倾向"（格本第 3 卷，第 575 页）。它是靠与意欲相类比来被设想的。莱布尼茨说，实体性形式的本性就是力，力包含有某种类似感觉或愿望的东西，所以它们变成和灵魂相似（邓本，第 72 页；拉塔本，第 301 页；格本第 4 卷，第 479 页）。单子的知觉按照欲望的规律或者由于善恶的目的因而从一个跳到另一个(邓本,第 210 页;拉塔本,第 409 页;格本第 6 卷,第 599 页)。然而只有意欲,那是只限于有自我意识的单子中才有的,才明确地为那种欲望的对象是善的事实所决定。这一点,莱布尼茨也有几分含糊,我们将以后谈到它。

77. 莱布尼茨关于知觉的理论,由于他否认外物对感觉者有任何作用这一事实,被弄得很奇特。他的理论可以被看作是康德理论的反题。康德认为,物自身是表象的原因(或基础),然而它却不能依靠表象来认识。[①] 正相反,莱布尼茨否认其间的因果关系却承认有知识。当然,他对这种因果关系的否认是由他对转移活动的一般否认所引起的,而正如我们所知道的,这又是由于那作为永恒包含着它的所有谓项的单个实体的概念所引起的。他说:“我

134 认为任何一个包含着有单子相互作用的体系是不可能的。因为似乎没有解释这种活动的可能方法。再说,这种活动也会是多余的,因为为什么一个单子要给予另一个单子以它自身已经具有的东西呢?现在孕育着未来,这就是实体的本性。”(格本第 2 卷,第 503 页)1686 年 1 月,他关于实体相互独立的最初的尝试性表述,清楚地给予了以上的看法以根据,是非常有兴趣的。“如果我们考虑到对于每个实体所发生的东西仅仅是它的观念的结果,或者完全只是其完满概念的结果,因为这个观念已经包含了它所有的谓项或事件,并且表象了整个宇宙的话,我们就可以说——在某种方式下,而且虽然不是遵照习惯,却是符合良知——一个个别的实体是永远不会作用于另一个个别实体,也不会受到另一个实体作用

① 例如《纯粹理性批判》,哈藤斯坦编,1867 年,第 349 页。

的。”他继续解释说，“对于我们，除了思想和知觉而外，没有什么东西能够发生。而这些思想和知觉将是现在的思想和知觉的结果。如果我能够明白地看到正在对我发生的一切，那么我也就能够看到将会经常对我发生的一切。即使除了上帝和我以外的一切都被消灭了，事情也还会是这样。”（格本第 4 卷，第 440 页）

这种关于知觉的理论无疑显出一种矛盾怪诞的面貌。除非对外在于我的、正在发生的事件的知识和这种外部事件有某种因果联系，否则，设想对于在我之外所进行的事件的知识能在我之中与外部事件同时发生，就似乎是荒谬的。然而，那种认为外在对象作用于心灵并产生知觉的理论，也存在着许多缺陷。缺陷之一就是这种解释不能用于关于永恒真理的知识。我们不能设想，像“二加二等于四”这样的命题每当心灵意识到它时就作用于心灵。因为一个原因必须是一个事件，然而这个命题却不是一个事件。因而，我们必须承认，某种知识并非由所知的命题产生。如果承认这一点，我们就没有理由否认一切知识有可能通过别的方式产生。据我所知，莱布尼茨并未明确地使用这种结论。但是他在《新论》第 1 卷中，对于证明永恒真理是天赋的那种特殊的热望，可能和某种这样的观点有关。因为按照他的理论，一切知识都是在与永恒真理相同的意义上是天赋的。也就是说，一切知识都是从心灵的本 135
性中产生出来的，而不是从感官的对象得来的。莱布尼茨所用的论证，是一个比较好的论证，也就是说任何诸如此类归之于感官对象的因果作用都是不可理解的。他说：“我不同意那种庸俗的概念，好像事物的影像是由感官传送到灵魂的。因为无法设想由什么入口，或者用什么运载物能作影像从器官到灵魂的这种传送。”

(邓本，第 275 页；格本第 7 卷，第 410 页)确实，为了看清这些概念是何等“庸俗”，只需对这种概念加以陈述就行了。但当莱布尼茨继续说他同意笛卡尔哲学的看法，认为“物质如何作用于非物质的实体这一点是不能解释的”(邓本，第 276 页；格本第 7 卷，第 410 页)时候，他是使用了一个无疑大大地影响了他的理论构成的论证。因为当他主张只有单子存在时，如果知觉是从外面产生的，那就还是同类对同类的作用，而并非如他所提示的是纯粹的物质对心灵的作用。实际上，身心关系是许多单子之间的关系，而非两种根本不同的实体即心灵与物质之间的关系。

78. 洛茨在他的《形而上学》(第 63—67 节)中，曾经批评了单子的独立性。然而就我看来，这种批评正好表明了洛茨对莱布尼茨的根据的根本误解。他说(第 63 节)：“我不能赞同这种表述(即单子没有窗户)，因为我发现它完全没有动因，而且我发现它粗暴无礼地排斥了那些恰好是还需要讨论的东西。”如果洛茨还记得在上面第二—四章中所作的大量的逻辑论证的话，他就肯定不会写下这样的话了。因为在那里证明了：只要是存在着实体的话，那么每个实体就一定是它的所有属性的来源。要是他还记得自己的哲学——在下一章中(第 1 卷，第 6 章)他是怎样不得不根据明说的理由(即转移作用是不可理解的)而放弃了事物之复多的说法的话——要是他还记得在他自己的学说中曾认为：一个事物的统一性本质上是一个因果系列的统一性的话，要是所有这些考虑或者其中的任何一个考虑还放在他心中的话，洛茨就会顾忌自己的玻
136 璃房子而不会贸然冒险去扔石头了。当我们考虑到对他来说一个事物就是一个单独的因果系列时，允许事物间的相互作用的荒谬

就变成为一个直接的矛盾了。因果关系的二律背反——即现在的每一个成分都必定有它的结果，然而不考虑到整个的现在也就不能断言任何结果——这种二律背反我认为正是他从未弄清的东西。当他谈到复多时，他满足于其中的正题；而当他后来谈到他的单子及他的“一”时，他又主张反题。像他这样断言两个因果系列能够相互作用，确实是一个直接的矛盾，然而它却是一个这样的矛盾，即使它包含着真正的二律背反，也几乎不能因为一个人否定它而被称为荒谬的。因此，洛茨对莱布尼茨的批评，与其说是由于莱布尼茨哲学中的某些错误，倒不如说是由于洛茨自己思想的混乱。单子论也像一元论一样，有良好的根据，而一个单子论者必须和莱布尼茨一样，坚持实体间的相互独立性。

79. 为了说明知觉是怎样提供当前外物的知识的——虽然这种知识并不归因于这些事物——莱布尼茨发明了他的哲学的最高概念。他乐于称自己为“前定和谐体系的作者”。在他的哲学中，前定和谐这个东西似乎是使他最感骄傲的了。正如实体的相互独立一样，这无疑也是为笛卡尔主义的哲学路线所曾经暗示过的东西。他用于阐述前定和谐的关于钟的比喻，也可以在格林克斯以及同时代的别的偶因论者那里找到，甚至在笛卡尔那里也可以找到。[①] 斯宾诺莎哲学中所说的思想与广延的关系，就和莱布尼茨哲学中任何两个单子的关系非常类似。莱布尼茨优于偶因论者，他利用得最多的东西是：由于每个实体的能动性，他可以不需要上

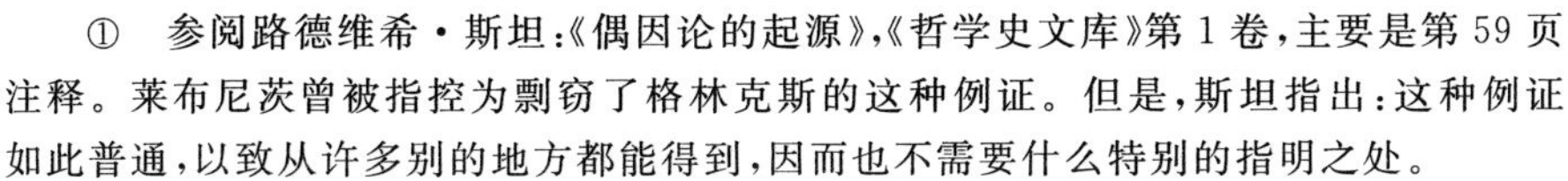

① 参阅路德维希·斯坦：《偶因论的起源》，《哲学史文库》第 1 卷，主要是第 59 页注释。莱布尼茨曾被指控为剽窃了格林克斯的这种例证。但是，斯坦指出：这种例证如此普通，以致从许多别的地方都能得到，因而也不需要什么特别的指明之处。

帝的不断干预而保持所有系列的和谐。其实,这种优点在斯宾诺莎那里已经有了,而在像马勒伯朗士这样的偶因论者那里却没有
137 这种优点。在那里所主张的看法是:既然物质在本质上是被动的,所以物质中相应于心灵中的那些变化的变化,在每一种情况下都必定为上帝的直接作用所造成。反之,在莱布尼茨那里,只需要最初的一次奇迹来使所有的钟开始工作(格本第3卷,第143页),其余的都是自然而然地产生的。我们可以设想,莱布尼茨是从笛卡尔的身心和谐的问题开始的,后来在他的单子的学说中发现了更为广泛的和谐,并通过它说明了更多的东西。他认为,前定和谐是先天地证明的:关于身心关系,只有三种解释是可能的,而在这三种解释中他的解释是最好的(格本第3卷,第144页)。当然,另外两种解释中,第一种是"物理的影响"或直接因果作用的解释;第二种是偶因论的体系,也就是认为上帝根据每个意志的偶因而作用于物质的哲学体系。只要主张物质的完全的被动性,莱布尼茨的假说当然就是最好的。但在莱布尼茨声称为他所独有的这一点上,他在这个问题上完全撇开不提格林克斯和斯宾诺莎的体系中也有许多杰出的见解。(事实上格林克斯从来没有被他提到过,好像他根本不知道有这么个人。)把这些体系中的观点拿来和莱布尼茨的比较一下是很有趣的。例如在《伦理学》第2部分命题12中,斯宾诺莎宣布:"构成人的心灵的观念的对象是一个物体,绝没有这个物体上起了什么变化而不为心灵所觉察的。"对于莱布尼茨的知觉和前定和谐理论来说,很清楚,它们是可以从斯宾诺莎的这种说法中得到许多启示的。因此,莱布尼茨没有给这种与他的学说更密切有关的假设以更大的重视,是令人

遗憾的。

前定和谐学说是知觉以及单子相互独立的直接结果。莱布尼茨解释说："每一个单纯实体、灵魂或真正的单子，其本性是这样的：它的随后状态是它的在先状态的结果。这种本性就是被人们所发现的和谐的原因。因为上帝仅仅需要使单纯实体有一次，而且是在一开始时就成为按照他的观点对宇宙的一个表象。因为从那以后，只要这样一次就导致单纯实体永远是这个样子，并且导致 138
在所有的单纯实体之间将永远总是保持一种和谐，因为它们总是表象着同一个宇宙。"（邓本，第278页；格本第7卷，第412页）[①]每个单子总是表象整个宇宙，所有单子的状态在每一时刻中都是彼此符合的，因为它们所表象的是同一个宇宙。对此，洛茨反驳说，某些单子有可能比别的单子更快或更慢地通过单子的知觉系列（《形而上学》第66节）。他说他记不起莱布尼茨对这个困难问题有过什么答复。看来他忘记了克拉克曾经明确地提出过相同的看法（格本第7卷，第415页；邓本，第281页）。莱布尼茨说："如果时间较长就会有较多这样插入的相继状态，而如果时间较短，这种状态也就较少，因为在时间方面也和在地点方面一样，可以说是没有虚空，也没有紧缩或渗透的。"也就是说，正如初级物质的量和广延成比例一样，事件的数目也是和时间成比例的。对于这个回答，无论你怎么看，有一点总是明白的，即如果单子中的每一个都反映了宇宙的现在状态的话，那么这些单子就必然会同步前进。或许从知觉开始并由此推论出前定和谐来会更好一些。因为如果承认

① 也请参阅格本第1卷，第382—383页。

我们有对于外在世界的知觉的话，那么人们就能提出某些论证去证明这对于别的实体也是适用的；而前定和谐学说也能由之而推论出来。在关于单子的思想中还有身心关系、实体的主动性与被动性等问题需要说明。对此，我们准备在下一章中解决。

第十二章　灵魂与躯体 139

80. 现在，我们进到一个关于单子学说的全新的部分。在前面我们已经把单个的单子作为孤立的单元来考虑，而现在我们则必须注意到它们之间的联系。我们得来考虑事实上是如在二元论中精神与物质的关系问题一样的这个问题。这个常为人们所考虑的问题的特殊形式也就是灵魂与躯体的关系问题。在讨论这种关系时，莱布尼茨引进了一个新的观念，这就是被动性的观念。诚然，这个观念已经包含在初级物质之中，但是在那里，它并非如在关于灵魂和躯体的理论中那样，和某个别的单子的主动性相对应。通过灵魂和躯体的关系，主动性和被动性都获得了新的含义。从这点起，莱布尼茨的哲学比起以往来较少创见。其实，他首要的工作是使以前的理论（特别是斯宾诺莎的理论）适合于单子论的学说，这种以前的理论虽然否认了转移活动，但借助于主动性与被动性，成为对他有用的东西了。我认为，这样在我们前面已经讨论过的莱布尼茨哲学的那些部分，和他哲学中关于通过被动性而依赖于单子表面上的相互作用的那些部分之间，应该划一条明确的界限。前者似乎主要是创见，而后者则大部分是从斯宾诺莎那里借来的，虽然莱布尼茨总是不愿意承认这一点。

81. 灵魂与躯体的关系是一个为笛卡尔学派所极为注意的问

题。关于这个问题笛卡尔自己的观点是：尽管不是通过改变精气
140 运动的量，而是通过改变它的方向，心灵还是可以直接作用于物质。这种观点被笛卡尔的追随者们以很好的理由放弃了。他们意识到：如果心灵和物质是两种实体的话，那么它们就一定不能被设想为有相互作用的可能。这就一方面导致了偶因论——也就是一种认为上帝借我们意志的偶因而推动身体的理论——另一方面，则导致了斯宾诺莎的理论。在这更为接近莱布尼茨理论的后一种理论中，心灵是身体的观念。虽然没有相互作用，然而在躯体中的任何一个变化都为在它的观念中，也就是在心灵中的一个相应的变化所伴随。对于莱布尼茨来说，由于发现了物质的本质不是广延，物质必然是复多，因而使得斯宾诺莎的这种理论以及偶因论的理论便都成为不可能。因而他需要一个关于灵魂与躯体关系的新的理论。这种要求无疑是他提出前定和谐学说的一个主要的动机。[①] 这种学说在对灵魂与躯体的关系的解释中的使用是最精巧的。现在，我将尽力来阐明它。

82. 简略地说，这个学说是这样的：由于除单子而外没有实在的东西，所以躯体只不过是单子的一个无限集合体的现象。然而单子是以它们的知觉的清晰程度来相互区别的。那些具有更为清楚知觉的单子要更加活跃一些。当用一个单子中的变化去说明另一个单子中的变化时，前者就被说成是主动的，而后者则被说成是被动的。既然如此，那么在我的躯体中，那个作为我自身的单子就

① 在沃尔夫的哲学中，一切单子间的和谐消失了，只有灵魂与躯体的和谐保留了下来。

比任何别的单子具有更清晰的知觉，它也就可以被看做是躯体中的支配者。因为在和别的单子的关系中，它是主动的而别的单子则是被动的。没有真实的相互作用，而只有从前定和谐中产生的相互作用的现象。这样，灵魂是一，躯体就是多，在它们之间没有相互作用。然而就灵魂有清楚的知觉而言，那发生在躯体中的事情的原因就可以在灵魂中找到。在这个意义上可以说灵魂作用于躯体，并且支配着它。这就是我们现在必须详细考察的那个理论的概要。

83. 首先，在单子中分有三个大的等级，它们不是明显地区分 141
开的，而是彼此逐渐消融的。这三个等级的单子就是：赤裸裸的单子、灵魂以及心灵。赤裸裸的单子，也叫形式或隐德莱希，它们具有最低限度的知觉和欲望。它们有着某种和灵魂相类似的东西，但是没有能够严格地被称为灵魂的东西。靠着记忆、情感和注意，灵魂与第一等级的单子区分开来（邓本，第190—191页；格本第5卷，第529页；邓本，第220页；拉塔本，第230页；格本第6卷，第610页）。动物有灵魂，而人则有心灵或理性灵魂。心灵还包括超人的神灵和天使的无穷等级，但除了程度不同外与人没有什么别的区别。它们被定义为有自我意识或察觉，被定义为有对上帝的知识和永恒的真理，以及被定义为具有那种叫做理性的东西。心灵并不像灵魂那样只反映作为创造物的宇宙，而且还反映上帝。它们就这样构成了上帝之城，上帝单只对这上帝之城才真的具有善[格本第6卷，第621—622页（邓本，第231页；拉塔本，第267—268页）；参阅格本第6卷，第169页]。心灵也是不死的，它们保持着道德上的同一性，这种同一性依靠对自身的回忆，而别的单子仅仅是继续不断的，也就是说，它们只在号码上保持着同一个

而并不知道它。

84. 根据知觉的清晰程度，单子被说成是主动的或被动的。[①]莱布尼茨说：当用一个单子中的变化解释另一个单子中的变化时，我们仍然可以通俗地说，一个实体作用于另一个实体（邓本，第 79 页；拉塔本，第 317 页；格本第 4 卷，第 486 页）。但是“在单子自身之中来考虑，单子的支配与从属仅仅在于它们的完满程度”（格本第 2 卷，第 451 页）。“就表现在一个单子中的理由导致上帝在一开始就安排了另一个单子中的变化而言，一个单子的变化是另一个单子变化的观念性的原因”（格本第 2 卷，第 475 页）。所以躯体是在这种意义下依赖于心灵，以至于发生在躯体中的变化的原因要在心灵中寻找。莱布尼茨继续说，就灵魂是完满的、有着清晰的知觉这一点而言，躯体是从属于它的。然而，就灵魂是不完满的而言，它又是从属于躯体的（格本第 6 卷，第 138 页）。[②] 莱布尼茨还

142 说：就创造物是完满的而言，它被说成是向外活动的，而就其为不完满的说来，它又被说成是从他物遭受的。因而，主动被归因于那些知觉清晰的，而被动则被归因于知觉不清晰的。当一个创造物包含有先天地说明发生在别的创造物中的东西时，它就比别的创造物更完满。而且在这一点上，它就被说成是对别的创造物起了主动作用。一个单子对另一个单子的影响纯粹是观念性的，是通过上帝，他在调节别的单子时注意到更高级的单子[格本第 6 卷，第 615 页；（邓本，第 225 页；拉塔本，第 245 页）]。每个进入更高

① 这种意义上的主动性一定不能和那种作为实体本质的东西搞混淆了。

② 参阅斯宾诺莎：《伦理学》第 5 部分，命题 10。

程度的完满性的实体主动行动，而一个降到更低程度完满性的实体则被动遭受。在任何一个具有知觉的实体中，主动带来欢乐，而被动则带来痛苦（格本第 4 卷，第 441 页）。

与被动性相对的主动性是和那种对于实体来说是本质性的主动性完全不同的。莱布尼茨说（《新论》，第 218—219 页；格本第 5 卷，第 195 页），“照形而上学的严格意义，把活动看作是在实体中自动地并且从它自己内部发生的，则一切真正是实体的东西只能是主动的，因为一切都是依照上帝从它自身发生的，一个被创造的实体是不可能对另一个实体有影响的。但是，把活动当做一种圆满性的实施，而把被动当作它的反面，则只有当实体的知觉（因为我把知觉给予一切实体）发展出来并变得更清楚时才在真正的实体中有活动，正如只有当知觉变得更混乱时才有被动一样；所以在那些能有快乐和痛苦的实体中，一切活动都是走向快乐的一种步骤，而一切被动都是走向痛苦的一种步骤。”

85. 在这个充满斯宾诺莎哲学遗迹的理论中，[①]在具有主动性，也就是完满性，以及知觉的清晰性的东西中，存在着两个要素。显然，莱布尼茨没有混淆这两个要素，而是把它们看作是必然联系着的。还有，他显然认为：他的用法将适合于大家通常分别认为是主动和被动的那些情况。但是这些观念需要作某种解释，正如对“对发生在另一个单子中的变化作先天的说明”这句话也需要作出解释一样。我以为解释应该是这样的。

只有心灵是作为目的本身而有善恶的，赤裸裸的单子和灵魂

① 参阅，例如斯宾诺莎：《伦理学》第 3 部分，命题 1。

143 只是它们的手段。而在心灵中，意欲总是为善的理由所决定，[①]也就是说，我们追求那些我们判断为最好可能性的东西。[②] 因此如果我们总是正确地作出判断，那么我们就会总是正确地行动（格本第7卷，第92页）。[③] 因而，由于正确的判断依赖于清楚的知觉，所以按照具有的知觉的清晰程度的不同，我们就具有不同的完满性。在意欲中，在我们通常被说成是主动的地方，向着新的知觉的过渡被知觉到（实在地说它总是这样的）是从内部被决定的，而我们的知觉就此范围来说是清晰的。但是，在感觉中，在我们通常被说成是被动的地方，新的知觉虚假地表现为来自外界，因而，我们的知觉就是混乱的。我们知觉不到它和以前的知觉的联系，就此而言我们是不完满的。由此看来，莱布尼茨对于主动和被动这两个词的用法并没有完全与通常的用法区分开来，虽然把这种联系看得太紧密是不明智的。

这样，“包含着那种先天地说明别的单子中的变化的东西”这句话，就要联系完满性和知觉的清晰性来理解。由于前定和谐，不同单子的变化是相互关联的；但低级单子中的变化，主要是为了心

① 格本第4卷，第454页；第5卷，第171页（《新论》，第190—191页）；富歇本，第62页（邓本，第182页）。

② 顺便提及的是，事情是这样的：现实事物的现实的充足理由和可能事物的可能的充足理由是不同的。所有现实的充足理由都或者是神的意志，或者是自由的被创造物的意志，而且这些总是被（真实的或虚假的）善的知觉所决定。但是，对恶的追求不仅对我们来说，而且对神来说都是可能的。那么，恶的知觉也会是一个充足理由。这样，现实的充足理由就是目的因，而且它包含着与善的关联。参阅前面第15节。

③ 这种观点经常被莱布尼茨所反驳（例如，暗含地，同上，第95页），仅仅是出于神学的理由。这是他有权提出的唯一的观点。

灵中的相关变化而存在的。[①] 这样，根据充足理由，或者根据目的因而对发生在低级单子中的变化的解释，只有估计到某个较高级的单子才有可能，在这个较高级的单子中，相关的变化是好的。但是，当这较高级的单子是自由的，并且由于混乱的知觉选择了某种确实是恶的东西时，这种依据目的因的解释就不再有效了，而且这 144
较高级的单子也就因此而被认作是被动的，因为变恶的目的因不是在它自身之中，而是在别的地方的某种相关变化之中。

86. 上面的理论有许多明显的缺陷，对此我留着未加评论。[②] 因为解释被动性和初级物质的关系要更加重要一些。莱布尼茨在一个地方（格本第 2 卷，第 252 页）区分了如下的五项："（1）原初的隐德莱希或灵魂；（2）原初的物质或原初的被动的力；（3）由这两者构成的单子；（4）团块或次级物质或有机的机器，它们由无数的从属的单子凑合而成；（5）动物或有形实体，支配的单子使它成为一架机器。"此外，灵魂与躯体的联系只有借助于初级物质才能得到说明。[③] 因而，在我们有可能理解灵魂与躯体的联系之前，我们必须先考察一下作为一种要素而存在于每个单子之中的初级物质的本性，并考察一下它同动力学中的初级物质的联系。

作为每个单子中的一个要素的初级物质，是那种其重复产生了动力学的初级物质的东西。它还被看作等同于每个单子的被动

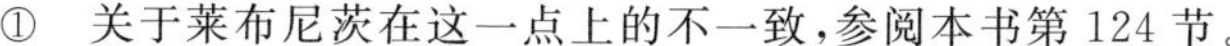

① 关于莱布尼茨在这一点上的不一致，参阅本书第 124 节。

② 这些缺陷中主要的一点是：没有理由说明为什么在一个实体中的主动和另一个实体中的被动相对应，而不是和其中的主动相对应。当这种情况发生时，莱布尼茨好像确实把它或多或少地看成是偶然的；这样，他说（格本第 4 卷，第 440 页）："那种一个变化增加了一个东西的表现而减少了另一个东西的表现的情况是可能发生的。"

③ 格本第 2 卷，第 520、248 页；第 6 卷，第 546 页（邓本，第 1269 页）。

性或被动的力，等同于混乱的知觉以及一般地说等同于有限的东西。上帝能够剥夺一个单子的次级物质，也就是说能剥夺一个单子的构成它的躯体的诸单子的集合物，但是，它不能剥夺一个单子的初级物质，因为没有这种初级物质，单子就会成为纯粹主动的了，也就是说，成为上帝自身了（格本第 2 卷，第 325 页）。事情就是这样，由于初级物质，单子和上帝区分开来，并且使它变成受限定的和有限的。这大概就是莱布尼茨说混乱的知觉是某种包含着物质或数目上无限的东西的意思（格本第 3 卷，第 636 页）。在致阿尔诺的信中，莱布尼茨说："如果我们把物质理解为某种对于同一实体总是必不可少的东西，则我们就可以和某些经院哲学家一样把它理解为实体的原初的被动的力，在这种意义下，物质就既非有广延的也非可分的东西，虽然它也许该是可分性的原则，或者是
145 那种在它之中的属于实体的东西的原则"（格本第 2 卷，第 120 页）（1687 年）。我认为，这是他第一次把"某些经院哲学家"所给予的意义下的初级物质引进单子的理论，它具有一种新思想的尝试的意味。但是，对此意义他后来还一直坚持着。他说，初级物质不是有广延的，而是广延所预设的东西。它是一种被动的力量，它和隐德莱希或主动力量一起使单子完满，并且它总是依附于它自己的单子。[①] 就实体混乱地表象任何事物而言，实体具有形而上学的物质或被动的力；就它们明晰地表象任何事物而言，它们又具有主动的力（《新论》，第 720 页；格本第 7 卷，第 322 页）。单子是蒙受被动性的，因而不是纯粹的力；它们不仅是主动性的基础，而且也

① 格本第 2 卷，第 306 页；参阅格本第 4 卷，第 511 页（邓本，第 120 页）。

是抵抗力或被动性的基础，它们的被动性就在于混乱的知觉（格本第3卷，第636页）。因为除非受阻，实体是尽可能地活动的。而且除了来自内在的阻力，它是不会自然地受阻的。当一个单子被认为是受到另一个单子的阻碍时，这应理解为在其自身中对另一个单子的表象（格本第2卷，第516页）。再者，莱布尼茨认为，有种说法并非荒谬，即一个实体中的阻力不是别的，无非是阻碍它自己的主动性。他说，在被限定的事物中，我们需要一个限定的原则，就像在主动者中需要一个活动的原则一样（同上书，第257页）。

87. 在这个关于初级物质的理论中，有几点是令人感兴趣的和值得注意的。首先，注意到莱布尼茨和斯宾诺莎对限制所作的不同说明是很有教益的。斯宾诺莎说：“凡是可以为同性质的另一事物所限制的事物，就叫做在本类中有限。”（《伦理学》第一部分解说二）这样，有限性就在于与别的某个事物的关系之中，有限事物不是自身存在的。但是，莱布尼茨的初级物质却不是什么相对的东西，而是每个单子本性的一部分。每个单子不是为别的东西所
限制，而是被它自身所限制。[1] 而且，据此上帝就不是有限单子的 146
总和，而是某种本性上根本不同的东西。与这种观点相联系的是：被动性借以包括物质和数目无限的那种方式（格本第2卷，第636

① 参阅埃德曼：《哲学史概要》，柏林，第3版，1878年，第2卷，第150页。在一篇充满斯宾诺莎主义的大概写于1676年到1680年间的非常令人感兴趣的文章中，莱布尼茨实际上把斯宾诺莎关于有限的定义当成他自己的。“有限包含着对它本类事物的否定”（格本第7卷，第196页）。然而，他又继续指出，这个定义似乎是不适用于不连续的东西的。

页)。清晰地认识世界的方式只有一种,那就是上帝认识世界的方式,也就是像它实在是的那样。但是混乱地认识世界的方式,却有无数种。因此,不可辨别者的同一性只允许有一个上帝,而且这个上帝要和许多别的实体相共存,也只有这些别的实体全都具有或多或少混乱的知觉才行。因为物质是无限复多的单子的混乱知觉,所以物质双重地预设了初级物质,也就是说,既作为复多的来源,又作为复多何以被知觉为物质的原因。这就把我们带到了这样一个问题,即每个单子中的初级物质和动力学的初级物质的关系问题。动力学的定义的两个要素——不可入性和惰性——我认为(虽然这仅是一种推论)各自相当于这样的情况,即相当于单子间因观点不同而相互区别的事实和被动性对单子中的新知觉的一种抵抗力的事实。这两者都归在混乱知觉的名下。那个唯一能够完全清楚地认识一切的上帝,并没有什么观点,空间对于他来说就像在几何学中一样,是没有任何这里和那里之分的。对上帝来说,所有的点都是一样的(格本第 4 卷,第 439 页;第 2 卷,第 438 页)。这一点同样适用于时间的诸部分。这样,观点就是混乱知觉的一部分,因而也就是初级物质的一部分,并且观点的不同是不可入性的根源。同样,由于被动性或知觉的模糊,一个给定的知觉也不能因此而产生主要是这同一事物被更清楚地知觉到了它本该会产生的知觉来;我们就可以把这设想为惰性的来源。无论如何,初级物质在动力学和单子论中的用法是不同的。也就是说,在动力学中,这个词通常用于一种有限的广延,它是由无限数目的单子造成的,而在单子论中初级物质被用于每个单子的相应的质上,也就是说,用于那种要求其重复来产生出广延的质上。

88. 关于混乱的知觉和观点的联系，也说明了单子的相互联系上的某些相当困难的说法。莱布尼茨说：“如果只有心灵，它们 147
就会没有所需要的联系，就会没有空间和时间的秩序。这种秩序要求物质、运动及其规律。”（格本第 6 卷，第 172 页）唯有上帝是在一切物质之上的；脱离物质的被创造物将是总秩序的叛离者，它会从普遍的连锁中脱离出来（邓本，第 169 页）。莱布尼茨还声称他反对那种认为天使是没有躯体的精灵的看法。他说，使他们脱离躯体和地方，就是使它们离开普遍的联系和世界的秩序，而普遍的联系和世界的秩序是由于时间和空间的关系所组成的（格本第 2 卷，第 324 页）。地点由观点产生，以及观点包含混乱的知觉或初级物质这一事实似乎解释了上述一切说法。再说，这还和无意识的知觉的学说密切相关。莱布尼茨坚决主张这种无意识的知觉的学说，用它成功地反对了洛克。只有通过这种学说的广泛运用，要坚持我们反映了整个宇宙的看法才成为可能。而莱布尼茨事实上把这种学说推进到这样的程度，甚至主张我们所能感知的每个知觉都包含着无数不可感知的知觉（《新论》，第 116—118 页；格本第 5 卷，第 105—107 页）。他一度甚至仅仅从这种考虑出发就推论出无数的单子来。他说，在我们的知觉中，无论这些知觉是何等的清晰，总会有各种微小程度的混乱的知觉，而且对于这些混乱的知觉来说，和对较大较清晰的知觉一样，单子将和它们相对应。

89. 现在我们可以尽力来理解灵魂和躯体的关系了。我认为，这里有两个相互矛盾的理论，它们都包含在莱布尼茨的哲学之中。这就在评注者中间造成了分歧，有些人坚持认为只有这一种理论，另一些人则认为只有那一种理论。当我发现没有办法调和莱布尼茨关于物质的所有论述时，我就只好首先阐明那些在我看来似乎与他的哲学的其余部分相一致的理论，然后再转向第二种理论，并揭示出它为什么不能和他的其他观点相调和，进而说明莱布尼茨看出是如何被导致这种理论的。第一种理论曾经为埃德曼所支持，而第二种理论则为库诺·费歇所支持。有关的论证将可详尽地在他们的哲学史中发现。

90. 首先，我们必须区分有机体和仅仅是团块的东西。一个
148 有机体有一个支配的单子，通过与这个单子的关联，有机体才得到某种统一性。正是在有关这种统一性的本性和程度的问题上出现了两种不同的理论。无机物没有这种单一的支配的单子，它仅只是一个集合物。[①] 但是每个单子，或者作为支配的，或者作为从属的，都属于某个有机体。[②] 每个有机体都由无数更小的有机体所组成，最小的有机体则仅仅占有一个物理学的点。莱布尼茨说，一部自然的机器即使在它可以察觉的最小部分之中也还是一部机器[格本第6卷，第599页(邓本，第209页；拉塔本，第408页)；格本第2卷，第100页；第4卷，第492页]。在第一种理论中，支配的单子是在这种意义下起支配作用的，即它更清楚地表象那些被别的单子极其混乱地表象的东西。与躯体的感受相符合，支配的单子作为一个中心表象了它自身以外的东西[格本第6卷，第598页(邓本，第209页；拉塔本，第407页)]。至于支配这个词的含义，莱布尼茨说得并不十分明白，他的意思似乎是：每个单子对于发生

① 格本第6卷，第539页(邓本，第163页)；格本第5卷，第309页(《新论》，第362页)；格本第2卷，第75、100页。

② 格本第2卷，第118、135页；第3卷，第356页；第7卷，第502页。

在与它相邻的单子中的东西的知觉，比起对发生在与它有一定距离的单子中的东西的知觉来，要更加清楚一些[格本第 2 卷，第 74 页；格本第 6 卷，第 599 页（邓本，第 210 页；拉塔本，第 409 页）]。因此，如果在某一容量中有一个具有比别的单子清楚得多的知觉的单子的话，那么这个单子比起这个容量中的任何别的单子来，就能够更清楚地知觉到发生在这个容量中的一切。在这个意义下，它处在与之直接相邻的所有单子之上，从而取得了支配的地位。

但是，我们一定不要把组成有机体的单子设想为总是同一些单子。没有一个物质的部分是永远应当属于那个灵魂的，因为躯体是处于永远流动之中的。灵魂变换他的躯体，但这种变换总是逐渐进行的[格本第 6 卷，第 619 页（邓本，第 229 页；拉塔本，第 258 页）]。这样，我们就无法确定：在我们一生下来时所得到的物质微粒（也就是次级物质）是否还留在我们的躯体之中。但是在一个意义下，同一个动物或机器继续存在着[格本第 6 卷，第 543 页；（邓本，第 167 页）]。它照莱布尼茨所说是以类的方式而不是以个体的方式持续存在的[格本第 5 卷，第 214 页（《新论》，第 240 页）]。某些器官至少通过某个相等物的替代而保留下来，就像一条河，虽然它的物质变了，但它还是同一条河一样（格本第 4 卷，第 529 页）。这只是普通的科学见解。按照这种思想，躯体虽然不是由同一些物质所组成，但却依然是同一类的东西。这样，躯体就仅 149
仅由那些较低级的单子所构成，在任何给定的时间中，这些低级的单子的观点都是如此地接近于那个支配的单子的观点，以至于它们对每个事物的知觉都没有支配的单子那么清楚，因为每个单子最清楚地知觉到的只是处在它自己相邻地位的东西。躯体和灵魂

并不共同形成为一个实体(格本第6卷,第595页),它们甚至并不相互作用。"躯体好像没有灵魂(这是不可能的事)似地活动着,灵魂也好像没有躯体似地活动着。而这两者又好像是一个影响着另一个似地活动着"[格本第6卷,第621页(邓本,第230页;拉塔本,第264页)]。灵魂的观点处于其中的有机团块,当灵魂有意要它活动时,它就准备好自动地活动了。莱布尼茨说,这就产生了所谓的灵魂与躯体的联合(格本第4卷,第484页;拉塔本,第314页)。灵魂和躯体并不相互作用,而仅仅是相一致,其中一个是按照目的因的规则而自由地活动,另一个则按照动力因的规律而机械地活动。然而这并没有削弱灵魂的自由。因为每一个按照目的因而活动的原动者都是自由的。上帝预见到自由的原因所要做的事,就调整了机器,使它与自由原因相一致[格本第8卷,第412页(邓本,第278页)]。

这就是灵魂与躯体关系的第一种理论。一个有机体是变化着的单子的集合体,这些单子由于总是从属于同一个支配的单子而得到统一性。这种从属关系既在于支配的单子的更清楚的知觉,也在于这样的事实,即那统治一切事件的目的因,就有关躯体的范围而言,不是与支配的单子,就是与躯体之外的某些单子相关联,或者是与"形而上学的完满性"以及"事物的秩序"相关联。一个被心灵所支配的躯体是由数不清的较小的有机体所构成,而它自身显然并不形成为任何更大的有机体的一部分。次级物质,或者说团块,是由那些未被一个支配的单子所一体化的诸有机体的集合所构成。然而,在莱布尼茨的理论中存在着许多与这种简单的理论不相一致的东西。我们现在有必要把我们的注意力转向它们了。

91. 虽然以上说到的理论中的每一点，如我所阐述的，都可以在莱布尼茨的哲学中找到，但是，还有许多我没说到的另外的段落，由它们可以导致一个完全不同的理论。我认为这种理论应该抛弃，因为它和莱布尼茨哲学的总体完全不一致。但是谈一点与 150
之有关的东西还是必要的，特别是因为新近有一位注释者笛尔曼，[①]经常依据原始资料支持这一理论。

在这另一种理论中，心灵和躯体一起形成为一个实体，具有一个真正的统一性。心灵使躯体成为一个一本身，而不仅仅是一个集合物。我们有十分明确的论断，是反对这种观点的，例如下列的说法（邓本，第 177 页；富歇本，第 32、34 页）："有形的实体有一个灵魂和一个有机躯体，也就是说，一个由别的实体形成的团块。诚然，这同一个实体既思想又有一个有广延的团块与之相结合，但是，它并不是由这种团块所构成，因为这种团块的一切都可以从实体中拿掉而不会使实体有所改变。"然而，在别的地方，莱布尼茨又有好像灵魂与躯体形成为一个实体的说法。

他说："隐德莱希若不是一个灵魂，就是某种近似于灵魂的东西，并且，它总是自然地驱使着某个有机躯体。这个有机躯体就其自身，与灵魂分开来看，不是一个实体，而是许多实体的一个集合物，换句话说，是一架自然的机器。"（格本第 4 卷，第 395—396 页；《新论》，第 701 页）（1702 年）莱布尼茨还说："每个被创造的单子都被赋予某种有机躯体"（格本第 7 卷，第 502 页），"生命的原则仅

① 《在史料的基础上对莱布尼茨单子论的新陈述》，莱比锡，1891 年。

仅属于有机躯体”[格本第6卷,第539页(邓本,第163页)]。他又说:“有多少有机躯体就有多少隐德莱希。”(格本第2卷,第368页)有一点是很明白的,即如果有机躯体是由一些别的从属的单子所组成的话,那么并非每个单子都能有一个有机躯体的。对于那种认为灵魂和躯体一起形成为一个实体的看法来说,存在着许多更直接的理由。莱布尼茨说:“那些成为一本身的躯体,像人那样,都是实体,并且具有实体的形式。”(格本第4卷,第459页)(1686年1月)莱布尼茨还总是说得似乎灵魂的在场阻止了躯体成为仅仅是一个集合物。他暗示:没有灵魂的躯体的确仅仅是一个集合物,但是有了灵魂,躯体就得到了真正的统一性。他说,“在任何团块中,无论它多么小,单纯实体的数目总是无限的。因为除了形成动物的实在统一性的灵魂以外,其他的东西,例如羊的身体,都实际上是分割开的,也就是说,是一些微小得看不见的动物或植物的一个集合物,这些动物或植物除使它们获得真正统一性的东西而
151 外,也同样是一些复合物;虽然这将走向无限,但是很明显,一切东西最终都要依赖于这些统一体,其余的东西,或者作为结果的东西,都只是具有良好基础的现象而已”(格本第4卷,第492页)。这种倾向虽然在一个曾给评注者们以很多麻烦的理论中被推进到最远,但是,它和莱布尼茨哲学体系的不一致,和别的许多段落比起来,其实也并不更突出。这个学说,我指的是实体的黏合的学说。

92. 这种学说是从莱布尼茨竭力调和他的哲学与化体说的教条的企图中产生出来的,并且在他给笛·波斯的信中得到发挥。要发现某种意义,使得在这种意义下基督的肉身是一个实体,这是

很必要的。莱布尼茨首先承认有“灵魂与有机躯体的某种实在的形而上学的联合”(格本第2卷,第371页)。这是他已经向图尔纳明承认过的(格本第6卷,第595页)。但是笛·波斯使他相信,对于天主教的正统教义来说这是不够的。于是,他提出一个他自己不能接受,但对于一个好的天主教徒来说却是可能有帮助的看法,即“实体的黏合”的假说(格本第2卷,第435页)。他说:“如果有形实体是某种除单子而外的实在物,就像一条线被看作是构成它的点以外的某种东西一样的话,那么我们就不得不说:有形实体就在于某种联合,或者更确切地说,在于联合诸单子,并且是上帝把它加之于诸单子之上的某种实在的东西;由单子被动的力的某种联合产生了初级物质,也就是广延和原型,或扩散和抵抗所要求的东西;但从单子的隐德莱希的联合中出现了一种实体性的形式,不过,作为一个能够如此产生和消灭的东西,当联合终止时,它也就消灭了,除非上帝奇迹般地保留了它。但这样的一种形式不会是一个灵魂,因为灵魂是单纯而不可分的实体。”[①]这种实体黏合只是在“如果信仰引使我们相信有形实体”(同上)的情况下才被断言为有用的。莱布尼茨后来又说(同上,第458页):“这似乎是某些和你的想法一样的人,说到一个躯体的整个实体向另一个躯体的整个实体转变,而这后一个仍然保留了前者的本性时当有的说法。”实体的黏合不同于灵魂与躯体的实在联合——在别的地方,莱布尼茨也承认这种联合——其依据的事实是:单子不是作为一

① 所有这些东西的细目,参阅格本第2卷,第506页。

152 些整体加起来形成为一个具有真正统一的总和，而是在相加以前先分解为初级物质和隐德莱希。这样初级物质的构成要素之总和就产生了一个有广延的被动的团块，而隐德莱希的总和则产生了一个使这个团块有生命的实体性形式。每一个有机躯体都是一个实体的黏合，也就是一个与每个支配的单子相对应的东西(格本第2卷，第481、486、496页)。后来莱布尼茨被笛·波斯引导到承认：如果这种实体的黏合要在神学上是有用的，那么它就一定要像个体的灵魂一样是不死的(格本第3卷，第481页)。在后来的信中，这种学说一般被预先设定为讨论的基础，并且被用来建立实在的物质和实在的连续体。但莱布尼茨无论在何处都没有宣称过他相信这种学说。他急切地希望说服天主教徒们可以在不陷入异端邪说的情况下相信他的单子论。这样，实体的黏合与其说是哲学家的信念，不如说是外交家的妥协让步(参阅格本第2卷，第499页)。

93. 如果把莱布尼茨的与关于躯体的第一种理论不一致的别的议论也归咎于神学的影响，看来并不是不可能的。自莱布尼茨服务于美因兹大主教时起，实在的在场问题就占据了他的头脑，并且成为他否认物质的本质是广延的说法的根据之一。在他为热心的、改宗的阿尔诺而写的关于他的体系的早期说明中，可以看到相似的看法。莱布尼茨说："撇开灵魂，躯体本身中具有一种集合物的统一"(格本第2卷，第100页)；这似暗示有了灵魂躯体就有一种实在的统一。他又说，撇开灵魂，躯体严格说来不是一个实体，而是一个集合物，就像一堆石头一样(同上，第75页)。而当阿尔诺在反驳这种新哲学时说，灵魂与物质结合并不能形成为一，因为

它只是给物质一个外在的名称。莱布尼茨答复说：物质属于有生
命的实体，这种有生命的实体确实是一个存在物。那种仅仅被看
作是团块的物质，则不过是一个具有良好基础的现象，正如时间和
空间一样（同上，第 118 页）。这种说法可以被理解为首先是指的
初级物质，但下面的段落就更难理解了。莱布尼茨说：“那些虽然
不承认在禽兽中有灵魂，以及在别的地方有实体性形式的人，仍然
能赞成我用以说明心灵与躯体联合的方法，也能同意我对真正实 153
体所说的一切。但是留给他们的问题是，如他们最好可能做到的，
不用这种形式，不用任何具有真正统一性的东西，而是用点，或者
用原子（如果他们认为好的话）去挽救物质的和有形实体的实在
性”（格本第 2 卷，第 127 页）。他还说，如果没有他所要求的那种
有形实体的话，那躯体就不过是像彩虹那样的真实现象。因为既
然物质在实际上是无限分割开的，那么我们就永远也得不到那样
的一种真实存在，除非是我们发现了有生命的机器，其灵魂或实体
性形式造成一种不依靠仅仅的接近的实体性的统一。他得出结论
说：如果没有这样的东西，那么人就是可见世界中唯一的实体性事
物（格本第 2 卷，第 77 页）。所有这些论述都意味着，虽然就躯体
是实在的而言，单独的躯体是多，但是灵魂和躯体在一起则成为真
正的一。在给阿尔诺的信中，这种说法还可以看作只是新哲学的
不成熟而已，然而正如我们已见到的，在后来也还是有许多与此类
似的表述。有一种学说应与这种观点联系起来看，这种学说是在
我们讨论单子与空间的关系时（第 71 页），我们发现不可避免的就
是说灵魂是出现在一个容积之中，而不是出现在仅仅一个点之中。
灵魂通过它的出现而感染整个躯体，并且使它成为一，尽管别的从

属的灵魂也出现在躯体的各个部分，并且使每个这样的部分都成为一。[①] 而且对于莱布尼茨来说，空间是一种充实体，然而并非由数学的点所组成。因而我们必须假设每个单子至少占有一个物理学的点。这样的物理学的点可以说明何以一切单子都有一个有机躯体。一个并不起支配作用的单子的有机躯体本身就是一个纯粹的现象，绝非一个集合物。然而，要使这种观点摆脱自身不一致的毛病是不可能的。可以提出两种原因来解释这种不一致。一个是为了挽救躯体的实在性的神学愿望，[②]另一个是关于初级物质的
154 一种偶然的混淆，把作为每个单子的一个要素的初级物质，不是和作为广延的初级物质相混，就是甚至和次级物质相混。在给阿尔诺的信中，后者可能是部分的原因，而在给笛·波斯的信中，前者准是单独地起作用，因为在那里，各类物质的区别是比在别的任何地方都更加清楚地作出了的。[③]

对这种显然的不一致，可能有一个更好的理论来说明。不过我还没有能发现。我的理论实质上是埃德曼的，关于他，我可能在后面的讨论中还要提及。

94. 关于莱布尼茨用来说明世代生殖的预成论，看来还有必要说上几句。因为每个单子都是永恒的，所以作为我自己的单子

① 参阅以下说法（格本第 2 卷，第 474 页）："人们问：是否存在于人的躯体之中的一条寄生虫似的灵魂也是人的躯体的一个实体性的部分呢？或者不如照我喜欢的说法，说它是一个赤裸裸的需要，不是某种形而上学地必需的东西，而仅仅是自然过程中所要求的东西。"

② 因此，莱布尼茨用这样一段话来巩固他的论证："还有，上次拉特朗宗教会议宣称，灵魂确实是我们躯体的实体形式"（格本第 2 卷，第 75 页）。

③ 参阅例如格本第 2 卷，第 368、370、371 页。

就必定是预先存有的。莱布尼茨坚持认为:这种预先存在的单子是构成父亲母亲的躯体的那些单子中的一个(格本第3卷,第565页)。他认为,在怀孕之前,它若不是一个仅仅有感觉的单子,就至少是有仅有的一点初级理性的单子。这后一种看法有一个优点,那就是它可以使我们不靠奇迹而行动。至于前一种看法,由于一个有感觉的单子是不能自然而然地成为有理性的,所以我们必须设想生殖包含着奇迹。在这两种看法之间,莱布尼茨难以决定选哪个好,所以在他的《神正论》中,两者都确实可以找到(格本第6卷,第152、352页)。[①] 看来两者之中包含奇迹的那一种是最好的,因为莱布尼茨希望坚持这样的理论,即人在死后不能自然而然地降回到纯粹有感觉的单子的水平;但是如果单子能够自然而然地变成有理性的,似乎也就没有理由说明它们为什么不能自然而然地不再如此而恢复到纯粹感觉的状况去。莱布尼茨通过依靠他那个时代的显微胚胎学来支持他的预成论。然而,他显然不能说明父母双方的同等影响。当考虑到这一点时,我们就失去了起支配作用的单子的单纯性,而得到了一个与魏斯曼的种质连续性理论非常相像的理论。因而,如果是早几年的话,我们倒还可以把莱布尼茨作为近代科学最新成果的预言人来谈一谈,然而,由于魏斯曼倒台了,所以我们也就只好摒弃我们的这种快乐了。

① 顺便提一下,这件事是可以支持斯坦的论点的,即认为那些部分是写于不同时期的。见《莱布尼茨与斯宾诺莎》,柏林,1890年,第275页以下。

155 第十三章　混乱的和无意识的知觉

95. 我们已经看到单子的差别有两个方面：一是它们在观点方面的差别，二是它们在知觉清晰程度方面的差别。观点在不断地变化：作为运动现象基础的实在是观点的变化。尽管莱布尼茨从来不曾明确地这样说过，但至少在我看来，这是唯一可能的解释。这样一来，我们就能够说明绝对运动和相对运动之间的差别。那种改变其观点的单子具有绝对的运动，而知觉这种变化的单子则仅仅具有一种位置的相对变化。[①] 这种观点还牵涉空间的客观对应物，我们已经看到这始终是无法回避的。

正如我们已经知道的那样，观点依赖于混乱的知觉，而不依赖于混乱的不同程度。说到混乱的程度，我们也必须假定变化是可能的。如果不考虑概念的奇迹般的变化很可能发生这一点，则莱布尼茨就几乎不可能坚持婴儿会有同成年人一样清晰的知觉这么一种观点。因而他说，死亡虽然不可能完全毁灭记忆，但确实能够使我们的知觉变得混乱[格本第 7 卷，第 531 页（邓本，第 193 页）]。这也是他对睡眠的解释。他反对洛克，坚持认为灵魂总是在思想；不过他还是承认灵魂并不总是意识到思想。他说，我们是

---

① 关于这个问题，请比较格本第 2 卷，第 92 页和第 4 卷，第 513 页。

永远不会没有知觉的，但是却常常没有察觉，也就是说，我们是常常没有清楚知觉的（《新论》，第166页；格本第5卷，第148页）。思想是灵魂固有的活动或能动性，一个实体一旦处于活动状态，就将永远如此（格本第5卷，第101页；《新论》，第111页）。如果它 156
的活动停止了，也就正如我们所知道的那样，实体也就永远止息下来，因而当醒着的时候，我们在数码上也与睡眠时不同。

96. 这一点把我们带到了莱布尼茨在心理学上所取得的极其重大的进展。洛克认为，在心灵中是不可能有什么心灵意识不到的东西的，莱布尼茨则强调了无意识心灵状态的绝对必要性。他把知觉同察觉区别开来，前者仅仅在于对某物的意识，而后者则在于自我意识，即在于意识到知觉[格本第5卷，第46页（《新论》，第47页；拉塔本，第370页）；格本第6卷，第600页（邓本，第211页；拉塔本，第411页）]。无意识的知觉是一种意识状态，只是在我们不曾意识到它的意义下，它才是无意识的，虽然我们在这种状态下，也意识到某些别的东西。对这些无意识知觉的极端重要性，莱布尼茨在《人类理智新论》的导言中充分表达出来了。正是由于这样，“现在孕育着将来并且充满着过去，万物谐和一致，而且即使在等级最低的实体那里，也能够像上帝那样看到宇宙中的事物的全过程”（《新论》，第48页；拉塔本，第373页；格本第5卷，第48页）。他的这些话既维护了个体的同一性，又解释了前定和谐；它们还避免了那种无差别的均衡（同上），因此世界上也就没有两件事物能够完全一样（格本第5卷，第49页；《新论》，第51页；拉塔本，第377页）。

为了支持无意识的心理状态，莱布尼茨作了好几个证明，有的

颇为有力,而另一些,我认为则在于混淆问题。他说,洛克认为我们不可能知道我们不曾意识到的任何东西,这太过分了;因为如是则我们就不可能知道我们不是当下思考着的任何东西(格本第 5 卷,第 80 页;《新论》,第 84 页)。再说,下面这个证明是最无可争辩的了,这就是:“我们不可能总是明确地反思我们的所有思想,否则,心灵就会无限地反思每一个反思而无法达到新的思想。例如,在知觉到某个当下的感觉后,我将不得不总去想我想到它,接着再去想我想我想到它,如此下去以致无穷”(格本第 5 卷,第 108 页;
157 《新论》,第 118—119 页)。另一个不太中肯的证明是:所有的印象都有它们的结果,可知觉的东西必定是由不可知觉的部分组成的〔格本第 5 卷,第 24、105、107 页(《新论》,第 25、116、118 页)〕;人们由此便推论出,有限的知觉正如它们的对象一样,也必定是可以无限分割的,从而是为一些我们不可能意识到的部分所组成的。事实上,莱布尼茨区别了四种明显不同的东西,这就是:(1) 无意识的知觉,(2) 混乱的知觉,(3) 微知觉,(4) 心灵的禀赋。这四种东西中,第一种是通过自我意识的无限追溯证明出来的,它对于主张我们总是在思想,总是在反映整个宇宙这样一个观点是必要的。第二种为解释感官知觉,以及如我们已经看到的那样,也为不同单子之间的差别所需要。第三种是从这样一个证明推论出来的,这就是:一个被设想为有限的知觉,具有和它的对象同样多的部分,这样由于其对象可能是整个宇宙,其部分在数量上也就因此而可能是无限的。第四种为解释真理天赋的意义所需要,顺便说一下,这种意义跟康德的存在于心灵中的先验形式的意义非常相似。所有这四种东西都为洛克所反对,然而却都为莱布尼茨所肯认。因此探究一下它们之间的关系是很有意义的。

97. 显然，无意识的知觉是最基本的，如果我们接受了这一点，则其他各点也就都会接受下来了。我们可以说，所谓混乱的知觉也就是那种我们无法分别地意识到其所有部分的知觉。用莱布尼茨的话来说就是：当我们无法分别地列举出为区分已知事物与其他事物所需要的特征时，认识就是混乱的（格本第 4 卷，第 422 页；邓本，第 27 页）。因此，在混乱的知觉中，虽然我可能意识到我的知觉中的某些部分，但是却意识不到它的全体（格本第 5 卷，第 109 页；《新论》，第 120 页）；因为知觉是被设想为和它的对象同样复杂的，这样如果我意识到了我的知觉中的所有的成分，则我就能够把这个对象与别的对象完全区别开来了。那些我无法辨认的部分是极其微小的。[①] 再者，就微知觉而论，莱布尼茨跟现代物理学 158
家一样认为，知觉只有达到一定量时我们才能意识到它，因此那些过分微小的知觉便必定是无意识的。最后，心灵的禀赋无非是用来表达那些由主张每一个心灵都具有一种确定性质的人们所设定的事物的一个名称，这一点并不是洛克的白板说所能认同的；但是，这个名称本身却不是莱布尼茨的理论所倾向的解释。洛克曾否认任何真理都是天赋的，因为我们所知的一切都是后天学来的。在答复洛克的问题时，莱布尼茨并没有像站在马德琳桥头上的雪莱那样表现出对婴儿会很快忘记的惊讶。但是他说，天赋真理始终存在于心灵中，它们只是被接引出来的，也就是说，它们是通过

① 参阅格本第 4 卷，第 574 页："混乱的思想归根到底只不过是一大堆本身与那些清楚思想一样的思想，只是由于它们太小才致使每一个都不足以引起我们的注意，也不可能使我们辨别它们。"

经验和教育而成为察觉的对象的。他说,感觉为反思提供材料,要是我们没有思想过感觉所提供的特殊材料的话,我们就不可能思想到思想(格本第 5 卷,第 197 页;《新论》,第 220 页)。他认为在灵魂中可能有灵魂永远不知道的天赋真理;甚至直到灵魂知道了它们,它也才知道它们是始终在那里的(格本第 5 卷,第 75 页;《新论》,第 80 页)。这就是说,心灵知觉到这些真理,但却没有意识到在知觉它们。这是一种依靠无意识知觉对于心理意向的模糊观念所作出的解释。莱布尼茨解释说当他说真理是天赋的时候,他并不是简单地指心灵具有认识它们的能力,而是说心灵具有在其自身中发现它们的能力(格本第 5 卷,第 70 页;《新论》,第 74—75 页)。[①] 我们所知的一切都是由我们的本性发展出来的,就是说它是通过反省,通过对以前是无意识的知觉加以意识而获得的。因此,一切最终都依赖于无意识的知觉,这种知觉的可能性被洛克所否认,而其必要性却为莱布尼茨所证实。

同时,微知觉和无意识的知觉真正说来差不多是同义的,而且那些混乱的知觉是那些包含着微小的或无意识的部分的知觉。首
159 先,并非所有的认识都是混乱的。在任何特定的复杂的知觉中,如果任何部分都被清楚地知道了,那个部分就会同其余的部分分离开来。所以正确的部分可以作为清楚的知觉提取出来,只是余下的部分将会是混乱的。例如在对物质的知觉中,确实存在着杂多,我们的知觉被搞混乱却恰恰并不在于这种杂多性。混乱在于部分

① 然而无可否认的是,无论在这段话的其余部分还是在其他地方,他都退回到把真理看做是心理的意向的解释上去〔参阅格本第 5 卷,第 79 页(《新论》,第 84、105 页)〕。

的表面上的连续性，而且这是由于它们的微小性所致。在所有莱布尼茨颇为得意的关于混乱知觉的例证中——例如由不同波浪的声音所共同组成的海啸——他总是强调其构成成分的微小。因此我们似乎可以把微小的和混乱的知觉等同起来。然而这一点却又给关于我们不曾意识到的天赋真理的说明增添了困难，除非我们设想我们对于这一类真理的知觉可以明显地增强和减弱而不能分解为部分。关于这一点，就我所知，在莱布尼茨那里并不明确。他似乎并没有意识到如果混乱的知觉能提供任何真实的知识的话，那么它必然部分地是清楚的；我认为这一点使他对于混乱的和微小的知觉二者之间的关系缺乏一个清楚的理解。他对这些的利用将在下一章里进一步表现出来，在那里，我们将不得不考察他的认识论。

160 第十四章　莱布尼茨的认识论

98. 在叙述莱布尼茨的认识论之前，我还可以指出我所讨论的不完全是认识论，而是一个大体上属于心理学的题目。从第二章到第五章的逻辑学讨论所论及的部分是一般所谓认识论的东西，在我看来不属于心理学。我们现在涉及的问题则是另一类问题，它不是这样的问题：什么是真理的一般条件？或者说，什么是命题的本性？而完全是更进一步的问题：我们和别人是怎样知道某些真理的？什么是作为时间中的事件的认识的起源？这一问题明显地主要属于心理学，而且正如莱布尼茨所说，它不是哲学中的基本内容[格本第 5 卷，第 15 页(《新论》，第 15 页；邓本，第 95 页)]。但无论怎样说，自从笛卡尔以来这两个问题已经被混淆了，因为人们曾设想如果没有人知道真理那它就不是真的，真理是由于被知道而成为真的的。正如我们在讨论到上帝时将看到的那样，莱布尼茨造成了这种混乱；洛克看来也是这样，因为他否认有纯粹心理学的目标。[1] 但这并不是我们再造成这种混乱的理由，在下面的讨论中我将竭力避免这种混乱。同时，洛克在一个意义上是有道理的。这个问题并不是一个纯粹心理学的问题，因为它

---

① 《人类理智论》绪论，第 2 节。

讨论的是知识而不是信念。从严格的心理学的立场来看，区分真信念和假信念，知识和谬误是不可能的。作为一种心理现象，信念是可以由它的内容区分开来的，但却不是由那种内容的真理或错误区分开来的。因此，在讨论到知识即相信一个真命题时，我们预 161
先假定了它既是真理也是信念。因此这种探讨是混合的，是后于关于真理的哲学讨论和关于信念的心理学讨论这二者的。

99. 在上一章里，我简略地解释了莱布尼茨所坚持的天赋观念和天赋真理的意义。它们是始终存在于心灵中的，但只有成为察觉的意识对象才真正地成为被认识的。在《人类理智新论》中，莱布尼茨只是力图说明必然的真理是天赋的，尽管由于单子的独立性，他不得不认为甚至一切被认识的真理都是天赋的。然而，他发现要证明通过经验不可能学到必然真理是比较容易的，我猜想，他确信这一点将提供反对洛克的全部认识论的根据。在《人类理智新论》中，他用天赋真理这一措辞来证明那种其观念都是天赋的即不是来自感觉的真理；但他又解释说这个措辞有不同的用法[格本第 5 卷，第 66 页（《新论》，第 70 页）]。在他所使用的意义上，“甜不是苦”就不是天赋的，因为甜和苦都来自外部感觉。但“方不是圆”则是天赋的，因为方和圆是由理智本身提供的观念[格本第 5 卷，第 79 页（《新论》，第 84 页）]。这就出现了一个问题：莱布尼茨怎样区分感觉观念和别的观念呢？因为他既不可能像别的哲学家那样认为感觉观念是外物打下的印记，也不可能认为这些观念就是仅有的能表示外部事物的观念，因为它们全都是混乱的，从而也不会属于关于世界的真实知识[格本第 5 卷，第 77、109 页（《新论》，第 82、120 页）]。因此，感觉观念应该是由它们自身的本性，

而不是由与外部原因的关系所区分开来的。关于这一点，就我所知，莱布尼茨并没有十分明确地说过什么。最接近于一种明确的解释是在《形而上学论》中提供出来的(格本第 4 卷，第 452 页)。他说，感觉对象作用于我们，就和哥白尼可以说日出是一样的。在一个意义下实体可以说是相互作用的，“而且在同一个意义下我们
162 可以说知识是在感觉的帮助下从外面得到的，因为某些外部事物更为特殊地包含着或表现出把我们的灵魂限于某些思想的理由”。因此按照第十二章所阐述的意义，感觉观念是一些我们在其中是被动的观念。其次，感觉观念也是混乱的和表现外部世界的。“清楚的观念是关于上帝的表象，混乱的观念是关于宇宙的表象”[格本第 5 卷，第 99 页(《新论》，第 109 页)]。事实上，他把所有预先假设为具有广延或空间外在性的观念都看成是感觉观念，尽管空间本身并不是一个感觉观念。他解释说，“那些被说成是来自不止一种感官的观念，如空间、形状、运动、静止，更确切地说是来自常识，也就是来自心灵本身，因为它们是纯粹理智的观念，但它们与外部事物有关，是感觉使我们知觉到它们的”[格本第 5 卷，第 116 页(《新论》，第 129 页)]。因此，作为外在的东西表现出来的性质都是感觉观念，但所有被包含在外在性本身之中的性质都不是感觉的。作为外在的东西表现出来的性质都是混乱的，因为正如它们所表现的那样，它们不可能是单子的状态。相反，来自反思的观念就未必是混乱的(参阅格本第 2 卷，第 265 页)，因为如果它们真实地描述了我们自己心灵的状态，它们就描述了某些实在的而不仅仅是现象的东西。除开这一理由，还有通过反思我们发现了范畴(the categories)(或像莱布尼茨所说的：predicaments)。确实，

在莱布尼茨的认识论中常令人想起康德的一个观点。他说,除非有理性的帮助,是不可能在感觉对象中发现存在的,因此,存在的观念来自反省[格本第 5 卷,第 117 页(《新论》,第 130 页)]。对于凡在理智中的无不来自感觉这句格言,莱布尼茨补充说:除开理智本身(格本第 5 卷,第 100 页;《新论》,第 111 页)。他说:"毫无疑问,我们对于观念的知觉或者来自外部感觉,或者来自内部感觉,内部感觉也可以叫做反省;但这种反省并不是像人们(洛克)所说的那样,仅仅局限于心灵的活动,它甚至扩展到心灵本身,而且正是在知觉心灵中我们知觉到实体"[格本第 5 卷,第 23 页(《新论》,
第 24 页)]。他说,灵魂本身是天赋的,因此本质地包含着某些观 163
念[格本第 3 卷,第 479 页;格本第 5 卷,第 93 页(《新论》,第 100 页)]。例如它包含着是(存在),一,实体,同一性,原因,知觉,推理以及许多别的感觉所不可能提供的概念[格本第 5 卷,第 100 页(《新论》,第 111 页)];而且这些观念是一切能够来自感觉的知识的先决条件。莱布尼茨指出,必然真理是确然被知道的,尽管感觉并不能表明它们是必然的[格本第 5 卷,第 77 页(《新论》,第 81 页)]。由此可以推出这一类真理是自心灵的本性发展而来的。可以推测,莱布尼茨仔细研究过必然真理,因为就这些必然真理而言,知识不可能设想为是由于某种已知的东西对心灵的作用而产生的,因为已知的东西在这种情况下并不存在于时间中,因此也就不可能是我们的知识的原因。这样就可以比较容易地设想知识绝不会由已知的东西所产生,而是独立地来自心灵的本性。

100. 作为在《人类理智新论》中得到发展的天赋真理学说,如果说它类似于别的什么学说的话,那就莫过于康德的学说了。时

间、空间和范畴是天赋的，而表现于空间中的性质却不是天赋的。对于莱布尼茨本当采用的一切所知的真理都是天赋的这个一般理论，除了对其整个单子学说的非难外根本没有任何回答。但《人类理智新论》采取的是那种感官知觉由它们的对象所产生的常识观点，而天赋的真理却不可能有这样的原因，就这一理论而言，我认为存在着一些同样地适合于反驳康德的先天的即主观的答案。主观性的论证简单地来说似乎是这样：当我们所知道的是某物现时的存在时，我们的知识可以被设想为是由那个存在物所产生的，因为它们之间有一种时间的关系。但当我们所知道的是一条永恒真理时，就可能没有这种时间上的关系。因此知识并不是由已知的东西所产生的。但是知识也不可能由任何别的什么东西所产生，除非它已经潜在地存在于心灵中。所以，这一类知识在某种意义上必然是天赋的。很难以一种十分有说服力的形式去表述这种论

164 证。它似乎依赖于一种根本错误的选言判断：知识或者为已知的东西所产生，或者完全不是由什么东西引起的。莱布尼茨否认知觉对象的作为原因的作用，在他那里，这种证明，作为一个区分开不同类型的知识的手段，是特别令人反感的。但是离开这一特殊的学说，并且承认对象造成了我们的知觉，是不是就能推论出必然真理必定是天赋的呢？所有持这一观点的人都像莱布尼茨一样被迫承认天赋的知识只是就实质而言的[格本第 5 卷，第 71 页(《新论》，第 76 页)]，而所有意识到的知识都是获得的，并且都有它们确定的原因。那么如果知识能够通过原因而非通过已知的东西被意识到的话，为什么它就不能全部是由于这类原因造成的呢？我们所能说的一切就是，心灵必然具有指向这类知识的禀赋——这

是一句说明不了任何东西的含糊用语。此外，同一个论证也适用于感官知觉。如果心灵不能具有感性知识的能力，对象也就不可能造成这类知识。色、声、味等感觉根据这一看法就同样是天赋的。事实上，承认关于它的任何知识之被产生恰恰具有同样的困难。在每一种情况下，困难都是由于假设知识只能由所认识的东西所产生的。如果人们想一下他们自己所认识的东西事实上是什么的话，这种假设早就不存在了。它假设在先天的知识中我们知道了一个命题，同时在知觉中我们知道了一个存在的东西。这是错误的。我们知道一个命题同等地存在于两种情况中。在知觉中我们知道了某物存在的命题。很显然，我们并非仅仅知道无论什么的某物，因为这在纯粹想象中也是可以同等存在的。辨别知觉的是关于某物存在的知识。真正说来，无论能被知道的是什么都必定是真的，因此也就都是一个命题。我们可以说，知觉是对一个存在命题的知识，这个命题不是有意识地从别的命题推论出来的，而且涉及和知识存在于其中的命题一样的或近乎一样的时间。如果能够充分地意识到这一点——如果人们早些醒悟，认识到所认识的东西永远是一个命题的话——他们就不会去假设知识能够由
所认识的东西引起了。说知识是由于知觉而为存在的东西所引 165
起，而不是由它存在这一事实所引起，也就是同时承认了这一类知识不是由所认识的东西引起的。这样，知觉和理智就变得比通常所假设的更为相似。我们必须或者认为所有的知识始终存在于心灵中，在那种情况下，它在意识中的出现就成为问题，或者我们必须承认所有的知识都是获得的，但却绝不是由所知的命题产生的。什么是知识的原因，在任何特殊的情况下都变成了一个纯粹经验

的问题，它可以整个地留给心理学来处理。

101. 此外，关于莱布尼茨所谓天赋观念的含义，还存在一个很大的困难。这个问题是在《人类理智新论》卷二开始的地方涉及的[格本第 5 卷，第 99 页(《新论》，第 109 页)]。“观念是思想的对象，这难道不是真的吗?”洛克被认为是这样提出问题的。莱布尼茨回答说，“我承认，假如你再加上一点，说它是一个内在的直接对象，并且认为这一对象无非是事物的本性或性质的表现。如果观念是思想的形式，那么它就会同与之相应的现实思想一起出现和停止；但既然是对象，它就可以存在于思想之前和思想之后了。”[①] 因此一个观念，尽管它在心灵中，但它既不是知识也不是欲望；它不是一个思想，而是一个思想所思想的东西。这段话使得下面一点清楚起来了，这就是：莱布尼茨说观念存在于心灵中的唯一理由就是它们显然不可能存在于心灵之外。看来他似乎从来未曾问一下他自己，为什么这些观念能被设想为根本存在着，也未曾想到把观念化为纯粹的心理存在物所带来的困难。让我们来考察一下 2 这个观念。莱布尼茨承认，这个 2 并不是我关于 2 的思想，而是我的思想所涉及的某个东西。但这个东西存在于我的心灵中，因此也就与另一个人所思想着的 2 不同。这样，我们就不能够说存在着一个确定的数字 2，因为不同的人都思想着它，有多少个心灵就有多少个数字 2。人们可以说，所有的心灵都有某种共同的东西。但这种共同的东西不能是别的而只能是另一个观念，这另一个观念却又由和心灵同样多的不同的观念所组成。这样，我们就陷入

① 也请参阅格本第 3 卷，第 659 页(邓本，第 256 页)；第 4 卷，第 451 页。

了无止境的追溯。两个人不仅不能思想到相同的观念，而且他们甚至于不能思想到有任何一点共同之处的观念，除非存在着本质 166
上不是任何心灵构成的事物的观念。我们可以同意洛克的定义，说观念是思想的对象；但我们绝不能企图回避这样一个结论，即观念并不仅仅是心灵中的某种东西，也不应该在某个地方给每一个观念以一种存在。显然，同样的批评也适用于这样一个论断，即知识、观念和真理“都只是自然习惯，亦即或是能动或是被动的禀赋和倾向”（《新论》，第 105 页；格本第 5 卷，第 97 页）。

102. 在莱布尼茨的学说中，感性知识同理性知识并没有恰当地从它们的起源上区分开来，而是由它们的本性加以区分的。它的不同之处在于它所处理的性质是在空间中延伸着的，并且全都是混乱的。由它们的混乱可以得出一个结论，这就是：那些似乎单纯的东西实际上是复杂的，尽管我们不可能对之作出分析。例如，绿色尽管看起来是单纯的，但在莱布尼茨看来，实际上是由蓝色和黄色的察觉不到的部分混合而成的[格本第 5 卷，第 275 页（《新论》，第 320 页）]。但他却没有告诉我们，如果蓝色和黄色可以被清楚地感知的话，它们又是如何表现的。然而，他似乎认为，我们的必然真理的证据与感觉真理的证据的本性是不同的，这一点对于一个信奉分析判断的人来说是很自然的。他说，理性的第一真理是矛盾律，而事实的第一真理却和直接知觉的数量一样多。我思想并不比我思想到的各种事物更为直接，这是作为对笛卡尔的“我思”的一个批评提出来的[格本第 4 卷，第 357 页（邓本，第 48 页）]。这就是说，矛盾律是必然真理的唯一的终极前提，而偶然真理则有多少经验就有多少个终极前提。他说，除了经验和矛盾律

或同一律外，再没有什么能够看作是最初的原则了；若没有它们，真理和谬误之间最终也就没有什么区别了[格本第 5 卷，第 14 页(邓本，第 94 页；《新论》，第 13 页)]。因此，许多事实真理除了自明之外就再也没有别的什么证明了，但这却只是必然真理中关于矛盾律的情况。然而，自明的事实真理完全是心理的：它们关涉到
167 我们自己的思想。在这个范围内，莱布尼茨和笛卡尔、巴克莱是一致的。他比这两个人中的任何一个都更为哲学化的地方在于：他意识到了事实真理以必然真理为前提，这样我们自己的存在也就因此而不再是所有真理的终极的和基本的前提。他说，我自己的存在之为一条真理，这是在无法证明的意义下讲的，而不是在必然的意义下讲的[格本第 5 卷，第 301 页(《新论》，第 469 页)]。像所有有限存在物一样，它是偶然的，然而它又和必然真理一样是确定的(《新论》，第 499 页；格本第 5 卷，第 415 页)。因此莱布尼茨同意洛克的说法，即我们有关于我们自己存在的直觉的知识，有关于上帝存在的推证的知识以及关于别的事物存在的感性知识(同上)。但感性知识是不可靠的，没有关于别的事物存在的某种一般根据，这种知识也就不能被接受[格本第 5 卷，第 117 页(《新论》，第 130 页)]。就这种理论的架构而言，它或多或少是笛卡尔主义的，但正如我们已经指出的，它有两个明显地超出笛卡尔的地方。第一点是我自己的存在不再认为是必然真理的前提；第二点是我的各种各样的思想和我自己的存在一样地确定。莱布尼茨没有发现，似乎同样真实无疑的是，外部事物的存在和我们自己的思想的存在一样地确定和直接，因此，正如我们所看到的，他也就不能为他对相信外部世界的存在进行辩解了。

103. 我现在来考察莱布尼茨使笛卡尔哲学精致化的另一个方面,即所谓观念性质的学说。这一点是在“关于知识、真理和观念的思考”中发挥出来的(邓本,第 27—32 页;格本第 4 卷,第 422—426 页)(1684 年)。笛卡尔认为,只要是被设想为清楚明白的东西就是真的。莱布尼茨则指出,如果没有清楚明白的标准,这条公理一无用处[格本第 4 卷,第 425 页(邓本,第 31 页)]。因此,他提出了下述定义。他说,知识或者是模糊的,或者是清楚的,清楚的知识或者是混乱的,或者是明白的;明白的知识或者是充分的,或者是不充分的;此外或者是象征的,或者是直觉的。完满的知识既是充分的也是直觉的。

就这些术语的含义而言,一个概念当它不能够使我认识到它所描述的事物,或者不能把这一事物同别的事物区别开来时,它就是模糊的;当它能够使我认识到所描述的事物时,它就是清楚的。当我不能够分别列举出用来区分已知的事物同别的事物的特征时,尽管这样一些特征是存在着的,这种清楚的知识也还是混乱 168
的。这一类的例子就是颜色和气味,虽然我们不能分解它们,但它们肯定是复合的,因为我们可以通过考察它们的原因而知道这一点(我们必须记住,莱布尼茨相信知觉与它的对象总是具有同等程度的复杂性的,而且既然绿色可以由蓝色和黄色组合而成,那么绿色的对象也就一定是复合的,因此,我们关于绿色的对象也就一定是复合的)。当我们能够分别枚举出所认识的事物的标记,即当有一个名义定义时,或者在所认识的事物不可定义,而是一个原初的即最单纯的概念时,清楚的知识同时也就是明白的知识。因此像黄金这样一个复合的概念,当它的所有标记或特征都被清楚地知

道之后，它也就是明白的了；如果它的所有标记或特征也同样被明白地认知，它就是充分的；如果这些特征不是明白地被知道，这一知识就是不充分的。莱布尼茨没有肯定是否存在着充分知识的完满例证，但他认为算术十分接近这种知识。明白的知识还可以按照它是象征的抑或直觉的而加以区分。当我们不能一下子领悟对象的全部本性，而是用标记或符号代替，这种知识就是象征的或者盲目的。当我们能在思想上一下子把握住构成观念的所有的基本概念时，我们的思想就是直觉的。因此，如果我们具有了明白的而又是原初观念的知识，它就必然是直觉的，而我们的复合概念的知识一般而言就只是象征的。

104. 这样一套学说对于定义是有重要意义的。一个实在的定义，作为纯粹名义定义的对立面，它表明了被定义事物的可能性，而且尽管这一点也可以通过证明事物的现实存在去后天地完成，但是只要我们的知识是充分的，这也就可以先天地完成。因为在这种情况下，一个完整的分析就在没有发现任何矛盾的情况下被完成；而且凡是没有矛盾的地方，被定义的事物就必然是可能的[格本第 4 卷，第 424—425 页（邓本，第 30 页）]。对于定义，莱布尼茨一般地发表了许多重要的见解。一个定义只是一个观念的明白阐述[格本第 5 卷，第 92 页（《新论》，第 99 页）]，但它既可以是
169 实在的，也可以是名义的。当一个定义仅仅列举出一些标记特征而没有说明它们是可共存的时候，它就是名义的。当所有的标记都被表明是可共存的，以致被定义的事物是可能的时候，这个定义就是实在的。这个被定义的事物于是是实在的，即使被它所断言的东西并未存在过[格本第 5 卷，第 279 页（《新论》，第 325 页）]。

简单的词语不可能有名义的定义；但当它们只对我们来说是单纯的时候，就像绿色那样，它们就能够有一个实在的定义来解释它们的原因，就像我们说绿色是蓝色和黄色的复合一样［格本第 5 卷，第 275 页（《新论》，第 319 页）］。在论及定义时，一些形式的连续性给他造成了一些困难，迫使他承认我们可以怀疑某些婴儿能不能算人。但同洛克相反，他指出，尽管我们可能无力解决这一问题，但总归只会有一个真的答案。如果被创造物是有理性的，它就是人；反之则不是人；并且它始终只能或者是有理性的或者是没有理性的，尽管我们可以怀疑所选中的答案是否为真［格本第 5 卷，第 290 页（《新论》，第 339 页）］。然而在连续性的所有情况下，毕竟存在着实在的困难，即对象的无限小的变化可能使得观念发生一个有限的变化，正如再失去一根头发就正好可以使一个人成为秃子一样。在这种情况下，莱布尼茨认为自然没有精确地规定这个概念［格本第 5 卷，第 281 页（《新论》，第 328 页）］；但这一回答看来是不恰当的。

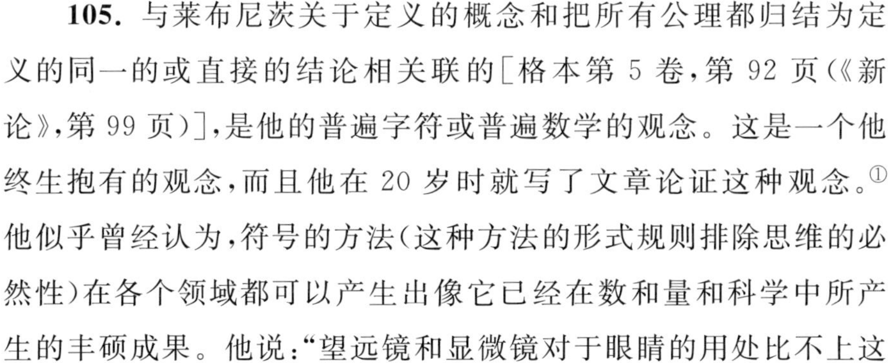

105. 与莱布尼茨关于定义的概念和把所有公理都归结为定义的同一的或直接的结论相关联的［格本第 5 卷，第 92 页（《新论》，第 99 页）］，是他的普遍字符或普遍数学的观念。这是一个他终生抱有的观念，而且他在 20 岁时就写了文章论证这种观念。[①]他似乎曾经认为，符号的方法（这种方法的形式规则排除思维的必然性）在各个领域都可以产生出像它已经在数和量和科学中所产生的丰硕成果。他说："望远镜和显微镜对于眼睛的用处比不上这

① 《论组合术》，载格本第 4 卷，第 27—102 页。

种方法对于增加思想能力的用处。”（格本第 7 卷，第 14 页）“如果我们有了它，我们就可以像在几何学的分析中那样用几乎同样的方法在形而上学和道德的领域进行推理”（格本第 7 卷，第 21 页）。
170 “如果发生了争论，论争的需要在两个哲学家之间也不会比在两个会计员之间更大。因为只消这样就足够了——拿支铅笔，坐在他们的石板旁，相互说（如果他们愿意，旁边可以有一个作为证人的朋友）：让我们算一算吧！”（格本第 7 卷，第 200 页）。他认为，在任何一种先验科学中，通过建立前提，其余的东西就都可以借助于推论规则而获得了；一旦所有的公理作为同一性命题推论出来，若要建立起正确的前提，就只需要对使用的所有概念进行分析一直达到简单概念就行了。他极力主张，应该把这种方法运用于欧几里得的公理上，他认为这些公理是能够加以证明的[格本第 5 卷，第 92 页（《新论》，第 99 页）]。这种普遍字符看来是种很像三段论的东西。他说，三段论是人类最有成果的发现之一，是一种普遍数学[格本第 5 卷，第 460 页（《新论》，第 559 页）]。他所向往的显然很接近符号逻辑这门现代科学，[①]符号逻辑现在已经明确地成了数学的一门分支学科，它为布尔在处理“思维规律”的模糊概念下向前发展了。作为一个数学观念，作为一门包括符号逻辑、普通代数以及作为特殊事例的几何学的普遍代数学，莱布尼茨的概念本身已经表明它在最高的层次上是有用的。但是，作为研究哲学的一种方法，它具有那种由于信仰分析命题而产生的形式主义的缺陷，

① 参阅格本第 7 卷，第 214—215、230 页，在那里他提供了一些关于符号逻辑的运算规则。

也正是由于这一点才导致了斯宾诺莎运用几何学方法。因为哲学事业正是要发现那些简单观念和原初公理，一切计算和科学都是以它们为基础的。认为原初公理是同一性的，这样一种信仰所强调的是结论，而不是前提，这同真正的哲学方法是根本对立的。如果前提都是些类似“A 是 A”或“AB 不是非 A”的命题，那它们使用起来就没有什么困难，也没有什么用处。因此，莱布尼茨假设最需要的是一种简便的演绎方法。但是事实上，哲学问题应该先于 171
演绎。一个能被定义的观念或一个可能证明的命题对于哲学的兴趣来说只是次要的。哲学的重点应集中在不可定义和不可推证的东西上，在这里，除了直觉之外没有什么别的方法是有效的。因此，普遍字符尽管在数学中是最重要的观念，但在哲学中却表明是根本错误的，这种错误为三段论所助长，并且建立在对必然真理的分析性质这样一种信念上。[①]

① 关于莱布尼茨在这个问题上的观点的描述，请参阅古劳尔，上引书，第 1 卷，第 320 页以下。有关充分的论述，请参阅库图拉特：《莱布尼茨的逻辑学》，巴黎，1900 年（正在印刷中）。

172 # 第十五章　关于上帝存在的证明

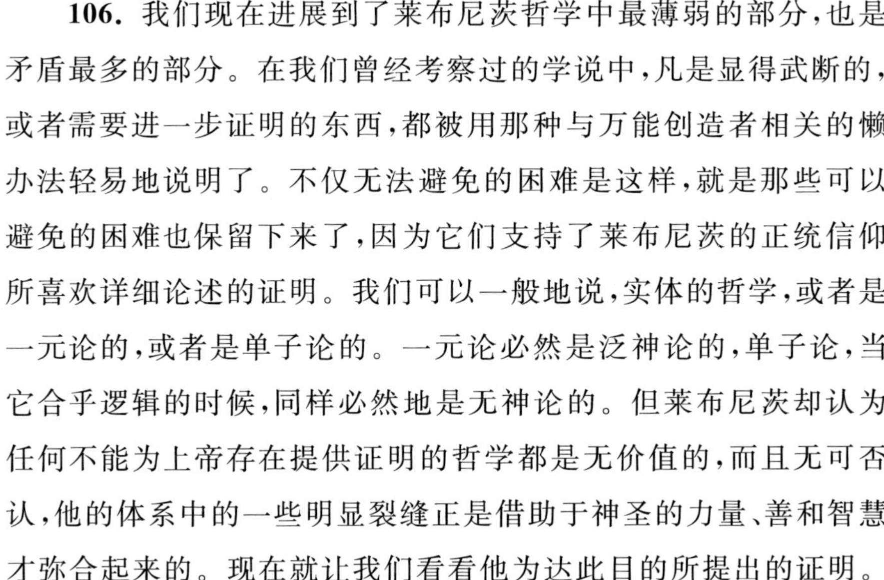

106. 我们现在进展到了莱布尼茨哲学中最薄弱的部分，也是矛盾最多的部分。在我们曾经考察过的学说中，凡是显得武断的，或者需要进一步证明的东西，都被用那种与万能创造者相关的懒办法轻易地说明了。不仅无法避免的困难是这样，就是那些可以避免的困难也保留下来了，因为它们支持了莱布尼茨的正统信仰所喜欢详细论述的证明。我们可以一般地说，实体的哲学，或者是一元论的，或者是单子论的。一元论必然是泛神论的，单子论，当它合乎逻辑的时候，同样必然地是无神论的。但莱布尼茨却认为任何不能为上帝存在提供证明的哲学都是无价值的，而且无可否认，他的体系中的一些明显裂缝正是借助于神圣的力量、善和智慧才弥合起来的。现在就让我们看看他为达此目的所提出的证明。

在莱布尼茨那里，为了证明上帝的存在，有四个不同的证明。就我所知，其中只有一个是他本人的发明，而这一个却是这四个证明中最差的一个。这四个证明是：本体论证明，宇宙论证明，从永恒真理作出的证明和从前定和谐作出的证明。

107. 莱布尼茨不大采用笛卡尔从安瑟伦那里改造过来的本体论证明，而且他还对笛卡尔形式的这种证明提出了严厉批评。
173 同时，本体论证明和从永恒真理作出的证明都可以独自从必然的前提出发，并且因此而能够独自形式地产生一个必然的结论。当然，表明上帝存在是一条必然真理，这是十分本质的和必要的。而且，如果这一点是真的，本体论证明就必定在实际上是正确的。因为如果假定上帝不存在是自相矛盾的，由此就可以推论出，它的存在就具有它的本质，而且因此它的存在就能从它的本质中推论出来。这恰恰是本体论证明所试图达到的目标。正因为如此莱布尼茨才谨慎地没有将本体论证明完全抛弃。

本体论证明有多种表述方式。在最初的形式中它表述为上帝具有一切完满性，存在就包含在这些完满性之中——也就是说，善的东西就是假设其存在比假设其不存在更好。因此，存在属于上帝的本质；如果假定最完满的存在不存在，这是自相矛盾的。再者，上帝可以与善无关地被定义为最真实的存在，或者一切真实性之总和，这样，就完全可以从它的本质推论出它的存在来了。对于这些证明，莱布尼茨反驳说，它们并没有证明上帝的观念是一个可能的观念。他承认它们证明了只有对于上帝下面一点才是真的，这就是如果上帝是可能的，他就存在着[例如格本第 5 卷，第 419 页(《新论》，第 504 页)；格本第 6 卷，第 614 页(邓本，第 224 页；拉塔本，第 242 页)]。这种反驳早已有人向笛卡尔提了出来，而笛卡尔在对他的《沉思》的第二篇诘难的回答中也已作了答复。[①] 莱布尼茨轻而易举地证明了上帝的观念是可能的。它的可能性是后天地根据偶然事物的存在而得出的；因为必然的存在就是自己存在，如果这居然不是可能的，那就没有什么存在会是可能的了[格本第

① 参阅《笛卡尔全集》，库森编，第 1 卷，第 40 页，第 440 页以下。

4 卷,第 406 页(邓本,第 137 页)]。但这种证明方法更确切地说属于宇宙论证明。上帝的可能性先天地得自它的无界限、无否定和因此而来的无矛盾[格本第 6 卷,第 614 页(邓本,第 224 页;拉塔本,第 242 页)]。1676 年在海牙,莱布尼茨呈送给斯宾诺莎看的论文中就很好地表述了这种证明,这篇论文的题目是《论最完善存在物之存在》。[①] 论文尽管是他早年写的,但内容却与他后期的
174 哲学完全一致。他从他一贯认可的前提出发证明了上帝是可能的,然后,运用本体论证明去证明上帝是现实的。因此,他严格地依据他始终认为是必需的推理来开始其本体论证明的。

108. 这种证明有如下述:每一个单纯的或绝对的、积极的和无定限的、不受限制地表象其对象的性质都叫完满。所有这样的性质都能够成为同一个主项的谓项。因此让我们设想一下它们中的两个 A 和 B 是不可共存的。莱布尼茨说,如果不分开它们,它们的不可共存性将是不可证明的,另外它们的本性也将无法进入推理。但二者是不可分解的。莱布尼茨认为,它们的不可共存性也就本质地不可知了。所以,A 和 B 不是不可共存的,这样一个主项是可能的。既然存在是一种完满,这样一个主项也就存在了。

这种推论,就其证明了被如此定义的是不自相矛盾的而言,确实是有效的;而且这就是用必然判断的分析理论来证明上帝是可能的所要求的一切。然而有趣的地方在于本体论本身,它被包含在这一个说法之中,即因为存在是一种完满,所以上帝存在。这种

① 格本第 7 卷,第 261 页(《新论》,第 714 页),以及斯坦:《莱布尼茨与斯宾诺莎》附录 1。参阅附录 7,1678 年 1 月。

说法依赖于把存在认作谓项，莱布尼茨就是这样做的[格本第5卷，第339页（《新论》，第401页）]。但他又认为，就有限物而言，在存在和所有别的谓项之间是有极大差别的。唯独存在判断不是分析的。在任何谓项不是存在的命题中，谓项都包含在主项之中；但当谓项是存在时，它就不包含在主项中，除非是上帝这么一种情况。莱布尼茨准会承认康德所极力主张的：我仅仅想象到的一百个塔勒就像实际存在的一百个塔勒完全一样；因为这包含在关于存在论断的综合本性中。如果情况不是这样，一百个实际存在的塔勒的概念也就区别于一百个可能的塔勒的概念，存在将被包含在概念之中，而关于存在的判断也将成为分析的。但莱布尼茨完全不应该坚持认为存在就是一种谓项，因为两个主项，其中一个具有被给定的谓项，而另一个则没有，它们就不可能完全一样。因
此，他本来应该达到康德的立场，即认为存在不是一个谓项，而且 175
上帝的非存在也不可能是自相矛盾的。[①] 作为抵偿，他竭力想借助于上帝的必然存在来填平存在于偶然真理与必然真理之间，也即那些是关于存在的和不是关于存在的真理之间的鸿沟。这一尝试是他的所有论证的起因，而且也特别明显地表现在他的宇宙论证明中，这一点正是我们现在应该考察的。

109. 乍一看宇宙论证明比起本体论证明来似乎更加有理一些，然而它却更少哲学意味，而且只是通过把这种证明本身所要说明的问题掩盖起来才得到这种似乎更加有理的特性。宇宙论证明

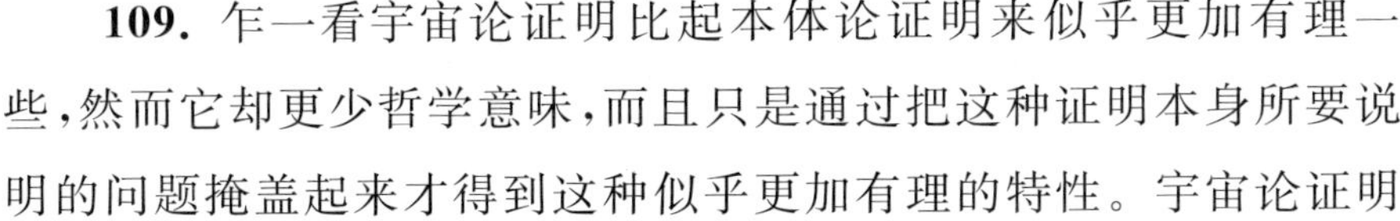

① “存在显然不是一个真正的谓项，即不是一个关于事物的概念，不是能够添加到某个事物的概念上去的东西。它本身只不过是对一件事物的指定，或者说是对某些规定的指定”（《纯粹理性批判》，哈藤版，第409页）。

有一种形式上的缺陷，即它是从作为给予材料的有限存在物开始的，并且承认这种开端是偶然的，而推论出一个并非偶然存在的东西。但由于前提是偶然的，结论也必定是偶然的。只有一种办法可以避免这一点，那就是指出这种证明是分析的，它从一个复合命题出发，达到一个这个命题在逻辑上预先设定的结论，而且必然真理是可以包含在偶然真理之中的。但是这一过程并不是严格地根据先决条件所作的证明。如果一个判断 A 预先假定了一个判断 B，那么毫无疑问，如果 A 是真的，B 也就是真的。不可能有确凿的根据来承认 A，承认 A 的根据并不也是承认 B 的根据。例如在欧几里得那里，如果你承认命题，你就必须承认公理；但把这一点作为承认公理的理由则是荒谬的。当你的对手是一个缺乏推理能力的人时，这种证明充其量也只是以其人之道还治其人之身。人们想承认有限的存在，那么，你就强迫他们去承认上帝的存在；但如果他们问起他们承认有限存在的原因时，最好的根据——如果宇宙论证明是有效的话——就是像这样首先引导到上帝的存在；然而，这一类根据如果存在的话，也只能在本体论的证明中找到。莱布尼茨由于把这种证明称为后天的而实际上承认了这一点[格本第 6 卷，第 614 页(邓本，第 224 页；拉塔本，第 242 页)]。

176 按照莱布尼茨的表述，宇宙论证明大体是这样的。现存的世界是假设地必然的，但不是绝对地必然的。既然它是它所是，因此它也将是它所将是。但那种联系着世界的一个状态与下一状态的因果性绝不可能表明为什么会有一个世界存在。即便我们假设了世界的永恒性，我们也不可能因为整个系列的某种理由而逃避必然性；虽然每一种状态都从前一种状态而来，我们还是得不到一条充足理由来说明为什么会存在一些状态。因此,必定存在有万物存在的某个超越的理由。整个有限物的集合是偶然的,因此需要一个充足理由。但是,这个理由不可能在有限物的序列中找到,因为它们中的每一项都是偶然的并且其自身也都需要一个充足理由。因此,所有偶然事物的充足理由自身必定不是偶然的,而是形而上学地必然的。此外,存在的理由只能来自存在。所以,所有偶然事物的形而上学地必然的充足理由必定是一个必然的存在者,即是一个其本质即包含存在的存在;而这只能是上帝[格本第 7 卷,第 302 页(邓本,第 100 页;拉塔本,第 337 页)]。

110. 这一证明建立在下面的根据上,是容易遭受到攻击的,这根据就是:如果一个存在物的理由是某个别的存在物,那么本体论证明就不可能是有效的。"因为在永恒的事物中必定这样地理解:即使没有原因在那里存在,也必然会有理由存在,这个理由在永久的事物中是必然性自身或本质"(同上)。因此,它就是偶然存在物必定成为一个存在物的唯一的理由。但是这个理由只能基于下面这个根据,这就是:偶然事物的理由必定是一种倾向,而不是必然;实在说来,这是偶然事物的真正本质。因此,当上帝的必然存在获得以后,偶然事物世界也并不能从中必然地推出。由此看来,上帝的意志必定是偶然的,因为这些意志必然会达到它们的结果,而且如果结果是偶然的,那也因此只能是因为这些意志是偶然的。因此,这些意志本身也需要一个充足理由,这个理由是倾向,而不是必然。这是在上帝的善中发现的。可以这么说,上帝是可以自由地作恶的,只不过他没有这样做而已[格本第 6 卷,第 386 页(邓本,第203页);格本第7卷,第409页(邓本,第274页)]。但是

177 上帝的善本身必定被假设成必然的(参阅前引书,第 39 页)。于是,关于存在的命题的偶然性就最终置放在上帝并不必然行善这个论断上了(格本第 4 卷,第 438 页)。事实上,上帝的善行不得不设想为一些特殊存在物的集合,其中每一个存在物在上帝的善中都有一个充足的理由。另一方面,我们也可以把它们的充足理由置于上帝的智慧中,即置于他关于善的知识中,而这种知识是关于必然命题的知识。莱布尼茨说,上帝的善使他想要去创造善的事物,他的智慧向他表明可能的事物中最好的事物,而他的力量则使他能够把它创造出来(格本第 6 卷,第 167 页)。

让我们还是回到宇宙论的证明上来。由偶然事物组成的整个世界依然是偶然的,而且必定有一个理由存在于在它本身之外的某个形而上学地必然的存在中;莱布尼茨这么说的用意在于竭力排除隐含在所有关于上帝存在的证明中的泛神论。他同样可以说,每一个有限的存在物都是以某种别的存在物为条件的,但存在物的整个系列却不可能以任何一个存在物为条件。由此便可以得出结论说,它的充足理由不是一个存在物,从而存在的总和是形而上学地必然的。然而这种证明形式应该说已经使他陷入了斯宾诺莎主义。这与布拉德雷先生使用的形式非常类似,而且这种形式实际上是莱布尼茨的证明的基础。如果承认关于存在的这种判断理论的话,这种形式的有效性就无可争议了;可以肯定,没有什么真理是自相矛盾的,因为只要我们的论点本身是真的,就会有真理。因此,如果一切真理都在于关于某物存在的命题的话,再坚持无物存在就自相矛盾了。因此,某个事物存在是形而上学地必然的。这种证明详尽地表述在布拉德雷先生的《逻辑学》的第 1 卷第

2 章到第 4 章中，而且兼有本体论和宇宙论两种证明的特征。这一点也启发了莱布尼茨根据永恒真理进行证明，从这种证明里，我们将发现他所坚持的存在的判断理论的意义。

111. 我们已经知道，莱布尼茨认为永恒真理个个都是假设的。它们并未断言其主项的存在。可能的大于现实的，所有可能
的世界只能靠永恒真理来描述。但是，这样一个在我看来十分正 178
确的观点却使莱布尼茨惊恐不安。他想，先于存在的可能性或本质是虚构的这一点可能会受到非难。对此，他回答说，它们并不是虚构的，而是与永恒真理一道必定可以在上帝的心灵中找到。他继续说，现存事物系列的存在表明了他的论断是不无理由的。因为这个系列的理由不可能在这个系列之中找到，而应该在形而上学的必然性或永恒真理那里找到；同时，一个偶然存在物的理由本身也应该存在。因此，永恒真理肯定存在于绝对的或形而上学地必然的存在之中，即存在于上帝之中[格本第 7 卷，第 305 页(邓本，第 103 页；拉塔本，第 343 页)]。因此，混乱的观念就是那些表象宇宙的观念，而明白的观念，即必然真理所从出的观念则是对上帝的表象(《新论》，第 109 页；格本第 5 卷，第 99 页)。上帝的理智被描述为永恒真理的领域(格本第 6 卷，第 115 页；格本第 7 卷，第 311 页)。在上帝那里，那些要是在别处就会是想象的东西都实现出来了[格本第 7 卷，第 305 页(邓本，第 103 页；拉塔本，第 343 页)]。因此，关系从最高理由那里得到了它们的实在性(格本第 5 卷，第 210 页；《新论》，第 235 页)，即从它们存在于一个神圣的心灵之中这样一个事实获得的实在性。在莱布尼茨看来，上帝不仅看见了个别的单子及其各种形态，而且还看见了单子之间的关系，

关系的实在性正在于此。[1] 因此，一般地就关系和永恒真理论，存在就是被知觉。但是，这知觉必定是上帝的知觉，而且凡知觉必定有一个对象，虽然这对象是内在的[格本第 6 卷，第 614 页（邓本，第 225 页；拉塔本，第 243 页）]。这样，我们的对于永恒真理的知识也就成了对于上帝的知识，因为这些真理是上帝本性的一部分。这也就是为什么那认识永恒真理的理性精神被说成是不仅反映宇宙也反映上帝的原因。

112. 对于这种证明，我只能把它说成是混淆视听。首先，他混淆了上帝的知识和上帝所知道的真理；这是一种莱布尼茨在别的地方十分明显地暴露出来的混淆。他说："本质即使没有上帝也能以确定的方式设想出来……而上帝的真实本质之包含所有别的本质达到这样的程度以致若没有这些本质，上帝也就不可能完满地被设想出来"（邓本，第 115 页；富歇本，第 24 页）。他又说，"可

179 以说，上帝和上帝认识的事物是一回事，这跟说心灵和心灵认识的事物是一回事一样"（邓本，第 177 页；富歇本，第 34 页）。这后一段话是一个反驳斯宾诺莎的证明，而且所考虑的只是存在物。但是如果真理能够和关于真理的知识一样的话，那么当真理是关于存在的真理时，为什么就不能是这样了呢？而且，前一段话也不能被那样处置，因为它明确地涉及本质，并且指出了真实的论据，这就是：若没有本质，上帝就不可设想。此外，正如我早已指出的那样，上帝的存在本身由于这一点而被证明，从而有了一个根据；然而，这个根据却是不能等同于上帝对它的知识的。莱布尼茨极力

[1] 格本第 2 卷，第 438 页，也请参阅《单子论》第 43 节。

主张，永恒真理不像笛卡尔所说的那样依赖于上帝的意志。关于这一点是有许多理由的。首先，上帝的意志依赖于一个充足的理由，这个理由必定始终是他对于善的知觉。但这种知觉对于上帝的选择来说只能是一种动机，如果善本身是独立于这种选择的话。如果不是一种可能的决定比别的决定更好些，那么，上帝在决定什么应判定为善的东西时就会没有什么动机，我们就会因此而陷入恶性循环。[①] 再说，上帝的存在是属于永恒真理的，莱布尼茨得意扬扬地问，谁敢宣称上帝的存在是由于他的意志呢(格本第 7 卷第 310—311 页)？但是，我们可以这样反驳他：谁又敢说上帝的存在依赖于他的理智呢？谁又敢咬定上帝存在的理由就是他对于这种存在的知识呢？如果真是这样的话，要证明上帝的存在就必须先证明上帝知道他存在；并且因此演绎出上帝知道的东西，即他自己的存在是真的。但是，很显然，上帝的存在并不依赖于他对这种存在的知识。也不能主张这两者是同一的，因为他的知识包含着许多别的命题，而且除知识外，他还具有善和力量的属性。因此，上帝的存在与他对存在的知识并不是同义的。关于所有别的真理的情况显然也是如此。莱布尼茨坚持认为上帝的观点总是千真万确的，他所知道的一切都是真的(例如格本第 4 卷，第 439 页)；莱布尼茨明确认为这种说法并不是同义反复。但如果真理就意味着上帝所知道的东西的话，则上帝的观点是千真万确的这样一个陈述 180
就与上帝知道他所知道的东西那样一个陈述是一回事了。再说，上帝的存在是从矛盾律演绎而来的，因此对矛盾律而言，他的存在

① 格本第 7 卷，第 365 页(邓本，第 244 页)，第 379 页；第 4 卷，第 344 页。

是在后的。所以，如果我们要坚持认为这一规律只在于上帝知道它，就不能不陷入恶性循环。还有一点，如果没有矛盾律或同一律，事情就会如莱布尼茨所指出的那样[格本第5卷，第14页（邓本，第94页；《新论》，第14页）]，真理和谬误之间也就没有什么差别了。因此，倘若没有这一条规律，上帝的存在也就不可能为真，也同样不可能为假了。由此可知，虽然上帝的存在可能依赖于矛盾律，但矛盾律却不能反过来依赖于上帝的存在。最后，让我们来考察一下命题这个词的真实含义。莱布尼茨不得不坚持认为永恒真理存在于上帝的心灵中[格本第6卷，第230页；第7卷，第305页（邓本，第103页；拉塔本，第343页）]，因此我们就不能说上帝隶属于永恒真理，因为它们构成他的真正本性的一部分，即他的理智。但莱布尼茨又说它们是上帝的理智的内在对象[格本第6卷，第614页（邓本，第225页；拉塔本，第243页）]，这样，对象这个词所暗示的，也就是内在的这个词着意要否定的，这就是：真理是有别于关于它们的知识的这么一种看法。只要我们认真考察一下，这一点就是很明显的。因为，一个永恒真理如何能够存在呢？矛盾律，或者说二加二等于四这样一个命题或几何学真理，所有这些都被说成是存在于上帝的心灵之中。只要我们考察一下这个问题，那就很显然，所有这些真理都是完全不可能存在的，存在的只是关于它们的知识。绝不能坚持说研究欧几里得就是研究上帝的心理学。如果要予以纠正的话，我们似乎只能说真理现实地构成上帝的理智；而且，如果事情果真如此的话，那么，既然我们必须始终把命题和关于命题的知识区别开来，一个大不敬的结论就会随之而来了，这就是：上帝是不可能有知识的。真理是上帝的心灵的状态，而且虽然我们知道这些真理，但上帝却不可能知道它们，因为知识是有别于所认知的东西的。[①] 一般而论，如果一个真理是 181
存在于某个心灵中的东西的话，那么，这个心灵和另一个知道这个真理的心灵就不可能意识到同一个真理。如果我们一旦承认只有一条矛盾律，无论谁所知道的矛盾律都是这一条，那么这条规律本身就是一个有别于所有知识的东西，而且，也不可能逻辑地依赖于上帝的心灵。除非真理有别于上帝的知识，那就根本没有上帝要认识的东西。上帝的理智是由关于永恒真理的知识组成的，如果这些真理反过来由上帝的知识所组成，那就无法解释他的知识如何开始，也没有理由说明为什么他知道他所知道的命题而不知道别的命题。因此，永恒真理之为真就必定同上帝的知识无关，从而它们也就不能用来证明上帝的存在。事实上，莱布尼茨对上帝的理智究竟是真理的总和还是这种总和的知识这个问题似乎从来没有定见。前者将使上帝十分近似于斯宾诺莎的上帝，而且将因此而无法安置上帝的意志。后者则本当使关于上帝所知道的东西的真理不依赖于他的知识，从而也就没有根据推出知识的存在或知者的存在。

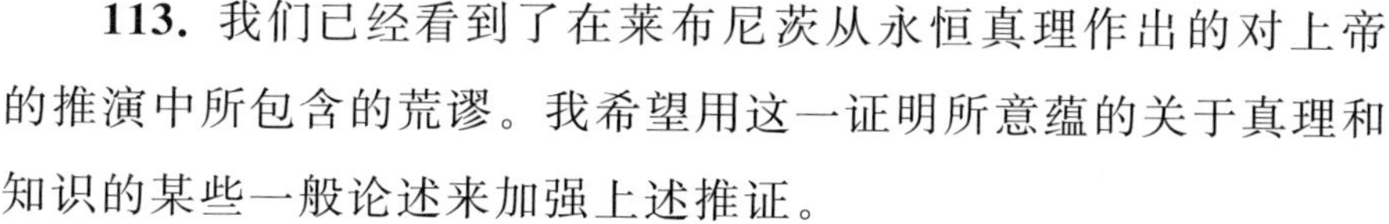

113. 我们已经看到了在莱布尼茨从永恒真理作出的对上帝的推演中所包含的荒谬。我希望用这一证明所意蕴的关于真理和知识的某些一般论述来加强上述推证。

① 莱布尼茨本人在大约写于1680年的一篇论文中，为了反驳笛卡尔曾极力主张过这样一种反对意见。他说："笛卡尔的上帝既无意志也无理智，因为，在笛卡尔看来，这个上帝既不以善作为他的意志的对象，也不以真作为他的理智的对象。"（格本第4卷，第299页。）

一个普遍承认的观点认为，正如莱布尼茨所指出的，如果没有理智，甚至连上帝的理智也没有，那就根本不会有什么永恒真理（格本第 6 卷，第 226 页。参阅斯宾诺莎《伦理学》第 2 部分命题 7 附释）。这一看法受到了康德的关于先验真理在某种方式下是心灵的产物这一概念的鼓励，并被黑格尔主义提升为第一原理。因为否认一切真理是自相矛盾的，也就因此而变成了否认一切知识也是自相矛盾的。而且，既然按照这种观点，如果不被认知，就没有什么东西能够是真的，那么，假定一个人格的上帝，或者假定一种泛神论的宇宙心灵（真理源源不断地从其本性中流溢出来或放射出来），就变得十分必要了。我要指出的是，莱布尼茨对上帝的证明只是这种证明的一种神学形式，我用以反对莱布尼茨的一切
182 议论同样也适用于反对所有那些认为真理依赖于知识的人。应该记住，在这种联系中，知识是一个复合观念，它是由真理和信仰组合而成的。信仰，作为一种心理现象，无论所信仰的对象为真还是为假都是一回事。因此，我现在正在讨论的观点所遇到的第一个困难就是区分开真假信仰，区分开知识和谬误。第二个困难同上帝存在的真理依赖于上帝对这一真理的知识这个假设的困难相近似。真理依赖于知识，这一命题本身是真的还是假的？如果是假的，这种立场就站不住脚了；如果是真的，它自身何以能依赖于知识呢？使真理这样依赖于知识会造成一种恶性循环，然而使真理不依赖于知识也就是放弃这种立场。第三个困难在于，知识并不是一个简单观念，定义它的诸多命题必定先于知识是存在的这一命题。

这一立场的基础与宇宙论证明是相同的。它依赖于关于存在

的判断理论，关于一切真理都在于描述存在的东西这样一种理论。真理对知识的依赖实在是关于存在的命题理论的一种特殊情况，而且像那种理论一样，包含着不存在的东西是虚无，甚至无意义这样一种假设。因为真理显然是某种东西，而且根据这一理论，应该是同存在联系在一起的。现在，知识(或许)存在，从而很容易使真理成为知识的一种性质。这样，一个给定的命题是真的这种命题就被还原为它是被认识的这样一个命题，并且因此而成为关于存在的命题了。所以，莱布尼茨把宇宙论证明同从永恒真理作出的证明十分紧密地联系在一起是不无道理的[例如格本第 7 卷，第 302—305 页(邓本，第 100—103 页；拉塔本，第 337—343 页)]。但他认为真理依赖于存在是错误的，至少在我看来是这样。对于一个认为可能大于现实的人来说，这个理论是根本站不住脚的。

莱布尼茨由于信仰上帝而陷入的前后矛盾如此之多，以致要
把它们全都揭示出来需要花费很多时间。然而，我刚才所指出的 183
却是其中最重要的一个。现实的与可能的并不是共存的；这一观点，正如我们所看到的，对于莱布尼茨的偶然性和自由理论以及他对于恶的问题的解释，是十分必要的。这样一个观点却被关于存在的判断理论否定了，而莱布尼茨关于上帝存在的两个证明都是依赖于这一理论的。如果每一个命题都把一个谓项归于某个存在的话，那么我们就不可能坚持认为非存在是可能的是一条终极真理。所谓非存在是可能的，我们只能解释为上帝或某个别的东西相信它是可能的；然而，如果我们有逻辑头脑的话，那我们就必定认为这种相信是错误的。因此，莱布尼茨通过引进上帝而陷入了一种斯宾诺莎的必然性：只有现实的是可能的，非存在是不可能

的，偶然性的根据烟消云散了。

如果上帝被设想为对单子有任何影响的话，走到斯宾诺莎主义的另一个方面也就在所难免了；这就是相信只有一个实体。但在这种前后矛盾的情况下，最好还是先来考察一下莱布尼茨最为得意也是他本人发明的证明，即从前定和谐作出的证明。

114. 从前定和谐作出的证明是所谓自然神学证明的一种特殊形式，另一方面它也被认为是设计论证明。这是一种摆脱困境的论证，一种普遍流行的神学论证。由于比任何一个别的证明更加不充分，它就获得了别的证明从来不曾享受到的盛名。我们被告知说，这个世界被建设得如此之好，以致必定有一个技艺高超的建筑师。在莱布尼茨的形式中，这个证明说，所有单子的和谐都起源于一个共同的原因[例如格本第 4 卷，第 486 页(邓本，第 79 页；拉塔本，第 316 页)]。它们应完全同时发生，这一点只能通过创世主预先决定它们的同时发生来解释。让我们看看这种理论究竟包含了一些什么样的内容。

粗略地说，基督教的上帝不得不完成两项使命。他必须既是天道，又是创世主。莱布尼茨把第一项使命合并进了第二项，[①]尽管他常常否认他是这样干的。他说上帝是灵魂的直接的外在对
184 象，他可以直接作用于灵魂，尽管看来他很少这样做[格本第 5 卷，第 99 页(《新论》，第 109 页)]。在下面这个意义上，莱布尼茨同意马勒伯朗士的理论，即我们在上帝中看一切[格本第 6 卷，第 578 页(邓本，第 189 页)]。但我们最好还是完全去掉上帝对于世界的

① 参阅《阿尔诺的反对意见》，格本第 2 卷，第 15 页。

直接作用，因为这显然同莱布尼茨的逻辑学不一致。所有反对实体相互作用的根据，正如我们所看到的，都是一些提供了形而上学必然性的根据，因此，也就同样适用于反对上帝对于世界的作用。因此我们将设想上帝是创世主，而他的天道或善仅仅体现在创造可能世界中最好的世界这一方面。

每当莱布尼茨不考虑神学方面的反对意见时，他就把上帝对世界的作用完全限制在创造世界这一点。他说，上帝的善使他想去创造善的事物，他的智慧向他显示出尽可能好的东西，他的力量使他能够创造出尽可能好的东西（格本第 6 卷，第 167 页）。大体说来，上帝的智慧和善是与我们的知识及意志相对应的，但他的力量却是他所独有的属性，创造物中没有与之相对应的东西。[①] 上帝的智慧是由他对所有真理的知识组成的，不管是必然的还是偶然的都一样。就真理是必然的而言，他的构成他的理智的有关知识，是先于他的意志的：因为他的意志是由他对善的知识决定的，从而所有关于善的事物的真命题都是必然真理。莱布尼茨觉得（例如格本第 4 卷，第 344 页），除非善独立于上帝的意志，否则上帝的意志被称作善就不可能有任何意义，尽管他还没有意识到，如果真理不独立于上帝的思想，那么上帝的思想之称作智慧也就不可能有任何意义。因此，智慧和善在创造善的世界中是一致的，是共同起作用的。但是，力量却为这个世界的创造所需要，而不是为决定它的本性所需要。这里，莱布尼茨似乎谨慎地防范着由偶然

① 例如格本第 6 卷，第 615 页（邓本，第 225 页，拉塔本，第 244—245 页）。但同格本第 4 卷，第 515 页（邓本，第 125 页）形成对照。

判断的理论所带来的不一致。每一个不涉及上帝的关于存在的命题都是偶然的，因此，虽然上帝不能够没有确定矛盾地被设想为去
185 影响任何有关实体的本性，然而却可以无矛盾地被设想为产生那个实体的存在。正是在这个意义上，前定和谐便归因于上帝。上帝乐意创造相互和谐的单子，虽然这种和谐发自它们的本性，但是具有这种本性的单子的存在却是由于上帝的力量。

115. 关于这个证明，我们可以说，如果宇宙论证明有效的话，则现在这个证明就变得多余了。如果上帝的存在能够从任何一个有限存在物那里推论出来的话，那么存在着的事物的特殊本性对于接着而来的关于上帝是善的经验证明就是不相干的，充其量是有用的。再者，如果用莱布尼茨的实体概念，那么在创造一个实体的观念中就存在着许多困难。这里他就陷入了同本体论证明的矛盾，这是一个我现在必须回过头来予以说明的问题。

如果存在能够属于上帝的本质——按照本体论证明，必然如此——那么，存在就是上帝的一个谓项。但如果存在是上帝的一个谓项，那它就是一个谓项。从而当我们说某个东西存在时，存在也就是这个存在物的一个谓项。至此为止，莱布尼茨是同意这一论证的[格本第 5 卷，第 39 页(《新论》，第 401 页)]。但如果存在是一个谓项，那它也就是实体本性的一个部分，从而一个实体也就由于其被创造而获得了一个新的谓项。这样，存在的特殊地位，作为一种偶然的和综合的谓项，也就丧失了。如果所有的实体总是包含着它们的所有的谓项，那么所有的实体也就总是包含着或不包含着这个谓项；这样，上帝对于这样一个谓项就和对于任何一个别的谓项一样必定是无力的。增加存在这个谓项必定是形而上学

地不可能的。因此,问题就只能是这样:或者创造是自相矛盾的,或者如果存在不是一个谓项,本体论证明就是有毛病的。但其他一些证明,正如康德所指出的,又全都依赖于这一证明。[①] 所以,如果我们接受了它,那就必须把上帝看成唯一的实体,看成一个无创造能力的存在于宇宙万物之中的泛神论的上帝;如果我们拒绝了这一证明,我们又必须承认所有的单子都必然地存在着,而且不依赖于任何外部的原因。这也就是为什么我说(第106节)一元论必然是泛神论的,而单子论则必然是无神论的原因。因此,每当莱布尼茨严肃地对待上帝的时候,他就不自觉地陷入了斯宾诺莎式 186
的泛神论。

116. 这些泛神论的论断中有一些是毫无价值的。莱布尼茨说:"万物都在上帝之中,正如场所就在被置放的地方中一样"(邓本,第178页;富歇本,第38页)。那么,场所在他的体系中就只是被安置的东西的一种属性;因此,事物也就只是上帝的属性。在《单子论》中,莱布尼茨告诉我们说:"只有上帝才是……最初的单纯的实体,一切创造出来的或派生出来的单子都是它的产物,可以说是凭借神性的一刹那的连续闪耀而产生的"[格本第6卷,第614页(邓本,第225页;拉塔本,第243页)]。《形而上学论》中的下面一段话简直就像斯宾诺莎写的:"被创造的实体依赖于上帝,上帝维系它们,甚至通过放射不断地产生它们,正如我们产生我们的思想一样。因为上帝……以一切可能的方式观看全宇宙的所有方面;如果上帝恰好愿意使他的思想变成现实且产生出某个实体

① 《纯粹理性批判》,哈藤斯坦版,1867年,第414、427页。

的话，那么对宇宙的每看一下就像我们从一个确定的地点看一样，都会产生一个与这一观看相应的表象着全宇宙的实体。而且，既然上帝的观点总是真实的，我们的知觉也就因此而是真实的：蒙骗我们的是来自我们自身的判断”（格本第 4 卷，第 439 页）。人们感到奇怪的是，当上帝“使他的思想成为现实”时，[①]到底发生了怎样的变化。看来情况似乎是这样，所有实体的总和同上帝是不可辨别的，因此也就和上帝是同一的，这实在是一个泛神论信条。[②] 莱布尼茨一度非常接近一切规定都是否定的理论，尽管他似乎没有意识到这一观点必将导致斯宾诺莎主义。这一论证是就每一个单
187 子之具有原初的力的必然性而言的……派生的力只是它的一种情状。他说，没有原初的隐德来希，“就会有一些情状没有任何实体性的东西受到限定；因为仅仅被动的东西是不可能有能动的情状的；既然情状绝不会增加任何完满性，它只能是一种真正的限定或限制，因此，不可能超过主项的完满性”。（格本第 3 卷，第 67 页）莱布尼茨甚至承认（格本第 2 卷，第 232 页），他关于有许多实体的论断是十分武断的。他说，“如果实体的概念按照其一般的定义，

① 对照同一本书中的下述段落（格本第 4 卷，第 453 页）：“然而，我并不同意某些很有才华的哲学家的意见，他们似乎认为我们的观念本身是在上帝那里而完全不在我们自己身上。在我看来，这样一种观点根源于他们尚未充分考虑到我们在这里刚刚就实体所阐释的内容，也尚未充分考虑到我们灵魂的全部范围和独立性；正是我们的灵魂使它包含了对它发生的一切事情，并且去表现上帝以及由于上帝而有的所有可能的和现实的事物，正如结果表现它的原因一样。同时，说我是通过另外一个人的观点来思考，这也是不可思议的。”

② 诚然，莱布尼茨在下一页就让我们相信，上帝不仅像被创造的实体那样来观看宇宙，而且还用很不相同的方式来观看宇宙。但这仍然使所有被创造的实体同上帝的一个“部分”不可能辨别开来。这是一种不折不扣的泛神论观点。

只适用于最单纯的或原初的实体的话，那就只有这个才是实体。”他接着说，“你完全有权这样使用实体这个词，这就是：只有上帝才应当叫实体，而别的实体则应该叫别的名字。但是我原来以为找到了一个适合于别的事物的概念，而且和普通用法相一致；按照这个概念，你、他和我都被视作实体。你将无法否认它的合法性，如果它成功的话，就是有用的。”

因此，当上帝受到考察时，在上帝这个原初的实体和单子或被创造的实体之间到底存在着一条多么宽的鸿沟，那是显而易见的。但当莱布尼茨论述单子时，上帝就不得不从泛神论给予他的高高在上的宝座上跌落下来；而且至少有两次，上帝被说成是诸多单子中的一个（格本第 3 卷，第 636 页；第 7 卷，第 502 页）。我认为，如此说到上帝的这两段话可以被看作是一种疏忽。上帝通常总是被表述为单纯的原初的实体或原初的统一体。在这两段话里，上帝之被称作单子也不是直截了当的。在其中一段话里，莱布尼茨告诉我们说，“除原初的单子外，单子都受制于激情”（格本第 3 卷，第 636 页）。在另一段话里，说得比较直接一些。“单子或单纯实体在其一般定义中就包含知觉和欲望，无论是原初的实体或上帝，其中有事物的最终理由，还是派生的即被创造的单子”（格本第 7 卷，第 502 页）。只要在别的地方没有讲过类似的话（就我所知是这样），那么，这两段话之为疏忽似乎就十分可能。据我所知，任何地方都没有单子的单子或太上单子这一传统用语，这一事实使上述看法更为可能。布鲁诺曾使用过这个词，莱布尼茨所使用的单子这个词通常就被认为是来自他的。这一事实似乎使黑格尔猜想， 188

莱布尼茨也同样使用过这一用语，[①]后来的著作家们——埃德曼除外(《哲学史文库》第 2 卷，第 2 章，第 62 页)——就都草率地轻信黑格尔掌握有这方面的权威材料。因此，不把莱布尼茨的上帝看作是诸多单子中的一个，尤其是不把他看作是构成一个连续系列的诸多单子要更好一些，而且显然不可能有一个无限小地区别于上帝的单子。

我们现在可以总结一下他的神学所导致的前后矛盾。那唯一能够证明上帝存在是一条必然真理的本体论证明，与那在有限事物相关之处指派给存在的独特地位是不相称的。莱布尼茨的关于有限的和偶然的事物的哲学，如果有效的话，就会包含着康德的见解，这就是：存在不给存在物的本性增加任何东西，也就是说，存在并不只是谓项中的一种。如果是如此的话，存在也就不能构成为任何本质的一部分，从而本体论证明也就失败了。宇宙论证明依赖于关于存在的判断理论，这一理论同莱布尼茨对于可能的事物与现实的事物的区分是相矛盾的。对他的偶然性理论来说，某些事物非存在是可能的，这一点是本质的和必不可少的；但这却不是一个存在判断。从永恒真理所作出的证明设定命题的真理性是由于命题之被相信而产生的；这是一个本身完全错误的观点，进一步说，它还使上帝相信什么命题变得极其武断。它同样依赖于关于存在的判断理论，因为它的基础在于：真理，由于本身是非存在的，本身就是无，而必定只是真实信仰的一种性质，这种观点的兜圈子

① 例如，在他的哲学史中，《全集》第 16 卷，第 418、422 页。也在他的小逻辑中，见《全集》第 5 卷，第 365 页；沃拉斯的译本，第 334 页。莱布尼茨很可能是从他的朋友冯·赫尔蒙特那里得到单子这个词的，参阅斯坦：《莱布尼茨与斯宾诺莎》。

的性质是自明的。再者,从前定和谐作出的证明也包含着一个造物主,如果存在不是一种谓项的话,实体的创造就只是一种可能。但在那种情况下,上帝的存在就不可能是一个分析命题,并且按照莱布尼茨的逻辑,必定是一个偶然命题。本体论证明将会是不可靠的,而上帝的存在本身由于是偶然的,就必定有一个是倾向而非 189
必然的充足理由。但如果这一点是所要求的话,我们又只得把前定和谐作为一个终极事实承认下来,因为对上帝存在的这种假设对于它的解释来说是不充分的。

117. 看来对上帝的善还需要说几句话。大多数哲学家都假定如果他们能证明上帝的存在,那么上帝的善就将是不言而喻的。因此,莱布尼茨虽然在一些地方对在形而上学意义上可以称作完满性的东西提供了一些论证,但是却从来不曾花费力气去证明上帝的善。就提交给斯宾诺莎的证明而言,完满性被定义为任何一种单纯的、绝对的、确定的和难以界定的性质,它无限地表象它的对象(格本第 7 卷,第 261 页)。莱布尼茨似乎一直坚持这种完满性的定义。他在《单子论》中说[第 40、41 节;格本第 6 卷,第 613 页(邓本,第 223 页;拉塔本,第 239 页)]:“我们也可以断定,这个唯一、普遍和必然的最高实体,既然没有任何东西在它以外独立存在,既然是从可能有的存在物得出的一个单纯结论,就应当不可能有任何限制,并且应当包含着全部可能有的实在性。由此可见,上帝是绝对完满的,完满性不是别的,就是严格意义下的最高量的积极实在性,它排除有限制的事物所具有的限度或限制。在没有限

制的地方，就是在上帝之中，完满性是绝对无限的。”[①]在这种意义上理解的完满性，虽然看起来包含了上帝的无限的善，但也同样包含了他的无限的恶，除非对恶采取一种纯粹否定的观点。为了逃避这一点，莱布尼茨也像大多数乐观主义者一样，断定恶是一种限制。他说，上帝是无限的，魔鬼是受限制的；善一往无前，而恶则处处受制[格本第 6 卷，第 378 页(邓本，第 196 页)]。因此，上帝的
190 完满性包含着无限的善而不包含无限的恶。如果莱布尼茨承认恶是一种积极的谓项，那他就不可能维护他的上帝的定义，或他的分析判断的学说。因为如果这样，善和恶虽然会不再相互矛盾，但作为上帝的谓项却显然是不可共存的。因此，他断言——尽管拿不出任何论据——恶是本质地有限的。但是，这将把我带入他的伦理学，并通过讨论这一问题来结束本书。

① 这一点看来也是莱布尼茨的完满性的伦理学意义。参阅格本第 7 卷，第 303 页(邓本，第 101 页；拉塔本，第 340 页)：“在可能事物和可能系列的无限结合中，一个最多的本质或可能性得以产生的东西必定存在。”也请参阅格本第 7 卷，第 305 页(邓本，第 103 页；拉塔本，第 342 页)。但这两点在下一页被区分开来了。在那里，道德的完满性表现为一种形而上学的完满性。

第十六章　莱布尼茨的伦理学 191

118. 在上一章，我们看到，上帝的善是上帝的善行的形而上学地必然的充足理由，这些善行是偶然的，并且事实上是所有别的行为所从出的终极的偶然行为。这就使我们进入了莱布尼茨的伦理学领域。在这里，他的体系中的困难和前后矛盾甚全超过了他的上帝学说而达到顶点。通过着重强调他赋予的目的因的意义，伦理学在他的哲学中非常重要，但看起来他只是以最微不足道的精力来思考善的含义和本性的。他的伦理学是一团矛盾，这部分是由于他对这个问题不经心，部分是由于他必须迁就那些基督教的道德家们。虽然我只想大略地论述一下这个题目，但还是要给它相当的篇幅，使之与这一问题在莱布尼茨沉思中所占的位置成比例。

我将不得不面对的是三个独立的问题，头两个是心理学的，只有最后一个是严格的伦理学问题。它们是：(1) 自由与决定学说，(2) 关于意志的心理学，(3) 善的本性。

(1) 莱布尼茨用以调和自由意志和他的彻底决定论的学说，整个地依赖于偶然性和实体的能动性。自由，正如莱布尼茨所指出的那样，是一个十分含糊的名词。

他说："意志自由……可以从两种不同的意义上来理解。第一种是从它与心灵的不完善或受奴役状态相对立的意义上来理解，

所谓受奴役指的是压制和强迫，但它像来自情感的压制和强迫那
192 样是内在的。它的另一种意义则用于相对于必然性的时候。”在第一种意义下，“只有上帝才是完全自由的，被创造的精神的自由程度则是视它们摆脱他们的情欲的情况而定的。这种自由严格说来同我们的理智有关。但精神的自由，同必然性相对立，关涉纯粹意志，而且是就它不同于理智而言的。这也就是所谓的自由意志，正是由于这一点，我们认为理智提供给意志的最有力的理由或影响并不妨碍意志的活动为偶然的，也不给它一种绝对的，也可以说是形而上学的必然性”。[①]

在这两种意义中，第一种对应于能动性和被动性的区别。就我们是能动的而言，意志是自由的，即是由清楚的观念所决定的。由此可知这种意义是与理智结合在一起的。[②] 另一种意义则同自由意志的争论有关，是我们现在必须详细考察的。

莱布尼茨正像任何一个细心的哲学家那样，认为一切心理事件都有它们的原因，就和物理事件都有它们的原因一样，而且还认为预言从理论上讲，在这种情况下和别的情况下是同样可能的。他的全部哲学，特别是他的前定和谐学说都要求他对此作出说明。他指出，将来必定是被决定的，因为任何关于将来的命题都必定已经是真的或假的了(格本第6卷，第123页)。对于这一点，如果他不是下决心挽救自由意志的话，他也许就该心满意足了。整个偶然性学说也就十分体面地中止了。但那样会使他陷入斯宾诺莎的

① 《新论》，第179—180页；格本第5卷，第160—161页，第2卷，第21章。

② 关于对这个意义上的自由的进一步发挥，请参阅格本第7卷，第109—110页。

必然性，而且同基督教的教义相抵触。所以，正如分析的事物和必然的事物的联系曾使他这样思考的那样，他现在也坚持认为所有关于存在的命题和所有因果联系都是偶然的，因此，虽然意志总是有恒定的原因，但它们却并不总是必然地从这些原因产生出来。[①] 他完全反对中立的自由，这种学说认为自由可以是无原因引起的，他甚至认为这是自相矛盾的。[②] 因为任何一个事件都有其原因是 193
必然的，尽管原因能否产生它的结果这一点是偶然的。他认为不偏不倚的中立或冷漠将毁掉道德上的善恶。因为它会导致一种没有理由的选择，从而也会导致没有善恶理由的选择。但是，道德上的善恶正在于理由是善还是恶(格本第 6 卷，第 411 页)。他也拒绝接受那种用我们设想的意义对自由作出的所谓内省性证明；因为正如他正确指出的那样，我们也可能是由察觉不到的知觉所决定的(格本第 6 卷，第 130 页)。自由在现在的意义上是同样属于上帝的；上帝的意志虽然永远由追求最好东西的动机决定的，但也仍然是偶然的(格本第 7 卷，第 408—409 页；邓本，第 273—274 页)。也可能有人会问，为什么禽兽，甚至赤裸裸的单子不是自由的。对此，我认为是没有足够的根据的。莱布尼茨承认，禽兽虽具有自发性(格本第 7 卷，第 109 页)，但却没有自由(格本第 6 卷，第 401 页)。他说，自发性是一种没有强制的偶然性，一件事物当其原则来自外界时便是受制的(格本第 7 卷，第 110 页)。我想，所谓一件事物的原则，莱布尼茨所指的当是它变化的充足理由。那么，

① 参阅格本第 5 卷，第 163—164 页(《新论》，第 183 页)。

② 参阅格本第 2 卷，第 420 页；第 3 卷，第 401 页(邓本，第 171 页)；第 5 卷，第 164 页(《新论》，第 183 页)；第 7 卷，第 319 页。

这一理由在动物那里就会是内在的。因此说动物不自由的唯一意义似乎就是说它的意志不是为关于善的知识所决定。[1]

① 莱布尼茨在这个问题上的观点被收集在一篇短文中，这篇短文是由格尔哈特用法文和拉丁文两种语言写出来的（格本第7卷，第108—111页）。我这里依据法文本翻译如下。

“自由是自发性加上理智。

这样，在禽兽以及其他缺乏理智的实体中被称为自发性的，在人中就上升到更高程度的完满性，并被称为自由。

自发性是没有强迫的偶然性；换句话说，我们称为自发性的是既非必然也非受强制的。

我们称为偶然的是那种不是必然的，或者（这是同一回事）是那种其对立面是可能的，不蕴涵矛盾的东西。

受强制的是那种其原则来自外界的。（参阅波洛克的《斯宾诺莎》，第2版，第193页。斯宾诺莎只有自由或受强制的对立，没有莱布尼茨那些更进一步的区别——罗素注。）

有那种无区别状态，当对其一比对其他并无更多理由时就是如此。否则就会有决定。（拉丁文本此句作：而受决定的与此相反。）

凡单一实体的一切活动都是偶然的，因为可以表明：如果事情照别样发生，并不会因此就有矛盾。

一切活动都是受决定的，而绝不是无区别的。因为总有一种理由使我们倾向于其一而不倾向其他，这是由于没有什么事情是毫无理由地发生的。诚然这些造成倾向的理由并不迫使事情成为必然。并且既不毁坏偶然性也不毁坏自由。

一种无区别的自由是不可能的。所以它在任何地方都找不到，即使在上帝那里也找不到。因为上帝是受他自己决定来永远做那最好的事。而创造物则永远是受内在或外在的理由决定的。

实体越是受它们自身决定，越是远离无区别状态，它们就越完满。因为，它们总是受决定的，它们的决定或者出于自身，并以此而相应地更为有力和完满，或者出于外界，这样它们就将与其外来的程度成比例地不得不服务于外在的事物。

我们越是按照理性行事，我们就越自由，而我们越是凭情欲行事，就越受奴役。因为我们越按照理性行事，我们的行事就越是符合我们自己本性的完满性，而我们越是让自己被情欲拖着走，我们也就以同等程度成为使我们受苦的外物的奴隶。

总而言之：一切活动都是偶然的，或者是没有必然性的。但每件事也都是受决定或有规范的，而没有什么无区别状态。我们甚至可以说，实体越是远离无区别状态和越受自身决定，它们就成比例地越加自由。而它们越少需要外来的决定，就越接近神圣的完满性。因为上帝，作为最自由和最完满的实体，也是最完全地受自己决定来做最完满的事的。所以那“无物”，是最不完满和最远离上帝的，也是最无区别和最不受决

119.（2）这把我带到了讨论意志和快乐的心理学。莱布尼 194
茨认为快乐是一种对完满性的感觉，那种被洛克称为不安的东西对于被创造物的幸福来说是本质的和不可或缺的，幸福绝不在于完全的占有[格本第 5 卷，第 175 页（《新论》，第 194 页）；第 7 卷，
第 73 页（邓本，第 130 页）]。他说，活动带来欢乐，而激情则带来 195
痛苦；活动和激情就在于向较高或较低的完满性程度的过渡（格本第 4 卷，第 441 页）。①因此，当莱布尼茨同意洛克的观点，认为善就是带来快乐的东西[格本第 5 卷，第 149 页（《新论》，第 167 页）]时，他并不接受功利主义，而是肯定在达到善和感到快乐这二者之间有着心理上的关联。按照同样的方式，他就可以使自己免于心理学上的享乐主义之嫌，而他是危险地接近这种享乐主义的（《新论》第 1 卷，第 2 章）。莱布尼茨认为存在着天赋的本能，我们因此而可以得到天赋的真理。“我们虽然能够真正地说道德学有一些不能加以推证的原则，并且最首要和被实践得最多的原

定的。而就我们具有智能并按照理性行事来说，我们将是受我们自己本性的完满性决定的，并因此我们对作选择越少困惑，也就将越自由。的确，我们的一切完满性，以及全部自然的完满性，都来自上帝，但这非但不违反自由，而毋宁正是我们为什么得自由的理由，因为上帝已把他的某种程度的完满性和自由传递给了我们。那么，就让我们满足于这样一种值得向往的和上帝的自由相接近的自由吧，它会使我们处于最好的状态来善于选择和善于行事；并且让我们不要妄想要那种有害的，且不说是怪诞的自由，就是那种处于不确定和永久困惑状态的自由，就像在经院中很著名的布利丹的驴那样，它处于等距离的两袋麦子之间，由于没有什么能决定它走向这一边而不走向另一边，就听凭自己饿死了。”

① 参阅斯宾诺莎：《伦理学》，第 3 部分，命题 11 附释：“我认为快乐为心灵过渡到较大完满的感情；另一方面，将认痛苦为心灵过渡到较小完满的感情。”也请参阅上书，第 3 部分，命题 59 附释：“快乐是一个人从较小的完满向较大的完满的过渡。痛苦则是一个人从较大完满向较小完满的过渡。”参阅霍布斯：《人性论》，第 7 章（莫尔斯沃思版，第 4 卷）。

则之一就是应该追求快乐和避免痛苦，但必须加一句说这并不是纯粹靠理性认识到的一条真理，因为它是以内心经验或混乱的认识为根据的；因为我们并不知道快乐和痛苦是什么”[格本第 5 卷，第 81 页(《新论》，第 86 页)]。他继续说道，“这条公则不是由理性所认识，而可以说是由一种本能所认识的”(同上)。但理性却可以引导我们去寻找幸福，而幸福“无非是一种持久的快乐而已。可是我们的倾向并不是向着真正的幸福本身而是向着快乐，即向着现在；是理性才使我们向着将来和持久的东西。而倾向为理智所表示出来，就过渡到了训条或实践的真理；并且如果倾向或本能是天赋的，则真理就也是天赋的”[格本第 5 卷，第 82 页(《新论》，第 87 页)]。[1] 看来在这一段话里，莱布尼茨想要说明的就是，他之所以认为快乐是善就是因为它是被欲求的，而且理性在表明这一点上是有用的，即如果快乐是善，那么快乐也就多多益善。[2] 但这不可能是他的真实意思。因为，正如我们所知道的，他认为快乐是对完
196 满性的一种感觉，因此完满性应该是区别于快乐的。此外，意志为善所决定本身只是一个偶然真理(格本第 2 卷，第 38 页；第 4 卷，第 438 页)。但如果意志总是必然地被欲望所决定，就像莱布尼茨似乎认为的那样，如果善就意味着所欲求的东西的话，那么意志也就会必然地是由善所决定的。因此，我们必须设想，莱布尼茨把我

① 他进而解释说，本能并不必然地是实践的，它只是类似地提供一种科学和推理的原则，而且是在无意识的情况下被运用的。

② 参阅斯宾诺莎：《伦理学》，第 3 部分，命题 9 附释：“对于任何事物，我们并不是因为认为它是好的而追求它、愿望它、寻求它或欲求它，而是正与此相反，我们因为追求它、愿望它、寻求它、欲求它而判定它是好的。”也请参阅上书，第 3 部分，命题 39 附释。看来，莱布尼茨对于这种选择心里也是含混不清的。

们欲求善看作一个综合的和偶然的命题，而不至于陷入假设善就意味着所欲求的东西这样一个谬误之中。这一点在别的地方也同样表现出来，在那里莱布尼茨指出，上帝的意志不能够以善作为它的结果，除非它以善作为它的目标；因此，善是不依赖于上帝的意志的（格本第 4 卷，第 344 页）。这个意思也表现在这样一种解释中，即上帝的善使他想去创造善的事物，同时，他的智慧又向他显示了尽可能好的事物（格本第 6 卷，第 167 页）。

120. 对于莱布尼茨的意志理论来说，恶的问题是十分棘手的。他说，德行是一种去做我们相信为善的事情的不可改变的禀赋。既然我们的意志除了被引导到去追求理智向它表明为善的事物外而不去追求任何别的事物，那么，如果我们的判断始终正确的话，我们的活动也就始终是正确的（格本第 7 卷，第 92 页）。我们会主动追求我们认为是最大的善，但是我们的思想多半是一些纯粹空洞的符号；而这样一种知识是不可能推动我们的［格本第 5 卷，第 171 页（《新论》，第 191 页）］。同样地，缺陷也不是行动的力量而是行动的阻力，例如无知就是如此（格本第 2 卷，第 317 页）。事实上，原罪和初级物质几乎是不能区分的。正是根据这一点，他提出了“制造的或人为的不道德性”这样一个概念。显然，如果他首尾一贯的话，他就应该勇敢地承认所有的罪恶都完全由于无知。然而他说的却是，我们必须制定一条遵从理性的规则，尽管只有通过一些不尽根的思想才能知觉到它［格本第 5 卷，第 173 页（《新论》，第 193 页）］；这依赖于我们在经过彻底的深思熟虑之后坚定地去反思并且只在某些时刻行动来避免种种意外（格本第 4 卷，第 454 页）；人生的首要规则在于：始终不是按感情行事，而是做理智 197

表明最有用的事情，如果我们这样做了，那就不管其结果如何，都会认为我们自己是幸福的(格本第7卷，第99页)。所有这些议论都是一些不光彩的遁词，旨在掩盖这样一个事实，即对莱布尼茨来说，所有的罪恶都是原罪，任何被创造的单子所固有的有限性，它对善的事物所知觉的混乱，都使它以真诚的不可避免的错觉引导着去寻求较坏的东西而不是较好的东西。我们制造不出一条遵从理性的规则，除非我们认识到这一规则是好的；而如果我们认识到了这一点，我们无疑会制定出这样一条规则的。他的决定论离开道德和不道德问题是太远了，尽管它一点也不与善恶相抵触。

121. (3) 这将使我探讨在莱布尼茨哲学中的善恶本身的本性和意义。他区分了三种类型的善和恶，即形而上学的、物理的和道德的。形而上学的善恶理论是清楚的，也是一贯的，而且与他的体系的其余部分也相一致；但其中却缺少明显的伦理学意义。其余两种善恶理论根据不足，而且有时候是仅仅作为形而上学的善恶的结果看待的。因此，莱布尼茨的伦理学，正像许多别的伦理学体系一样，有非存在之患。某种与善不同的东西被看成是基本的，而由此出发的演绎也就被看作具有伦理的意义。①

莱布尼茨告诉我们说："恶可以形而上学地、物理地和道德地

① 形而上学的善恶理论是从斯宾诺莎那里得到的，而且比莱布尼茨伦理学的其余部分都要早些。这部分内容可以有纯粹逻辑的发展，而不必求助于目的因，1686年之后，莱布尼茨常常用柏拉图《斐多篇》的暗喻来支持它(见斯坦：上引书，第118页以下)。对形而上学完满性原则最清楚明白的陈述出现在一篇未署日期的可能写于1677年的论文中(见格本第7卷，第41—42页)，尽管在这一方面，同《论事物的最后根源》中的观点完全一致，见格本第7卷，第303页(拉塔本，第340页；邓本，第101页)。参阅本书附录第121节。

看。形而上学的恶在于单纯的不完满性，物理的恶在于受苦，道德的恶在于罪恶。这样，尽管物理的和道德的恶不是必然的，但借助于永恒真理，它们就足以成为可能的。而且既然真理的这种无边领域包含着所有的可能性，[①]那就必定存在着无数个可能世界，它 198
们中的一些必然包含有恶，甚至它们中最好的也包含有恶；这就决定了上帝允许恶存在。”（格本第6卷，第115页）这就提供了莱布尼茨解决恶的问题的方案；而且，很显然，形而上学的恶是万恶之源。下面这段话把这层意思明白无误地表达出来了：“我们首先要问，恶是从哪里来的？如果上帝存在，怎么会有恶？如果没有上帝，怎么会有善？古人把恶归因于物质，而且相信物质是非创造的和独立于上帝的；这样，我们这些认为一切都来自上帝的人又到哪里去寻找恶的源头？答案是：恶只能在创造的观念的本性中去寻找，因为这种本性被包含在永恒真理之中，而这种永恒真理又在上帝的理智之中，而且独立于上帝的意志。因为我们必定注意到在创造物里有一种原初的不完满性，它是先于罪的，因为创造物本质上是被限制的；而且创造物对于它从哪里来的问题一无所知，而只会误解或干一些别的错事。”（格本第6卷，第114—115页）由此，莱布尼茨否认了笛卡尔把错误主要地归于意志而不归于理智的原则[格本第4卷，第361页（邓本，第52页）]。

122. 因此，形而上学的恶或者说局限性——尽管莱布尼茨对公开宣布这一点很犹豫——是罪恶和痛苦的源头。这是相当明显

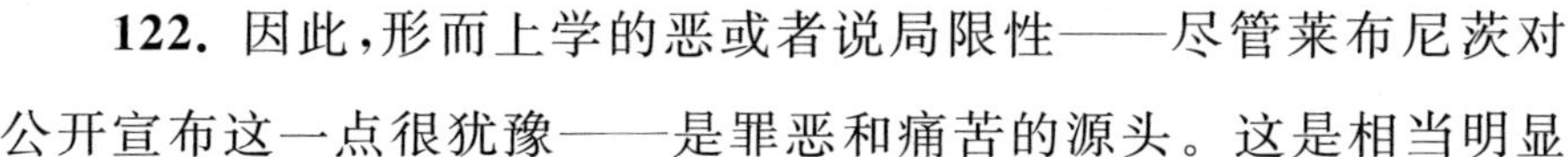

① 这一段说明，莱布尼茨认识到关于可能的偶然事物的命题是必然的，相反的说法是大可怀疑的。见本书第13节。

的。因为如果我们的判断是正确的，我们的行为也就总是正确的；但是，我们的错误判断来自混乱的知觉，或者说来自初级物质或局限性。痛苦总是伴随着向较不完善的过渡，这也是由于错误的行为而导致的。因此，物理的和道德的恶都依赖于不完满性或局限性。莱布尼茨并不总是把这一点作为形而上学的善的反面，而是作为形而上学的完满性的反面提及的。但是，他的很多论点却包含着这样的设想，即形而上学的完满性也就是善；例如，当他极力反对虚空，[①]或当他极力主张“在可能的事物和可能的系列的无限的结合中，只有那种其存在能把大多数本质或可能性带入存在的事物才可能存在”[②]的时候，就关涉到这种设想。同样的论点似乎
199 也蕴涵在给形而上学的完满性下定义的一段话中。他说，“像可能性是本质的原则那样，完满性，或者说本质的等级（由于这种完满性，尽可能多的事物都是可共存的）也就是存在的原则。”在前一句话里，他是把不完满和不道德作为同义词来使用的[格本第 7 卷，第 304 页（邓本，第 103 页；拉塔本，第 342 页）]。接着，当他努力区分形而上学的和道德的完满性的时候，他只在一点上成功了，这就是使后者成为前者的种。他解释说：“为了不使人认为我们在这里混淆了道德上的完满性或善与形而上学的完满性或伟大，并且在承认后者的同时否认前者，我们就必须认识到：我们从已经说过的东西中可以得出结论说，我们这个世界是最完满的，不仅物理地看，如果你乐意的话，形而上学地看是如此，而且道德地看，也是如

① 例如，格本第 7 卷，第 377 页（邓本，第 253 页）；对照格本第 2 卷，第 475 页。

② 格本第 7 卷，第 303 页（邓本，第 101 页；拉塔本，第 340 页）。也请参阅前面几段话。

此。之所以物理地或形而上学地看是如此，乃是因为最大的现实性得以实现出来的事物的系列已经产生了出来；之所以道德地看也是如此，乃是因为真正说来，道德的完满性对心灵本身而言，就是物理的完满性。”[格本第 7 卷，第 306 页（邓本，第 104 页；拉塔本，第 345 页）]这也就是说，道德的完满性就是正确的行为，而正确的行为又依赖于对心灵而言的物理的完满性，即依赖于清楚的知觉。①

在形而上学的和道德的完满性这二者之间的关系问题上，要对莱布尼茨的不坦诚进行开释是相当困难的。他通过使后者依赖于前者来解决恶的问题，并且说明恶仅仅是局限性。正如我们在上一章所看到的，这最后一点对于他证明上帝的善，对于他的恶同初级物质和有限性的整个联系来说都是本质的。但当他一想到罪恶、惩罚和责任，想到天堂和地狱以及基督教道德学家们的一整套说教时，他就努力使道德的恶成为独立的。如果有什么东西构成他的伦理学的话，我们就毫不犹豫地接受形而上学的完满性和不完满性的至高无上性，然后再得出一系列结论。

形而上学的完满性仅仅是本质的量[格本第 7 卷，第 303 页（邓本，第 101 页；拉塔本，第 340 页）]，或者说是积极的实在性的 200
大小[格本第 6 卷，第 613 页（邓本，第 224 页；拉塔本，第 240 页）]。它意味着在最高可能性的程度上拥有一切可能的单纯谓项。莱布尼茨同斯宾诺莎相对立，断言一件事物只要更多地具有

① 也请参阅下面一段话（格本第 3 卷，第 32 页）：“虽然形而上学的善恶也就是宇宙中的完满或不完满，但是，对于那些对无理性的或者可以说是无理性的创造物所发生的善恶的事物，是需要作出特殊理解的。”

一种属性就可以比另一件事物具有更多的实在性，就像具有更多的属性一样。他说，例如圆就比内接正方形具有更多的广延[格本第 1 卷，第 144 页(邓本，第 17 页)]。但在另一个地方他又宣称像数和形这些无法达到最高程度的事物就不是完满的(格本第 4 卷，第 427 页)。因为他还宣称上帝是无限的，而魔鬼是有限的，善的进展是无限的，而恶却有着自身的限制[格本第 6 卷，第 378 页(邓本，第 196 页)]。数和形显然是排除在外的，因为它们不是真正的属性，因为就像我们在讨论连续统一体时所看到的那样，无限的数是自相矛盾的，尽管现实的无限是许可的；所以，形而上学的完满性就在于在尽可能高的程度内有尽可能多的谓项，而且不会有任何一个真正的谓项会从这个定义中排除出去。[①]

由此便可以十分自然地得出，不完满性只是某种否定性的东西，即只是完满性的缺乏。于是，单子不同于上帝仅仅在于完满性的多少；它们和上帝具有同一种完满性，只是完满性的程度低一些而已(格本第 2 卷，第 125 页)。[②] 根据这一观点，魔鬼将成为赤裸裸的单子中完满性程度最低的一个；这是一个神学家们几乎不可能接受的观点，因为他们总是设想他有认识能力。在下面一段话里，莱布尼茨努力把完满性和善直接结合起来。他说，“一旦断定有比无好，或存在着为什么有某物存在而不是什么也没有的理由。或我们必须从可能性过渡到现实性，那就可以得出结论说，即使在

① 也请参阅格本第 5 卷，第 15 页(邓本，第 95 页；《新论》，第 15 页)。

② 参阅斯宾诺莎：《伦理学》，第 2 部分，命题 49 附释：“我们分享神圣的本性是与我们的行为越来越完善，与我们越来越理解上帝成比例的。”同时，也请参阅《单子论》第 42 节。

没有任何别的规定的情况下，存在的量也是尽可能的大”[格本第7卷，第304页（邓本，第102页；拉塔本，第341页）]。由此看来，他似乎承认善意味着某种与存在的量不同的东西，并且认为把这两者连接起来是很有意义的。

123. 这种观点所导致的是一种平常的或平庸的伦理学。善 201
和实在性如果不同义的话，也是联系在一起的。[①] 这就很容易得出实在性就是善的结论；这一结论，就我所能发现的而言，对这样一种伦理学是唯一可取的。但特别地对于莱布尼茨这个承认存在着恶的人来说[格本第6卷，第376页（邓本，第194页）]，这样一种观点是荒谬的。因为，如果恶仅仅是局限性，所有存在物就都是程度不同的善，而根本不会有任何程度上的恶。因为任何存在物，如痛苦，被宣布为恶的话，那恶也就正如善一样成了一种积极的谓项。[②] 因此，它也将被包含在形而上学的完满性之中。分析判断学说准是有助于得出恶只是一种否定性这样一个观点的。因为很显然，好和坏是不可共存的谓项，如果两者都是积极的，这就成了一个综合判断。因此，恶被认为仅仅是对善的否定，尽管在逻辑上也完全可以把善作为只是对恶的否定。一旦恶被承认为积极的谓项，那整个恶的否定性学说就垮了，从而形而上学的和伦理学的完满性的联系作为具有所有积极谓项的上帝的定义也就随之不能成

① 参阅斯宾诺莎：《伦理学》，第2部分定义6：“我把实在性和完满性理解为同一个东西。”

② 甚至在1677年，当莱布尼茨比任何时候都更接近斯宾诺莎主义时，他也极力反对“快乐和痛苦是某种肯定的东西”这样一种笛卡尔的观点（格本第1卷，第214页）。参阅斯坦，上引书，第90、91页。

立了。

124. 这里还遗留下一个次要的但必须予以注意的矛盾。莱布尼茨经常说,仿佛目的因是排除了同精神的关联的[格本第 4 卷,第 480 页(邓本,第 73 页;拉塔本,第 304 页)],但在别的时候又明确地否认了这一点(参阅格本第 6 卷,第 168 页)。他似乎认为在单子中唯有精神才是目的本身;别的目的不是个体的单子,而是形而上学的善,自然的秩序和美好。他说,物理界的第一原则是给它提供尽可能多的完满性,而道德界或上帝城邦的第一原则则是给它提供最大可能的幸福(格本第 4 卷,第 462 页)。这就使自然王国与神恩王国之间,使作为建筑师的上帝与作为君王的上帝之间实现了和谐[格本第 6 卷,第 605 页(邓本,第 215 页;拉塔本,第 421 页)]。首先,他只是寻找秩序和形而上学的完满性;其次,
202 他寻求精神的幸福。但是,世界被设计得如此美好,以致这两个目标导向同一个事件系列,这就使我们再一次领略到了前定和谐。

莱布尼茨哲学中的所有内容,从充足理由律开始,通过引进目的因,都依赖于伦理学。但伦理学由于是一个在神学那里有着十分确定内容的题目,根本容不得莱布尼茨以自由精神来讨论它。他有权提出的伦理学同斯宾诺莎的伦理学是十分近似的,它具有同样的错误,也具有相似的结论。但出于维护正统观念反对受到诋毁的无神论的立场,莱布尼茨从他的观点的结论那里退缩了回来,在不断重复教诲世人的废话中寻求庇护。他的性格的整个倾向正如他的哲学一样,都是以牺牲无知的良好意愿为代价来张扬启蒙精神、教育和学问的。这样一种倾向在他的伦理学中合乎逻辑地表现了出来。但他更愿意支持原罪和

地狱观念，凡涉及教会的地方，就以一个维护无知和蒙昧主义的斗士的面孔出现。这也就是为什么他的哲学中最好的部分是最抽象的，而最糟糕的部分却是那些同人类生活最为密切的内容的原因。

205 附录　莱布尼茨著作选录

（按专题分类）

第二章第8节　莱布尼茨的逻辑证明纲要

格本第2卷，第46页（1686年）。　在思考我所具有的关于每一个真实命题的概念时，我发现每一个谓项，无论是必然的还是偶然的，过去的、现在的还是未来的，都包括在主项概念中，我不再追问。……所考察的命题极为重要，很值得加以证实，因为它将导致每一个灵魂，作为一个单独的世界，独立于除上帝外的每一个别的事物而存在；灵魂不仅是不朽的和可以说是受不到伤害的，而且对它所发生的一切全都保持在它的实体的轨迹中。它也将昭示构成实体间的交往，特别是灵魂与身体的结合的奥秘。这种交往并不是按照一个实体对另一个实体发生物理影响的通常假定发生的，因为实体的每一个现存状态都自发地实现出来，而且只是它的在先状态的一个结果。它也不是按照偶然原因的假设发生的，……而是按照共存或共在的假设发生的，这在我看来似乎是令人信服的。也就是说，每一个实体按照专属于它的观点或方面表象着这个宇宙的整个秩序和关联，由此，它们碰巧是完全一致的。

第二章第10节　凡命题都可以还原为主—谓项形式吗？

格本第2卷，第240页。　没有名称会如此地外在化，以至于竟没有一个内在的名称作为它的基础。

格本第2卷，第250页。　处于不同场所的事物必定表明它们的场所，也就是说，周围的事物因而就不仅由场所或一个纯粹外在的名称区别开来，而事物通常是这样被设想的。

格本第5卷，第129页（《新论》第144页）。　照我的意见，关 206
系是比较一般的。因为关系或者是比较的，或者是协同的。第一种是关于相合或不相合的（我取这些名词的较狭的意义），包括相似、相等、不相等，等等。第二种包括某种联结，如原因和结果，全体和部分，处境和次序等。

格本第5卷，第210页（《新论》，第235页）。　关系和秩序有某种理性的本质的东西，虽然它们在事物中有它们的基础；因为我们可以说，它们的实在性，像永恒真理和可能性的实在性一样，是来自最高理性的。

格本第5卷，第377页（《新论》，第451页）。　还是把真理放在观念的对象之间的关系上比较好，这种关系使一个观念包含或不包含在另一个观念之中。

格本第5卷，第378页（《新论》，第452页）。　让我们满足于在心中的命题和所涉及的事物之间的符合中来寻找真理吧！

格本第2卷，第233页。　至于我，我并不认为A和B可以具有任何共同的谓项。然而并不能由此推论出，如果两个协同作用共同形成关于C的概念的谓项是可分的话，那么就根本不会有关于C的某一个概念存在。例如，一个正方形虽然是一个等边矩形，但是这个矩形却可以同这个等边矩形相分离……，这个等边矩形又可以同矩形相分离……，然而正方形是一个图形并且具有一个概念。

格本第2卷，第486页。　我相信，你将不会承认一个偶性会同时存在于两个主项之中。因此我认为，关于一些关系，大卫的父亲身份是一回事，所罗门的儿子身份是另一回事，但是这两者所共有的关系却只是一种心理的东西，个别事物的变型是这种心理东西的基础。

第二章第11节　分析命题与综合命题

格本第5卷，第92页(《新论》，第99页)。　我远不是赞成人们接受那些可疑的原则，我但愿能设法甚至连欧几里得的那些公理也要加以证明，……而当你要问认识和考察天赋原则的方法时，我回答……除了那些不知其所以然的本能之外，应该致力于把它们还原为一些最初原则，即通过下定义的办法得到那些同一的或直接的公理，所谓下定义不是别的，无非是把那些观念清楚地揭示出来。

格本第5卷，第342页(《新论》，第403页)。　在几何学家那
207 里，给予证明的并不是那些图形。……正是那些普遍的命题，也就是那些定义、公理和已经证明了的定理，造成了推理，并支持这推

理，虽无图形也可。

格本第5卷，第343页(《新论》，第404页)。　由直觉所认识的原初的真理，和派生的真理一样也有两种。它们或者是属于理性的真理之列，或者是属于事实的真理之列。理性的真理是必然的，事实的真理是偶然的。原始的理性真理是这样一些真理，我用同一物这个一般的名称称呼它们，因为它们似乎只是重复同一件事而丝毫没有教给我们什么。那些肯定的同一性真理是像下列的一些：每一事物都是它所是的，以及其他许许多多的例子，你要多少有多少，A是A，B是B……，等边的矩形是一个矩形……，如果正四边形是一个等边矩形，则这个图形是一个矩形……，如果A是非B，则A是非B……，我现在来谈否定的同一性真理，它们或者是属于矛盾律的，或者是属于异类的。矛盾律一般就是：一个命题或者是真的或者是假的。

格本第5卷，第347页(《新论》，第410页)。　至于三是二加一这个命题，……这只是三这个名词的定义……。的确，这里面有一个掩盖着的陈述，……这就是这些观念是可能的；而这在这里是直觉地被认识的，所以我们可以说，当定义的可能性立即显示出来时，其中就包含着一种直觉的知识。

格本第6卷，第323页。　三维在物质中不是由关于最好的事物的理由决定的，而是由几何学的必然性决定的；这是因为几何学家一向能够表明只有三条相互垂直的线可以在同一个点上相交。我们应引发人们考虑存在于运动律的理由和三维的理由之间的差别：前者在于对最好的事物的选择，后者则在于几何学的和盲目的必然性；没有什么比这能更恰当地用来表明存在于支配圣贤选择的道德必然性和斯特拉顿及斯宾诺莎主义者的粗野的必然性之间的差别。

格本第4卷,第357页(邓本,第48页)。　第一理性真理是矛盾原则,或者说是达到同一事物的原则,同一原则。

格本第6卷,第612页(邓本,第223页;拉塔本,第236页)。推理的真理是必然的,它们的反面是不可能的;事实的真理是偶然的,它们的反面是可能的。当某一真理是必然的时候,我们可以用
208 分析法去找出它的理由来,把它归结为更单纯的观念和真理,一直到原始的真理。……原始的原则是不能够证明的,也不需要证明。这就是同一陈述,其反面包含着显然的矛盾。

格本第7卷,第355页(邓本,第239页)。　数学的伟大基础是矛盾原则。……仅仅这一条原则,就足以证明全部算术和全部几何学,即全部数学原理了。但要从数学进展到自然哲学,就需要另一条原则……:我指的是充足理由原则。

格本第3卷,第400页(邓本,第170页)。　一个真理当其对立面包含着矛盾时,它就是必然的;当其不是必然的时候,就被称之为偶然的。上帝存在,所有的直角都相等,是必然真理;但是我存在,或者有一个显示一个现实直角的物体存在,则是一种偶然真理。

格本第1卷,第384页。　为了保证我从一个定义中推出的结论是真的,我就必须知道这个概念是可能的。因为它蕴涵有一个矛盾,我们就可以同时从中得出相反的结论。……这就是我们的观念何以包含有判断的原因。

格本第5卷,第21页(《新论》,第21页)。　观念和真理各自

可以分成原初的和派生的两类；那些关于原初的观念和真理的知识则是无须构成的，而只需要把它们识别出来。

格本第 3 卷，第 443 页。　定义不是像霍布斯所认为的那样，是任意的；我们不能够随心所欲地形成观念，尽管笛卡尔主义者似乎持这种看法。因为我们构成的观念必须是真实的，即可能的，我们用以构成观念的要素也必须是相互之间和谐一致的。

第三章第 13 节　莱布尼茨哲学中偶然判断的范围

格本第 5 卷，第 428 页（《新论》，第 515 页）。　至于说到永恒真理，必须看到它们骨子里都是假设的，实际上是说：这样的事一经设定，则另一件事就会存在。

格本第 3 卷，第 400 页（邓本，第 171 页）。　虽然宇宙的全部事实现在都确实同设定相关，或者（达到同一事物的东西）是自身决定的，甚至是相互关联的，但是我们不能从中得出结论说，它们的关联始终是真实必然的，即那条宣布一件事实从另一件事实产生出来的真理是必然的。这条真理必定特别地适用于意志活动。

格本第 6 卷，第 123 页。　当今时代，哲学家们都同意，关于 209
未来事物的真理是被决定的，也就是说，未来的偶然事物是未来的，或者说它们将存在。……偶然的事物，虽然是未来的，却依然是偶然的；决定论，如果被认识的话就被称之为确定性，同偶然性并不是不可共存的。

格本第 2 卷，第 39 页（1686 年）。　种的概念仅仅包含永恒真理或必然真理，而一个个体事物的概念则在理性的可能范围内包含着属于事实的真理，或同事物的存在、同时间相关的真理，因而依赖于被认为是可能的上帝的自由命令；因为事实真理或关于存在的真理依赖于上帝的命令。

格本第 2 卷，第 40 页（1686 年）。 我相信只有很少几条原初的自由命令规范着事物的结果，它同创造亚当的自由命令结合在一起，决定着这个结果。

格本第 4 卷，第 437 页（1686 年）。 联系或推理有两类：一类是绝对必然的，结果它的反面包含着矛盾，这种推理发生在诸如几何学真理的永恒真理中；另一类则只是假设地必然的，也可以说是偶然的，当反面不包含着矛盾时，它自身是偶然的。

格本第 3 卷，第 54 页（邓本，第 35 页）。 真正的物理学必定真实地来自神圣完满性的源泉。……远不是排除终极因或目的因，以及对智慧地活动着的上帝的考虑，因此物理学中的一切都必定是推演出来的。

格本第 3 卷，第 645 页。 （动力学）在很大的程度上是我的体系的基础；因为我从那里理解了存在于其必然性是粗野的和几何学的真理与在适宜性及目的因中有其源泉的真理之间的差别。

格本第 6 卷，第 319 页。 运动规律现实地发生在自然中，并且经由实践予以证实，实际上，并不是像几何学命题那样绝对推证的：它们之所以如此也不是必然的。它们不完全从必然性原则产生出来，而是从完满性原则和秩序产生出来；它们是上帝的选择和智慧的产物。

第三章第14节　充足理由原则的意义

格本第7卷，第309页。　全部推理中有两项原则：矛盾原则……和必须提供一个理由的原则，即每一个通过自身不能认识的真命题都有一个先天的证明，或者说能够为每一个真理提供一 210
个理由或者像通常所说的那样，如果没有原因就没有什么事情能够发生。算术和几何学并不需要这项原则，但物理学和力学却需要它，阿基米得曾运用过它。〔莱布尼茨在一个旁注中谈到：〕为什么某些事物存在而不是另外一些事物存在，其真实原因应当来自于神圣意志的自由命令，第一条神圣命令就是去意欲以可能方式中最好的方式做所有的事情。

格本第7卷，第374页(邓本，第250页)。　当两件不能够并存的事物同样地好的时候，当既不能在它们自身，也不能通过同别的事物的结合，使一件事物优于另一件事物的时候，上帝就不愿产生出它们中的任何一个。

格本第4卷，第438页(1686年)。　关于恺撒(他决心渡过卢比孔河)这一谓项的推证，并不是像数或几何学的推证那样绝对，而是预设了一个事物的系列，上帝自由地选择了这个系列，它基于上帝的第一个自由命令，也就是始终去做最完满的事情这样一个命令，也基于那条上帝已经作出的(作为第一个命令的结果的)关于人的本性的命令，即人将始终做(虽然是自由地)看来是最好的事情这个命令。于是，每一条基于这类命令的真理都是偶然的，尽管它是确实的。……所有偶然的命题都有它们是这样而不是那样的理由，或者（同样地）它们具有使它们具有确实性的关于它们的真理性的先天证明，并且表明这些命题中主项和谓项的联系在这件事物与那件事物的本性中有其基础。但是它们并没有必然的推证，因为这些理由只能够基于偶然性原则，或关于事物的存在的原则，也就是基于在若干同样可能的事物中是最好的或看来是最好的东西。

格本第 2 卷，第 40 页（1686 年）。　既然存在着无数可能的世界，也就存在有无数条法则，其中一些适宜于这一个可能世界，其他的适宜于另一个可能世界，任何一个世界中的每一个可能的个体在其运动中都包含有属于它的世界的法则。

格本第 7 卷，第 199 页。　在推证中，我运用两条原则，其中一条讲凡蕴涵有矛盾的命题都是假的，另一条讲每一条（不是同一的或直接的）真理都能够给出一个理由，也就是说，谓项的概念都始终或是明确或是含蓄地包含在它的主项的概念中，这适合于外在的推证一点也不逊于内在的推证，它适合于偶然真理一点也不逊于必然真理。

211

第三章第 15 节　它同矛盾律的关系

格本第 7 卷，第 419 页（邓本，第 285 页）。　这（充足理由原则）是一条需要证明的原则吗？

格本第 7 卷，第 364 页（邓本，第 244 页）。　从我以上所说的一切，人们可以看到我的公理似乎并没有被很好理解；这位作者（克拉克）实际上否认它，虽然似乎承认它。他说，的确，要是没有一个充足理由则什么也没有，……但是他又加上一句说，这充足理由往往是单纯的或纯粹的上帝意志，……但这恰恰就是主张，上帝愿望着某种事情，却无任何充足理由说明他的意志为什么要违反一切事情发生的公理或一般原则。这就重新陷入了那种空泛的无区别状态，那是我大加驳斥过的，并且我曾表明那是绝对荒诞的，甚至在被创造物中也是这样，并且和上帝的智慧相违反，好像他能不凭理性行事而有所作为似的。

格本第2卷，第56页(1686年)。　如果我们绝对地拒绝纯粹可能的事物，那么我们就会破坏偶然性和自由；因为如果除了上帝实际创造的事物外不再有任何可能的事物，则上帝创造的事物就会是必然的，而如果上帝想要创造某件事物则他就只能创造它，而没有任何选择的自由。

格本第2卷，第423页。　当任何一个人在一个方面作出了选择，如果他又选择了别的，那也不包含矛盾，因为这个确定的理由并不使之(这种活动)成为必然。

格本第2卷，第181页。　我想，你将承认，并不是每一个可能的事物都存在……但当承认这一点时，就能够得出结论说，某些可能的事物而不是别的事物获得存在不是由于绝对的必然性，而是由于某种别的理由(如善、秩序、完满性)。

格本第2卷，第49页(1686年)。　个体实体的概念是完整的，能够完全区别于它们的主项，并且合乎逻辑地包含偶然真理或事实真理，以及时间、地点等个别境况；这些实体在它们的被认为是可能的概念中必定也包含有被认为是上帝的可能的自由命令，因为这些自由命令是存在物或事实的主要源泉；同时本质也在考察这种意志之前就存在于神的理智中。

格本第 2 卷,第 344 页。 维护几何学与道德的永恒真理,从而正义、善和美的规则是上帝意志的自由的或任意的选择的结果这样一种观点,看来好像是剥夺了上帝的智慧与正义,或者毋宁说是上帝的理智与意志,只是留下了所有表现出来的某种不可测度
212 的能力,这种能力与其归之于上帝的名下,不如归之于自然的名下;因为上帝的理智(以观念的真理为对象的理智包含在上帝的本质中)怎么可能属于他的意志呢?他怎么可以有一个具有善的观念的意志不是作为它的对象而是作为它的结果呢?

格本第 2 卷,第 424 页。 按照我的看法,要是不存在可能系列中最好的系列,上帝就肯定创造不出任何东西,因为如果没有一个理由,他就不可能行动,或者说,他喜欢较不完满的而不喜欢更完满的事物。

第四章第 16 节 笛卡尔与斯宾诺莎的实体观

格本第 6 卷,第 581 页。 [菲拉莱特(莱布尼茨)和阿里斯特(马勒伯朗士)之间的对话] 阿里斯特:凡能够单独设想而无须思想任何别的事物或我们关于它的观念无须表象某些别的事物的东西,或者那些能够单独设想为不依赖于任何别的事物的东西,都是实体。……

格本第 6 卷,第 582 页。 菲拉莱特:对实体的这种定义不是没有困难的。归根到底,除上帝外没有什么东西能够设想为不依

赖于别的事物的。这样，我们就能够同某个非常著名的革新家一起说，上帝是唯一的实体，而创造物无非是他的样式吗？如果你限制你的定义，补充说实体是能够设想为不依赖于每个别的创造物的东西，我们或许就发现了一些事物，它们虽然不是实体却像广延一样地独立。例如，作用力、生命、不可入性都是一些本质的和必然的东西，我们能够不依赖于别的概念甚至它们的主项而通过抽象观念来设想它们。相反，主项是通过这样一些属性而被设想的。……

阿里斯特：……让我们说，这个定义只能被理解为是关于具体物的；这样，实体就将是一个不依赖于所有被创造的具体物的具体物。

格本第 6 卷，第 585 页。　菲拉莱特：……单子，即单纯的或不可分的实体，是真正不依赖于所有别的被创造的具体事物，除此而外，不存在任何事物。[对照附录第四章第 17 节所摘录的格本第 4 卷，第 364 页的语录。]

格本第 2 卷，第 249 页。　我完全不赞成当今时代人们形成的属性学说，按照这个学说，某一个单纯的绝对的谓项(他们称之为属性)构成一个实体：因为，在概念中，我找不到任何一个谓项是完全绝对的，或不同别的谓项有关联。确实，思想与广延，通常是 213
作为例证提出的，它们如我所经常表明的，和这样一些属性是没有什么两样的。除非在具体物中，谓项同主项也不是同一的；这样，一个心灵就同这位思想家相重合(尽管不是形式地)，而不是同思想相重合。因为除了现在、将来和过去的思想外，它也属于这个主项所包含的。

第四章第17节　莱布尼茨哲学中实体的意义

格本第2卷第12页(1686年)。　既然每一个人的个体概念都永远地包含着对他发生的一切,我们在这里就看到了关于每个事件的真理的先天证据或理由,或为什么是这件事物发生而不是另一件事物发生的原因。但是,这些真理,虽然是确实的,却依然是偶然的,是奠基于上帝和被创造物的自由意志之上的。诚然,他们的选择虽然总是有理由的,但是它们是倾向而非必然。

格本第2卷,第37页(1686年)。　蒙斯·阿尔诺对我的下述主张感到奇怪,这就是:所有的人类事件都是以一种假设的必然性从上帝愿意创造亚当这个唯一的假设推演出来的;对此,我可以作出两种回答:一种是我的假定并不只是上帝愿意创造一个亚当(他的概念是含糊的和不完全的),而是上帝愿意创造这样那样一个亚当,对于一个个体来说,是充分决定的。这个个体的完全的概念,按照我的观点,是包含着同整个事物系列的关系的。……另一种回答是,这种结果(种种事件都由此而从这个假设产生出来)虽然实际上总是确定的,但却并不始终是形而上学地必然的,在蒙·阿尔诺的例证(上帝在决心创造我的时候,不能不去创造一个能够思想的本性)中所发现的情况就是如此,而常常只是物理的,并且预设了上帝的某个自由命令,尽管这些结果也确实依赖于运动法则,或每一个精神都将追求对它似乎是最好的事物这样一个道德原则。

格本第4卷,第432页(1686年)。　把上帝的行为同创造物的行为区别开来是相当困难的。因为有些人相信上帝做一切事情，而另一些人则想象上帝仅只保持他已经赋予创造物的那种力：结果将表明何以这两者都可以说。现在既然活动和激情专门地属于个体实体，那就必须对这种实体究竟是什么作出解释。确实，当若干谓项能够归属于同一个主项，而这个主项又不能归属于任何一个别的主项时，我们就称之为一个个体实体；但这是不够的，而 214
且这样一种解释也只是名义上的。因此我们必须考察应当真正归属于某个主项的东西究竟是什么。确实，每一个真正的谓项在事物的本性中都有某种基础，当一个命题不是同一命题的时候，即当这个谓项并不明确地包含在这个主项中的时候，它就必定本质地包含在这个主项中，而这也就是哲学家们通过说这个谓项在这个主项中而称之为现实存在的东西。这样，这个主项就必定始终包含这个谓项，结果，一个完全理解了这个主项的概念的人也就能够判断属于它的这个谓项。正因为如此，我们可以说，一个个体实体或完满存在物的本性就是具有一个这样完满的概念，以至于它足以包容这个概念所归属的那个主项的所有谓项，并使它们可以从它推演出来。于是，属于亚历山大大帝的从这个主项抽象出来的国王的性质并不足以决定一个个人，并不包含这同一个主项的其他性质，也不包含这个君王概念所蕴涵的一切；而上帝，既然看到了亚历山大这个个体概念，在其中也就同时看到了所有那些能够真正归属于他的谓项的基础和理由，例如他是否征服大流士和波鲁斯，甚至能够先验地（而不是经验地）知道他究竟是自然死去还是服毒而死，我们对此是只能通过历史才能知道。

格本第 2 卷，第 54 页（1686 年）。　将会有几个亚当分别是

可能的，……无论什么有限数目的谓项都不能决定我们可以得到的所有其他谓项，但是，决定某一个亚当的东西却必定绝对地包含他的所有谓项；正是这一完满的概念使这种一般的成为个体的。

格本第5卷，第96页（《新论》，第105页）。 在我看来，只要反省就足以在我们自身中发现实体的观念，我们自身就是实体。

格本第5卷，第137页（《新论》，第154页）。 我相信对实体的考虑是哲学上最重要和最富于成果的方面之一。

格本第5卷，第274页（《新论》，第316页）。 我不同意您的意见（关于那些实在定义和名义定义的意见），认为这里对实体的观念和对品性的观念之间有区别，似乎对品性的定义永远同时既

215 是实在的又是名义的，而对实体的定义则只是名义的，……我们对真正的实体或单元（如上帝和灵魂）的认识，是和我们对大部分样式的认识一样深入的。此外，有一些品性，也是和物体的结构一样不大被认识到的。

格本第4卷，第364页（邓本，第55页）。 我不知道实体的定义是否和那些其存在仅仅需要上帝同意的事物一样，适合于我们所认识的任何一个被创造的实体，除非以稍微奇特的意义来解释实体的定义。因为我们不仅需要别的实体，而且也需要我们有更多的偶性。因此，既然实体和偶性彼此相互需要，那就需要另外一些标准把实体和偶性区别开来；在这些标准中，这个可能是一个偶性，而那个则可能是一个实体，虽然实体确实需要某些偶性，然而却常常不需要某个确定的偶性，而是当这个被带走时，又满足于以另一个偶性取而代之；而一个偶性一般地也不仅需要某一个实体，而且还需要那个它曾经内在于其中的属于它自己的实体，这样

才不至于改变它自身。然而，关于实体的本性这里仍然有一些别的问题留到别处去说，它们具有更加重大的意义，因而是需要更加深刻的讨论的。

格本第 6 卷，第 496 页（邓本，第 151 页）。　我所确定的实体概念如此富于成果，以致可以从中推演出原初的真理，甚至那些关于上帝、心灵以及物体本性的真理。

格本第 6 卷，第 493 页（邓本，第 151 页）。　既然我设想，其他存在物也有权利说“我”，或者说它们是可以这么说的，那么，我就通过这种方式，设想了实体的一般意义。

格本第 6 卷，第 350 页。　不活动的东西便不应获得实体的名称。

格本第 2 卷，第 45 页（1686 年）。　为了判断一个个体实体的概念，最好是考虑我所拥有的关于自我的实体概念，一如为了判断一个天体的特性，我们就必须考察这个天体的特殊概念。

格本第 3 卷，第 247 页。　我相信，我们有一个清楚的但却不是明白的实体观念，在我看来，这个观念来自这样一个事实，即在作为实体的我们自身内我们对它有一种内在的感觉。

格本第 2 卷，第 43 页（1686 年）。　假设 A、B、C 是一条代表着一段确定时间的线。假设有一个真实的个体实体，如我自己，持续存在于这一段时间里。然后让我们首先把我看作是持续存在于时间 A、B 期间的人，而且又把我看作是持续存在于时间 B、C 期间的人。既然如此，我们就假定：它是持续存在着的同一个个体实体，或者说正是我持续存在于时间 A、B 期间，并且那时待在巴黎，而且也是我持续存在于时间B、C期间，并且那时待在德国，那就

216 必定必然地有一个说我持续存在为真的理由，也即我这个曾经待在巴黎的人现在在德国的理由。因为如果没有的话，那我们就有同样多的权利说他是另一个人。的确，我的内在经验使我后天地确信这种同一性，但是却必定有一个先天的理由。这样，要发现任何一个别人就是不可能的，除非我的较早的时间和状态的品性，以及我的较晚的时间和状态的品性都是同一个主体的谓项。但是，说这些品性（谓项）的概念存在于主体（主项）中，如果不是指这个品性（谓项）的概念可以以某种方式包容在这个主体（主项）的概念中，那又是什么意思呢？既然从我开始存在的时刻起，对我发生的这种或那种情况就真正是对我而说的，那我们就必须承认这些品性（谓项）是包容在这个主项中，或者说是包容在我的这个完满概念中的法则；它们造成了所谓的我，构成了我的所有不同状态的联系的基础，是上帝从永恒的观点完满地认识了的。从今以后，我相信，所有的怀疑都必将消失，因为当说亚当这个个体概念包含了将永远对他发生的一切时，我就只是在说，当所有的哲学家们说这个谓项存在于一个真命题的主项中这句话时所意指的一切。

格本第2卷，第76页（1686年）。　实体的统一性要求一种完全的、不可分的以及不可自然破坏的存在，因为它的概念包含着永远对它发生的一切。

格本第2卷，第77页（1686年）。　一般说来，我所给出的个体实体的概念同真理概念一样地清楚。

格本第2卷，第457页。　从偶性的本性看来，它之依赖于一个实体是不够的，因为复合实体也依赖于单纯的实体或单子；而必须补充说它依赖于一个作为它的主体（主项）的实体，更进一步说，它依赖于作为它的终极主体（主项）的实体；因为一个偶性可以是另一个偶性的属性，例如大小便可以说是热或推动力的一个属性，这样，这个推动力就是主体，而当这个推动力被说成是变大或多么大时，它的大小就作为一个属性的抽象物而内在于它。但是，这种热或推动力是存在于一个作为它的主体的物体中的；而且，其终极的主体始终是一个实体。

格本第2卷，第458页。　我不明白我们如何把抽象物同具体物区别开来，同它存在于其中的主体区别开来，或者如何理智地解释存在于或内在于一个主体是什么意思，除非把这种内在物理解为主体的一种样式或状态。

格本第2卷，第271页。　如果活动原则对任何事物都是外
在的，而不是内在的，那就会什么也没有，那我们就必须同偶因论 217
者一起借助于上帝作为唯一的动因。所以，实际上，它是内在于所有简单实体的，因为没有任何理由来说明它应当在这一个而不是在另一个之中；从而它就存在于每一个单子的进展序列中。

第四章第18节　活动（能动性）的意义

格本第5卷，第46页（《新论》，第47页；拉塔本，第369页）。　我主张，实体本身不能没有活动，确实，从来没有一个物体是不运动的。

格本第5卷，第100页（《新论》，第110页）。　没有任何现实活动的功能，一句话没有经院哲学家所讲的那种纯粹的潜能的功能，只是一些虚构，是自然所不知道的，只是人们由抽象得来的。

格本第5卷，第200页（《新论》，第224页）。　如果能力是被当作活动的源泉，它所说的就不止是一种禀性或才具而另外还有点什么；因为它还包括倾向，……就是因为这样，在这个意义上，我惯于把它称之为隐德来希，它或者是原始的，相应于当作某种抽象东西的灵魂，或者是派生的，就像我们在趋向以及在生气和暴烈中所设想的那样。

格本第 4 卷，第 469 页（邓本，第 69 页）。　为了解释力或能力的概念……，我已经设计了一个特殊的动力学主体，极大地有助于理解真正的实体概念。

格本第 4 卷，第 479 页（邓本，第 73 页；拉塔本，第 302 页）。因为任何一个具有真正统一性的简单的实体，唯有通过奇迹才能有一个开端和终结。随之而来的是，它们唯有通过创造才能产生，唯有通过消灭才能结束。这样，我不得不承认（除了上帝特别打算去创造的灵魂外）实体的构成形式必须和世界一道被创造出来，而又必须始终存在。

格本第 2 卷，第 264 页。　你说："变化发生着，经验讲授着；但是，我们正在探究的却不是经验讲授的东西，而是从事物的本性中得出的东西。"但是，你因此就假定，除非预设变化，我就既不能够也不愿意去证明自然中的任何事物吗？

格本第 4 卷，第 507 页（邓本，第 115 页）。　既然这种过去的命令（上帝通过它去创造世界）现在已经不存在了，它现在就产生
218 不出任何东西，除非那时它就留下了某种此后持续着的、迄今依然保持着并发挥着作用的影响。他不这样认为而放弃了（如果我判断正确的话）对事物的所有明白的解释，而且将有同等的权利去说任何一件事物都是任何一件事物的结果，如果不存在于时间和空

间中的东西能够无中介地在此时此地发生作用的话……但是正相反，上帝在创世时所颁布的法则把它自己的某种印记留给了事物，如果事物是经过这样一种命令而形成的，以至于使它们适合于完成这位立法者的意志，那么，就必须承认一定的功效、形式和力，……是印在事物上的，从那里按照第一个命令的规则而进展到整个现象系列。然而，这样一种内在的力虽然是可以实际地明白设想的，但是却是不能够借意象来解释的；实际上它也不应当被这样解释成比灵魂的本性更多的东西，因为力是一种不是由想象所能把握的而是由理智所能把握的东西。

格本第 4 卷，第 508 页（邓本，第 117 页）。　事物的真正本性在于活动与激情的力；由此可以得出结论说，甚至根本不可能产生出持久的事物，除非神的力量将某种恒久的力印在这些事物之上。既然这样，那就可以得出结论说，没有任何一个被创造的实体，没有任何一个灵魂在号数上保持一样；没有什么东西能够为上帝所保存，从而万物可以说仅仅是一个永恒的神圣实体的转瞬即逝的样式和幻象。

格本第 4 卷，第 509 页（邓本，第 117 页）。　另一个问题在于，我们是否必须说创造物适当地和真正地活动。这个问题被包括在第一个问题中，如果我们理解了赋予事物的本性和活动与激情的力没有什么两样的话。

格本第 2 卷，第 169 页。　事物的系统可以以无数的方式构成，但是那种在它的方面有最强有力的理由的方式则占有优势。可是，实体的能动性毋宁具有形而上学的必然性，而且，如果我没有弄错的话，它在无论什么样的系统中都占有一个位置。

第四章第19节　活动(能动性)同充足理由间的关联

格本第1卷,第372页(约1676年)。　思想的变化并不能来自所思考的内容,因为一个单一的事物并不能成为变化自身的原因。原因是如果没有什么东西去改变事物的话,则每一个事物就依然保持在它所在的状态;而且,如果不是自身决定具有某些变化
219 而不是另外一些变化,我们就不能把任何一种变化归于它,除非说某物没有任何理由,但这是荒谬的。

格本第2卷,第263页。　从普遍概念推出永恒事物,从特殊概念推出暂时的事物,除非你认为暂时的事物没有任何原因。你(德·沃尔德)说:“我也不明白,任何一个系列何以能够从有关事物的本性中推演出来。”如果我们假定一个本性并不是特殊的,那就不再能够这样做了。……但是,所有特殊的事物都是连续的,或者说都是可以连续的。……对我来说,在它们之中也没有任何东西是恒久的,除了包含有连续系列的这条法则本身,这在特殊事物中同在作为一个整体的宇宙中的东西是一致的。

第四章第22节　时间同莱布尼茨实体概念的关系

格本第4卷,第582页。　本质的东西同自然的东西永远是有区别的。……属性是本质的和永恒的,而样式则虽然是变化的,

却可以是自然的。

格本第 2 卷，第 258 页。 我在属性和样式之间作出区别，前者是恒久的，后者是短暂的。从一件事物的本性中推出来的东西是可以恒久地或暂时地推演出来的。……从在一条给定的直线上按给定的速度运动的物体的本性中，如果没有假定任何外在的事物，在一个给定的时间过去之后，它就会达到这条直线上一个给定的点。但是，它将能永远地和恒久地达到这一点吗？

第五章第 23 节 不可辨别者的同一性的意义

格本第 7 卷，第 372 页（邓本，第 247 页）。 充足理由和不可辨别者的同一性这两条伟大的原则，改变了形而上学的状况。这门科学依靠这些原则而成为实在的和推理证明的了，反之，在此之前，它一般地只是由一些空洞的语词构成的。

格本第 5 卷，第 100 页（《新论》，第 110 页）。 按照我认为我所具有的证明，每一个实体性的东西，不论它是灵魂或身体，都有它自己和其他每一个实体性东西的本当有的关系；而每个东西都由于其内在的名称或种类而必定总是与其他东西相区别。

格本第 7 卷，第 393 页（邓本，第 258 页）。 我从这个〔充足理由〕原则推断出的结论之一就是，在自然中并没有两个实在的、绝对的存在物相互不可辨别；因为，如果有的话，那上帝和自然要安排这样一个而非另外一个，就会是没有理由的。

格本第 7 卷，第 407 页（邓本，第 273 页）。 上帝……绝不会 220

在不可辨别的东西之中来进行选择的。

格本第 5 卷，第 213 页（《新论》，第 238 页）。 除了时间和地点的区别之外，还必须永远有一种内在的区别原则，并且尽管有同一种类的许多东西，却的确没有任何事物完全一样。因此，虽然时间和地点（也就是外在关系）有助于我们把那些我们就事物本身不能很好加以区别的事物区别开来，但是，事物依然是本身可以区别的。因此，同一性和差异性的本质，就不在于时间和地点方面，尽管事物的差异的确是伴随着时间和地点的差异的，因为它们自身给事物带来了不同的烙印。

格本第 2 卷，第 131 页。 难道能否认每个事物（不论是属，是种还是个体）都有一个圆满的概念，根据这个概念，这个事物是能够为上帝所设想的，上帝完满地设想每个事物，而这就是一个包含或包容着能够说到那个事物的一切的概念？难道能否认上帝能够形成这样一个关于亚当或亚历山大的个体概念，而这样的个体概念包容着关于这个主项的所有属性、特性、偶性，并且一般地包容着它的所有谓项吗？

格本第 2 卷，第 249 页。 有差异的东西必定在某些方面不同，或必定本身就具有某种可以指出的差异性；奇怪的是，这个最明显的公理，并不同那么多别的公理一起为人们所应用。

第五章第 25 节 莱布尼茨对这项原则的证明可靠吗？

格本第 5 卷，第 202 页（《新论》，第 225 页）。 我们知道，当我们想来仔细考察它们时，正是这些抽象的东西引起了最大多数的困难。……那些困难中最棘手的一些问题，只要我们肯把那些抽象的存在物排除，并决心只通常地用具体的东西来说话，以及在科学的推证中除了那些代表实体性的主项之外不许用任何其他的名词，则它们一下就垮了。……当我们把实体中的两样东西即属性或谓项与这些谓项的共同主项区别开来时，如果在这个主项中没有任何特殊的东西能设想出来，那是不足为奇的。既然我们已经把那些我们能够设想其某种细节的属性分离开来，也就一定得是这样。因此，在这纯粹的一般主项中，除了要设想它是同一个东西（例如那理解和意欲、想象和推理着的东西）所需要的之外，还要求任何别的东西，这就是要求不可能的东西，并且这样是和我们自
己在对主项与它的性质或偶性分隔开来所进行的抽象和设想时所 221
作的假定相冲突的。

第五章第26节　每一个实体都有无限数目的谓项。这同偶然性以及不可辨别者的同一性的关联

格本第3卷，第582页。　在对必然东西的分析与对偶然东西的分析之间存在着差异。对必然东西的分析，是关于本质的分析，是从本性上在后的东西进展到本性上在先的东西，而最后以原初概念而告终，把一些数字分解成“一”，就是如此。但是，在偶然的东西或存在物方面，这种从本性上在后的东西到本性上在先的东西的分析要进展到无限，永远不可能还原到原初的要素。

格本第5卷,第268页(《新论》,第309页)。 不管这显得多么像悖论,我们要是仅守着它(个体事物)本身的话,[①]是不可能具有个体事物的知识的,也不可能找到办法来确切地决定任何事物的个体性;因为所有的情况都可能重新出现;最细微的区别,我们是感觉不到的;地点和时间本身远不能自行决定〔事物〕,它们本身倒是需要通过它们所包含的事物来决定的。其中最值得考虑的是:个体性包含着无限,而只有那些能够全部了解这无限的人才能具有对于某一事物的个体性原则的知识;这是由于宇宙中一切事物彼此间的(被正确理解了的)影响。的确,如果有德谟克里特所说的原子,情况就会不是这样;但那时两个同样形状和同样大小的不同个体之间又会毫无差异了。

富歇本,第24页(邓本,第175页)。 对个体,是不能够清楚地想象出来的。因此,它们同上帝并没有必然的联系,而只是被随意地产生出来的。

格本第7卷,第309页。 区别必然的或永恒的真理与偶然的或事实的真理是必要的。而它们相互之间的区别几乎和有理数与不尽根数的区别一样。因为必然真理能够还原为像同一性命题那样的东西,就如可通约的量能够导致一个公约数一样。但是,在偶然

① 照罗素本英文原文,此句为"unless、we keep it(the thing?)itself",照兰利英译本,此句原文为"at least of keeping it by itself",查法国伽尼尔—伏拉玛雄法文版,此句为"a moins de la garder elle-même",我们猜想罗素修改兰利版译文可能参照别的法文版本把"a moins de"读作"a moins que"。我们认为,照罗素本,此句译作"除非我们仅守着它(个体事物?)本身的话",而这与莱布尼茨本人的思想不一致,故仍采用陈修斋先生《人类理智新论》中文本译法(参阅《人类理智新论》中文本,商务印书馆1982年版,第312页)。——译者

真理方面，却如同在不尽根的数字方面一样，这种分析要永无止境地
进展到无限。因此，偶然真理的确定性和完满性的理由，就仅仅为上
帝所认知，上帝在一次直觉中就把握了这种无限的东西。一旦这个奥 222
妙被认识，关于认识一切事物的绝对必然性的困难就被克服。看来，
在可靠的事物与必然的事物之间存在着多么大的差异啊！

格本第 7 卷，第 200 页。　任何一个真理，如果不能分析，不能由其理由加以证明，而只有从神圣的理智那里得到它的终极理由和确定性，那这个真理就不是必然的。这些也就是我所谓的事实真理的一切。这是偶然性的源泉，对于这一点，迄今为止尚未有人阐述过。

第五章第 27 节　连续律：莱布尼茨所主张的连续性的三种形式

格本第 5 卷，第 49 页（《新论》，第 50 页；拉塔本，第 376 页）。没有什么事物是一下子完成的，这是我的一条重大的准则，而且是一条最完全地得到证实了的准则，即自然绝不作飞跃，这个我称之为连续律……我也曾经指出过，由于那些感觉不到的变异，两件个体事物不会完全一样，并且应该永远不止是号数不同。

格本第 5 卷，第 455 页（《新论》，第 552 页）。　在自然界中，任何事物都是逐步地渐进而丝毫不作飞跃的，而关于变化的这一规则是我的连续律的一部分。但是，自然的美，愿意有分明的知觉，要求现象中显得有飞跃。

格本第 3 卷，第 52 页（邓本，第 33 页）。　我已经提到的普遍秩

序的原则，在推理中具有很大的效用。……它从无限中得到它的起源，这不仅在几何学中是绝对必要的，而且在物理学中也是成功的。因为作为万物源泉的无上智慧，遵循着无以复加的和谐，像一位杰出的几何学家那样活动……这个原则可以有如下述："当两个实体的差异能缩小到低于给予的材料中或被设定的东西中的每一个特定的量时，也就必定可以把它缩小到低于在追求的东西中或在产生的东西中的每一个特定的量"；或者，再随便一点讲，"当这些实例（或给予的东西）不断地接近，并且最终相互合并，结果或结局（或追求的东西）就必定也是这样。"这也依赖于应该更加普遍的原则，即："当这些给予的材料形成一个系列时，结果也形成一个系列。"

格本第 2 卷，第 168 页。　没有什么过渡是通过飞跃发生
223 的。……我认为，这不仅包括从场所到场所的过渡，而且也包括那些从形式到形式的过渡，或者从状态到状态的过渡。因为，不仅经验驳倒一切突然的变化，而且我认为我们得不到任何一个反对从场所到场所飞跃的先天理由而会不妨碍从状态到状态的飞跃的。

格本第 2 卷，第 182 页。　假定每个事物都总是为上帝所创造，那么，我们要是放弃秩序的规则，就没有什么东西阻止一个物体通过从场所到场所的飞跃而被创造出来；因而，它在一瞬间跳跃，然后突然依旧静止一会儿。飞跃、中断、虚空、静止，都为这同一条规则判定为是不可能的。

格本第 2 卷，第 193 页。　这个关于飞跃的假设是不会被驳倒的，除非利用秩序的原则，借助于以最完善的方式制造万物的最高理性。

格本第 5 卷，第 473 页（《新论》，第 575 页）。　我只是照我们

所清楚认识的事物的方式来设想那些未被认识的或混乱地认识的事物；这使得哲学成为非常容易的，而我甚至认为我们必须这样做。……就是因为这样，我认为没有什么精灵，不论他如何崇高，会没有无数更高的精灵在他之上。

第五章第 29 节　可能性与可共存性

格本第 5 卷，第 286 页（《新论》，第 334 页）。　我有理由相信，并不是一切可能的种在宇宙中（尽管宇宙是如此之大）都是可共存的，并且不仅对于同时一起存在的事物来说是如此，而且对于事物的整个序列来说也是如此。这就是说，我相信必然有一些种是从未存在过并且将来也永远不会存在的，因为它们是和上帝所选择的这一创造物的序列不相容的。……连续律宣布，自然不让她所遵循的秩序之中留有空隙；但是，并不是每一个形式或种都属于每一个序列。

格本第 3 卷，第 573 页。　宇宙只是某种可共存者的集合体；这现实的宇宙是一切现存的可能者的集合体，也就是那些形成最大量的复合物的集合体。而且，由于可能者有不同的结合，其中，有些结合要比别的结合好一些，所以，存在有许多可能的宇宙，可共存者的每一个集合体都造成一个宇宙。

第五章第 31 节　三种必然性

格本第3卷，第400页（邓本，第170页）。　整个宇宙也许可

224 能曾经以不同的方式制造出来；其中，时间、空间、物质同运动和形状是绝对没有关系的；上帝从无限可能的事物中挑选出他认为是最合适的。但是，他一经选定，我们就必须承认，一切都包含在他所选择的东西中，并且没有什么东西能够对之加以改变，因为他一劳永逸地预见和安排了一切。……那种能够把将来的事物归因于现在的事物，那种可以称作假设的或能够引出重要结果的东西，正是这种必然性……但是，虽然这个宇宙的全部事实现在对于上帝都是确定的，……可并不能从中得出结论说，它们的联系永远是真正必然的，也就是不能够说，那种宣布一个事实从另一个事实中推演出来的真理是必然的。

格本第7卷，第389页(邓本，第255页)。　我们必须在绝对的必然性和假设的必然性之间作出区别。我们也必须区别这样两种必然性：一种必然性之所以成为必然性，是因为其对立面蕴涵着矛盾(这种必然性叫做逻辑的、形而上学的或数学的必然性)；另一种是道德的必然性，它使一个有智慧的存在物挑选那最好的，并使一切心灵都遵循那最强有力的倾向。

第六章第33节　外部世界的存在仅有“道德的确定性”

格本第1卷，第372页(约1676年)。　思想的变化并不能来自思想着的东西，因为一个东西不会自身成为它自身变化的原因。……因此，在我们之外存在着我们思想变化的某个原因。而且，既然我们赞同有这种变化的某些从属的原因(尽管这些原因本身也需要原因)，那么，我们就已经证实了我们承认其中有某种活动的特殊的存在物或实体，也就是说，我们想象得出，我们自身中的一些变化是由它们的变化产生出来的。现在，我们正在大踏步地向着我们称之为物质或物体的东西的结构前进。但正是在这一点上，你〔富歇〕使我们稍事逗留，以便重新记起古代亚伽达米的抱怨是妥帖的。因为我们所有的经验，实际上都使我们相信只有两件事情，即在我们的诸现象之间存在着一种联系，这种联系给了我们成功地预言未来现象的手段，以及这种联系必定具有恒常的原因。但是，从这一切，严格地讲，并不能推论出物质或物体存在，仅仅能够得出结论说，有某种对我们呈现出安排得很好的现象的东西。因为，如果一种无形的能力喜欢做梦，而这些梦在我们看来与我们先前的生活是恰当地联系在一起的，并且相互契合，在我们被 225
唤醒以前，我们可以把它们同实际存在的事物区别开来吗？或者说，什么东西使我们生活的整个进程不成为一场井然有序的长梦，而使我们对之顿然醒悟呢？我并不认为这种能力由于这个原因会是有缺陷的，正如笛卡尔先生向我们保证的那样，而且，它的缺陷也不在我们谈论的问题之列。

格本第5卷，第275页(《新论》，第318页)。　上帝在创造这些观念的对象之前，就已经有这些(关于实体的)观念了，也没有什么能阻止他还可以把这样一些观念传递给有心智的创造物；甚至也没有什么确切的推证，证明我们感觉的对象和感官呈现给我们的那些简单观念的对象是在我们之外的。

格本第5卷，第355页(《新论》，第422页)。　我认为在感觉对象方面的真正的标准，是现象间的联系，也就是在不同的时间和地点，以及在不同的人的经验中所发生的事件之间的联系，而人们本身，这些人对于另一些人来说，在这方面也就是很重要的现象。……可是，必须承认，这整个可靠性并不是属于最高级的，正如您已很好地认识到的那样。因为形而上学地说来，一场梦就像一个人的生命一样连续和持久，这并不是不可能的；不过这事也许就像幻想把一些印刷用的字母任意乱七八糟地放在一起就可以成为一本书一样是违反理性的。

格本第 7 卷，第 320 页（《新论》，第 719 页）。　由任何一个证明都不能绝对地推出存在有物体，并且没有什么东西能妨碍某些提供给我们的心灵的安排得很好的梦为我们判定为真的。……通常所谓上帝因此会是一个骗子的理由，也不是很有分量的证据；无疑，任何人都会看出，这同具有形而上学确定性的推证有很大的距离。因为要是我们不精确研究就妄加断言，则我们就不是为上帝所欺骗，而是为我们自己的判断所欺骗了。

格本第 5 卷，第 205 页（《新论》，第 229 页）。　说心灵的存在比可感觉对象的存在更确定，这说得很好，并且是很真实的。

格本第 5 卷，第 516 页。　根据事物的理由，我们判定（即使不考虑神圣的智慧）我们并非单独地存在，因为似乎并无什么支持一个人单独存在的特殊理由。你也不会凭理性设想一个人能够坚决主张他孑然一身存在，而其他人仅仅为他所梦及。但是，有一种存在高于非存在的特殊理由，或者说有一种并非所有可能的事物
226 都存在的原因。再者，即使除了知觉者便无被创造物存在，知觉的秩序也会显示出神圣的智慧。因此，在这里并不存在什么循环论证，尽管上帝的智慧也源于先天，而不仅仅来自现象的秩序。因为

仅从存在着偶然性事物的事实就可以推断出存在有一种必然的存在。

第七章第 35 节　物质与物体的诸多意义

格本第三章，第 657 页（邓本，第 234 页）。　原初的和纯粹的物质，如果撇开与它相结合的灵魂或生命来看，是纯粹被动的；严格说来，它也不是一个实体，而是一种不完善的东西。次级物质（例如一个有机体）也不是实体，但是由于另外一个理由，即由于它是若干个实体的集合体，犹如一个充满鱼的池塘，或一群绵羊，所以，它就是所谓显现的统一体，简言之，一种现象。一个真实的实体（例如一个动物）是由一个非物质的灵魂和一个有机体组合而成的，它就是这两种东西组合而成的被称之为统一体本身的复合物。

格本第 7 卷，第 501 页（《新论》，第 722 页）。　物质是那种存在于不可入性或抗变形性中的东西，或者说是那种抵抗着穿透能力的东西；因此赤裸裸的物质就纯然是被动的。但是，除物质或质料外，物体还具有能动的力。而物体或者是有形的实体，或者是由有形的实体组成的团块。我把那些由一个单纯实体或单子（也就是一个灵魂或与灵魂相类似的东西）同与它联合在一起的一个有机体结合而成的东西称之为有形实体。但是，团块却是有形实体的堆集，如同乳酪有时是由一群蛆虫组成一样。

格本第 2 卷，第 252 页。　我的分类如下：（1）原初的隐德来希或灵魂；（2）初级物质或原初的被动的能力；（3）单子，由这两种东西所完成；（4）团块，或次级物质，有机的机器，无数从属的单子共同对它起作用;(5) 动物,或有形实体,它由主导单子造成一架机器。

第七章第 36 节　莱布尼茨的动力学同笛卡尔的动力学的关系

格本第 4 卷,第 497 页(邓本,第 88 页)。　你知道笛卡尔先生认为物体保持着同一个运动量。他在这个问题上的错误已经为人指出过了,但是只有我才指出,始终真实的是:被保存着的是同一个动力,而他却认为是运动的量。然而,由于灵魂的变化而致使物体所发生的变化使他窘迫,因为它们似乎违背这条规律。因此,
227 他认为,他已经通过我们必须区别开运动和方向这样一个说法,发现了一个相当巧妙的权宜之计。他还认为,灵魂虽不能增加或减少这种动力,但却改变着精气运动进程的方向或倾向;而随意运动也就是由此而发生的。……但是,人们必须知道的是:还存在着另外一条自然法则,这条自然法则是我业已发现和证明了的,却是笛卡尔所不曾认识到的。这就是:不仅动力的量是守恒的,而且可以用来指向世界的任何一个部分的方向的量(动量)也是守恒的。……这条法则,和其他法则一样是美妙的和普遍的,也算得上是一条不可违背的法则。这就是我的体系通过恒常的力和方向所要达到的目标,简言之,也就是关于物体的全部自然法则,尽管它们之中所发生的变化只是灵魂变化的结果。

格本第 6 卷,第 540 页(邓本,第 164 页)。　如果一个人在笛卡尔先生的时代就已经知道了新的自然法则,那他显然就能够理

解我的前定和谐的体系。这条自然法则是我业已证明了的，它断言：不仅相互之间有联系的诸多物体的总的力是恒常不变的，而且它们的总的方向也是恒常不变的。

格本第 4 卷，第 286 页（邓本，第 5 页）（1680 年）。　笛卡尔先生的物理学有一个重大缺陷，这就是：他打算用作基本原则的运动规则或自然法则，就其大部分而言，是错误的。这一点的证明是：他的伟大原则，即在世界上保存着同一个运动量，是一个误解。我这里所指出的已经为法国和英国那些最有才智的人们所承认。

第七章第 37 节　物质的本质不是广延

格本第 1 卷，第 58 页（约 1672 年）。　在自然哲学范围内，我或许是第一个透彻地证明了……是否存在有虚空的问题。[①]〔由此便可以推证出，物质的本质不是广延。〕

格本第 2 卷，第 71 页（1686 年）。　〔如果假定物体是实体〕我们就可以推断出，有形实体并不是由广延或可分性构成的。因为人们会承认，相距甚远的两个物体，例如两个三角形，实在不是一个实体。让我们现在假定，这两个三角形逐步靠近，以至于成为一个正方形，那么这种纯粹的联系会使它们成为一个实体吗？我认为这是不可能的。然而每一个有广延的团块却能够看成是由两个或一千个别的东西所组成；我们是只有通过触摸才有广延观念

① 此句照罗素本原文为“there is a vacuum”，直译为“存在有虚空”，疑有误。照莱布尼茨的哲学，此句应为“不存在有虚空”。故而作出上述处理。——译者

228 的。这样，我们就永远找不到一个物体，我们能够说它真正地是一个实体。它将始终是许多东西的堆集。或者，更确切地说，它将不是一个真实的存在，因为不但组成它的那些部分常常面临着同样的困难，……而且，关于个体实体的一般概念也证明了这一点。广延是一种不可能构成完满存在物的属性，从中产生不出任何活动或变化，它纯然表现现时状态，而根本不能像一个实体概念那样表现将来的或过去的状态。当两个三角形结合在一起时，我们是不能由此断定这种结合是如何发生的。

格本第 3 卷，第 97 页。　我们想象不出阻力能够是广延的一种情状或样式。

格本第 3 卷，第 453 页。　不可入性或不可穿透性不是广延的一个结果；它预设了某些更多的东西。场所是有广延的，但却不是不可入的。

格本第 2 卷，第 233 页。　你承认，作为广延概念的要素的存在和连续性在形式上是不同的，而我也没有要求更多的东西。但是，实际上，由不同的形式概念所构成的广延概念并不是原初的。笛卡尔主义者的一项基本错误就在于：他们把广延设想为某种原初的和绝对的东西，设想为构成实体的东西。

格本第 2 卷，第 169 页。　我认为，广延是不能单独地构成一个实体的，因为广延的概念是不完满的；而且，我还认为，广延也是不能通过它自身而被设想的，它是一种可解析的和相对的概念。因为它是可以解析成复多、连续性和共存或者其部分可以在同一个时刻的存在。复多还包含在数目、连续性中，也包含在时间和运动中，而共存则仅仅添加到广延中。

第七章第38节　原初物质在莱布尼茨动力学中的意义

格本第2卷，第171页。　物质的阻力包含着两个东西：不可入性（或抗变形性）和阻力（或惯性）；并且，由于它们在一个物体中到处相等，并与该物体的广延成比例，所以，我把被动性原则或物质的本性置放到这两个东西之中。同样地，能动的力以种种不同的方式将自身展现在运动中，我在这种能动的力中清楚地看到了一种原初的隐德来希，也可以说是某种与灵魂相类似的东西，其本性就在于它是一条关于它的变化系列的永恒法则，永不间断地描述着这条法则。

格本第2卷，第170页。　我注意到，笛卡尔在他的信中，以
开普勒为楷模，承认在物质中到处都存在有惯性。你（德·沃尔 229
德）是从任何事物都具有的保持其（现存）状态的力中推演出来这一点的，在这种状态下力是无异于它自身的本性的。因此，你就断定，广延的简单概念甚至对于这种现象也足够了。……但是，广延是一种如果不存在有改变它的某种东西，它就依旧保持着现存状态的东西，这甚至可以由对这两种情况中的任何一种都漠不关心的事物本身所造成；而与此同时，它也是某种别的东西，何况一个事物不应当是惰性的，而应具有一种力，也可以说是具有一种倾向，一种保持其状态和应阻止其变化的原因的倾向……并且，这样一个世界是可以设想的，在其中，处于静止状态的物质会在没有任何阻力的情况下服从运动的原因；但是，这样一个世界只会是一片混乱。

格本第 5 卷，第 206 页（《新论》，第 231 页）。　我认为完全的流动性只属于初级物质，也就是那抽象的物质，并作为一种原初的性质，就像静止那样的。但是这种流动性不属于次级物质，就像它实际呈现出来的那样，披挂着它的那些派生性质。

格本第 5 卷，第 325 页（《新论》，第 383 页）。　下述一点并非像人们所设想的那样是没有用处的。这就是：在一般物理学中，就原初物质来进行推理和决定其本性，以求知道它是否始终齐一，它是否除了不可入性之外还有其他特性（如事实上我继开普勒之后指明它还有那种可称为惯性的东西）等，虽然它从不完全赤裸裸地存在。

格本第 4 卷，第 393 页（《新论》，第 699 页）。　除广延外，物体中还有某种被动的东西，这就是物体借以抵抗穿透作用的东西。

格本第 4 卷，第 395 页（《新论》，第 701 页）。　物体的动力或能力是双重的：被动的和主动的。严格地说来，被动的力构成物质或团块，主动的力构成隐德来希或形式。被动的力是那种凭借它一个物体不仅阻止穿透作用而且也阻止运动的阻力；并且凭借它，如果这个物体不让出场所，另一个物体就不能进入它的场所；而与此同时，如果不稍事减缓推动物体的运动，这个物体就不会让出场所，并且以此努力保持其先前的状态……这样，其间就有两种阻力或团块：第一种叫做抗变形性或不可入性，第二种叫阻力或开普勒所说的物体的自然惯性。

第七章第 39 节　次级物质

《数学著作集》第 6 卷，第 235 页（《新论》，第 671 页）。　在有

形事物中除广延外，还有某种东西；它甚至是先于广延的，这也就
是为造物主到处放置的真正的自然的力；这种力并不在于为学界 230
似乎感到满足的那种单纯的功能，而在于它还被赋予一种意向或努力，这种意向或努力，如果不为一种相反的意向所阻止，就将获得圆满的结果。

格本第 4 卷，第 470 页（邓本，第 70 页）。　有形实体同精神实体一样，是永远不会停止其活动的。

《数学著作集》第 6 卷，第 237 页（《新论》，第 673 页）。　由于形式，每个物体都始终作用着；而由于质料，每个物体都始终持续着和抵抗着。

《数学著作集》第 4 卷，第 513 页（邓本，第 122 页）。　一个物体在它运动的现在时刻，不仅处在一个与之相当的场所，而且它还有一种改变其场所的意向或努力；因而，由于自然的力，连续的状态便自行从现时状态中产生出来。否则，在现时，以及在任何一个时刻，一个处于运动中的物体 A 就绝不会不同于处在静止状态中的物体 B。

格本第 396 页（《新论》，第 702 页）。　许多东西都迫使我们把能动的力放进物体中，至于那些显示出物质中有运动的经验，就更其如此了；虽然这些运动原本可归因于事物的普遍原因——上帝，然而却可直接地和特别地归因于上帝放置在事物中的力。因为若说上帝在创世时给了诸多物体一条活动法则，如果他同时不给这些物体某种遵守这条法则的东西，那就等于什么也没有说；不然的话，他本身将永远不得不超越通常的方式来遵守这条法则。

格本第 3 卷，第 60 页。　在世界上永远保持着同一个运动

量，也就是说，如果正确地加以理解的话，在每个时刻中，宇宙中都存在着和在任何一个别的时刻一样多的运动，但是，这些瞬间本身，所保存的是力的同一个量。并且，事实上，活动不是别的，只是力的发挥，且等于力与时间的乘积。

格本第 4 卷，第 510 页（邓本，第 119 页）。　如果正确地加以理解的话，在下面这个范围内，物体本身之具有惰性就是真的；这就是：由于某种理由，曾经被假定为静止的东西不能使自己处于运动状态，并且也不允许它本身在没有阻力的情况下被另一个物体置于运动状态；它同样也不能够自行改变速度的快慢和它曾经获得的方向，或允许它容易地或无阻力地为另一个物体所改变。而且，我们也必须承认，广延或物体中的几何学内容，如果单纯地来看，在其中就没有什么能够引起活动和运动的东西；正相反，物质
231 通过某种“自然惯性”（开普勒很有理由地这样称呼它）抵抗着运动，它对运动和静止并不是漠不关心的；但是，为了运动，它还需要一种和它的体积成比例的能动的力。为此，我使初级物质的或团块（它在一个物体中始终是一样的，且与这个物体的体积成比例）的真实概念由这种关于阻力（包括不可入性和别的某种东西两个方面）的真正被动的力组成。因此，我指出：如果说在物体中或在物质本身中仅有与广延连接在一起的不可入性，则完全不同的运动法则就会接踵而至。而且，像在物质中存在有一种与运动正相反对的自然的惯性那样，在物体中，甚而在每个实体中也就存在有一种与变化正相反对的自然的经久不变性。但是，这种学说没有为否认事物活动的人张目，而毋宁是反对了他们。因为正像物质不会自行开始运动是确实无疑的那样，一个物体自行保持着它曾

经获得的动力也就是确实无疑的了(这一点由关于为一个运动中的物体所传送的运动的极其卓越的经验所表明);而且,同样确实无疑的是,它是在其无常变化中恒常不变的,或者说它在它曾经进入的那个变化系列中努力保持着它自身。既然这些活动和隐德来希不可能是初级物质或团块,不可能是一件本质上被动的事物的样式,……那么,由此便可推断出,在有形实体中,必定找得出一种活动的第一隐德来希或原初能力;也就是说,一种加到广延(或者纯粹几何学的东西)和团块(或者那些纯然是物质的东西)中的原初的动力实际上始终在起作用,但是,尽管如此,由于物体聚合的缘故,它经由努力和推动而遭受到种种变更。这同一个实体原则,在有生命的存在物中称作灵魂,而在别的存在物中则称作实体的形式。

第七章第 41 节　力与绝对运动

格本第 4 卷,第 400 页(《新论》,第 706 页)。　如果把力撤掉,运动本身中就不再剩下什么实在的东西,因为仅仅从位置变化中,我们是讲不出运动或变化的真正原因在何处。

格本第 2 卷,第 137 页(邓本,第 39 页)。　就物理学来说,我们必定把力的本性理解为一种与运动完全不同的东西,运动是某种更加相对的东西。

格本第 4 卷,第 369 页(邓本,第 60 页)。　如果运动不是别的,只是接触的或直接邻近的变化,那么我们就将可以得出结论说,我们永远不可能决定哪个事物在运动中。……因此,如果在运

动中没有别的东西,只有这种相对的变化,那我们就可以得出结论
232 说,在自然中不存在有把运动归因于某一个事物而不是另外一些事物的理由。这样一来,结果就会是:根本不存在有什么实在的运动。因此,为了说任何一个事物在运动,我们就不仅需要它改变其相对于其他事物的位置,而且也需要它包含着变化的原因,即力或活动。

格本第 7 卷,第 403 页(邓本,第 269 页)。 运动是不依赖于观察,但不是不依赖于可观察性。……当没有可观察的变化时,就也根本没有变化。……我在《自然的数学原理》的第八条定义,或在这条定义的附释中,都找不到什么证明了的或能证明空间本身的实在性的东西。可是,我同意,在一种物体的真正绝对运动和一种相关于另一物体的位置的单纯相对变化之间,是有区别的。因为当变化的直接原因是在物体中时,它是真正地处在运动中。

《数学著作集》第 2 卷,第 184 页。 至于在绝对运动和相对运动之间的差别,我认为,如果运动或者更确切地说,物体的动力是某种实在的东西,那么,我们就似乎必须承认它当有一个主项是必然的。……我想,你〔惠更斯〕不会否认,实际上〔处在撞击中的〕每一个〔物体〕都具有一定程度的运动,或者如果你愿意的话,也可以说是都具有一定程度的力,尽管这两个设定是等值的。我确实能由此得出这样一个结论,即在物体中,除几何形状外还有某种能规定它们的东西。而这在我用来证明下述论断的几个理由中还不是微不足道的,这个论断就是:除广延及其样式(它们是纯粹几何形状的东西)外,我们必须承认某种更本质的东西,这就是力。牛顿先生承认,在直线运动的情况下,这些设定是等值的;但是,关于圆周运动,他却认为,旋转物体所作的要离开旋转中心或轴心的努

力使这些物体的绝对运动为人们所认识。但是我也有理由相信，没有什么东西能够违反这条等值的普遍法则。

格本第 2 卷，第 91 页（1687 年）。　在所谓运动的状态中那实在的东西出自有形实体，正如思想和意志出自心灵一样。

格本第 2 卷，第 115 页（1687 年）。　一个有形实体把它所特有的运动给了它自身，或者更确切地说，是把在每一瞬间运动中实在的东西，也就是把派生的力给了它自身，这个有形实体的运动是这种派生的力的结果；因为一个实体的每个现时状态都是它的前此状态的结果。……如果上帝曾经使一个物体处于完全静止的状
态，这只有借助奇迹才造得出来，那么，要把任何一种运动归还给 233
这个物体，就将需要一个新的奇迹。

格本第 4 卷，第 486 页（邓本，第 80 页；拉塔本，第 318 页）。对于绝对运动，并没有什么东西能数学地决定它，因为一切都在与结果的关系中结束了，这结果就是：如同在天文学中一样，始终存在着一个完全等值的假设。……不过，根据以最明白的方式解释现象的假定，我们还是有理由认为物体有实在的运动，因为这种说法与能动性概念是协调一致的。

格本第 5 卷，第 370 页（《新论》，第 440 页）。　这种无穷小分析提供了一种工具，使我们能够把几何学同物理学结合起来。

《数学著作集》第 6 卷，第 247 页（《新论》，第 684 页）。　首先，我们必须认识到，即使在被创造的实体里，力也确实是一种真正实在的东西；而空间、时间和运动则具有理性实体的本性，并且它们之为真正的和实体的，并不是由于它们自身，而是由于它们包含着神圣的属性——无限性、永恒性和效能——或者是由于它们

包含着被创造实体的力。因此，我们立即就可以得出结论说：在空间和时间中没有虚空；再者，运动若离开了力，……实际上就不可能是任何别的东西，而只能是一种位置的变化，因此，运动就现象而言，就只在于一种关系。……从这种运动的相对性中，我们还可以得出一条结论，这就是：如果物体以同样的速度相互接近，那么，物体相互间的作用力或碰撞力就是一样的。……同时，正如在关于行星的理论中我们必须运用哥白尼的假说一样，……我们也可以说物质也需要一个有关现象的更加合宜更加扼要的解释。……因为，尽管力是一种实在的和绝对的东西，然而运动却属于相对的现象之列，而在现象中能够找到的真理不可能像在原因中找到的那么多。

第七章第 42 节　设定力存在的形而上学根据

格本第 3 卷，第 45 页。　在完整的原因和整个结果之间始终是全等的，……虽然这条公理是完全形而上学的，但它却依然是能够运用于物理学的最有用的公理之一。

格本第 3 卷，第 48 页。　我已经说明，力一定不能由速度和大小的结合来衡量，而应当由它的未来的结果来衡量。然而，力或能力似乎是某种已经实在的东西，而未来的结果却不是这样。由
234 此，我们便可得出结论说：我们必须承认物体中有某种不同于大小和速度的东西，除非我们打算不让物体具有任何活动能力。

《数学著作集》第 6 卷，第 252 页(《新论》，第 689 页)。　既然只有力以及力所产生的结果在任何一个瞬间都存在(因为运动永

远不会真正地存在），而每个结果都趋向直线，由此便可得出结论说，所有的运动都是直线的，或者是由直线组成的。

格本第7卷，第305页（邓本，第103页；拉塔本，第344页）。关于原因、能力、能动性的形而上学法则，以一种绝妙的方式存在于整个自然界，它甚至比关于物质的纯粹几何学法则还要优越。

格本第4卷，第523页。　至于运动，其中实在的东西是力或能力，也就是现时变化中存在有产生出未来变化的东西。其余的只是现象和关系。

第七章第43节　因果序列复多性的动力学证明

格本第5卷，第158页（《新论》，第176页）。　虽然〔在碰撞中的〕物体并不是真的失去了它所给出的一样多的运动，但永远为真的却是它失去了一些运动，失去了它所给出的一样多的力。

《数学著作集》第6卷，第251页（《新论》，第688页）。　每个物体的被动都是自发的，或者说是由一种内在的力产生的，尽管这一点是基于某种外在东西的诱因的。

《数学著作集》第6卷，第251页（《新论》，第689页）。　物体的作用是从来不会没有反作用的，并且这两者相等，其方向却正好相反。

《数学著作集》第6卷，第230页。　〔在并非完全弹性的碰撞中〕总力的减少，……并不意味着对同一个力在世界上守恒这条不容违背的真理的背离。因为那些为细小部分所吸收的东西对于整个宇宙来说并非绝对地失去了，尽管对撞击中的物体的总力来说是失去了。

第七章第 45 节　他之反对有广延的原子的根据

格本第 1 卷，第 403 页。　我的公理即自然从来不飞跃……在物理学上具有最大的用处；它打破了原子、静止状态的间隔、作为第二因素的球体以及其他类似的臆想。

《数学著作集》第 2 卷，第 136 页。　我承认在理解这种不可分性（如原子的不可分性）的理由方面，我确实存在着困难；并且，我还认为，为达此目的，我不能不求助于一种永恒的奇迹。

《数学著作集》第 2 卷，第 145 页。　赋予不同的物体以不同
235 程度的刚性，这并无什么荒谬之处；否则，我们根据同样的理由即可证明物体必定具有一种等于零的或无限的速度。……关于原子，还有某些别的不便之处。例如，它们是不能接受运动法则的，并且，以同等速度直接撞击的两个同等的原子的力就将必定丧失，因为似乎只有弹性才能使物体恢复原来的情状。

《数学著作集》第 2 卷，第 156 页。　按照我的假说，物质到处都是可分的，并且在从一个地点向另一个相邻地点的转移过程中多多少少容易带有一种觉察不到的变化。这样一来，按照原子论的说法，我们便从一个极端跳到另一个极端，从一个触点的完全的松散性过渡到在所有别的地点的无限坚实性。而这些跳跃在自然中是找不到例证的。

《数学著作集》第 2 卷，第 157 页。　根本没有什么最后的微小物体，而且，我还认为，一个物质微粒，不论是如何地小，都和整个世界一样，充满着无限多个更小的创造物。

第七章第 46 节　反对虚空

格本第 2 卷，第 475 页。　物理连续体的无限性，在关于只存在有单子的假说中，与其说是依赖于关于最好者的理由，倒不如说是依赖于充足理由原则；因为任何地方都没有任何限制或终止的理由，也没有任何停止的理由。

格本第 5 卷，第 52 页（《新论》，第 53 页；拉塔本，第 385 页）。在我们〔洛克和莱布尼茨〕之间，关于物质的意见，似乎还有一点差别，就是这位作者认为虚空是运动所必需的，因为他以为物质的各个小部分是坚不可摧的。我承认，如果物质是由这样的部分合成的，在充满之中运动就是不可能的，……但是，人们无论如何不会同意这种假设……我们毋宁应该设想空间充满了一种原本是流动的物质，可以接受一切分割，甚至在实际上被一分再分，直至无穷。……这就使得物质到处都有某种程度的坚硬性，同时也有某种程度的流动性。

格本第 4 卷，第 395 页（《新论》，第 701 页）。　尽管某些物体看起来比其他一些物体的密度更大一些，然而这种情况之所以发生，乃是因为它们的细孔为适合这个物体的物质填得更加充实。相反，比较稀薄的物体却具有一种海绵的性质，以至于别的更为精细的物质流过它们的孔道；这些更为精细的物质与这个物体是不相关涉的，而且是既不会跟随也不会等待它的运动的。

236 格本第 4 卷，第 368 页（邓本，第 59 页）。 在那些为虚空辩护的人中，很少有人认为空间是一个实体，他们也不会为笛卡尔的证明所驳倒；为要结束这场论争，就需要别的原则。

格本第 7 卷，第 356 页（邓本，第 240 页）。 物质愈多，则上帝行使他的智慧和能力的机会也愈多；而正是因为这一点，除了其他种种理由之外，我主张根本就没有虚空。

格本第 7 卷，第 372 页（邓本，第 248 页）。 使得世界之外的空间成为想象空间的同一个理由，证明了整个空的空间也是一种想象的东西，因为它们之间只有大小的区别。如果空间是一种性质或一种属性，它就应该是某种实体的性质。但是，那有界限的空间，其维护者们〔克拉克和牛顿〕是设想为在两个物体之间的，试问它将是什么实体的性质或情状呢？……广延必定是应该有广延之物的性质或情状。但如果这空间是空的，则它就将是一种没有主体的属性，一种无广延之物的广延。

格本第 7 卷，第 377 页（邓本，第 253 页）。 凡主张有虚空的人，都是让自己更多地受想象而不是受理性的指引。当我还是年轻的孩子的时候，我也曾接受了虚空和原子的概念，但是，理性把我引导到正确的道路上来了。……我认为，这是一条原则，即凡上帝能放在事物之中而无损于在其中的其他圆满性的全部圆满性，都已被放在其中。然后让我们设想应该完全空的空间，上帝可以在其中放进某些物质而无损于其他一切事物；因此他实际上就把它放进去了；因此没有什么完全空的空间；因此全部是充满的。

格本第 7 卷，第 396 页（邓本，第 261 页）。　绝对地说，上帝似乎能够使物质的宇宙在广延上成为有限的；但是相反的情形却似乎更符合他的智慧。

第七章第 47 节　反对超距作用

格本第 3 卷，第 580 页。　我们证明了这样一些人（牛顿及其信徒）的方法不能成立，他们和先前经院学者一样，假定一些不可理解的性质，也就是那些没有任何自然原因的原初性质，是不可能用这种性质所属主体的本性加以解释的……既然我们主张它（引力）只能以一种可以解释的方式才能发生，那么，我们就不能承认引力对于物质是一种本质的或必不可少的性质……按照这些作者 237
的观点，实体不仅对于我们是完全不可知的，……而且任何一个人要认识它们都是不可能的；如果实体的本性真的如他们所云，则上帝本身也会对它们一无所知。

格本第 2 卷，第 399 页。　如果上帝能够使任何一件东西可以远距离地直接起作用，则他就会通过这个特殊的事实使这件东西多重存在。

格本第 2 卷，第 407 页。　我否认一个物体的自然的超距作用，但并不否认那种超自然的超距作用。

第七章第 48 节　作为赋予个体性的力

格本第 2 卷，第 116 页。　严格地讲，当发生碰撞时，物体并不为别的物体所推动，而只是为它们本身的运动或为它们的弹力所推动；这种弹力也是这些物体的各部分的一种运动。每一个有形的团块，不论大小，其中都有它曾经能够获得的全部力，而同其他物体的会合只能给它以限定，或者更确切地说，这种限定只发生在它们会合期间。

第七章第 49 节　原初的和派生的力

格本第 2 卷，第 262 页。　派生的力是那种同时趋向于或预先包含着未来状态的实际的现存状态，因为现存的每一件事物都孕育着未来。但是，那些持续的东西，就其包含着它所发生的一切而言，它是具有原初的力的。这样，原初的力似乎可以说是这个序列的法则，而与此同时，派生的力则是那种用来标志这个序列的特殊细节的规定性。

《数学著作集》第 3 卷，第 457 页。　物体中有两种力，一是原初的力，它对于这个物体来说，是本质的或必不可少的，再一种是派生的力，它依赖于别的物体。值得注意的是，派生的或偶然的力，是谁也不能把它给予运动中的物体的，它必定是原初的力的情状，就如形状是广延的情状一样。在一个实体中如果没有本质的力，偶然的力就不会出现，因为偶性只是情状或限制，而不能比实体包含更多的圆满性或实在性。

格本第 4 卷，第 396 页（《新论》，第 702 页）。　派生的力是一
238 些人所谓动力、意动或趋向的东西，可以这么说，是某种规定运动的东西；原初的力或活动的原则则为这种力所限定或修改。我已

经说明，在同一个物体中，这种力并不是保持不变的；但是，不论它怎样地被散布到许多物体之间，它的总量依旧是恒常的。而且，我还说明了这种力不同于运动，而运动的量则并不是保持不变的。

格本第 4 卷，第 533 页。　在灵魂中，原因的表象正是结果的表象的原因。

格本第 3 卷，第 636 页。　至于物质的惯性，物质本身不是任何别的东西，而只是一种现象（尽管是一种起源于单子的有良好基础的现象），这一点也适用于惯性，惯性无非是这种现象的一种特性。

格木第 2 卷，第 92 页（1687 年）。　运动是实在的现象而不是存在物；运动，作为现象，在我们心灵中是另外一种现象的直接结果，在别人的心灵里也是一样，但是，一个实体的状态则不是另外一个特殊实体的状态的直接结果。

格本第 3 卷，第 623 页。　基于单纯实体知觉的运动法则是来自目的因或归于适当性的原因；这些原因是非物质的，并且是存在于每一个单子之中的。

格本第 2 卷，第 419 页。　隐德来希按照物质的需要在物质中活动着，结果，物质的新状态按照自然法则是先前状态的一个结果。但是，这些自然法则是通过隐德来希才获得它们的结果的。不过，隐德来希的这种现时状态本身也是由它的先前状态产生出来的。

格本第 5 卷，第 196 页（《新论》，第 219 页）。　至于运动，那只是一种实在的现象，因为运动所归属的物质和团块，真正说来并不是一种实体。然而在运动中有活动的一种影像，正如在团块中有实体的一种影像一样；而就这方面来看，当物体在其变化中有一种自动性时，我们能够说它是在活动，而当它受另一物体推动或阻碍时，能够说它在受动。

第七章第50节　动力学因果关系的二律背反

格本第2卷，第233页。　我不知道是否能够说，当两个同样的重物同时吸引一个物体时，它们并无共同的结果，而是每一个分别地具有该〔总的〕结果的一半。因为我们虽然不能把它们吸引的那个物体的一半分配给每一个重物，但它们仿佛是不可分地活动着。

239 第八章第51节　既然有复合物，就必定有单纯的实体

格本第6卷，第598页（邓本，第209页；拉塔本，第406页）。　实体是一种存在物，它具有活动能力。它或者是单纯的，或者是复合的。单纯的实体是那种没有部分的东西。复合的实体是单纯实体或单子的集合体。……复合物或物体是复多；而单纯实体、生命、灵魂、精神，是单一。必定到处都存在有单纯实体，因为如果没有单纯实体，就不会有复合实体，因此，整个自然充满着生命。

第八章第 52 节　广延之区别于空间是莱布尼茨的出发点

格本第 7 卷，第 399 页（邓本，第 265 页）。　无限的空间并不是上帝的广阔无垠；有形的空间并不是物体的广延，正如时间并不是它的绵延一样。事物虽然保持着它们的广延，但是并不总是保持着它们的空间。每一个事物都有它自己的广延，它自己的绵延；但是，它却并没有它自己的时间，也不保持它自己的空间。

格本第 4 卷，第 394 页（《新论》，第 700 页）。　像在时间中，除了能够在其中发生的种种变化的安排或序列外，我们设想不出任何别的东西那样，对于空间，除对物体作出的那种可能的安排外，我们也就理解不到任何东西。所以，如果空间被说成是有广延的，我们就是在与把时间看作持续，或者把数字说成是数数一样的意义上理解它的；因为，实际上，时间没有给绵延增添任何东西，空间也没有给广延增添任何东西；但是，像连续不断的变化存在于时间中那样，在物体中，那些能够同时被扩散的东西也就多种多样了。

格本第 5 卷，第 115 页（《新论》，第 127 页）。　我们不必设想有两种广延，一种是抽象的空间的广延，另一种是具体的物体的广延；那具体的只有通过那抽象的才能成为如此。

格本第 6 卷，第 585 页。　广延，当它为空间的属性时，是位置或地点的连续或扩散，正如物体的广延是不可入性或物质性的扩散一样。

格本第 2 卷，第 261 页。　你说，我们必须询问在物体中是否存在有这样的单元（如我的学说所主张的那样），你还说，我之提倡隐德来希是为了证明这些单元的。但是，正好相反，我是为了证明隐德来希而求诸于单元的，尽管同样真实的是：即使隐德来希为别的方法所证明，那也同样必定存在有真正的和实在的单元。

240 第八章第 53 节　广延意味着重复

富歇本，第 28 页（邓本，第 176 页）。　广延，或者如果你愿意的话，初级物质，就其相互一样和不可辨别而言，不是别的东西只是诸多事物的某种无定限的重复；像数字以被数的事物为前提那样，广延也要以被重复着的事物为前提，而且这些事物除具有共同特征外还具有其他一些对它们自己来说是特殊的东西。这些偶性，是每一个事物所特有的，使先前仅仅是可能的大小和形状的界限成为现实的。

格本第 5 卷，第 94 页（《新论》，第 102 页）。　我认为广延的观念是后于全体和部分的观念的。

格本第 2 卷，第 510 页。我认为，如果单子被移开广延还会继续存在，这和事物被移开数码还会继续存在一样的不真实。

格本第 4 卷，第 394 页（《新论》，第 700 页）。　既然广延是一种连续的同时发生的重复……，那么无论何时，这一种性质都同时地被扩散到许多东西中。例如，在金子的延展性或特殊的重力或黄色中，在牛奶的白色中，在物体一般具有的阻力和不可入性中，据说都存在有广延，尽管必须承认，这种在颜色、重量、延展性和其他别的仅仅具有一种似是而非的齐一性的类似性质中的连续扩散，只是表面上的，而且在很小的部分中这种扩散也不发生；因此，严谨的研究者只对扩散到全部物质中的关于阻力的广延才保留使用广延这个名词。但是，显而易见，出于这样一些考虑，我们可以说：广延不是一种绝对的属性，而是与那些被扩展的或被扩散的东西相关的；因此，广延与那些被扩散的东西的性质之不可分离就如数字与被数的东西不可分离一样。……我们要问：其扩散构成物体的那些东西还有别的什么性质吗？我们已经说过，物质由阻力的扩散所组成；但是在我看来，在物体中除物质外还有某种别的东西。……我们认为，这种东西不能在于别的任何东西，而只能在于动力，或变化与持续的原则。

第八章第 54 节　既然实体必须是真正的统一体，则实体的本质就不可能是广延

格本第 5 卷，第 359 页（《新论》，第 428 页）。　必须考虑到，
物质，作为一种完全的东西（也就是和初级物质相对立的次级物
质，初级物质是某种纯粹被动的东西，并因此是不完全的）来看，只 241
是一种堆集，或作为由堆集所产生的结果的东西，而一切实在的堆
集都得预先假定有一些单纯的实体或实在的单元，而当我们又考
虑到那属于这些实在单元的本性的东西，即知觉及其结果时，我们
就可以说转移到另一个世界，也就是转移到实体的可知世界之中
了。反之在此之前我们是只处在感觉的现象之中的。

格本第 2 卷，第 269 页。　广延的概念是相对的，或者说，广延是某种东西的广延，正如我们说复多和绵延是某种东西的复多或绵延一样。但是，这种预先假定为被扩散、被重复、被持续的性质，就是组成物理的形体的东西，并且它也只能在活动和被动的原则中找到，因为现象提示给我们的别无他物。

格本第 2 卷，第 135 页（邓本，第 38 页）。　物体是诸多实体的一种堆集，如果确当地讲，则它并不是一个实体。因此，在物体中，必定到处都存在有不可分的实体，这些实体既不可产生也不可毁灭，且具有某种与灵魂相当的东西。

格本第 2 卷，第 58 页（1686 年）。　如果物体是一个实体，而不只是像彩虹那样的现象，也不是像一堆石块那样偶然地或通过聚集联合而成的存在物，那么，它就不能由广延组成，也就必然要设想其中有我们称之为实体形式以及在某些方面与灵魂相当的东西。

第八章第 55 节　有三种点。实体不是物质的

格本第 4 卷，第 478 页（邓本，第 72 页；拉塔本，第 300 页）。开初，当我自己从亚里士多德的羁绊中解脱出来时，我接受了虚空和原子的观点，因为这是一种最能使想象力得到满足的观点。但是，在我接受了这种观点之后，经过一番深思，便发觉，要单在物质中，或在仅仅是被动的东西中找到实在统一性的原则是不可能的，因为在它之中的每一件东西都只是可无限分割的各个部分的堆集

或聚合。而复多只有从真正的单元中才能得到它的实在性，这些真正的单元是来自别处的，并且完全不能是数学上的点，因为数学上的点只是有广延的东西的端点，而且连续统一体无疑也不能由它们的情状所组成。因此，为了发现这些实在的单元，我就不得不诉诸于一种实在的和生气勃勃的点，或者可以这么说，我诉诸于一种必定包含有某种形式或能动原则以使其成为完全存在物的实体的原子。那么，就有必要召回，并且似乎可以说是有必要复兴实体
的形式，这些实体的形式现在正被大肆诋毁，但是应该以一种使它 242
们变得可以理解的方式来进行这种复兴，并且把它们的正当使用与它们所蒙受的滥用区别开来。后来，我发现，实体形式的本性就在于力，并且由此而推导出某种与情感和欲望相类似的东西；因此，我们就必定按照我们所具有的灵魂的概念的方式来设想它们。

格本第3卷，第69页。　思想，作为一种东西对于其自身的作用，并不存在于形状和运动中，因为形状和运动是不能显示出真正内在作用的原则的。

格本第2卷，第96页。　我认为，在仅仅存在由堆集而形成的存在物的地方，就甚至不会存在有实在的存在物；因为每一个由堆集而形成的存在物都预设了被赋予了真正统一体的存在物，其理由是：这种聚合体只有从组成它的那些东西的实在性中才能得到它的实在性，这样，如果组成这种聚合体的每一个存在物也是应该由聚合而形成的存在物，则它就会根本不含有任何实在性。……我同意，在整个有形自然界中，只存在有机器（它们常常被赋予生命），但是我不同意说只存在有实体的聚合体，而且如果存在有实体的聚合体的话，那就必定会存在有所有这些聚合体所

由以产生的真正的实体。

格本第2卷,第97页。　那并非真正地是“一个”存在物的东西也就并不真正地是一个“存在物”。

格本第2卷,第370页。　一个点并不是物质的一个部分,无限数目的点集合到一起也不能造成广延。

格本第2卷,第267页。　一个能够分成几个(实际上已经存在着的)事物的事物是一个由几个事物组成的聚合体,并且它也不是一个不把精神上的东西考虑在内的事物;同时,除了从其构成因素中转借过来的东西外,它就没有任何实在性。因此,我推断出:事物中必定有不可分的单元,因为不然的话,事物中就会没有任何真正的单元,也不会有任何不是转借过来的实在性。而这显然是荒谬可笑的。因为,凡不存在有真正单元的地方,也就不存在有任何真正的复多。而且,在不存在有不是转借过来的实在性的地方,也就绝不会存在有任何实在性,因为这必定最终属于某个主体。……但是,你〔德·伏尔德〕……认为由此得来的正确结论是,在物体组成的团块中,没有不可分的单元能够指示出来。然而,我却认为,应从中得出相反的结论,即在物体的团块中,或在合成的有形事物中,我们必须诉诸于作为原初要素的不可分的单元。除非你在实际上认为正确的结论应当是:物体的团块本身并不是不可分的单元,这虽然是我的说法,但却是毋庸置疑的。因为物体总是可分的,并且甚至在实际上总是被一而再再而三地划分着,但它们的构成因素却不是这样。……

243 格本第2卷,第268页。　从数学物体不能分解成第一要素这个确定的事实出发,我们必定能够推断出,数学物体不是实在

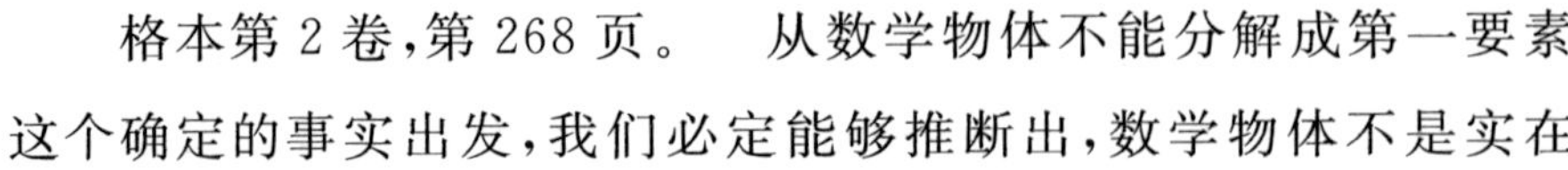

的，而是某种心理上的东西；它所指明的只是各个部分的可能性，而不是任何现实的东西。……像一个在计算中的数在没有编数码的物体的情况下就不是实体那样，数学上的物体或广延如果没有那种能动的和被动的东西与运动也不是实体。但是，在实在的东西中，亦即在物体中，各个部分不是不确定的（如在空间中，它是一种心理上的东西），而是实际地为一种确定的方式指定出来，因为自然根据运动的变化而施行着实际的划分和再划分；尽管这些划分要进展到无限，然而，每一件事物依然由某种原初的要素或实在的单元组成，但在数上却是无限的。但是，严格地讲，物质并非由基本的单元所组成，而是由这些单元产生出来的，因为物质或有广延的团块不是别的，只是一种在事物中有其基础的现象，就像彩虹或幻日一样，一切实在性都只属于单元。因此，现象始终能够划分成更为细小的现象，而这些更为细小的现象虽然可能会显现给别的更为敏锐的动物，但绝不会达到最小的现象。事实上，实体的单元不是现象的部分，而是现象的基础。

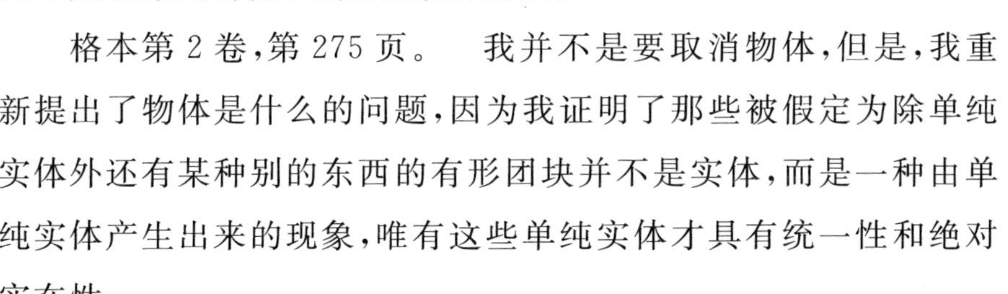

格本第 2 卷，第 275 页。　我并不是要取消物体，但是，我重新提出了物体是什么的问题，因为我证明了那些被假定为除单纯实体外还有某种别的东西的有形团块并不是实体，而是一种由单纯实体产生出来的现象，唯有这些单纯实体才具有统一性和绝对实在性。

第九章第 57 节　关于点的困难

格本第 2 卷，第 98 页。　只要认为广延造成物体的实体，那么,关于连续体构成的困难也就永远不能解决。

格本第 2 卷,第 77 页(1686 年)。　由于物体的各个部分实际上的一再分割,在它们之中就没有严格的和精确的形状。所以倘若在物体之中除了物质和它的情状之外别无其他的话,那么毫无疑问,物体就会仅仅只是某种想象的东西和表面现象。

第九章第 58 节　主张实无限与否认有无限数

格本第 1 卷,第 403 页。　由于一切量都是可以无限分割的,
244 所以没有小到我们设想为不能无限分割的东西,这种分割是永远不会穷尽的。而且我不认为这有什么害处。同时,也不认为有穷尽它们的必要。

格本第 5 卷,第 144 页(《新论》,第 161 页)。　正确地说,确实存在着无限多的事物,也就是说,总是存在着比能指出的事物更多的东西。但是没有无限的数,无限的线段或者其他任何无限的量,如果把它们看作是真正的整体的话;这是容易证明的。……严格说来,真正的无限只存在于绝对之中,它是先于一切组合,而不是由各个部分的相加构成的。

格本第 5 卷,第 145 页(《新论》,第 163 页)。　〔洛克〕要想象一个绝对空间,它是由各部分构成的一个无限的整体,这是搞错了。不存在这种东西。它是一个包含着矛盾的概念。而且,这些无限的整体和它们的对立物无穷小一样,只是存在于几何学家们的计算之中,就像代数学中的虚根一样。

格本第 6 卷,第 629 页。 不管我的无穷小计算,虽然我承认事物的众多超过了每一个有限的数目,或者不如说超过了每一个数,但是,我仍然认为没有真正无限的数。

格本第 1 卷,第 338 页。 笛卡尔先生在他答复第二篇诘难的第二条中,同意在最圆满的存在和最大的数之间作类比,否认这种数包含着矛盾。然而,要证明这种矛盾是容易的。因为最大的数和一切单位的数是一样的,而所有单位的数又是和一切数的那个数是一样的。(因为任何一个单位加到原先的数上总是产生一个新的数。)但是一切数的数包含着一个矛盾。这个矛盾我指出是这样的,对于任何数来说,都有一个等于它的两倍的相应的数。因而,一切数的数并不比偶数的数更大,也就是说,整体并不大于它的部分。

格本第 5 卷,第 209 页(《新论》,第 234 页)。 无限的观念并不是通过有限观念的一种扩充而形成的。

格本第 2 卷,第 305 页。 从几何学的观念过渡到物理学的实际事物,我认为物质实际上是被打碎成比任何给定的部分更小的部分。或者说,没有那种在实际上不再分割为进行着各种运动的部分的部分。

格本第 2 卷,第 315 页。 在一个个体的整体而非集合性的整体的样式中,有一种实无限。这样,某种事物就可以被说成涉及一切的数,但不是一切数集合起来看是如此。因此,人们可以说:每一个偶数都和它的奇数相对应,反之亦然。但是,不能因此就准确地断言:奇数的复合数等于偶数的复合数。

《数学著作集》第 4 卷,第 91 页。 使数学分析依赖于形而上 245

学的争论是没有必要的，也没有必要使人相信在自然界中存在着精确的无穷小的线段。……这就是为什么我认为，为了避免这些微妙不可捉摸的东西，使推理对每个人都成为可以理解的，只要用不可比较来解释无限，也就是说，只要设想那些量和我们的相比不可比较地更大或更小，这就够了。

《数学著作集》第 4 卷，第 92 页。 如果一个敌手想反对我们的说法，那么根据我们的计算，其结果是：我们的说法中的错误将比他所能指出的任何错误都更小一些。

《数学著作集》第 4 卷，第 93 页。 人们发现，关于有限的规则可以在无限中获得成功。

第九章第 59 节 连续性在一定意义上为莱布尼茨所否认

格本第 4 卷，第 394 页（《新论》，第 700 页）。 一切重复……或者是不连续的，正如在有数目的东西中那样，在其中，集合物的各个部分是被区分开来的；或者是连续的，在那里，各个部分是不确定的，而且是能够以无限的方式来设想这些部分的。

格本第 2 卷，第 379 页。 空间，就像时间一样，是某种秩序，……这种秩序不仅包含实际的东西，而且也包含可能的东西，就像每一个连续体一样，其部分不是实际的，而是可以被任意确定的，就像单元的诸多部分，或像分数一样……。空间是某种连续的但是观念性的东西。团块是不连续的，也就是说是一个实际上的复多，或者说是一个聚合而成的存在物，却是由无数的单元所构成。在实际事物中，单一的项是先于集合物的，在观念性的东西中，整体是先于部分的。对这种考虑的忽略曾经产生了连续体的迷宫。

格本第2卷，第278页。　虽然没有可以指出的空间部分是没有物质的，但物质不是连续的，而是不连续的，而且是实际上被无限分割的。然而，和时间一样，空间不是某种实体性的东西，而是观念性的东西，而且就在于那些可能性，或者在于某种方式下可能的共存的一种秩序。因而，在其中是没有分割的。除非是那种心灵所作的分割，并且其部分是后于整体的。正相反，在实在的事物中，单元是先于复多的，而且复多只有通过许多单元才能存在。（与此相同的看法也适合于变化，因为变化并非是真正连续性的。）

格本第2卷，第282页。　在实际事物中，只有不连续的量。
也就是说，只有单子或单纯实体的复多。这种复多比起在任何可 246
感知的或与现象相应的集合物中的任何数目来，都更大一些。而连续的量是某种观念性的东西，它属于可能的东西，并且属于那种被看作是可能事物的实际事物。因为连续体包含有不确定的部分，然而在实际事物中却没有不可限定的东西，——诚然，在它们之中，一切可能的分割都是实际的。……但是，那种关于连续体的科学，也就是关于可能的事物的科学是包含着永恒的真理的。这些真理永远不会为实际现象所违反，因为其差异总是小于任何能够指出的给定的差异的。

格本第3卷，第583页。　单一体是可以划分的，但不是可分割的。因为整数（不如单一体单纯）总是进入到分数的概念之中，所以作为单一体的部分的分数有着较不单纯的概念。那些在数学中对点和单一体进行过哲学思考的人，由于没有区分分解为概念和划分为部分这两者，曾被搞得思想混乱。部分并不总是比整体单纯，虽然它们总是小于整体。

格本第 4 卷，第 491 页。　正确地说，二分之一这个数在抽象物中仅仅是一个比率。虽然我们在可计数的东西中发现一半和两个四分之一相等，但是二分之一并非由别的分数组合而成。对于抽象的线段也可以这样说，因为组合仅在于具体事物中，或者在于这些抽象的线段标示其关系的团块中。数学的点也是如此出现，它们也仅仅是一些样式，也就是说是一些端点。因为在抽象的线中，一切都是不确定的，我们注意到其中一切都是可能的（就像在一个数的分数中一样），而并不劳神去关心那些实际上所作的分割，它们以一种不同的方式标示出这些点来。然而，在实体性的实际事物中，整体是单纯实体的一个结果或集合物，或者是实在单元的复多性的结果或集合物。正是这种观念性的和实际事物的混淆，搞乱了一切，并且产生了关于连续体的构成的迷宫。那些认为线段由点所构成的人，曾在观念性的东西或关系中去找最初元素，这方式是不恰当的；而那些曾经发现诸如数和空间（它包含了可能的共存事物的秩序和关系）那样的关系不能由点的集合所形成的人，就其大部分来说，又错误地否认实体性实在物的最初元素，仿佛它们没有原初的单元，或者根本没有任何单纯实体似的。

247 格本第 5 卷，第 142 页（《新论》，第 160 页）。　数是复多的单位这个定义，也只有对整数才适用。在广延方面的观念之精确区别也并不在于大小：因为要清楚地认识大小就得求助于整数，或其他靠用整数知道的别的数量。因此，要对大小有一个清楚的认识，就得从连续量退回到离散量中去。

第九章第60节　在数、空间和时间中,整体先于部分

格本第1卷,第416页(邓本,第64页)。　就不可分割者而言,当它们指的仅仅是一段时间或一条线段的端点时,我们在这些端点之中是不可能设想有新的端点,或现实的,或潜在的部分的。因此,点既不是大也不是小,为了通过它们也不需要飞跃。然而,尽管连续体到处都有着这样的不可分割者,但是它却并非由它们所构成。

格本第3卷,第591页。　至于在瞬间和一之间进行的对比,我认为,一是大于它的任何数的部分,而一个瞬间却并不真正是瞬间的一部分。

格本第2卷,第279页。　一条线段的端点和物质的单元之间并不一致。在同一条直线中,不可能设想有三个连续的点。但是可以设想有两个点,〔也就是说〕一条直线的端点和另一条直线的端点,一个整体就从之形成。同样,在时间中,就是两个瞬间,即生命的最后一瞬和死亡的最后一瞬。一个单元并不和另一个单元相接触。但是,在运动中,存在着以这样的方式进行的持续不断的变化创造:当一个事物处在这样的情况下,即通过持续某一个可以指出的时间的变化,事物将不得不渗入下一个瞬间时,由于避免渗入以及变化的秩序的要求,每一个点都将处于一个不同的地点。

《数学著作集》第7卷,第18页。　在(空间或时间)两者的任

何一方面的秩序中，按照为了把握各个点之间的秩序所要求的较多或较少，这些点被看作是较近或较远的。

格本第 2 卷，第 515 页。　每当点被设想为处于这样的境地，以至于没有两个点之间不存在中介的点时，就有了连续的广延。

格本第 2 卷，第 300 页。　我同意你〔笛・波斯〕关于存在物和一是可以互换的名词的看法；如果你考虑的是比率或本性的在先性，而不是在考虑大小的话，那么我也同意你关于单一是数的开
248 端的看法。因为我们有分数，它们确实比一小，而且趋向于小到无限。连续体是能够无限分割的。而且仅从它的部分与整体相似这一事实来看，这种无限分割也表现在直线之中。因此，如果整体能够分割，部分也就是可分割的，而这部分的任何部分也同样是可以无限分割的。点不是连续体的部分，而是端点。而且正如没有一的一个最小的分数一样，也没有一条线段的一个最小的部分。

格本第 2 卷，第 304 页。　存在物和一是可以互换的名词。而且，正如有靠集合而成的存在物一样，也有靠集合而成的一个单元。虽然这种存在和单一体是半心理性的东西。数、单一体、部分都具有关系的性质。而且就此而言，它们在某种方式下也还是可以被称作存在物。部分正如单一体本身一样是一个存在物。人们肯定并不认为形式上的单一体是部分的集合物，因为它的概念是单纯的，是适用于可以分割的东西和不可分割的东西的，而且不可分割的东西的部分是不存在的。

格本第 7 卷，第 404 页（邓本，第 270 页）。　至于〔克拉克的〕这一反驳，即空间和时间是量，或毋宁说是赋有量的东西，而位置和秩序则不是，我回答说秩序也有它的量；有在前和随后的，有距

离和间隔。相对的东西也和绝对的东西一样有它们的量。例如，数学中的比率或比例就有它们的量，而且是用对数来计算的。然而，它们仍然是一些关系。因此，虽然时间和空间由关系所形成，但是它们也还是有它们的量。

第九章第 62 节　从连续体证明单子的概要

格本第 7 卷，第 552 页。　为了根据理性判断灵魂是物质性的还是非物质性的，我们必须弄清灵魂和物质是什么。每个人都同意物质有一些部分，因而它是许多实体的复合物，就像一个羊群一样。但是由于每一个复合物都以一些真正的单一体为前提，所以很明显，这些单一体就不能是物质的，否则它们也该是一些复合物，而且它们也就绝非真正的和纯粹的单一体，即如为形成一个复合物最终所必需的那种东西了。既然如此，这些单一体也就是一些各自分离的实体，它们是不可分的，因而也是不会毁坏的。无论什么可分的东西都有一些部分，这些部分甚至在分离之前就可以被区别开来。然而，既然我们和实体的单一体有关联，那在这些单一体自身之中就一定有力和知觉，因为否则，在它们所形成的一切事物中就不会有力和知觉了。

第九章第 63 节　既然堆集是现象性的，那里就确实不存在什么单子 249

格本第 2 卷，第 261 页。　凡是那些由许多东西集合而成的东西，除非对心灵而言，都不是一，并且除了借来的或者属于合成它们的东西的实在性而外，它们也没有任何别的实在性。

格本第2卷，第517页。　集合物自身只是现象，因为除了组成它的单子而外，一切都是出于它们同时被知觉到这一事实而仅仅为知觉所添加上去的。

格本第2卷，第304页。　我们应该说，有比能够表达出来的任何数更多的数，而不要说有一个无穷数目。……一个数、一条线段，或者任何一个整体，其本质就是有终止。因为即使世界在大小上是无限的，它也不会是一个整体，我们也不能和某些古人一样，把上帝设想为世界的灵魂，这不仅因为上帝是世界的原因，而且还在于这样一个世界既不是一个躯体，也不可能被看作是一个动物，而且它除了一种语词上的统一性而外，确实也没有任何别的统一性。

第十章第66节　莱布尼茨反对空间实在性的证明

格本第5卷，第100页(《新论》，第110页)。　不包含任何花样和变化的事物，从来就只是一些抽象，就像时间、空间以及其他一些纯数学上的东西那样。

格本第7卷，第363页(邓本，第243页)。　这些先生们〔牛顿和克拉克〕主张，……空间是一种绝对实在的存在。但是，这把他们引到一些很大的困难之中；因为这样一种存在似乎应当是永恒的和无限的。因而就有人认为它就是上帝本身，或者是上帝的属性之一,是他的广阔无垠。但是由于空间是由一些部分组成的,它就是一种不可能属于上帝的东西。至于我的看法,我曾经不止一次地说过,我主张空间是某种纯粹相对的东西,就像时间一样。……因为就可能性而言,空间标志着同时存在的事物的一种秩序。只就这些事物作为同时存在来考虑,而不追问它们特殊的存在方式。当我们看到许多事物在一起时,我们就会察觉到这些事物之间的这种秩序。……如果空间是一种绝对的存在,就会有某种不可能有充足理由的事情发生,这是违反我的公理的。请看我对它的证明。空间是某种绝对齐一的东西。而且如果没有事物置于其中,空间的一个点和另一个点之间在任何方面都会是绝对毫无区别的。而由此推论,(假定空间除了是物体之间的秩序而外 250
本身还是某种东西的话)就不可能有理由说明,为什么上帝在保持着物体之间同样位置的情况下,总是把它们按照一种特殊的方式放置于空间之中,而不是按照别种方式放置;为什么每个事物没有按照恰好相反的方式放置,如把东边换成西边。但是如果空间除了是那种秩序或关系而外别的什么都不是,而且要是没有物体就根本什么都不是,而只是放置物体的可能性的话,那么前面说到的两种状况,即一种如它的现状,另一种则被设想为恰好相反,这两种状况之间就会毫无区别。因而,它们的区别就仅仅存在于我们关于空间本身具有实在性的荒诞的设想之中。然而真实的情况却是:两种状况中的其一和其他将恰好是同一回事。它们是绝对不可辨别的。因而,也就是没有根据来追问为什么宁取其一而不取其他的理由了。

至于说到时间,其情况也是同样的。……同样的论证证明,那

种时间的片刻，要是被看作其中没有事物的，就根本什么也不是。它们只是在于事物的连续的秩序之中。

格本第 7 卷，第 372 页（邓本，第 247 页）。 设置两个不可分辨之物，也就是在两个名称下设置同一事物。因而，设想宇宙除了实际所具有的时间和空间位置，而且设想那个时候的宇宙的所有部分之间具有和它们实际所具有的同样的位置，这种假设我认为是一种不可能的虚构。

第十章第 67 节 莱布尼茨的位置理论

格本第 2 卷，第 277 页。 单个事物的本质上的秩序，或者说与时间和空间的关系，应被理解为它们和包含在时间与空间之中的事物的关系，既包括近的也包括远的事物，这种关系必定为任何单个事物表现出来，以至于如果读者感觉无限敏锐的话，是可以在其中看到整个宇宙的。

格本第 5 卷，第 115 页（《新论》，第 128 页）。 时间和空间不过是各种秩序。

格本第 2 卷，第 347 页。 毫无疑义，位置，只不过是一个事物的样式，如在前和在后。一个数学的点本身除了是一个样式，也就是一个端点之外，也什么都不是。因此，当两个物体被设想为紧密接触，从而两个数学的点连接在一起时，它们并不造成新的位置
251 或比原来的任何一个更大的整体，因为两个端点的结合并不比一个端点更大，正如两个完全的黑暗并不比一个黑暗更暗一些一样。

格本第 5 卷，第 140 页（《新论》，第 157 页）。 人们所能够设

想的这种时间方面的虚空表明，正如空间方面的虚空一样，时间和空间都达及可能的东西，正如达及实存的东西一样。

格本第 5 卷，第 142 页(《新论》，第 159 页)。　如果有一种空间方面的虚空(例如某一中空的圆球那样)，它的大小是能够确定的。然而，如果有一种时间方面的虚空，也就是说有一种没有变化的绵延，要确定它的长度将是不可能的。因此我们就可以驳斥这样一种人了，这种人认为彼此之间有一个虚空的两个物体是相互接触的。……但是我们却不能反驳另一种人，这种人认为有两个世界，其中一个跟随在另一个后面，它们在绵延方面是相互接触的，以至于当另一个停止时，这一个就必然开始了。……如果空间也只是一条线，并且如果物体又是不动的，就也不可能来决定两个物体之间的虚空的长度。

格本第 7 卷，第 400 页(邓本，第 265 页)。　我在这里将表明，人们是怎样来形成空间概念的。人们考虑到有多个事物同时存在，并在其中见到某种共存的秩序，一些事物和另一些事物的关系或较简单或较复杂。这就是它们的位置或距离。每当这些共存物中的一个改变了和其他许多个的这种关系，而它们并未改变其内部彼此间的关系，有一个新来者得到了第一个曾有过的和其他各个的那种关系，这时人们就说它来到了它的地点，而把这变化叫做在这变化的直接原因所在的那东西中的一种运动。而当多个东西或甚至全部按某些已知规则变化方向和速度时，人们永远可以决定每一个东西所获得的对每个别的东西的位置关系；甚至在没有变化或曾作别样变化时，人们也能决定每个别的东西会有或它对每个别的东西会有的位置关系。设想或假想这些共存物之中有

足够数量的共存物，在其内部没有过变化，人们就将说那些具有对这些固定存在物的一种关系，和别的一些从前对它们有过的关系一样的，就具有后者所曾有过的同一地点。而那包括了所有这些
252 地点的，就叫做空间。这就使人看出，为了要有地点的观念以及由此而来的空间观念，只要考虑这些关系和它们的变化规则就够了无须乎在这里想象有在那些人们考虑其位置的事物之外的任何绝对的实在。要给一种定义，可以说，地点就是：当 B 和 C、E、F、G 等的共存关系，完全符合 A 曾有过的和同样这些东西的共存关系时，人们说对 A 和对 B 是同样的那种东西——假定在 C、E、F、G 等之中没有过任何变化的原因。我们也可以毫不夸张地说，地点就是在不同的时刻对不管如何不同的存在物是同样的那东西，只要这些存在物和某些从这一时刻到另一时刻被假定为固定的存在物的共存关系完全符合。而固定的存在物就是那些其中没有改变与其他存在物的共存秩序的原因，或者（这是同一回事）其中没有运动的东西。最后，空间就是把这些地点放在一起所得的东西。在这里，考虑一下地点与占据此地点的物的位置关系之间的区别是没有什么不恰当的。因为 A 的地点和 B 的地点是同一个，而 A 和固定物体的关系则并非确切地与个别地与 B（它将取得它的地点）和同一些固定物体的关系是同一个，这两种关系只是彼此符合。因为两个不同的主体，如 A 和 B，不会有正好一样的个别特性；一个个别的偶性不能在两个主体中，也不能从一个主体过渡到另一个主体的。但心灵不满足于这种符合，总想寻求一种同一性，即真正是同一个的东西，并把它设想为在这些主体之外；这就是我们在这里叫做地点和空间的东西。可是这只能是理想性的东西，

包含着某种秩序，心灵就在这里来设想那些关系的切合。

格本第2卷，第271页。　除非我错了，单个事物的秩序对于空间和时间的各部分来说总是本质性的，而且由此〔单个事物〕心灵抽象出共相来。

第十章第68节　单子同空间的关系是单子主义的一项根本困难

格本第2卷，第305页。　物质的任何一个部分没有不包含单子的。

格本第2卷，第112页（1687年）。　发生在一切别的东西之中的变化，一定会以某种方式影响我们的躯体。同时我们灵魂的某些多少混乱的知觉和思想是与我们躯体的一切运动相对应的；因此，灵魂也会具有某种关于宇宙的一切运动的思想。 253

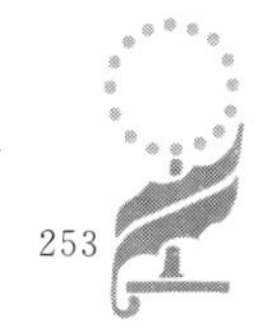

格本第2卷，第438页。　在物体对我们表现的现象和它们对上帝表现的现象之间，存在着如同透视图与平面图之间的差别。因为透视图是随着观察者所处的位置的不同而有所不同的，而平面图或者几何学的描绘，则是独一无二的。

格本第6卷，第608页（邓本，第218页；拉塔本，第220页）。如果单纯实体在质上没有区别的话，那么就无办法察觉事物中的任何变化了。……如果假定了充实，那么在任何运动中，每一个地点就只能得到与它曾经具有的东西的相等物，而事物的一种状态和另一种状态就会成为不可辨别的了。

格本第5卷，第24页（《新论》，第25页）。　最小的印象达到每一个躯体并因而达到其运动与灵魂的活动相一致的一个躯体。

第十章第69节　莱布尼茨在这个问题上的早期观点

格本第1卷，第52页(1671年)。　我的〔关于不死以及关于上帝和心灵本性的〕证明，是建立在关于点、片刻、不可分割之物以及意动等的困难学说的基础上的。因为正如躯体的活动由运动构成一样，心灵的活动则由意动所构成，或者也可以这样说，由运动的最小量或点所构成。然而正确地说，心灵自身是存在于空间的仅仅一个点之中的，而躯体则占有一个场所。我根据事实清楚地证明的是——只是通俗地说——心灵必定存在于一切为感觉的对象印在我们身上的运动的集合处；因为，如果我要断定呈现在我面前的物体是金子的话，我就要同时察觉它的光泽、撞击的声音和重量，然后断定它是金子，所以心灵必须处在这样的位置，也就是所有的视线、听力以及触觉汇集的地方，那么它就已经成为一个形体了，而且就会有彼此外在的部分了。因而，它也就不再切近地呈现给它自身了，也就不能反映它的一切部分和活动了。……然而，如果设想心灵确实存在于一个点之中，它也就是不可分的和破坏不了的了。……我几乎认为，每一个形体无论是人的还是动物的、植物的以及矿物的，都有一个它的实体的内核，这种内核是不同于那种残骸的。……

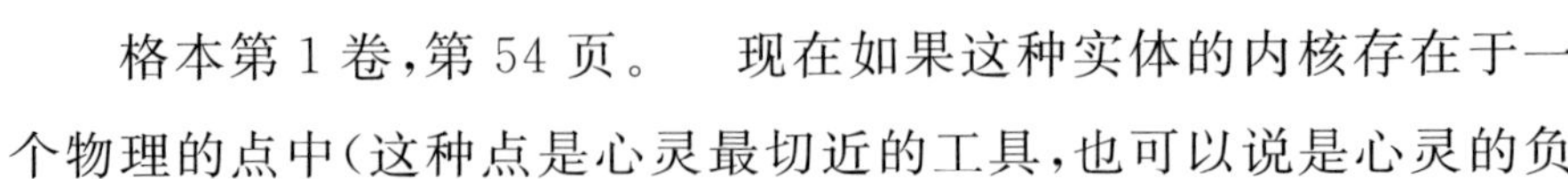

254 格本第1卷，第54页。　现在如果这种实体的内核存在于一个物理的点中(这种点是心灵最切近的工具，也可以说是心灵的负

载者，而心灵则形成于数学的点之中），它总会保留下来的，这和一切粗大的物质是否留下无关。

第十章第70节　他的中期观点

格本第4卷，第482页（邓本，第76页；拉塔本，第311页）（1695年）。　只有实体的原子，也就是说，绝对没有部分的实在单元，才是活动的源泉，也是事物构成的绝对的第一原则，同时，也可以说是实体性事物的分析中的最终要素。可以称它们为形而上学的点；它们具有属于生命本性的某种东西，而且还有一种知觉，而数学的点就是它们用来表现宇宙的观点。然而当有形实体被收缩时，对我们来说，它们的一切器官一起形成为一个物理的点。因此，物理的点只不过是表面上不可分割的。数学的点是精确的，但是它们仅仅是样式。只有形而上学的点（它们由形式或灵魂所构成）才是既精确又实在的。

格本第4卷，第484页（邓本，第78页；拉塔本，第314页）（1695年）。　灵魂的观点存在于其中的有机团块，更近地为灵魂所表现。

格本第4卷，第512页（邓本，第122页）（1698年）。　虽然起支配作用的，并因此是有理智的灵魂，如人的灵魂，不可能到处存在，但是并没有什么东西能阻碍灵魂，或者至少是类似灵魂的东西到处存在。

第十章第71节　他的后期观点

格本第4卷,第574页(约1700年)。　说心灵存在于它们直接起作用的地方,比说什么地方都没有它们似乎要更加确切一些。

格本第2卷,第450页(1712年)。　撇开有限实体不谈,我认为:不用别的而只用单子的彼此协同作用的知觉去解释一切现象,这对于事物的根本考察是有用的。按照这种解释方法,空间就成了共存现象的秩序,就像时间是那些相继事物的秩序一样。并不存在各单子之间空间上的或绝对的距离或接近;说它们被一起
255 堆集在一个点之中,或者散布在空间之中,这是利用了我们心灵的某种虚构,因为我们总喜欢对那种只能用概念来思想的东西也用想象来把握。以这种方式去观察事物,也就不存在连续体的广延或构成了,而关于点的一切困难也就消失了。

格本第5卷,第205页(《新论》,第230页)(1704年)。　经院哲学家们讲有三种所在,或存在于某处的方式。第一种叫做相接的,他们把这归之于这样一些物体,它们是一个点一个点地散布在空间中,其方式就像这样,我们可以指定处于其中的东西与空间的各个点一一相应的各个点,而据此来衡量它们。第二种是限界的,是指这样的情况:我们可以限定,也就是决定一个东西是处在一个空间之内,而不能指定它所处的确切的点或为它所特有的位置。人们曾认为灵魂处在身体中就是照这样的方式,不认为有可能指定灵魂或灵魂的某种东西是处在某一确切的点而不会也处在另外的点。……第三种所在方式是充满的,这是归之于上帝的,上

帝充满全宇宙比精神在身体中还要显著，因为上帝是通过继续不断地产生受造物而直接作用于它们的，反之有限的精神则不能对身体施加任何直接的影响或作用。我不知道经院哲学的这种学说是否值得加以讥笑，如有些人似乎力图做的那样。可是我们永远可以把某种方式的运动归之于灵魂，至少关于它们所结合的身体方面，或关于它们的知觉方式方面是这样。

格本第 6 卷，第 598 页（邓本，第 209 页；拉塔本，第 408 页）（1714 年）。　每个地方都存在一些单纯的实体，这些实体是相互分离的。事实上，这种分离是由它们自己的活动所造成的。这种活动不断地改变着它们的关系。

格本第 3 卷，第 623 页（1714 年）。　我们不可把广延设想为一个布满了点的、连续的实在的空间。这些是只适合于满足想象的虚构，而在其中理性是找不到它所需要的东西的。我们也不可设想单子像实在空间中的一些点那样运动、冲击或相互接触。只要这样就足够了：现象使得它似乎如此，就这些现象是有基础的，也就是说，是相互一致的而言，这现象也就有几分真理。

格本第 2 卷，第 339 页（1707 年）。　一个单纯实体，虽然它自身没有广延，但有位置，而位置是广延的基础，因为广延是位置的同时的连续的重复。

格本第 2 卷，第 370 页（1709 年）。　我认为说灵魂在点之中 256
是不恰当的。有人或许可能说，它们只能通过起作用而在一个场所，……或者不如说，……它们是通过对应而存在于一个场所，并因此是存在于由它们给予生命的整个有机体中。同时我并不否认在灵魂和有机体之间有某种实在的形而上学的结合，……根据这种结合，人们可以说灵魂实际上是存在于躯体之中的。

格本第2卷，第378页（1709年）。 虽然单子的场所为空间的部分的情状或界限所标明，但是单子自身却不是一个连续性事物的情状。团块和它的扩散是由单子造成的，而不是由空间造成的。因为空间……是某种秩序，它不仅包含着现实的事物，而且包含着可能的事物。

格本第2卷，第436页（1712年）。 我们不应该说单子，也不应该说点和灵魂是躯体的一些部分，不应该说它们相互接触，或者由它们构成躯体。

格本第2卷，第438页（1712年）。 上帝不仅看到单个的单子以及每个单子的情状，而且也看到它们之间的关系，而关系和真理的实在性也就在这里。

格本第2卷，第444页（1712年）。 单子本身甚至没有任何延伸到现象序列之外的相对位置——也就是说，没有一个实在的位置。

格本第2卷，第253页（1703年）。 虽然单子没有广延，但是它们也有某种在广延中的位置一类性质的东西，也就是说，通过那种它们所支配的机器，它们有着某种和别的事物共存的有序关系。我既不认为任何有限实体是与每个物体分离开来而存在的，因而也不认为它们是没有相对于在宇宙中共存的其他事物的位置或秩序的。有广延的事物在它们自身之中包含着许多有位置的事物，然而单纯的东西虽然没有广延，却必须在广延之中有其位置，尽管如在不完全的现象中那样指出它们所处的这一个一个的点来是不可能的。

格本第 2 卷,第 277 页(1704—1705 年)。 我的单一体或单纯实体是不扩散的,……它们也不构成一个同质的整体,因为物质的同质性只不过是当我们考虑那些纯粹被动的,因而也是不完全的事物时,由思想的抽象作用而得到的。

第十章第 72 节 时间和变化

格本第 7 卷,第 373 页(邓本,第 249 页)。 设想上帝可能早几百万年创造世界,这是一种同样的虚构,也就是说,是不可能的。那些赞同这类虚构的人,将不能对那些为世界的永恒性进行辩护 257
的人作出回答。因为既然上帝不做没有理由的事,而且又提不出什么理由来说明为什么他没有更早创造这世界,那么,由此所推论出来的是:要么他根本什么也没有创造,要么他在任何可以指定的时间之先就已经创造了这个世界,也就是说,世界是永恒的。然而,当人们指出无论什么样的开端都不过是同一回事时,那为什么不是别样的开端的问题也就不存在了。

格本第 7 卷,第 402 页(邓本,第 268 页)。 人们不能说某一绵延是永恒的。但是那种总是延续着的东西是永恒的,因为它们总是得到新的广延。[①] 一切时间和绵延的存在,作为先后相继的,都在连续不断地消亡。严格地说,一个根本从来就没有存在过的东西,又怎么可能永恒地存在呢?一个其任何部分都从未存在过

① 这里照罗素本书所引英文原文为“extension”(广延),但查莱布尼茨著作法文原文为“durée”(绵延)。参阅《莱布尼茨与克拉克论战书信集》中文本,陈修斋译,武汉大学出版社,1983 年,第 80 页。——译者

的东西，又怎么能够存在呢？时间从来只是作为一些片刻而存在。但片刻本身甚至并不是时间的一部分。

格本第 7 卷，第 408 页（邓本，第 274 页）。　不能从广延推出关于绵延的结论来。即使物质的广延是没有界限的，也不会由此推论出物质的绵延也是没有界限的，甚至更不能推论出它在以往没有界限，也就是说它没有开端。如果全部事物的本性，是在圆满性方面齐一地增长的话，那么被创造物的宇宙就必定是曾经有一个开端。……此外，世界有一个开端，这并无损于它的绵延随后的无限；然而，宇宙的界限却会有损于它的广延的无限。

格本第 3 卷，第 581 页。　至于谈到前后相继，你〔布尔盖〕似乎认为，在那里人们必须设想一个最初的基本的原则，就像一是数的基础，以及点是广延的基础一样。对此我可以回答说：片刻也就是时间的基础。但是，正如在自然界中，并不存在着对于别的点来说是基本的点一样——对于上帝的所在地也可以如此说——我认为设想一个基本的片刻是不必要的。然而，我承认在片刻与点之间是有这样的差别的，就是说：宇宙中的一个点对于别的点不具有本性上在先的优越性，而一个在先的片刻对于继后的片刻，则不仅具有时间上在先的优点，而且有本性上在先的优点。然而，因此就说应该有一个最初的片刻，是不必要的。在这方面，对必然事物和对偶然事物的分析之间存在着一个区别。……因此，以数与片刻
258 来作类比在这里是不行的。确实，数的概念最终可以分解为一的概念，而一的概念是不能再分解的概念，而且可以看作是原初的数。但是这并不能推论出各种不同的片刻的概念最终也能够分解出一个原初的片刻来。可是，我也并不想贸然否认有一个最初的

片刻。有可能形成两个假设:要么自然总是同等圆满的;要么它总是在完满性方面成长着。……〔在第一种情况下〕,看来更可能没有开端。〔在第二种情况下〕,……事情仍然可以照两种方式来解释,也就是说,或者按照双曲线的纵坐标解释,或者按照三角形的纵坐标解释。如果按照双曲线的假设,就会有一个开端。……我看不出有什么办法根据纯粹理性的推论来表明应该选择哪一个假设。

格本第7卷,第415页(邓本,第281页)。 在这里,作者〔克拉克〕反驳说,时间不可能是先后相继事物的一种秩序。因为时间的量可能变得较长或较短,而相继的秩序却保持不变。我回答说:并非如此。因为如果时间较长,将会有较多的相继的和类似的状态插入;如果时间较短,这种插入的状态也就较少一些。因此在时间方面和在地点方面一样,看来是没有虚空,也没有凝聚和渗透的(如果我能这样说的话)。

格本第2卷,第183页。 和空间相比,时间也不多不少正好一样是一种理性的存在。共存和在先或在后的存在是某种实在的东西;我承认,如果按照物质和实体的通常观点,它们不会是这样的。

格本第5卷,第139页(《新论》,第156页)。 时间是运动的尺度;也就是说,齐一的运动是非齐一运动的尺度。

第十章第74节 莱布尼茨混乱地坚持空间和时间具有一种客观的对应物

格本第7卷,第329页。 每一个原始的隐德莱希都应该有知觉。因为每个最初的隐德莱希都有内在的变化。它的外在活动也按照这种变化而变化。而知觉只不过是通过内在变化表现出来的外在变化。因而,由于原始的隐德莱希被分散到整个物质的每一个地方——这从运动的原则被分散到整个物质之中的事实就可以很容易地看出来。结果是:灵魂也被分散到整个物质的每一个地方。

259 格本第6卷,第405页。 一旦我们承认了上帝存在,我们就必须承认他必然地存在。而我们曾经说到的三种东西〔即运动、物质和空间〕却并不具有这种特权。

格本第7卷,第375页(邓本第251页)。 上帝察觉在他自身中的事物。空间是事物的地点而不是上帝的观念的地点。

第十一章第75节 知觉

格本第6卷,第599页(邓本,第209页;拉塔本,第409页)。在单子中,知觉按欲望的规律,或善恶的目的因的规律一个从另一个中产生出来,这条规律存在于有序或无序的可观察的知觉之中。

格本第5卷,第383页(1696年)。 我们对那种外在于我们的事物所设想的,不必和外在事物完全相似,但它应该表现它们,正像一个椭圆表现一个看上去倾斜的圆那样,圆的每一点都按照某种关系的规律和椭圆的点相对应,反之亦然。因为……每一个个体的实体都以它自己的方式表现宇宙,这和按照不同的观点去各自不同地表现同一个城市的情况很相像。

格本第5卷,第101页(《新论》,第111页)。 灵魂的无思想状态和物体的绝对静止状态,在我看来都同等地与自然相矛盾,而且在世界中没有这样的例证。一个实体一旦处在活动中就将永远活动下去，因为一切印象保留着，只不过和别的新的印象相混合而已。

格本第 6 卷，第 576 页（邓本，第 187 页）。　当洛克先生宣称他不理解观念的多样性如何能够与上帝的单纯性相一致时，在我看来，他似乎不应该由此而引申出对马勒伯朗士神父的一个诘难。因为没有一个体系能够使这样一个东西成为可以理解的。

格本第 6 卷，第 577 页（邓本，第 188 页）。　洛克先生问道：一个不可分的和没有广延的实体是否可能同时具有不同的，而且甚至涉及不一致的对象的情状。我回答说，这是可能的。在同一对象中相互不一致的东西在同时被设想的不同对象的表象中并非不一致。因此，正如虽然不同的角都汇合于一个点，但是在点中并不必然应有许多不同的部分一样，在灵魂中也不必然应有各种不同的部分。

格本第 6 卷，第 608 页（邓本，第 219 页；拉塔本，第 222 页）。我假定大家承认一切创造物都是有变化的，因而创造出来的单子也是有变化的，进而承认这种变化在每个单子中是连续的。从我 260
刚才所说的可以推论出：单子的自然变化是来自一个内在的原则，因为一个外在的原因是不可能对它们的内部存在有影响的。然而除了变化的原则以外，还必须有一个变化的特殊系列，可以说，正是这种特殊系列构成了单纯实体的特殊本性和多样性。这个特殊的变化系列必定包含着在单元或单纯者里面的一种“多”。因为每一个自然的变化都是逐渐发生的，有些事物变化，而有些事物则保持不变，因此一个单纯实体一定受到各种方式的感染和有各种关

系，虽然它是没有任何部分的。

格本第 6 卷，第 609 页（邓本，第 220 页；拉塔本，第 226 页）。当我们发现我们所意识到的最细微的思想也包含着它的对象中的多样性时，我们就在自身中经验到一种单纯实体中的“多”。因此，凡是承认灵魂是一种单纯实体的人，都应该承认单子中的这种“多”。

格本第 6 卷，第 327 页。　同一事物确实被不同地表象；然而，在表象与事物之间总应该有一个精确的关系，因而，在同一事物的不同表象之间也应该有一种精确的关系。

格本第 7 卷，第 410 页（邓本，第 275 页）。　作者〔克拉克〕说的好像他不明白，照我的看法灵魂怎么是一种表象的本原。换句话说，他好像从来没有听说过我的前定和谐似的。我不同意这样一种庸俗的看法，即认为事物的影像是通过感官传送到灵魂的。因为无法想象：通过什么通道或什么传送手段，可以使得这些影像从器官传送到灵魂中去。正如新笛卡尔派人士已经充分指明的那样，哲学中的这种庸俗看法是不可理解的。人们无非解释非物质的实体是如何受到物质的感应的。而在这个问题上坚持一种可以理解的看法，就是求助于经院哲学的怪诞的思想，认为有那种我不知道算什么的不可解释的意象，通过器官到灵魂之中。这些笛卡尔派人士看到了这种困难，但他们不能解释它。……而我认为我已经给了这个谜以真正的解答。

格本第 2 卷，第 71 页（1686 年）。　表现发生在身体中的东西是灵魂的本性，因为最初就是如此被创造的：思想的序列和运动的序列是一致的。

格本第 2 卷，第 74 页（1686 年）。　每一个实体的本性都包
含有对于整个宇宙的一种一般的表现，而灵魂的本性还更其特别 261
地包含一种对于和它的躯体有关的正在发生的事物的更加清楚的
表现。

格本第 3 卷，第 575 页。　对我来说，知觉是在单纯物中的多的表象；而欲望则是从一个知觉到另一个知觉的倾向。这两样东西存在于一切单子之中，因为否则，一个单子和其他事物就会没有关系。我不知道先生您（布尔盖）怎么能够从这里得出斯宾诺莎主义的东西来。得出这种结论未免跳得太快了一点。正相反，斯宾诺莎主义正好是靠这些单子来摧毁的。因为有多少单子，也就有多少真正的实体，也可以说，总是存在着许多宇宙的活生生的镜子，或者说存在着许多集中在一起的宇宙。而按照斯宾诺莎的学说，则仅仅有一个独一无二的实体。如果没有这些单子，他就会是正确的。因而，除了上帝而外，一切事物都将是过渡的，都将坠为纯粹的偶性与情状，因为在事物中将没有实体作基础，这种实体的基础就在于单子的存在。

富歇本，第 62 页（邓本，第 182 页）。　〔斯宾诺莎〕认为肯定或否定是意欲的看法是错误的，因为意欲也包括善的理由在内。

格本第 2 卷，第 317 页。　一个共相是多中之一，或者是多的相似性；但当我们知觉时，多是在一中得到表现的，即在感觉者中得到表现的。你明白这些是分离得多么远的。

格本第 2 卷，第 256 页。　我认为单子本身是能动的。在单子中只能设想有知觉，而知觉又包含着活动。

第十一章第 77 节　知觉并不是由于被知觉物对知觉者的作用

格本第 4 卷，第 495 页（邓本，第 86 页）。　我留心着不去承认灵魂不认识躯体，虽然这种认识的产生是并没有一个对另一个的影响的。

格本第 4 卷，第 484 页（邓本，第 77 页；拉塔本，第 313 页）。上帝最初是这样创造灵魂或任何别的实在单一体的，即一切事物都必须在它之中，从它自己的内在本性中产生出来，既是就其自身来说带有一种完全的自发性，却又带有一种与它之外的事物的完全的一致性。……因而，由于这些实体中的每一个都以它自己的方式和从某一观点出发去精确地表象整个宇宙，而外在事物的知觉和表现在它们恰当的时间，按照自身的规律，进入到灵魂之中，就像在一个独自存在的世界之中，仿佛就只有上帝和这个灵魂存
262 在似的，……所以在所有这些实体之间将有一种完满的一致，这将会有与下述情况同样的结果，就是好像它们通过一种形象或性质的传递而互相交流，如通常哲学家们所假设的团块的相互交流似的。

格本第 5 卷，第 607 页（邓本，第 218 页；拉塔本，第 219 页）。无法解释一个单子怎么能够被别的创造物造成性质上的改变或内在的变化，因为我们不能在单子中作出任何东西位置上的移动，也不能设想在单子中有任何内在的运动可以被激起、引导、增加或减少，虽然这些情况在复合物中是可能的，在复合物中是有部分之间

的变化的。单子没有可供事物出入的窗子，偶性不能脱离实体，不能漂游于实体之外，像经院派以往所说的那些“感性形象”那样。因此，不论是实体还是偶性，都不能从外面进入一个单子。

格本第2卷，第12页(1686年)。　每一单个实体都以它自己的方式表现着整个宇宙，而且在它的概念中包括了它的一切事件以及它们的一切环境情况，同时也包括了外在事物的整个系列。

格本第2卷，第136页(邓本，第38页)。　这些实体中的每一个在它的本性中都包含着持续活动的法则以及一切曾经发生和将要对它发生的东西。除了依赖于上帝而外，它的一切活动都来自它自己的本性。

格本第2卷，第503页。　我不相信这样一个体系是可能的，即在其中，单子相互作用。因为似乎没有解释这种作用的可能的方法。我还认为，就连影响也是多余的，因为为什么一个单子要给另一单子它自身已经有了的东西呢？除非上帝真的奇迹般地加以干预，实体的本性就在它的现在中孕育着未来，就是一切事物都可以借助于一个事物来加以理解。

格本第4卷，第440页(1686年)。　对我们来说，除了思想和知觉以外，没有什么别的东西发生，而我们所有未来的思想和知觉都只不过是我们先前的思想和知觉的后果，虽说是偶然的后果，这情况到了如此的程度，以致如果我在目前能够清楚地考虑发生和呈现在我面前的一切的话，我就能在其中看到那些将要发生或一直呈现在我面前的一切。即使我之外的一切都毁灭了，只要上帝和我继续存在的话，这一切就不会消失，它们就会以恰好相同的方式对我发生。

263 格本第2卷，第119页。　只有不可分的实体和它们的各种不同的状态才是绝对实在的。

第十一章第79节　前定和谐

格本第2卷，第58页（1686年）。　只有〔圣餐中耶稣的血肉〕共在说或实体彼此间的一致的假说才能以可能设想和与上帝相称的方式解释一切；在我看来，按照我们刚才建立起来的命题〔即在每个命题中，谓项的概念包含在主项的概念之中〕，这甚至是推证性的和不可避免的。

格本第1卷，第382页（1686年）。　我认为每个个别实体都以它自己的方式表现整个宇宙，而且我还认为，它的后一状态是它先前状态的一个结果（虽然它经常是自由的），好像世界上除了上帝和它之外什么也没有。但是由于一切实体都是最高存在的一种连续的产物，而且它们表现着同一宇宙或同一现象，所以，它们是精确地相互一致的。

格本第7卷，第311页。　就每个实体涉及它的原因，也就是上帝而言，它具有某种属于无限的东西，也就是说，它具有某种全知全能的痕迹；因为，在每一个个别实体的完满概念中包含了它的所有的谓项，无论它们是必然的还是偶然的，是过去、现在还是将来的都包含在其中；而且，就别的事物涉及它的范围而言，每个实体还按照它自己的位置和方向表现着整个宇宙；因而，我们的某些观念即使本是清晰的，也必然会被搞混乱，它们包含一些无限的事物，诸如我们对颜色、热的知觉等。

格本第 2 卷,第 68 页(1686 年)。　关于圣餐中耶稣血肉共在的假说是我所具有的实体概念的一个结果。因为照我看来,一个对实体的个别概念包含了将对它发生的一切。

格本第 2 卷,第 136 页(邓本,第 38 页)。　每个实体都表现整个宇宙,但是某一个实体比另一些实体表现得更清楚些,特别是每一个表现某些特定事物和按照它的观点来表现就更清楚。灵魂与躯体的结合,甚至一个实体对另一个实体的作用,这些都仅仅是在于这种完满的相互一致,这种一致是由最初创造的律令有目的地建立的,凭借这种最初创造的律令,每个实体按照它自身规律活动而又与别的实体所要求的东西相合拍,一个实体的动作就是这样地追随或伴随着别的实体的动作或变化。

格本第 2 卷,第 226 页。　确实,照我看来,在创造的宇宙中, 264
没有什么东西,为了其完满的概念,不需要事物的宇宙中的每一个其他事物的概念的,因为每个事物都影响每个其他事物,以至于拿走这所有事物中的某一个或者假设其与现在不同,则世界上的事物就都必定会不同于现在。

格本第 3 卷,第 143 页。　在我的前定和谐的体系中确实存在着奇迹,上帝是异乎寻常地参与其中的。然而只是在事物开始的时候是这样。在此以后,则每一事物都在自然的现象中按自己的方式,遵照灵魂和躯体的规律自主行事。

格本第 3 卷,第 144 页。　我似乎可以说,我的(关于前定和谐的)假设不是没有道理的。因为我认为,我已经说明只有三种可能的假设(物理的影响、偶因论和前定和谐),而其中只有我的假设才既是可以理解的,又是自然的;而且它甚至能够得到先天的证明。

第十二章第83节 单子的三个等级

格本第4卷，第600页（邓本，第211页；拉塔本，第411页）。在知觉和察觉之间作出区分是恰当的。知觉是单子表象外在事物的内在状态；而察觉则是对这内在状态的意识或反思的认识，而且它并非给予所有的灵魂的，也不是同一个灵魂在任何时候都能得到的。正是由于缺少这种区分，笛卡尔派人士犯了一个错误，即忽视了那些我们意识不到的知觉。……名副其实的推理是依靠诸如属于逻辑、算术、几何的这样一些必然的和永恒的真理的。它们产生一种不容置疑的观念的联结和确实可靠的推理。那些其中没有出现这些推理的动物被叫做禽兽；而那些认识这些必然真理的，才真正是那些被称为理性动物的，他们的灵魂被称为心灵。这些灵魂具有进行反思活动的能力，同时也具有思考那被称作自我、实体、灵魂、心灵，总之一句话，就是非物质性的东西以及真理的能力。

格本第6卷，第604页（邓本，第215页；拉塔本，第420页）。至于说到理性灵魂或心灵，在它之中有比在单子或甚至单纯的灵魂之中更多的东西。它不仅是被造物的宇宙的一面镜子，而且也是上帝的一个影像。……正是由于这个原因，一切心灵，无论是人
265 的还是精灵的，都凭借着理性和永恒真理的力量而与上帝有了一种同类的交谊，成为上帝之城的成员。这就是说，成为被最伟大的和最好的君主所形成与统治的最完满国家的成员。

格本第6卷，第610页（邓本，第220页；拉塔本，第230页）。

如果我们愿意把灵魂这个名称给予那种在我刚才所说的一般意义下具有知觉和欲望的一切东西的话，那么所有的单纯实体或被创造的单子都可以称为灵魂。然而，由于感情是一种比单纯知觉为多的东西，所以，我认为这样是对的：对于那些仅仅只有知觉的单纯实体来说，单子或隐德莱希这种一般名称也就足够了，而灵魂这个名称则只能给予那种在其中知觉更清楚一些，并且为记忆所伴随的单纯实体。

格本第4卷，第479页（邓本，第73页；拉塔本，第303页）。我们一定不能把心灵或理性灵魂与其他形式或灵魂搅混或不加区别地掺和在一起，前者是属于一个更高的等级，比起掩埋在物质中的那些形式来——这些物质中的形式在我看来是到处可见的——它们具有无可比拟地更多的完满性。它们由于照上帝的影像造成，并且其中有着某些上帝的光辉，因而就像一些小神。因此，上帝统治心灵就像一个君主统治他的臣民一样，甚至其实像一个父亲照看他的孩子一样；另一方面，他对待别的实体却像一个工程师用他的机器工作那样。因此，心灵也就有着特殊的规律，这些规律使它们通过上帝安置其中的秩序而居于物质的运转之上；我们可以说，别的一切事物都只是为它们而制造的，而这些运转本身则是为善者的得福、恶者的受罚而安排的。

格本第5卷，第218页（《新论》，第245页）。　对自我的意识或感觉证明了一种道德的或人格的同一性。我正是凭这一点来区别禽兽灵魂的不休和人类灵魂的不朽；两者都保持着物理的和实在的同一性，但就人来说，这样是合乎神圣天道的规则的，就是灵魂还应该保持着一种对我们自身显现出来的道德的同一性，以便构成同一个人格，并因此能感受赏罚。

格本第5卷，第219页(《新论》，第247页)。 说到自身，最好是把自身的现象以及意识区分开来。自身构成了实在的和物理的同一性，而为真理所伴随的自身的现象是与人格的同一性相联系的。

格本第3卷，第622页。 〔所有单子〕都有知觉……和欲
266 望……，在动物中它被称作被动，在知觉是一种理解力的地方，它被称为意志。

格本第5卷，第284页(《新论》，第331页)。 活动对于实体，受动对于被创造的实体，思想对于心灵，具有广延和运动对于物体，都是本质的东西。这就是说，有一些类或种，当一个个体一旦属于它们之后，则不能不再属于它们了(至少自然地说是这样)。

格本第5卷，第290页(《新论》，第338页)。 〔在人那里〕理性是一种固定属性，它赋予每一个个体并且是永远不会丧失的，虽然我们不是永远能察觉到它。

格本第7卷，第529页(邓本，第190页)。 其次，你问我灵魂的定义。我回答说，灵魂这个词可以在广义和狭义下使用。就广义来说，灵魂将是与生命或生命原则相同的东西，也就是说，是存在于单纯事物或单子中的内在活动的原则，而外在的活动则是与它相对应的。这种外在与内在的对应，或者说内在中的外在的表象，单纯中的复合的表象，一中之多的表象，实际上构成了知觉。然而在这种意义下，灵魂就不仅属于动物，而且也属于所有别的有知觉的存在物。狭义地说，灵魂被使用于较高一级的生命，或者说是有感觉的生命，在那里，灵魂不仅具有知觉的功能，而且还增加

了感觉的功能，因为在知觉中也确实加进了注意和记忆。进而，正像上面所说，心灵是更高一级的灵魂，也就是说，心灵是理性灵魂。在那里，在感觉之上还增加了理性，或者说增加了从真理的普遍性出发的推理。因此，正如心灵是理性灵魂一样，灵魂是有感觉的生命，而生命则是知觉的原则。

第十二章第 84 节　主动性与被动性

格本第 4 卷，第 486 页（邓本，第 79 页；拉塔本，第 317 页）。〔在我的体系中〕那些习惯的说法还是可以很好保留的。因为我们可以说，那种实体，它的禀赋以可以理解的方式说明了一种变化（以致我们可以认为，按照上帝天意的安排，别的实体正是从一开始就在这一点上适应于这个实体的），就是那种因为这种变化而被设想为对别的实体起主动作用的实体。

格本第 6 卷，第 615 页。　创造物之被称为对外活动，是就它具有完满性而言的；它之被称为受另一个物体的影响，是就它的不 267
完满性而言的。因此说单子具有主动性是就它具有清晰的知觉而言的；说它具有被动性，是就它的知觉是混乱的而言的。说一个创造物比另一个创造物更完满，其意思是说我们发现这个创造物中有一种用来先天地说明另一个创造物中所发生的事情的因由。正是因为这一点，我们才说它对另一个创造物起主动作用。然而，在单纯实体中，一个单子对另一个单子的影响只是观念性的，而且它只有通过上帝的中介才能产生它的效果，因为在上帝的观念中，一个单子有理由要求上帝在万物发端之际规范其他单子时注意到

它。……因为这个缘故，在创造物之间，主动性与被动性是相互的。因为上帝比较两个单纯实体，发现在每一个创造物中都有要他使得别的创造物适应于这个创造物的理由。因此就某个方面说是主动的，从另一个观点看来则是被动的。说它主动，是由于我们清楚地知道其中有一种成分，可以说明另一个所要发生的事情；说它被动，是由于其中所发生的事情的因由在另一个我们清楚地知道的成分中。

格本第 4 卷，第 441 页(1686 年)。　当发生一个变化影响到几个实体时(因为事实上每个变化都影响到它们全体)，我相信，我们可以这样说：那个因此而直接过渡到一种更高阶段的完满性，或者说过渡到一种更加完满的表现的实体，发挥着它的能力而且起着主动作用；而那个过渡到一种较低阶段的完满性的实体，则显示出其软弱无力，并且遭受着痛苦。我还认为，一个具有知觉的实体的每一个主动活动都蕴涵着某种痛苦。

格本第 2 卷，第 13 页(1686 年)。　一个有限实体对另一个有限实体的作用，仅仅在于这个实体的表现程度的增加结合着另一个实体的表现程度的减少，因为上帝在早先就这样造成它们，使它们协调一致。

格本第 5 卷，第 201 页(《新论》，第 224 页)。　我不知道我们是否能说：同一个东西在原动者中叫做活动，在受动者中叫做被动，而因此是同时存在于两个主体之中的，就像关系那样，或者是否这样说更好一些，就是说它们是两个东西，一个在原动者之中，另一个在受动者之中。

第十二章第 86 节　作为每个单子一种要素的初级物质

格本第 7 卷，第 322 页（《新论》，第 720 页）。　就实体混乱地表现一切而言，它们有着形而上学的物质或被动的力，而就它们清晰地表现一切而言，它们则具有主动的力。

格本第 3 卷，第 636 页。　当单子（除原初的单子而外）受被 268
动性支配时，它们不是纯粹的力；它们不仅是主动活动的基础，而且也是抵抗力和被动性的基础。它们的被动存在于混乱的知觉中，正是这一点包含了物质或数量上的无限。

格本第 2 卷，第 516 页。　一个物体除非受阻，总是尽其可能地活动；然而甚至一个单纯实体也是受阻的，只是除非被它自己内在地阻止，是不会自然地受阻的。而当一个单子被说成是为另一个单子所阻时，这应该理解为在它自身之中对另一个单子的表象。

格本第 2 卷，第 306 页。　初级物质……是原初的被动的力，或者是抵抗力的本原。它并非由广延所构成，它补充上隐德莱希或原初主动的力，就产生完满的实体或单子。……我们主张，这种物质，也就是说被动的本原，存在着并且依附于它自身的隐德莱希。

格本第 2 卷，第 325 页。　虽然上帝可以通过他的绝对的力量剥夺一个被创造的实体的次级物质，但是他不能剥夺它的初级物质，因为这样的话他就会使它成为纯粹的主动，然而只有上帝才是唯一的这种纯粹主动的东西。

格本第 2 卷，第 368 页。 〔一个单子的初级物质〕不会增加团块，或由单子产生出来的现象，就像一个点对一条线不能有所增加一样。

第十二章第 87 节　作为有限性、复多性和物质源泉的初级物质

格本第 6 卷，第 546 页（邓本，第 169 页）。 上帝独一无二地处在一切物质之上，因为他是物质的创造者；然而那些自由的或摆脱了物质的创造物会同时从宇宙的普遍联系中被分离出来，就像逃脱普遍秩序的叛离者一样。

格本第 2 卷，第 324 页。 使这些〔天使〕离开形体和地点，也就是使他们离开宇宙的联系和世界的秩序，因为这些联系和秩序是世界与地点的联系所造成的。

格本第 2 卷，第 412 页。 无论谁只要承认前定和谐，也就不得不承认物质实际上分割成无数部分的学说。

格本第 2 卷，第 460 页。 你〔笛·波斯〕进而问道：为什么会有实际上无限多的单子？我的回答是：对这一点来说只要有它们的可能性就足够了，因为上帝的作品应该尽可能地杰出才更好些，
269 而且，事物的秩序也同样要求这一点，否则现象将不能符合一切可以指定的知觉者。确实，无论我们的知觉多么清晰，我们都可以设想：在这些知觉中总会包含有过去任何小的程度的混乱的知觉；而这样，单子就将和这些知觉相对应，就像和更大、更清晰的知觉相对应一样。

格本第2卷，第248页。　您〔德·沃尔德〕希望在物质（或抵抗力）和主动的力之间有一种必然的联系，以免武断地把它们结合起来。但是这种联系的原因就在于：每个实体是主动的，而抵抗力又是和被动性联系在一起的。所以这种结合是事物的本性所要求的。

第十二章第90节　关于灵魂与躯体的第一种理论

格本第6卷，第539页（邓本，第163页）。　当人家问我：这些〔生命的本原〕是不是实体性形式时，我的回答是有所区别的。如果这个名词像笛卡尔先生那样使用它，即当他坚持认为……理性灵魂是人类的实体性形式的时候，我将回答说：是的。但如果任何人像这样一些人那样去理解这个名词，即想象有一种石头的实体性形式，或者某个别的无机物的实体性形式的话，我将回答说：不是的。因为生命的本原仅仅属于有机体。……诚然，并没有物质的哪一部分是其中没有数不清的有机的和有生命的形体的。……但是，正如虽然一条鱼是有生命的形体，我们却并不把一个养满鱼的池塘说成是一个有生命的形体一样，绝不能认为物质的每一个部分都是有生命的。

格本第6卷，第543页（邓本，第167页）。　不仅灵魂，而且同一个动物也继续生存着，……那种没有开始生存的东西，当然也就不会停止生存；而死亡，就像生殖一样，只不过是同一动物的转化，只不过是这种动物时而增大时而缩小。……自然中的机器，即使在它们最小的部分也是机器，也是不可毁灭的，因为一个小的机器是包在一个较大的机器之中，如此以致无限。因此，我们就不得不同时坚持这两者，即：既坚持动物的预先存在也坚持灵魂的预先存在，既坚持灵魂的实体也坚持动物的实体。

格本第 7 卷，第 530 页（邓本，第 191 页）。 某种自然的机器总是和每一原始的隐德莱希或每一生命本原永远地连接在一起的。我们把这种自然的机器归在有机体的名义之下。这种机器虽然一般来说保持着自己的形式，但总在变动之中，也就像提修斯的船一样，总是在修补。而且我们不能确定那在诞生时我们所接受的
270 的最小部分是否还保留在我们的身体之中。……虽然没有哪种动物应该被称为永生的，但是总有某种动物永远保留了下来。

格本第 5 卷，第 214 页（《新论》，第 240 页）。 那组织或构造，要是没有一种我称之为单子的持续存在着的生命原则，是不足以使同一个个体持续下去的；因为那构造，是即使不能按个体的方式持续存在也能按类的方式持续存在的。……那些有机的物体，也和其他物体一样，只是表面上保持为同一事物，……但对于那些本身有一种真正的和实在的实体性的统一性，那个具有真正地叫做生命的活动的实体，以及对于那些由某种不可分的精神而得到生命的实体性的存在物来说，我们是有理由说它们由于这种灵魂或心灵——在能思想的生物中就是那构成自我的灵魂或心灵——而完全保持为同一个体的。

格本第 3 卷，第 356 页。 我曾经并非绝对地说过：对于物质来说，有机组织是本质性的东西，但只对于为至高无上的智慧安排好了的物质来说是如此。

格本第 2 卷,第 100 页。　我承认,躯体离开或没有灵魂,就只具有一种集合物的统一性,但是留给它的实在性是从构成它的那些部分中得到的,而这些部分又是由于包含在它们之中的无数生物,才保有它们实体性的统一性。然而,虽然对于一个灵魂来说,有一个由有生命的部分(这些部分的生命是由各自分离独立的灵魂所赋予)所构成的躯体是可能的,但是,这整体的灵魂形式并不因此就是靠那些部分的灵魂或者形式所构成。

格本第 6 卷,第 619 页(邓本,第 229 页;拉塔本,第 258 页)。不可想象每个灵魂都有一个它所专有的或永远属于它的一定量的或一份物质,也不能想象它因而也就拥有一些低等的生物。……因为一切躯体都处在一种永远不断的流动之中,就像河流一样。……在动物中经常有变形,但绝没有灵魂的轮回或转移,也不存在完全脱离躯体的灵魂或脱离躯体的精灵。只有上帝才是完全没有形体的。

格本第 2 卷,第 58 页(1686 年)。　每一个〔灵魂或躯体〕都遵循它的规律,它们一个是自由活动的,另一个则是没有选择余地的,两者在同一现象中取得一致。然而灵魂仍然是其躯体的形式,因为灵魂按照它所拥有的躯体与别的一切形体的关系而表现这一切别的形体的现象。

格本第 6 卷,第 595 页。　如果我曾经责难笛卡尔派人士,一致——照他们看来,这种灵魂与躯体间的一致是由上帝直接加以维持的——并没有造成一种真实的结合的话,那么我就应该是犯了很大的错误,因为无疑地我的前定和谐学说也不可能做到这一点,……然而,我不否认确有属于这种性质的某种东西;而这种东 271

西应该和在场相似，而至今在对非形体的事物使用这个观念时，这个概念并未得到充分的解释。

格本第 6 卷，第 598 页（邓本，第 209 页；拉塔本，第 408 页）。每一个特别重要的单纯实体或单子，那种形成一个复合实体（例如一个动物的实体）的中心和它的统一性的原则的，都被一个由无数别的单子所构成的团块所围绕，这个团块构成这个中心单子所特有的躯体，……要是这个躯体形成为一种自动傀儡或自然的机器，这种机器不仅作为整体是一架机器，而且它的能够观察到的最小部分也是一架机器，这时它就是有机体。

格本第 2 卷，第 306 页。　不能认为物质的一个无穷小的部分被指定给一个隐德莱希；不存在这样的小片。

格本第 2 卷，第 378 页。　虽然每一个有机体都被赋予生命这一点没有绝对的必然性，但是我们应该断定：上帝是不会错过给一个灵魂的良机的，因为他的智慧尽其可能地产生着更多的完满性。

格本第 3 卷，第 363 页。　在单纯实体中不可能有广延，因为全部广延都是复合的。

格本第 7 卷，第 468 页。　我们的实体性物质只有一些潜在的部分，而人的躯体是一个集合物。

第十二章第 91 节　关于灵魂与躯体的第二种理论

格本第 3 卷，第 657 页（邓本，第 234 页）。　一个真正的实体（如一个动物）是由一个非物质的灵魂和一个有机体构成的。而且它是这两个东西的复合物,这个复合物被称为“本身是单一的”。

格本第 4 卷,第 391 页(邓本,第 63 页)。　正如一切东西都充满了灵魂一样,它们同样也充满了有机体。

格本第 5 卷,第 309 页(《新论》,第 362 页)。　完满的统一性应该留给有生命的或者被赋予原初的隐德莱希的形体。

格本第 2 卷,第 75 页(1686 年)。　与灵魂分离了的我们的躯体本身,只能不恰当地被称为一个实体,就像一台机器或一堆石头一样。

格本第 2 卷,第 77 页(1686 年)。　尤其是当别人问我:我怎么看太阳、地球、月亮、树木以及与此类似的形体乃至禽兽的时候,我不能绝对地肯定它们是有生命的,或者至少它们是一些实体,或者它们是否仅仅是一些机器或一些实体的集合物。然而,我至少可以说,如果没有我所要求的那样的有形实体的话,那就可以推证
出:形体将仅仅是真正的现象,就像彩虹一样。……除非我们发现 272
这样一些有生命的机器,它们的灵魂或实体性形式给予它们一个与外在的接触性的结合无关的实体性的统一性,我们永远不会达到一个东西,对它我们可以说“确实有一个存在”。而如果没有这样的东西,则就可以推论出:除了人之外,可见世界中就没有实体性的东西。

格本第 2 卷,第 371 页。　我并不否认在灵魂和有机体之间有某种实在的形而上学的结合。……按照这种结合,人们可以说灵魂是确实存在于躯体之中的。……但是,你知道我说过的是灵魂或单子总是(由主动和被动这两种原则产生的结果)与团块或别的单子的结合,而不是说隐德莱希或主动的原则与初级物质或被

动力量的结合。

格本第 7 卷,第 502 页。　每个被创造的单子都具有某个有机体。……每个团块都包含了数不清的单子,因为虽然自然中的每个有机体都有它的相对应的单子,但是在它的一些部分中,也包含着同样具有它们的有机体的一些别的单子,它们是属于原初的有机体的。

格本第 4 卷,第 511 页(邓本,第 120 页)。　就〔实体的形式〕通过它与物质的结合而构成一个真正单一的实体,或一个本身是单一的东西而言,它形成为我称之为一个单子的东西。

格本第 2 卷,第 118 页。　至于你〔阿尔诺〕所提出的别的困难,先生,也就是说与物质相结合的灵魂并没有形成一个真正的单一的存在物,因为物质自身并非真正的单一;你由此而断言,灵魂所给予它的只是一个外在的名称。对此我回答说:它是有生命的实体,这个物质是属于它的,这种实体真正地是一个存在物。而被看作仅仅是团块的物质,则只不过是一种纯粹的现象,或者说是具有良好基础的现象。

格本第 2 卷,第 120 页。　严格地说,一个具有真正统一性的整体是能够保持其为统一个体的,虽然它也得到或失去一些部分,就像我们在自身中经验到的一样。

格本第 2 卷,第 368 页。　即使没有创造出团块的一个新的部分,也可以创造出一个新的隐德莱希。因为虽然团块已经到处都有一些统一体,然而还可以有新的统一体去支配许多别的统一体。就好像你可以想象上帝将从一个团块中制造出一个有机体来——这种团块,作为一个整体是无机的,例如一堆石头——并且在它上面建立起灵魂。因为有多少有机体就有多少隐德莱希。

格本第 2 卷，第 370 页。　一个有机体的每一部分都包含着别的隐德莱希。

格本第 2 卷，第 304 页。　一个动物的一个部分或一半并非 273 本身就是一个存在，因为这只能被理解为动物的躯体，它并非本身就是一个存在，而是一个集合物，它所具有的是一种算术的而非形而上学的统一性。

格本第 2 卷，第 251 页。　一个原始的隐德莱希永远也不能自然地产生或消灭，而且永远也不能没有一个有机体。

第十二章第 92 节　实体的黏合

格本第 2 卷，第 399 页。　既然面包其实不是一个实体，而是一个集合物或实体的具体化，是数不清的单子依靠某种外加的结合而产生出来的，所以它的实体性就在于这种结合；因此，照你们〔天主教徒〕看来，上帝将不需要消灭或改变这些单子，他只要剥夺它们用来产生一个新的存在物的东西即这种结合就行了。这样一来，存在于其中的实体性就不再有了，虽然现象还将继续存在，它现在不是由那些单子所产生，而是由某种代替那些单子的结合的神圣的相等物所产生了。这样，就将根本不会实在地有实体性的主体出现。然而我们这些拒绝化体说的人并不需要这种理论。〔这段文字是在实体的黏合第一次提出之前写的。〕

格本第 2 卷，第 435 页。　我们必须说到这两者之一：要么形体仅仅是现象，而且这样广延也就只是现象，只有单子才是实在的，而结合则是由感觉灵魂在现象中的作用所提供的；要么就是：

如果信仰使我们接受有形实体，那么这种实体将在于结合的实在性，这种结合给要连接在一起的单子加上了某种绝对的东西（并且因此是实体性的），虽然是暂时的，……如果没有单子这种实体性的黏合，一切形体以及它们的所有的质都将不过是具有良好基础的现象。

格本第 2 卷，第 461 页。　超自然的物质是与哲学相对立的，除了单子以及它们内在的情状而外，我们什么也不需要。

格本第 2 卷，第 481 页。　我已经改变了我的想法，所以我认为，倘若我们主张这种实体性的黏合也是不能生成和不能毁灭的东西，也就不会得出什么荒谬的东西；因为我确实认为：除了那种存在着带有一个支配的单子的有机体的地方而外，有形实体是不应为人们所认可的，……所以，既然我不仅否认灵魂能被消灭，而且也否认动物能够消灭，我将说实体性的黏合也是不能自然地产生和消灭的。

格本第 2 卷，第 516 页。　这种实体性的黏合乃自然地而非本质地是一种黏合，因为它需要单子，但又并非本质上包含它们，
274 因为它可以没有单子而存在，而单子也可以没有它而存在。

格本第 2 卷，第 517 页。　如果唯有单子是实体，那么必然是：要么形体将仅仅只是现象；要么连续体将由点产生，而这肯定是荒谬的。真正的连续性除了从实体性的黏合中产生而外，是不可能产生的。

格本第 2 卷，第 520 页。　光是单子并不构成为一个连续体，因为它们凭借自身是并无一切联系的，每个单子就像一个分离的世界。然而在原初物质中（因为次级物质是一个集合物），或者在一个复合实体的被动的因素中，包含有连续性的基础，因此真正的连续体是从被并置在一起的复合的实体中产生出来的。……在这种意义下，我或许应该说广延是初级物质的一种情状，或者说它是形式上为非广延的东西的一种情状。

第十二章第 94 节　预成论

格本第 7 卷，第 531 页（邓本，第 192 页）。　我认为，从事物一开始就潜在于精子之中的灵魂，直到通过怀孕，它们已预定是人的生命为止，是没有理性的；但是当它们一旦被造就成有理性的，并且能有意识以及能与上帝交往以后，我认为它们就永远也不会丢掉作为上帝城邦的公民这种资格。……死亡能使知觉混乱，但是不能从记忆中把它们完全抹掉，用了记忆，回复、奖赏以及惩罚也就产生了。

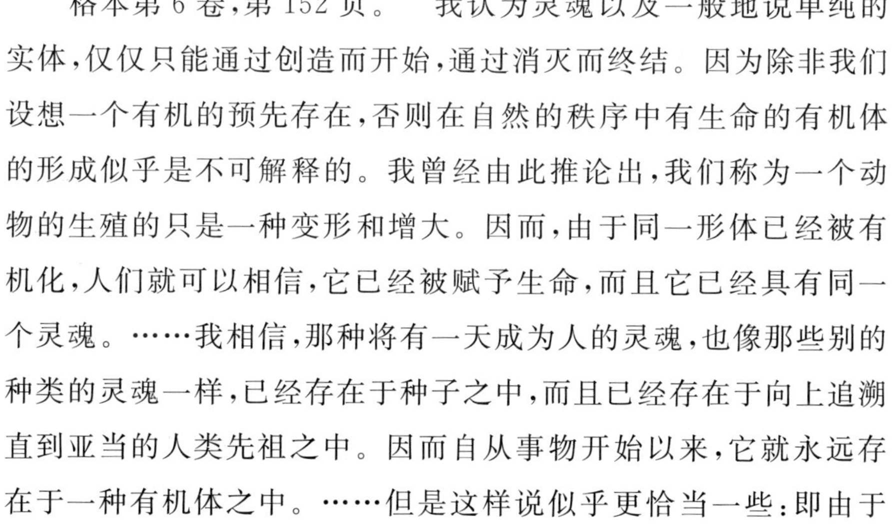

格本第 6 卷，第 152 页。　我认为灵魂以及一般地说单纯的实体，仅仅只能通过创造而开始，通过消灭而终结。因为除非我们设想一个有机的预先存在，否则在自然的秩序中有生命的有机体的形成似乎是不可解释的。我曾经由此推论出，我们称为一个动物的生殖的只是一种变形和增大。因而，由于同一形体已经被有机化，人们就可以相信，它已经被赋予生命，而且它已经具有同一个灵魂。……我相信，那种将有一天成为人的灵魂，也像那些别的种类的灵魂一样，已经存在于种子之中，而且已经存在于向上追溯直到亚当的人类先祖之中。因而自从事物开始以来，它就永远存在于一种有机体之中。……但是这样说似乎更恰当一些：即由于多种原因，它们当时理当仅仅作为感觉的或动物的灵魂而存

在……它们保持在那种状态下，一直到它们所属的人生成的时候
275 为止，但那时它们得到了理性，不管是由于有一种自然方法把感觉的灵魂提高到理性灵魂的等级（对此我难以设想），还是上帝通过某种特殊的操作，或者（如果你愿意的话）通过一种超越的创造给了这个灵魂以理性。

格本第 4 卷，第 352 页。　我更愿意在人的生殖中和别的动物的生殖中一样，没有什么奇迹；这可以通过这样一种设想来解释：即在那些处于种子之中的大量灵魂和动物中间，或者至少是大量活的有机体中间，只有那些被预订在某一天将得到人的本性的灵魂才包含着理性，它有一天将在他们之中显现出来。

格本第 3 卷，第 565 页。　问题总是停留在：到底是变形的基础，还是预先形成的生物存在于卵巢之中，……或者存在于精液之中……我认为，必定总是有一个预成的生物，无论它是植物还是动物，它是变形的基础，而且它必定包含同一个支配的单子。

格本第 6 卷，第 543 页（邓本，第 167 页）。　我同意卡德沃斯先生的看法，……在那些至今尚无有机物的地方，单凭机械规律是不能形成一个动物的。

第十三章第 96 节　无意识的心理状态

格本第 5 卷，第 107 页（《新论》，第 118 页）。　察觉得到的东西是由那些觉察不到的部分所合成的。……我们要对我们的一切思想永远明确地进行反省是不可能的；否则心灵得对每一反省又进行反省以至无穷，而永不能过渡到一个新的思想。

格本第 5 卷，第 109 页（《新论》，第 120 页）。　这些感觉观念（热、柔软和冷）在表面现象上是简单的，因为它们既是混乱的，就使心灵无法区别它们所包含的内容。

格本第 5 卷，第 48 页（《新论》，第 49 页；拉塔本，第 373 页）。这些感觉不到的知觉，也标志着和构成了同一个人。它们从这一个人的过去状态中保存下一些痕迹或表现，把它与这个人的现在状态联系起来，造成这个人的特征。……也就是用这些感觉不到的知觉，说明了灵魂与身体之间的这种奇妙的前定和谐。

格本第 5 卷，第 49 页（《新论》，第 51 页；拉塔本，第 377 页）。我也曾经指出过，由于那些感觉不到的变异，两件个体事物不会完全一样，并且应该永远不止是号数不同。

格本第 5 卷，第 79 页（《新论》，第 84 页）。　斐拉莱特〔洛克〕：如果心灵从来没有想到一种真理，又说这种真理是在心灵之中，这是很难设想的。德奥菲勒〔莱布尼茨〕：……这种推理也证明太过头了；因为如果真理是思想，则我们不仅被剥夺了从未想到过 276
的真理，并且那曾经想到过而且现在不再实际想到的真理也都被剥夺了；而如果真理并不是思想，却是一些自然的或获得的习性和禀性，则丝毫无碍于在我们心中有一些真理是我们从未想到过或将来永远不会想到的。

格本第 5 卷，第 148 页（《新论》，第 166 页）。　我们永远有无数的微知觉而我们并不察觉到它们。我们是永远不会没有知觉的，但我们必然是常常没有察觉的，这就是在没有清楚的知觉的时候。

格本第 5 卷，第 97 页（《新论》，第 105 页）。　为了使知识、观

念或真理在我们的心中，我们总曾经现实地想到过它们并没有必要；这只是一些自然的习性，也就是说是一些主动和被动的禀赋与态度，而不只是空白板。

第十四章第 99 节　天赋观念与真理

格本第 5 卷，第 70 页(《新论》，第 75 页)。　我同意我们是学到这些天赋的观念和真理的，或者是通过注意它们的源泉，或者是通过用经验来对它们加以证实。因此我并没有作您〔洛克〕似乎在谈到我们没有学到什么新东西这种情况下所说的那种假定。并且我也不能承认这样的命题，即凡是人所学到的东西都不是天赋的。

格本第 5 卷，第 71 页(《新论》，第 76 页)。　菲拉莱特：难道就不可能是这样，即不仅我们所用的名词和语词，而且连那些观念都是从外面来到我们心中的吗？德奥菲勒：那么就必须是我们自己就在我们之外了，因为那些理智的或反省的观念是从我们心灵中抽引出来的。而我倒很愿意知道，我们怎么能有对于存在的观念，要不是我们本身就是存在，并因此在我们之中发现了存在。

格本第 5 卷，第 76 页(《新论》，第 80 页)。　如果〔心灵〕只有单能接受知识的能力……那么，它就不会是必然真理的源泉，而我刚才已表明它是那样的源泉；因为无可争辩的是，感觉不足于使人看出真理的必然性。

格本第 5 卷，第 79 页(《新论》，第 84 页)。　甜不是苦这一命题，按照我们给与天赋真理这一名词的意义，并不是天赋的。因为甜和苦的感觉是来自外感官。……但方不是圆这一命题，我们可

以说它是天赋的，因为当你考察它时，你是把矛盾律应用于理智提 277
供给自己的东西。

格本第 5 卷，第 100 页（《新论》，第 111 页）。　人们将会提出哲学家们所接受的一条公理来反对我，这条公理就是：凡是在灵魂中的，没有不是来自感觉的。但灵魂本身和它的那些情性应该除外。凡是在理智中的，没有不是先已在感觉中的，但理智本身除外。而灵魂中包含着：存在、实体、一、同一、原因、知觉、推理以及大量其他概念，是感觉所不能给予的。

格本第 5 卷，第 139 页（《新论》，第 156 页）。　一连串知觉的接续，在我们心中唤醒了绵延的观念，但并不是它造成了这观念。

格本第 5 卷，第 279 页（《新论》，第 325 页）。　〔观念〕只是表示可能的东西；因此，如果从来不存在一个杀父母者……那忤逆罪就只是一种可能的罪恶，而它的观念也会是真实的。

格本第 5 卷，第 324 页（《新论》，第 380 页）。　那种范畴表的设计是很有用的，而我们毋宁应该是想着来改正它而不是排斥它。实体、量、质、主动或被动，以及关系……再加上那些由它们组合而成的，可能就够了。

格本第 5 卷，第 338 页（《新论》，第 400 页）。　真理永远是基于观念之间的符合或不符合，这是很对的，但说我们对真理的知识是对这种符合或不符合的一种知觉，则一般地说是不对的。

格本第 5 卷，第 347 页（《新论》，第 410 页）。　至于说到原始的事实真理，它们是一些内心的直接经验，这属于一种感受的直接性。而正是在这里，笛卡尔派或圣奥古斯丁的我思故我在，也就是说我是一个思想的东西这条第一真理才适得其所。但是不仅我思想对我来说是直接地明明白白的，而且我有不同的思想。……因此，笛卡尔的原理是对的，但它并不是这类原理中唯一的一条。

格本第5卷，第391页（《新论》，第469页）。　我们永远可以说，我存在这个命题是最自明的，因为它是一个不能用其他命题来证明的命题，或者毋宁说是一条直接的真理。而说我思故我在，这真正说来并不是用思想来证明存在，因为思想和在思想是同一回事；而说我在思想，已经是说我在了。可是您可以有某种理由不把这个命题算在公理的数内，因为这是一个事实的命题，是基于一种直接经验的，它不是我们在观念的直接符合中看到其必然性的那样一种必然的命题。相反地，只有上帝才看到，我和存在这两个名词是怎么联系起来的，换句话说，为什么我存在。

278 格本第5卷，第415页（《新论》，第499页）。　对于我们的存在和我们的思想的直接察觉，为我们提供了最初的后天真理或事实真理，也就是最初的经验；正如统一性命题包含着最初的先天真理或理性真理。……这两者都是不能被证明的，并且可以称为直接的；前者因为在理智及其对象之间有一种直接性，后者则因为在主语和谓语之间有一种直接性。

格本第7卷，第263页（《新论》，第716页）。　通过观念这个词我们理解了我们心灵中的某些东西；因此，印在我们脑海中的印记就不是观念。……但有许多东西在我们的心灵中，尽管没有观念它们就不可能出现。因为对我们来说一个观念并不在于思想的任何活动，而在于一种才能。……然而在这一方面仍有一定困难；因为我们对于所有事物，甚至包括那些我们对其缺乏观念的事物，都有一种间接的思维才能；因为我们具有得到它们的才能；因此一个观念要求对一件事物具有某种直接的思维才能或机敏。但即便这样仍不够。……因此，在我身上不仅有一种通向这一事物而且也能表现这一事物的能力就很必要了。

格本第4卷，第357页（邓本，第48页）。 关于理性的第一真理是矛盾原则……关于事实的第一真理则和直接知觉的数量那么多。

格本第5卷，第15页（邓本，第95页；《新论》，第15页）。 至于说到是不是有些与我们俱来的观念和真理的问题，我不认为解决这个问题对于开初，对于思维技艺的实践是绝对必要的。……我们的观念和准则的起源问题在哲学中不是开端性的，我们已经在更好地解决它上取得了很大的进展。

格本第6卷，第505页（邓本，第155页）。 因为感觉和归纳绝不可能完满地告诉我们什么是绝对必然的，而只能说这是什么和在特殊事例中有什么，但我们又确然知道必然的和普遍的真理……因此，这些真理部分地来自那些内在于我们的东西。

格本第2卷，第121页。 我同意我们思想过的观念是清楚的，但并非每一个清楚的观念就是明白的……企图使用一些混乱的然而是清楚的观念去证明某些东西不可能存在，这是一种滥用。

格本第3卷，第479页。 心灵是内在于其自身的，既然这
样，存在、实体、一、同一、差异等。……也就同样是内在于其自身 279
的。

格本第5卷，第156页（《新论》，第175页）。 菲拉莱特：物体通过感官向我们提供的有关主动能力的观念，并不像我们通过对我们心灵活动所作的反省而得到的主动能力观念那么明白和清

楚。德奥菲勒:这些考虑是非常好的。

格本第 5 卷,第 340 页(《新论》,第 402 页)。 全部信念既建立在对证明或推理的过去观察的记忆上,则相信或不相信就既是我们所无能为力也是我们所不能做主的,因为记忆并不是以我们的意志为转移的东西。

格本第 5 卷,第 66 页(《新论》,第 70 页)。 我一向是并且现在仍然是赞成对于上帝的天赋观念……并且因此也认为有其他一些不能来自感觉的天赋观念,现在,我按照这个新的体系走得更远了;我甚至认为我们灵魂的一切思想和行动都是来自它自己内部,而不能是由感觉给予它的。……但当前我将把这方面的探讨撇在一边,而沿用已被接受的说法,……我将来考察一下,怎么照我的意见我们应该说,即使在通常的体系中(谈到身体对灵魂的作用,就像哥白尼派也和旁人一样谈到太阳的运动,并且是有道理的),也有一些观念和原则,并非来自感觉,而我们发现它们是在我们心中,不是我们使它们产生出来的,虽然是感官给予了我们机缘,使我们察觉到它们。

格本第 3 卷,第 659 页。 (看来)没有必要认为〔观念〕在我们之外。把诸观念看作是一些概念,即我们灵魂的情状就已经足可以了。

第十四章第 102 节　感觉与理智的区别

格本第 4 卷,第 436 页(1686 年)。 甚至可以证明数的概念、形的和运动的概念并不像人们所设想的那样明白,它们包含着某些想象的和与我们的知觉有关的东西，就像（尽管更严重一些）色、热和别的相似的性质一样，我们可以怀疑它们是不是真的存在于外在于我们的事物的本性中。

格本第 5 卷，第 77 页（《新论》，第 82 页）。　那些理智的观念，是必然真理的源泉，并不是从感觉来的。……那些来自感觉的观念是混乱的，而依赖于它们的真理也至少部分地是混乱的；至于理智的观念以及依赖于它们的真理，则是清楚的，并且两者都不以 280
感觉为其起源；虽然要是没有感觉我们也许的确永远不会想到它们。

格本第 5 卷，第 108 页（《新论》，第 119 页）。　我只是在观念和思想之间作了区分；因为我们永远是独立不依于感官而具有一切纯粹或清楚的观念的；但思想永远和某种感觉相呼应。

格本第 5 卷，第 117 页（《新论》，第 130 页）。　感官若没有理性的帮助似乎是不能使我们深信可感觉事物的存在的，因此我将认为存在的观念来自反省。

格本第 5 卷，第 197 页（《新论》，第 220 页）。　感觉提供我们材料来作反省，而我们如果不想到某种别的东西，即感觉提供的特殊事物，是甚至不会想到思想的。

格本第 5 卷，第 220 页（《新论》，第 248 页）。　当前的或即时的记忆，或对即刻之前刚过去的事情的记忆，也就是说伴随内心活动的意识或反省，就自然情况说是不会骗人的；否则我们甚至连我们是在想这样或那样事物这一点也不能肯定了。……而如果直接的内心经验都是不能肯定的，那就不会有我们能靠得住的事实真理了。

格本第5卷,第363页(《新论》,第432页)。 关于可感觉性质的观念是混乱的,而能产生这些观念的那些能力因此也只提供一些包含着混乱的观念;这样,我们若要凭经验之外的方式来认识这些观念的联系,就只有把它们还原为伴随着它们的清楚的观念才行,就像我们(例如)对于虹的颜色和分光镜所做的那样。

格本第5卷,第373页(《新论》,第445页)。 如果简单观念除了来自感官的基础之外就没有其他的基础,那我们所获得的可靠性就将是很小的或毋宁说根本没有。……观念是原本在我们心中的,甚至我们的思想也是从我们心中来的,并没有别的创造物能对灵魂有直接的影响。此外,我们关于普遍永恒真理方面的可靠性,其基础是在观念本身之中,不是靠感觉,也正如纯粹的和可理解的观念一样。……但可感觉性质的观念……(这些其实只是一些幻觉)是从感觉来的,也就是从我们的混乱知觉来的。而关于偶然的和单个的事物的真理,其基础在于得到成功,使感觉现象如可理解的真理所要求的那样正确地联系起来。

281 格本第6卷,第499页(邓本,第149页)。 我们可以说可感觉的质事实上是隐秘的质,因此必然存在着别的更为明显的东西,正是这些东西使隐秘的质成为可辨别的。非但不是我们的理智相反却是可感觉的事物,它们恰恰是我们最少理解的。

格本第6卷,第500页(邓本,第150页)。 然而,我们应该公平对待感觉,除那些隐秘的质外,感觉使我们知道了更为明显的质,这些质提供更为明白的概念。这就是那些属于常识的东西,因为并不存在一个它们附属于和为其专有的外在感觉。……诸如数的观念就是这样。……还有我们理解的形。……尽管明白地意识到数和形本身，……我们还是应该达到那些感觉所不能提供的东西，达到理智加到感觉上去的东西。

格本第6卷，第502页(邓本，第152页)。　因此，概念有三个层次：那些只是可感的，是适合于特定感官的对象，那些立时感知和理解的，属于常识，而那些只是可理解的，则为理智所专有。

格本第1卷，第352页。　在我看来，不完满知识的标志在于：主项还有一些特性是我们仍不可能对之提出证明的。因此，那些仍无法证明直线性质的几何学家们——他们已经把直线知识作为众所周知的——也就仍没有关于它的足够明白的观念。

格本第2卷，第412页。　但愿不可思议的只是上帝的属性！我们应该对于理解自然抱有更大的希望。但毫无疑问，并没有自然的哪一部分是能被我们完全理解的。……然而，一个创造物，不论其多么高尚，都不可能在瞬间清楚地领悟或理解无限性；再说，我也怀疑有谁理解了事物的一个断片就能理解整个宇宙。

第十四章第103节　观念的性质

格本第5卷，第243页(《新论》，第273页)。　我们能有一个〔正千边形〕的〔清楚的〕观念，但我不会有一个正千边形的影像。

格本第2卷，第265页。　你说心灵活动的方式是更模糊的。我却一直认为它们是最清楚的，并且几乎只有它们才是清楚明白的。

格本第5卷，第472页(《新论》，第574页)。　只有上帝才具有直觉知识这种好处。

282 第十四章第 104 节　定义

格本第 5 卷,第 248 页(《新论》,第 279 页)。　当没有一个完满的观念时,同一个主项就可以有好几个定义,这些定义是彼此独立的,以致完满并不能总是把其中一个从另一个引申出来,……因此只有经验才能告诉我们它们是同时全部属于它的。

格本第 5 卷,第 274 页(《新论》,第 317 页)。　实在定义表明被定义者的可能性,而名义定义则不是这样。

格本第 5 卷,第 275 页(《新论》,第 319 页)。　简单的名词是不能有名义定义的,但……当那些名词仅仅对我们来说是简单的时(因为我们没有办法来把它们一直分析到构成它们的那些最基本的知觉),如热、冷、黄、绿,它们可以得到一种说明其原因的实在定义。

格本第 5 卷,第 300 页(《新论》,第 353 页)。　因为当涉及虚构和事物的可能性时,从种到种的过渡可能是感觉不到的。……即使我们完全知道所涉及生物的内部时,这种不决定性也会是真的。但我看不出它怎么就能妨碍生物具有不依赖于理智的实在本质,怎么就能妨碍我们认识它们。

格本第 4 卷,第 424 页(邓本,第 30 页)(1684 年)。　我们有一个名义定义和实在定义之间的界限,前者只包含一事物的标志,这一标志使这一事物与他物区分开来,后者则表明事物是可能的;通过这一点就可以回答那个认为真理是武断的霍布斯了,因为它们依赖于名义定义,而不考虑定义的实在性并非独断的,以及并不是任何概念都是能够组合在一起的。

格本第4卷，第450页（1686年）。　当〔定义〕推进分析，以致达到原始概念而不预设任何其可能性需要先验证明的东西时，定义就是完满的或本质性的。

第十四章第105节　普遍字符

格本第5卷，第460页（《新论》，第559页）。　我认为，三段论形式的发明是人类心灵最美好，甚至也是最值得重视的对象之一。这是一种普遍的数学，它的重要性还没有被充分认识。

格本第5卷，第461页（《新论》，第560页）。　还有，要知道 283
有一些正确的非三段论的结论……例如：耶稣基督是上帝，因此耶稣基督的母亲是上帝的母亲……如果大卫是所罗门的父亲，则无疑所罗门是大卫的儿子。而这些结论也仍然是可以用通常的三段论本身所依据的那些真理加以证明的。

格本第1卷，第57页（约1672年）。　在哲学中，我已经发现了一种方法，用代数和分析，用组合术，来在所有科学中完成笛卡尔和别的人在算术与几何学中所做过的事情。……通过这一点，整个世界中的一切复合概念就被还原为几个简单的像它们的字母表一样的东西；通过哲学字母表的组合就会找到一种途径，同时，通过一种有条理的方法，所有的事物连同它们的原理和无论什么别的东西都可能结合着它们进行研究。

格本第3卷，第216页。　当我还是一个19岁的年轻人时，在我的一本小书《论组合术》中，……我早就意识到了这个问题，我的观点就是真正实在的和哲学的字符应该符合于对思想的分析。这些字符确实预设了真正的哲学，并且只有在此时，我才敢构造它们的体系。

《数学著作集》第 2 卷，第 104 页。　那种最好的和最适宜于我的新演算〔微积分〕的东西，就是不需要任何想象而通过分析一类的东西提供真理，想象常常是靠机遇而成功的，这种新演算提供给我们的东西超过阿基米得几何学的所有的优越性，而这种优越性是维特和笛卡尔先已提供给我们的超过阿波罗尼的东西。

格本第 7 卷，第 185 页。　〔在解释一个孩子的思考时，莱布尼茨说〕我产生了这个异乎寻常的思想，即一个人类思维的字母表会被发现出来，通过这一字母表的字母的组合，通过对由这些字母构成的语句的分析，一切问题都可以发现和受到检验。……当时我尚未充分意识到这件事的伟大。但后来，我对事物的知识越多，我寻求解决这一重大问题的决心也就越大。

格本第 7 卷，第 20 页。　代数学本身并不是几何学的真正符号，其真正符号必须发现出来，我敢肯定，对于几何学在机械科学中的应用来说，这一符号将比代数学用处更大。我奇怪这一点为什么还没有被人察觉。因为差不多所有的人都认为代数学是发现
284 的真正数学技艺，只要他们固守这一偏见，他们就将永远也找不到别的科学的真正符号。

格本第 7 卷，第 198 页。　理性发现技艺的进步在很大程度上依赖于运用这些字符的技艺。人们通常只是在数和线以及由数和线所表示的事物中寻求推证原因乃是由于在数之外，没有适当的符合于概念的符号。

第十五章第 106 节　上帝存在的四个证明

格本第 7 卷，第 302 页（邓本，第 100 页；拉塔本，第 337 页）。除世界或有限事物的总和外，还存在着一个居于支配地位的确定的统一体，这不仅是因为灵魂在我这里居于支配地位，或者说自我本身在我的躯体中居于支配地位，而且是在更高的意义上才这样说的。因为居于支配地位的宇宙统一体不仅统治着世界而且还构建或塑造它。他位于世界之上，也可以说是超越世界，他实际上是万物的终极理由。因为存在物的充足理由既不可能在任何特殊事物中发现，也不可能在事物的整个堆集和序列中发现。让我们设想一本一直存在着的关于化学元素的书，并且接连不断地一本一本地复制下去，显然，尽管我们可以通过另一本从它这里复制的书来说明这本书，但无论如何——只要我们愿意就可以一直追溯下去，我们却无法达到说明这本书的一个完全的根据，因为我们能够一直追问为什么这些书会始终存在着，即为什么恰恰是这些书存在以及为什么恰恰以这种方式写成。那种对书来说是可靠的东西也就同样对世界的不同状态来说是可靠的，因为无论变化的规律怎样，后续的状态多少总是前一状态的摹本。因此，无论你追溯到如何早的状态，你绝不可能在那里找到事物的完全的根据，即为什么会存在着世界和为什么这个世界是这个样子而不是别的样子。

你尽可以设想世界是永恒的；但当你只想到连续的状态，并在它们之中的任何一个那里都发现不了充足理由，甚至当它们中的任何一个都无法少许帮助你说明它们时，那么很显然，这个理由就

应该在别的地方找到。因为在永恒的事物中，即便没有原因，也应该存在着一个理由，这个理由对于永恒的东西来说，也就是必然性本身或本质；但对于变化事物的序列来说，如果能够设想它们是一个接一个地从整个永恒性中产生出来的话，整个理由也就诸如我
285 们将看到的那样，是一个倾向的优势，这种倾向并不在于迫使的理由……而在于倾向的理由。从这一点就可推知，即便设想了世界的永恒性，我们也不可能逃脱事物的最终的超越世界的理由，即上帝。……因为万物的最终的根源只能在某个具有形而上学必然性的东西之中，并且由于任何存在之物的理由只能在一个存在着的事物那里找到，因此就必定有一个具有形而上学必然性的“存在”，一个其本质就是去存在的“存在”；并且因此也就必定存在着某种区别于存在物的那种多样性的东西，我们所肯认和论证的这个世界是不具有任何形而上学的必然性的。

格本第6卷，第614页（邓本，第224页；拉塔本，第241页）。同样真实的是：上帝不仅是存在的源泉，而且是本质的源泉，是实在事物的源泉，也同样是处在可能性中的实在事物的源泉。这是因为上帝的理智乃是永恒真理的所在地，或永恒真理所依赖的理念的所在地，因为如果没有上帝，就没有任何处在各种可能性中的实在的对象，不仅没有任何实存的东西，而且没有任何可能的东西。然而应当说，如果在本质中或可能性中，或者在永恒真理中有一种实在性，则这种实在性便是建立在某种存在的和现实的事物中，因而也就是建立在必然实体的存在中。在必然的实体里面，本质是包含着存在的，换句话说，在必然的实体中，凡是可能的都是足以成为现实的。所以，只有上帝（或必然的实体）有这种特权，即

是:如果它是可能的,它就应当是存在的。既然没有任何东西能阻碍那不包含任何限制、任何否定,因而也不包含任何矛盾的东西的可能性,那么,仅仅由这一点便足以先天地认识上帝的存在了。我们也曾经用永恒真理的实在性证明过上帝的存在。……然而不能像有些人那样想象,以为永恒真理是依赖上帝的,所以是任意的,是依赖上帝的意志的。……这种看法只不过对于偶然的真理说是正确的,偶然真理的原则是“适宜性”或“对最佳者的选择”,至于必然的真理,则只是依赖上帝的理智,乃是上帝的理智的内在对象。因此只有上帝是原始的统一体或最初的单纯实体,一切创造出来的或派生的单子都是它的产物,可以说是凭借神性的一刹那的连续闪耀而产生的,神性是受到创造物的容受性的限制的,对于创造物说,有限乃是它的本质。在上帝之中有权力,权力是万物的源泉,又有知识,知识包含着观念的细节,最后更有意志,意志根据那最佳原则造成种种变化或产物。这一切相应于创造出来的单子中的主体或基础〔参阅拉塔先生的注释,拉塔本,第 245 页〕、知觉能 286
力和欲望能力。不过在上帝之中这些属性是绝对无限或绝对完满的,而在创造出来的单子中……则只是按照具有完满性的程度而定的一些仿制品。

第十五章第 107 节　本体论证明

格本第 5 卷,第 419 页(《新论》,第 504 页)。 〔本体论证明〕不是一个谬误推理,这是一个不完善的推证,它假定了某种要使它具有数学式的显明性还需加以证明的东西,这就是暗地里决定了这个关于具有全部伟大性或全部圆满性的东西的观念，是可能的和不蕴涵矛盾的。但这已经是通过指出这一点就证明了的东西，即假定上帝是可能的，它就存在，这是单单神性所具有的特权。……笛卡尔的另一个论证，是企图证明，因为上帝的观念是在我们灵魂之中，而它必须来自它的本原，因此上帝存在，这证明是更得不出这样的结论的。

格本第5卷，第420页(《新论》，第505页)。　几乎所有用来证明上帝存在的办法都是好的和可以有帮助的，如果我们把它们弄完善的话。

格本第4卷，第406页(邓本，第137页)。　如果必然存在是可能的话它就存在。因为必然存在和因其本质而存在的存在是同一个东西。……如果通过自身的存在是不可能的话，那么所有通过他物而存在的东西也就是不可能的，因为它们最终也只有通过那通过自身的存在而存在；这样，就没有任何东西能够存在。……如果没有任何必然存在，那就不会有任何可能的存在。

格本第3卷，第572页。　我同意可能事物的观念必然地包含着那个关于一个能够产生可能事物的存在者的存在的观念。但关于可能者的观念则不包含这一存在物的现实存在；看起来，当先生补充说"如果没有这样一个存在，那就没有任何东西会是可能的"时，你是接受了这一点的。因为要使那样一个事物成为可能的，至少产生这一事物的存在物是可能的。一般而言，为使一个存在物是可能的，它的动力因是可能的也就足够了；我是排除那至高的动力因的，这种动力因必定现实地存在着。但这是对另一个理由而言的。因为必然存在如果不存在，那就没有什么是可能的。

第十五章第108节　对上帝观念之可能性的证明

287

格本第7卷，第261页（《新论》，第714页）（1676年）。　最完满的存在存在着。所谓完满，我是意指每一种是可能的和绝对的，而且无论怎样表现也无任何限制的单纯的性质。现在，既然这样一种性质是单纯的，它也就是不可分解的或不可定义的，因为否则它就或者不是一种单纯的性质，而是几种性质的集合，或者它是一种单纯的性质，那就将受到种种限制的约束，从而由更进一步的否定表达出来；这是同上述前提相矛盾的，因为它被设想为纯粹肯定的。因此不难表明，一切完满之物相互之间都是可共存的，或者说都是能够存在于同一个主体之中的。让我们来看看下面这样一个命题：

A和B是不可共存的

（在通过A和B理解这样两个单纯的形式或完满之物时——同时设想若干个也同样如此），那就很显然，如果不对A和B这两项中的一项或两项进行分解，这一命题就不可能得到证明；因为否则它们的性质就将不能进入推理，并且任何别的事物的不可共存性也将像它们的不可共存性一样得到证明。但（根据前提）它们是不可分解的。因此，这个命题是不能被证明为是关于它们的。

但是，如果事情真是这样的话，那也就能够说是被证明为是关于它们的了，因为它不是通过自身而为真的。凡必然为真的命题或是可以推证的，或者本身是已知的。因此这个命题就不是必然地为真。换句话说，既然 A 和 B 不处于同一个主项之中不是必然的，那它们就有可能共处于同一个主项之中；而且既然推理在涉及任何别的被设想为同类的性质时没有区别，那所有的完满之物便都是可共存的。

因此，存在着或者能够被设想为存在着一个具有所有完满之物的主项，或是最完满的存在。

由此也可推知：他存在着，因为存在是处于诸多完满事物之中的。……

当我在海牙时，我曾把这一推证演示给斯宾诺莎看，他表示首肯；由于他最初曾对之提出过诘难，故而我写下了这篇论文并念给他听。

附　　注

笛卡尔关于最完满的存在的推证预设了这个完满的存在能够
288 被设想，或者是可能的。……但他又怀疑设想这样一种存在是否为我们力所能及。……

第十五章第 109 节　宇宙论证明

格本第 5 卷，第 417 页（《新论》，第 500 页）。〔洛克认为，因为我们现在存在，因此始终就存在着某种东西。莱布尼茨回答说：〕我发现这里有模糊不清的地方，如果这意思是说，从来没有过任何时间是其中什么也不存在的。我还是同意这一点，并且这确实是从前面的命题以一种完全数学式的推论得出的结论。因为如果从来未有过什么，则就永远不会有什么，因为无不能生有；那么，我们自身也就不会有了，这是和经验的第一真理相违背的。但那推证的结论立即使人看出，说某种东西从无始以来就已存在，您的意思是指一种永恒的东西。可是从您迄今所已提出的，是作不出这样的推论的，即如果从来有过某种东西，则就从来有过一种一定的东西，即有一种永恒的东西。因为有些反对者会说，我是由别的东西产生的，这别的东西又是由其他东西产生的。

格本第 4 卷，第 359 页(邓本，第 51 页)。　存在着某个必然的事物，这一点显然是从偶然事物存在这样一个事实中推演出来的。

格本第 4 卷，第 360 页(邓本，第 51 页)。　从我们现在存在出发，可以推知我们将来也存在，除非存在着一个变化的理由。这样，除非把要不是上帝的恩赐我们就甚至不可能存在这一点以别的方式确定下来，那从我们的绵延中就证明不出任何东西能够支持上帝的存在。

第十五章第 111 节　从永恒真理作出的证明

格本第 7 卷，第 310 页。　一个必然存在，如果它是可能的，就一定存在。这一点……导致了从本质向存在的过渡，从假设真理向绝对真理的过渡，从观念向世界的过渡。……如果没有永恒的实体，就不会有任何永恒的真理；因此，上帝也是被推证出来的，他是可能性的根源，因为他的心灵本身就是观念或真理的所在。但设想永恒真理和事物的善依赖于神圣的意志则是错误的，因为就善而论，一切意志都以理性的判断为前提，除非某个人通过改变名称把一切判断从理性转让给意志，虽然即便到那时，也没有谁能够说意志是真理的原因，因为判断也根本不是它们的原因。真理
289 的理由在于事物的观念，这一观念被包含在神圣的本质自身之中。谁又敢说上帝存在的真理依赖于神圣的意志呢？

格本第 6 卷，第 226 页。 我们不应该同某些苏格兰人一起说，即便不存在理智，甚至不存在上帝的理智，永恒的真理也将存在，因为在我看来，造成永恒真理的实在性的正是神圣的理智：尽管他的意志在其中并不起任何作用。任何实在性都应该在某个存在的事物那里发现。诚然，一个无神论者有可能是一个几何学家。但如果没有上帝，也就没有几何学的对象。如果没有上帝，那就不仅不会有任何现存的事物存在，而且也不会有任何可能的事物存在。

格本第 7 卷，第 190 页（1677 年）。 A. 您认为这〔某个几何学命题〕即使不被你思想也是真的？B. 当然，因为此前几何学家已经对它作出了证明，而人们也已经注意到了它。A. 因此您就认为真假是在事物之中而不在思想之中？B. 当然是这样。A. 那还有什么事物能够是假的吗？B. 我认为，不是说某件事物假，而是说关于某件事物的思想或命题假。A. 这样说来，假就只属于思想而不属于事物了？B. 看来似乎是这样，尽管我怀疑这个推论是否正当。A. 当一个问题被提出来，在您确定您的意见之前，难道您就不怀疑一件事物的真假吗？B. 当然怀疑。A. 既然依据这个问题的本性这个或那个结论都可以得出，那就可以因此而承认这同一个主体既能真也能假了？如果说假只属于思想而不属于事物，

对真理来说也是如此；对此，我是承认和肯定的。A. 但这与您上面所说的却是矛盾的，即甚至没有人思想的东西也是真的。B. 您已经把我弄糊涂了。A. 但我们应该努力和解，您是不是认为一切发生的思想都是现实地被构成的，或者更清楚一点说，您是不是认为所有的命题都是思想？ B. 我不这样认为。A. 那么您看，真理是涉及命题或思想的，仅仅是一种可能的东西，因此，至少可以这么说，即无论是谁当他以这种方式或相反的方式思考时，那他的思想就将是真的或假的。〔对话的其余部分涉及反驳霍布斯的唯名论。〕

第十五章第113节　知识同真理的关系

格本第6卷，第230页。　这个所谓的定命〔即永恒真理的必然性的定命〕，甚至控制着神性，它不是别的而就是上帝的真正本 290
性，他自身的理智，为他的智慧和善提供规则。

格本第6卷，第423页。　例如，某些数比另外一些数更能够以若干方式除尽，这难道是由于上帝的意志而不是由于数的本性吗？

格本第2卷，第125页。　我们可以说被创造的精神不同于上帝，就如同少不同于多，有限之不同于无限。

格本第4卷，第426页(邓本，第32页)(1684年)。　至于这个争论，即究竟是在上帝那里看到一切的……还是我们具有我们自身的观念，应该理解为：即使我们在上帝那里看到了一切，我们也仍然必然地具有我们自身的观念，也就是说，我们自身的观念不是琐碎的影像，而是我们的心灵的特性或情状，它们同我们在上帝那里所看到的一切是一致的。

第十五章第114节　从前定和谐作出的证明

格本第5卷，第421节（《新论》，第501页）。　这些存在物（单子）是从一个一般的至高无上的原因接受了它们既是主动又是被动的本性。……因为，否则，它们既是彼此独立的，就绝不能产生出我们在自然中看到的这种秩序，这种和谐和这种美。但只显得有道德上的确定性的这个论证，由于我所引进的一种新的和谐，即前定和谐，而被推进到一种完全形而上学的必然性了。

富歇本，第70页（邓本，第184页）。　上帝产生实体，但不产生它们的活动，他只是协助这些活动。

格本第7卷，第365页（邓本，第245页）。　上帝不是以位置而是以本质出现在事物的前面；他的在场以他的直接作为表现出来。

格本第6卷，第107页。　力涉及有，智慧或理智涉及真，而意志则涉及善。

格本第6卷，第167页。　〔上帝的〕善使他预先就创造和产生出一切可能的善；而他的智慧对之作出了选择，并且也是他合乎逻辑地选择那最佳者的原因；最后，他的力或权力给了他现实地实施他构想好了的伟大计划的手段。

格本第4卷，第440页（1686年）。　只有上帝（从上帝那里，所有个体连续不断地闪射出来，上帝不仅能够像它们那样看世界，而且也能以它们中的所有个体都完全不同的方式看世界）才是它们的现象的相互一致的原因，也才是那对于一个（个体）来说是私有的对于全体来说是公共的东西；否则就不会有任何联系。

格本第4卷，第533页。　为了使活动不成为神奇的事情，仅 291
仅说明它之符合于一般规律是不够的。因为如果这种规律不存在于事物的本性中，就需要用持续不断的奇迹来实施。……因此，上帝仅仅命令躯体服从灵魂，使灵魂具有关于躯体所发生的情况的知觉还不够；他还必须向它们提供如此活动的方式，而我业已对这种方式进行了解释。

格本第7卷，第390页（邓本，第255页）。　上帝受最高理性的推动，在许多事物的序列或可能的世界中选择了这样的一个，其中那些自由的创造物，虽然不是没有他的协助，都将会采取这样或那样的决定，他借此已一劳永逸地使一切事物确定了，而并不因此损害这些创造物的自由：这一单纯的选择命令，并不改变而只是实现了上帝在他的观念中所看到的这些创造物的自由本性。

格本第7卷，第358页（邓本，第242页）。　如果说上帝不得不时时来矫正自然的事物，这件事就该或者是超自然地完成的，或者是自然地完成的。如果这是超自然地完成的，就得求援于奇迹来说明自然的事物；这实际上是将一个假设归结于荒谬。因为用了奇迹，人们就可以毫不费力地说明一切。但这如果是自然地完成的，上帝就不会是超自然的心智，他就会包含在事物的自然本性之中，这就是说，他就会是世界的灵魂。

第十五章第 117 节　上帝的善

格本第 7 卷,第 399 页(邓本,第 264 页)。　我还有其他一些理由来反对空间是上帝的一种性质这种奇怪的幻想。如果是这样,则空间就进入了上帝的本质之中。然而空间是有部分的,那么在上帝的本质中也将有部分了。这是显而易见的。

格本第 7 卷,第 415 页(邓本,第 281 页)。　即使没有被创造物,上帝的广阔无垠和永恒仍继续存在;但那些属性就将既不依赖于时间也不依赖于地点。……这些属性只是意味着:相对于事物的这两种秩序来说,上帝将出现在一切会存在的事物前面并和它们同在。

第十六章第 118 节　自由与决定论

格本第 6 卷,第 29 页。　有两个著名的迷宫,在那里,我们的理性常常迷失方向;其中一个涉及自由和必然这个伟大的问题,特别地涉及恶的产生和起源。

292 格本第 6 卷,第 411 页。　如果意志决定其自身而与任何存在物无涉——无论是同进行选择的人无涉,还是同那种能导致这种选择的所选择的对象无涉——那这种选择就会既无原因亦无理由:既然道德的恶就在于坏的选择,那就得承认道德的恶是完全没有来源的。因此根据善的形而上学规则,就实际上根本不存在说明道德的恶;同样,根据同一个理由,也就不会有道德的善,于是一切道德就都被摧毁了。

格本第 6 卷，第 380 页（邓本，第 197 页）。　那种应该加以拒绝和会产生不公正惩罚的与道德相反的必然性是一种不可超越的必然性，甚至当我们全心全意去躲避这种强制作用和尽一切努力去达到这一目的时，它也会使所有的反抗归于无效。显然这种情况对于意志行为来说是不适宜的；因为除非我们愿意这样去做，否则就不会这样去做。对它们的预见和预定也同样不是绝对的，而是预设了意志：如果我们这样做是确定的，那么我们之希望这样去做也就同样是确实无疑的。

格本第 2 卷，第 419 页。　我不能说在亚当或别的任何人那里有一种犯罪的必然性，而只能说：恶的倾向在他那里得逞了，因此，有着某种先定，但没有任何必然性。我认为，上帝去做最好的事情，以坚定的精神妥善地行动，其间都有一种道德的必然性。一般说来我是比较乐意来这样解释这些术语的，为的是避免由此产生出一些令人感到糟糕的事情。

格本第 5 卷，第 163 页（《新论》，第 182 页）。　我觉得，正确地说，虽然意欲是偶然的，必然性却不应该是和意欲相对立，而是应该和偶然性相对立……而且必然性也不应该和偶然性相混淆，因为在思想中也和在运动中一样有联系或决定的……；而物理的东西甚至关于上帝方面来说也有某种道德的和随意的东西，因为运动的规律并无别的必然性，无非是必求其最好的。

格本第 5 卷，第 165 页（《新论》，第 184 页）。〔自由意志的辩护者们〕问的（至少有很多人是这样）是荒谬的和不可能的问题，他们是想要一种绝对地想象的和行不通的平衡的自由，这种自由即使他们有可能具有也是对他们毫无用处的，这就是说，他们是要有自由来违反一切能来自理智的印象，这将把真正的自由和理性一起加以毁灭。

293 格本第 5 卷，第 167 页(《新论》，第 187 页)。　我们不是意欲着意欲，而是意欲着做事，而如果说我们意欲着意欲，那就会使我们意欲着意欲着意欲，这样以至无穷。

格本第 4 卷，第 362 页(邓本，第 285 页)。　问在我们的意志中是不是有自由，同问在我们的意志中是不是有意志是一回事。自由和意志是同一个东西。

格本第 7 卷，第 419 页(邓本，第 285 页)。　精神的所有自然的力量都服从道德律。

格本第 6 卷，第 130 页。　笛卡尔为通过一种所谓生动的内在感受来证明我们自由行为的独立性所提出的理由是没有力量的。我们不可能真正地感到我们的独立性，我们也并不总是能意识到我们的决定所依赖的常常是难以察觉的原因。

格本第 6 卷，第 421 页。　不仅自由创造物是能动的，而且一切别的实体和由实体组成的生命物也是能动的。禽兽不是自由的，但并非没有能动的灵魂。

格本第 1 卷，第 331 页(1679 年)。　无论什么在活动，就其是活动而言，都是自由的。

格本第 6 卷，第 122 页。　在自然的无数活动中存在着偶然性，但当动因中没有什么判断时，也就没有了自由。

第十六章第119节 关于意志和快乐的心理学

格本第5卷,第149页(《新论》,第167页)。 菲拉莱特:善是适合于在我们之中产生和增加快乐,或减少和缩短一些痛苦的东西。恶是适合于在我们之中产生或增加痛苦,或减少一些快乐的东西。德奥菲勒:我也是同样的意见。

格本第5卷,第171页(《新论》,第190页)。 我不愿意让人们相信……我们得放弃这些古老的格言,即意志追求最大的善,或它逃避它所感到的最大的恶。人们不大致力于真正的善,其根源多半来自这样的情形,即在那些感官不大起作用的场合或问题上,我们的思想大部分可以说是无声的。这就是说,……是空无知觉和感觉的,是在于赤裸裸地应用字母符号。……而这样的知识是不会触动人的;必须有某种活生生的东西来打动我们。

格本第5卷,第173页(《新论》,第193页)。 我们必须一劳永逸地断然为自己定下这样一条法则:从今以后只倾听和遵从理性的结论,尽管这些结论以后并不明白察觉并且通常只是以无声的思想想到它们而消除了感性的吸引力。

格本第5卷,第175页(《新论》,第194页)。 不安对于被创造生物的幸福倒是本质的东西,这种幸福绝不在于对最大的善的 294
一种完全占有,这会使他们成为不敏感并且像是愚蠢的,而在于趋向最大的善的一种持续不断的进程。

格本第 7 卷,第 73 页(邓本,第 130 页)。　快乐或欢愉是一种对完满之物的感觉,即是一种对某些能帮助或协助某种力的东西的感觉。

格本第 5 卷,第 179 页(《新论》,第 200 页)。　在斗争的时候就再没有时间来用这些技巧了。那时凡是能打动人的就都在天平上加上了重量,而促使差不多像在力学里那样形成一种合力的方向。

格本第 6 卷,第 385 页(邓本,第 202 页)。〔在回答一个不能选择最好的人就不是自由的这一命题时:〕能够以最好的方式运用自己的自由意志,并且在运用这种能力时始终既不为外力所强制,也不为内在情欲所驱使,就是真正的自由和最高的完满。

格本第 5 卷,第 179 页(《新论》,第 201 页)。　我不知道最大的快乐是否可能。我毋宁将认为它是能无限增长的。

格本第 5 卷,第 180 页(《新论》,第 201 页)。　对快乐虽然不能下一个名义的定义,也像对光和颜色一样;但对它却也像对它们一样可以下一个原因的定义,而我认为归根到底快乐是一种对完满性的感觉,而痛苦则是一种对不完满性的感觉,只要它足够显著,使人能察觉到它。

格本第 6 卷,第 266 页。　严格说来,知觉并不足以引起痛苦,如果它不伴随着反思的话。对于幸福来说,这种情况也是真的。……我们不可能有根据地怀疑动物有痛苦,但看来它们的快乐和痛苦并不像人这样显著,它们既不易受到那伴随着痛苦的悲伤的影响,也不易受到伴随着快乐的欢愉的影响。

第十六章第120节　罪

格本第4卷，第300页（邓本，第9页）。　没有记忆的不朽对道德来说是毫无用处的，因为它毁掉了一切恩赐和惩罚。

格本第6卷，第118页。　道德的恶之所以是一种如此重大的恶，仅仅是因为它是物理的恶或肉体的恶的根源。

格本第4卷，第141页。　有这样一类公正和奖惩，它看起来不适用于那些根据绝对必然性行事的人，如果存在着这种必然性 295
的话。那种不涉及对象的改正、警戒，甚至不涉及恶的补救的公正就是这样一类公正。这种公正以适当性为基础，它需要某种补偿作为对坏的行为的赎罪。

格本第4卷，第454页（1686年）。　灵魂要防范对表面现象的诧异，就要以坚定的意志进行反省，既不行动也不判断，处于一定的情势之下，也不深思熟虑。

格本第7卷，第92页。　美德是心灵的意志不可改变的规则，而且是同一个东西的不断更新，我们可以说是为美德所驱使去实施那我们认为是善的东西。……既然我们的意志既不想得到也不想拒绝任何东西，除非当理智向它表明什么东西为好什么东西为坏的时候，为使我们能够始终正确地行动，我们始终正确地判断也就够了。

格本第7卷，第99页。　人生的首要准则，即我们将尽其可能地始终严格地去做那些不是由激情而是由理智向我们表明的最有用的事情，而不去做那些最有害的事情，当我们这样做了之后，无论怎么看，我们都将认为我们自己是幸福的。

第十六章第 121 节　善与恶的意义：各自有三种

格本第 7 卷，第 74 页（邓本，第 130 页）。　宇宙的完满性或事物间的和谐，并没有让所有的心灵都同等地完满。为什么上帝使一个心灵比另一个心灵更完满些，这个问题属于那些无意义的问题。

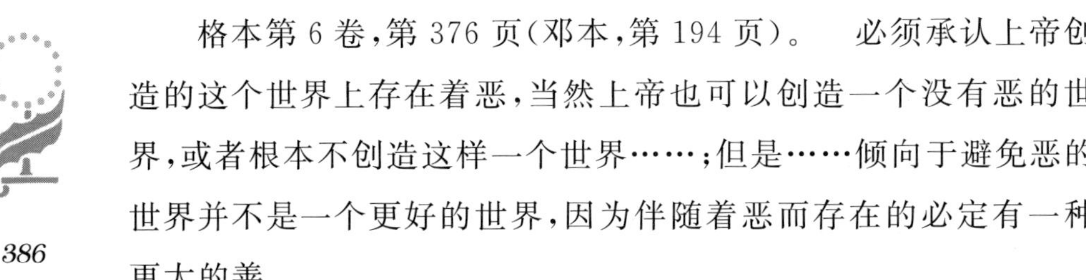

格本第 6 卷，第 376 页（邓本，第 194 页）。　必须承认上帝创造的这个世界上存在着恶，当然上帝也可以创造一个没有恶的世界，或者根本不创造这样一个世界……；但是……倾向于避免恶的世界并不是一个更好的世界，因为伴随着恶而存在的必定有一种更大的善。

格本第 4 卷，第 427 页（1686 年）。　我们必须知道什么是完满，这里有一个十分显著的标志：那种不能达到最高等级的形式或本性的东西不是一种完满之物，例如数或形的本性就是这样。因为一切数中的最大之数（或关于一切数的数）同一切形中的最大的形一样都包含着矛盾；而最高的知识和全知全能却不包含有不可能性。

格本第 7 卷，第 303 页（邓本，第 101 页；拉塔本，第 340 页）。完满不是别的，而只是本质的量。

296 格本第 3 卷，第 33 页。　恶的最终的起源不应该在神圣的意志那里去寻找，而只能在创造物的原始的不完满性中去寻找，这种原始的不完满性被观念地包含在构成为神圣理智的内在对象的永恒真理之中，因此恶不可能从事物的尽可能好的系统中排除出去。

格本第7卷，第194页(约1677年?)。　绝对的第一真理，在理性真理中，是那些同一性的真理，而在事实真理中，则是那条一切经验都可以先验地由之得到证明的真理，即每一件可能的事物都要求它存在，因此它将存在，除非别的事物阻止了它，而阻止它存在的这个东西同样要求它存在，这就同前者不可共存了。由此可知，事物的结合由于尽可能多的事物存在着而总是存在的；例如，如果我们设想A、B、C、D在本质上是同等的，换句话说，它们是同等完满的或同等地要求存在；如果我们再设想D与A和B不可共存，同时A同除D之外的别的任何一个都可以共存，关于B和C也一样，这样，A、B、C的结合在排除D的情况下，就将存在；因为如果我们希望D存在，它就只能够与C共存，从而C、D的结合就将存在，但这比A、B、C的结合就更加不完满。因此，很显然，事物总是以最完满的方式存在着。这一命题，即每一件可能的事物都要求存在，也可以通过设想某些事物存在而后天地得到证明；因为或者是所有的事物存在，那就是说，每一件可能的事物都迫切要求存在，以致它们都现实地存在着；或者说某些事物不存在，那就应该拿出一个说明为什么某些事物存在而另外一些不存在的理由。但这种说明只有根据本质或可能性的一般理由才能提供出来，即要设想这可能之物在它自身的本性中就要求存在，并且事实上同它的可能性成比例，或符合它的本质的等级。除非本质的真正本性中有某种存在的倾向，否则就不会有任何东西存在；因为说某些本质具有这种倾向而别的却没有，就等于说某些事物缺乏一

种理由，[1]因为存在似乎一般都以同一方式涉及每一个本质。既然一切纯粹肯定的项相互之间都是可共存的，而形形色色的事物的不可共存又何以出现，或者说形形色色的各项的相互对立又何
297 以发生，这些问题至今仍然是我们所不知道的。

格本第 7 卷，第 195 页(约 1677 年?)。 善是一种有助于完满性的东西，但是完满性却包含了最多本质的东西。

第十六章第 122 节 形而上学的恶为另外两种恶的源泉

格本第 6 卷，第 162 页。 上帝赞同道德的和物理的恶，并且以道德的和物理的方式赞同这两者；人类也在道德上和物理上赞成一种自由和能动的方式，这一点使人类受到谴责和惩罚。

格本第 6 卷，第 237 页。 可以这么说，趋于无限的整个事物序列在所有可能序列中是最好的，尽管整个宇宙在每个瞬间存在的事物并不总是最好的。这样，这个宇宙之总是越来越好就会是可能的，如果事物的本性确实如此而不允许事物立时达到最好的话。但这是一些我们很难对之作出判断的问题。

格本第 6 卷，第 378 页(邓本，第 196 页)。 上帝是无限的，魔鬼是受到限制的；善是能够达到无限并且事实上也在走向无限，而恶则是有其界限的。

---

① 莱布尼茨在页边注中评论道：如果存在是任何别的而不是由本质所要求的，那就可以推知：它本身将具有一种确定的本质，或者给事物增加某些新的东西，而对此又可以问，这种本质是否存在，并且为什么是这种本质而不是别的本质存在。

格本第 2 卷，第 317 页。　邪恶不是行动的潜在性或可能性，而是行动的潜在性或可能性的障碍。

第十六章第 123 节　同分析判断学说的关联

格本第 5 卷，第 242 页（《新论》，第 272 页）。　如果有人想照数学家的方式来写形而上学或伦理学的作品，那就没有什么能阻止他严格地这样做。

格本第 5 卷，第 18 页（邓本，第 98 页；《新论》，第 17 页）。我非常赞许洛克先生关于道德真理的可推证性的学说。

格本第 2 卷，第 578 页（邓本，第 128 页）。　上帝的幸福所构成的不是我们的幸福的一部分，而是其全部。

格本第 2 卷，第 581 页（邓本，第 129 页）。　真诚无私地去爱不是别的，也就是到对象的完满性或幸福中去发现快乐。……这种爱完全以实体具有获得幸福的能力作为它的目标。

第十六章第 124 节　自然的与神恩的王国 298

格本第 4 卷，第 480 页（邓本，第 73 页；拉塔本，第 304 页）。精神通过受到早已安置好的真正秩序而具有使它们高于物质变化的特殊规律；可以说，每一件别的事物都只是为它们而造就的，物质变化本身也是为了惩恶扬善而安排停当的。

格本第6卷,第168页。　我同意心智创造物的幸福是上帝的计划的基本部分,因为他们最近似于上帝;但我看不出怎样才能证明说这就是上帝的唯一目的。诚然,自然的王国必须有助于神恩的王国;但是既然一切事物都与上帝的伟大计划相联系,那我们就必须相信神恩的王国也以某种方式适合于自然的王国;这样,它们便以这种方式保持了最大的秩序和美,以致由这两者组成的整体成为可能世界中最完满的世界。

格本第4卷,第462页(1686年)。　幸福,对人来说,就是对存在物来说的完满的东西。如果物理世界存在的第一原则是那条给它提供尽可能多的完满性的命令的话,则作为宇宙最高尚部分的道德世界或上帝之城的第一项计划,就必定是通过它来分配尽可能大的幸福。

格本第4卷,第391页(邓本,第63页)。　自然,可以说是具有一个王国中的王国,因此可以说有两个王国,即理性的和必然的,或者说是形式的和物质的。

格本第6卷,第621页(邓本,第231页;拉塔本,第266页)。普通灵魂与精神之间……还有一种区别,就是:一般的灵魂是反映创造物的宇宙的活的镜子,而精神则又是神本身或自然创造主本身的形象,能够认识宇宙的体系,并能凭借建筑模型而模仿宇宙体系的若干点;……就是这个道理,使精神能够以一种方式与上帝发生社会关系,上帝对于精神的关系,不仅是一个发明家对于他的机器的关系(如同上帝对其他创造物的关系),而且是一位君主对他的臣民的关系,甚至是一个父亲对他的子女的关系。由此很容易得出一条结论,即是:一切精神总合起来应当组成上帝的城邦,亦即最完善的君王统治之下的尽可能完善的国家。这个上帝的城邦,这个真正普遍的王国,乃是自然世界中的一个道德世界,乃是上帝的作品中最崇高和最神圣的部分。就是在这个王国中真正包含着上帝的荣耀,因为如果上帝的伟大和善不为精神所认识与崇拜,就根本没有上帝的荣耀可言。也正是由于对这个神圣的城邦 299
的关系,上帝才特别具有着善,至于上帝的智慧和权力则是无处不表现的。既然我们在上面已经在每个自然界域之间,亦即动力因与目的因之间,建立了一种完满的谐和,我们现在就应当指出另一种谐和,存在于自然的物理界与神恩的道德界之间,亦即存在于建造宇宙机器的上帝与君临精神的神圣城邦的上帝之间。这种谐和使事物通过自然的途径本身而引向神恩,例如,当精神的政治要求毁灭和重建地球以惩罚一些人与奖励另一些人时,这个地球就通过自然的途径本身而得到毁灭和重建。我们还可以说,作为建筑师的上帝,在一切方面都是满足作为立法者的上帝的。因此罪恶必然凭借自然的秩序,甚至凭借事物的机械结构而带来它的惩罚;同样地,善良的行为则通过形体方面的机械途径而获致它的报偿,虽然这是不能也不应当经常立刻达到的。

对 105 节的注释:有关这个问题的许多引文(一些摘自尚未发表的手稿)是由皮亚诺提供的,原载《数理逻辑公式汇编》,《数学评论》第 7 卷,第 1 号。

索　引*

* 本索引条目照本书英文本顺序列出,而将各条英文原文附在其译文之后,以期并作译名对照表用。所列页码亦为英文原文页码(见本书边码)。——译者

译 后 记

1. 陈修斋先生(1921—1993 年)是我国研究莱布尼茨的权威学者,为著述和译介莱布尼茨花费了毕生的精力;他不仅写出了许多有重大学术价值的论文,如《黑格尔对莱布尼茨思想中矛盾律与充足理由律二元并列问题的解决》(1957 年),《莱布尼茨在认识论上和洛克的斗争》(1963 年),《莱布尼茨哲学体系初探》(1981 年),《莱布尼茨论人的个体性和自由》(1986 年),《莱布尼茨对主体性原则的贡献》(1988 年),《莱布尼茨的中国观》(1993 年)等,著述了《莱布尼茨》(陈修斋、段德智著,台北东大图书公司 1994 年 8 月出版)一书,而且还精心翻译了《人类理智新论》(2 卷本,1982 年),《莱布尼茨与克拉克论战书信集》(1983 年),《关于实体的本性和交流的新系统及其说明》(1992 年)等莱布尼茨的一系列重要著作。《对莱布尼茨哲学的批评性解释》的第一部中文译稿也是在他的策划和组织下才得以翻译出来的。

2.《对莱布尼茨哲学的批评性解释》的译事始自 1983 年。译者是陈修斋先生和杨祖陶先生的 4 个以西欧近代唯理论与经验论为研究方向的毕业不久的硕士研究生。当时的分工如下:陈宣良译序与一—四章,段德智译目录、缩写、五—八章、索引,张传有译九—十二章,陈家琪译十三—十六章。整个译校过程大体如下:

(1) 由上述译者各自译出有关部分的初稿;(2) 译者之间相互传阅;(3) 由段德智统稿;(4) 由陈修斋先生最后审校。这部译稿于1985年完成,并由段德智寄给上海译文出版社第二编辑室刘建荣女士。结果,由于种种原因(非学术原因),译稿不仅未能如期出版,而且后来竟不知去向(责任也不在上海译文出版社方面)。尽管如此,我们的努力也并没有白费,不仅从中加深了对莱布尼茨哲学的理解,而且在陈修斋先生的具体指导下,我们的翻译技能都有了程度不同的提高,这是我们终身受益的(这也正是陈修斋先生组织我们几个缺乏翻译经验的年轻学生翻译此书的初衷之一)。

3. 为了完成陈修斋先生的这项未竟的事业,为了把新中国成立以来陈修斋先生和杨祖陶先生所倡导的西欧近代唯理论与经验论研究进一步推向前进,1994年,我将分散在同窗陈家琪教授和张传有教授处的九—十六章的初稿或草稿集中起来(其中九—十二章译稿是经陈修斋先生亲自审校过的),开始着手该著的补译、审校和统稿工作。这次,我主要做了下述几项工作:(1) 重译了第二版序、第一版序、目录和缩写;(2) 重译了一—四章正文;(3) 约请了雷红霞副教授重译了一—四章的附录;审校了一—四章的附录和十三—十六章的正文及其附录;(5) 承担了全书的统稿工作。

4. 第二部译稿于1997年春完成。这部译稿各部分的译校者如下:

第二版序、第一版序、目录、缩写	段德智译
一—四章正文	段德智译
一—四章附录	雷红霞译、段德智校
五—八章正文及其附录	段德智译、陈修斋校

九—十二章正文及其附录　　张传有译、陈修斋校

十三—十六章正文及其附录　　陈家琪译、段德智校

索引　　段德智译、陈修斋校

5. 商务印书馆的徐奕春先生、朱泱先生和陈小文先生十分关心该译著的出版，并为此付出了巨大辛劳。在翻译过程中，曾就个别问题求教过我国著名的数学家齐民友先生。此外，苏金英女士、段淑云女士、梁志军女士等曾担负了该译稿的大部分打印工作。谨在此一并致谢。

6. 本书译文如有不妥之处，恳请读者多多指正。

段德智

1997 年 5 月初拟，1997 年 10 月

修订于武昌珞珈山麓

图书在版编目(CIP)数据

对莱布尼茨哲学的批评性解释/(英)罗素著;段德智,张传有,陈家琪译.—北京:商务印书馆,2017
(汉译世界学术名著丛书:120年纪念版:珍藏本)
ISBN 978-7-100-14869-6

Ⅰ.①对… Ⅱ.①罗… ②段… ③张… ④陈… Ⅲ.①莱布尼茨(Leibniz,Gottfried Wilhelm Von 1646-1716)—哲学思想—思想评论 Ⅳ.①B516.22

中国版本图书馆CIP数据核字(2017)第160089号

汉译世界学术名著丛书
(120年纪念版·珍藏本)
对莱布尼茨哲学的批评性解释
〔英〕罗素 著
段德智 张传有 陈家琪 译
陈修斋 段德智 校

商 务 印 书 馆 出 版
(北京王府井大街36号 邮政编码100710)
商 务 印 书 馆 发 行
北 京 冠 中 印 刷 厂 印 刷
ISBN 978-7-100-14869-6

2017年12月第1版 开本710×1000 1/16
2017年12月北京第1次印刷 印张27¾
定价:140.00元